KB126020

한국 의회정치와 제도개혁

한국정치학회 엮음

김영래·김형준·박찬표·손병권·신유섭·이정희·이종원·
임동욱·임성호·정상화·조정관·최정원·함성득 지음

힛울
아카데미

국립중앙도서관 출판시도서목록(CIP)

한국 의회정치와 제도개혁 = Korean digital legislature
/ 김영래...[등]지음. -- 파주 : 한울, 2004
    p. ;   cm. -- (한울아카데미 ; 618)

ISBN 89-460-3214-6 93340

345.11-KDC4
328.519-DDC21   CIP2004000438

서 문

한국정치에 희망이 있나? 삼류 주간지의 기사 제목과도 같은 이런 감상적이고 극단적인 질문이 오늘날 우리 사회에서 거부반응보다는 공명을 자아낸다. 그것은 한국정치에 대한 실망과 불신이 그만큼 크고 널리 확산되어 있기 때문이다. 한국정치에 희망은 없다고 극단적인 감정을 표하는 사람들이 상당히 많을 것이다. 그러나 정치현실이 암담하다고 해서 정치 전반을 뭉뚱그려 감정적 반응을 보이는 것은 결코 생산적이지 않다. 그보다는 정치의 여러 측면을 세밀히 살펴보며 차분하게 실마리를 찾아나가는 노력이 필요하다. 포괄적 비판에 앞서 부분 부분에 대한 분석과 처방의 노력을 경주할 때 조금씩이나마 개선이 가능하기 때문이다.

이 책은 그러한 노력의 일환이다. 여기 실린 글들은 한국정치에 희망을 늘리기 위한 생산적 시도라는 데서 공통점을 찾을 수 있다. 물론 현실에 대한 비판이 문제의식으로 작용한다. 한국정치의 현주소를 위기로 규정함에 있어서도 이 책의 글은 공감대를 이룬다. 그러나 거기에 그치지 않고 어떤 부분이 어떤 방향으로 어떤 방식을 통해 고쳐져야 하는지에 대한 분석적 고찰로 나아간다. 각 부분에 대한 구체적 논의가 합쳐질 때 전체의 향상이 이루어질 수 있을 것이라는 가정이 깔려 있다.

이 책은 한국정치 중에서도 의회정치가 주제를 이룬다. 국회가 무능, 권력다툼, 심지어는 부패의 대명사로 낙인찍혀 온 것은 어제오늘의 일이 아니다. 시대에 따라 정도의 차이는 있지만 제헌국회부터 오늘날까지 국회는 불신과 조롱의 대상을 면치 못해 왔다. 개혁을 향한 수많은 시도가 있었지만 만족스러운 결실을 내지 못했다. 이런 저간의 상황을 볼 때, 의회정치가 바람직한 모습을 보이고 국회가 제자리를 찾을 수 있을지 회의(懷疑)가 앞서는 것은 당연하다. 그러나 한편으로는 그런 비관적 생각이 드는 것도 부인할 수 없지만, 다른 한편으로는 국회의 중요성이 워낙 크기 때문에 의회정치를 옳게 바꾸려는 적극적 노력을 포기할 순 없다.

의회정치의 바른 정립이 민주주의 발전의 핵심요소라는 점은 진부하지만 분명한 이치이다. 1987년의 민주화 이후로 이제 상당한 시간이 흐른 만큼 국회가 한국민주주의를 주도하는 기관으로서 제 위상과 기능을 찾아야 한다. 표현의 자유, 결사의 자유가 신장되고 날로 늘어나는 이익단체 및 시민단체들이 다양한 사회이익을 적극적으로 대변하고 있음에도 불구하고 최고 입법기관인 국회가 여전히 낙후성을 벗지 못한다면 민주주의의 균형잡힌 발전은 기대할 수 없다. 낙관을 허용치 않는 상황임에도 불구하고 의회정치를 개혁하려는 생산적 시도가 꾸준히 요구되는 이유를 여기서 찾을 수 있다.

개혁에는 여러 가지 접근방식이 있을 수 있다. 이 책의 글은 공히 국회제도에 주된 초점을 맞추어 개혁을 추구하고자 한다. 국회가 법안을 심의하고 행정부와 협조 및 견제관계를 유지하는 과정에서 어떠한 제도상의 미비점이 있는지, 그리고 어떠한 제도적 변혁이 적절할 것인지에 대한 논의를 전개한다. 물론 보다 거시적 관점에서 헌법적인 틀, 선거제도, 정당제도, 행정부 운영제도 등에 대해서도 살펴보아야 바람직한 의회정치에 대한 포괄적이고 근본적인 답을 얻을 수 있을 것이다. 그러나 모든 제도를 한꺼번에 조망하기엔 역부족이다. 뿐만 아니라 보다 큰 의견대립과 갈등을 불러일으킬 수 있는 헌법제도, 선거제도, 정당제도 등을 먼저 다루기보다 상대적으로 입장차이와 갈등의 정도가 낮은 국회제도를 우선 다루는 것이 적어도 단기에 더 큰 생산적 성과를 낼 수 있을지 모른다는 가능성도 되새길 필요가 있다. 설혹 다른 제도가 변하지 않더라도 국회제도라도 잘 개선되면 상당한 수준에서 의회정치의 발전을 기대해 볼 수 있을 것이다.

사실 제도개혁만으로 문제의 근원을 일소할 수는 없다. 이 글의 필자들도 모두 이 점에 공감한다. 아무리 좋은 제도를 도입해도 의원이나 대통령, 관료, 이익단체 지도자, 나아가 일반시민 등 정치행위자들의 의식과 행태에 근본적 문제가 있다면 만족스런 결과가 나올 수 없다. 이는 한국의 정치사를 되돌아보면 쉽게 수긍이 가는 점이다. 그러므로 여기의 글들은 여러 제도개혁안을 제시함에 있어 조심스런 논조를 취한다. 어떠한 국회제도 개혁도 만병통치약일 수 없다. 그럼에도 불구하고 하루아침에 의회정치가 완전히 개혁될 수 없는 만큼, 이 책에서 논의되는 제도개혁 방안이 보다 나은 의회정치를 정립하는 데 필요한 몇 개의 계단을 추가하는 역할을 한다면 소기의 목적은 달성된다고 하겠다.

이 책의 출간은 한국정치학회와 국회사무처의 지원으로 가능했다. 2001년도 한국정치학회(회장: 김영래 아주대 교수)는 국회사무처의 재정 지원을 받아 국회개혁에 관한 연구용역을 수행했고, 그 결과물은 두 번에 걸쳐 하계 학술대회와 추계 학술대회에서 발표되었다. 이 책의 논문 중 김영래, 임성호의 논문을 제외하고 나머지는 모두 당시 국회사무처에 제출되고 한국정치학회 학술대회에서 발표되었던 연구용역 결과물을 추후 보완·수정한 것이다.

여러 필자의 글을 묶은 책인 만큼 그에 따른 장단점을 따져 볼 수 있다. 우선 장점부터 말하자면, 보다 심층적인 분석과 다양한 시각이 담겨 있다고 할 수 있다. 의회를 전공하는 총 12명의 정치학자 및 행정학자가 각자 세부주제를 하나씩 맡아 연구를 진행했기 때문에 높은 전문성이 기해질 수 있었고 보다 깊은 지식의 탐구가 가능했다. 또한 의회

정치와 제도개혁에 관련된 보다 다양한 측면이 연구될 수 있었고 다양한 관점이 제기될 수 있었다.

반면 단일 저자의 책에 비해서는 상대적으로 논의의 체계성과 일관성이 떨어진다는 점을 부인할 수 없다. 다소 중복되는 면도 있다. 이러한 단점을 최대한 극복하기 위해 필자들은 각자의 주제에 대해 각자의 논지를 전개하면서 동시에 의회정치의 역학과 제도개혁에 맞추어진 공통된 초점을 잃지 않고자 노력했다. 그 결과 완벽하지는 않지만 상당 수준의 체계성과 일관성이 책 전체를 관통하게 되었지 않나 자부해 본다. 아울러 2000년 5월과 2003년 1월의 국회법 개정내용을 충분히 반영해 논의의 시대적 적실성을 높였다는 점도 특기할 만하다.

의회정치의 중요성에 비해 그에 관한 학문적 업적은 그 동안 충분치 않았다. 대학 교재로 쓸만한 전문연구서도 많지 않은 실정이다. 이 책만으로 이러한 현실이 시정될 수는 없지만, 여러 층의 독자가 이 책을 통해 더 많은 연구와 논의를 위한 시사점을 얻을 수 있다면 한국 의회정치가 발전하는 단초가 될 수 있지 않을까 한다. 정치학 또는 행정학을 전공하는 대학생 및 대학원생은 수업과 논문작성을 위해 이 책을 활용할 수 있을 것이다. 기존 학자들간의 학문적 토의를 촉발시키는 계기도 될 수 있을 것이다. 국회 및 행정부의 실무 담당자들에게는 체계적이고 종합적인 관점, 즉 이론적 시각의 틀을 제공할 수 있을 것이다. 나아가 건전한 의회민주주의를 바라는 시민단체 활동가와 정치에 관심을 갖는 일반시민에게도 의회정치 및 제도개혁에 대한 흥미와 균형잡힌 시각을 제시할 수 있지 않을까 기대해 본다.

본문에 앞서 이 책의 구성과 각 논문의 요지를 개관해 본다. 구성은 총 3부로 되어 있는바, 제1부는 국회의 현주소에 대한 포괄적인 진단을 내리고 앞으로 지향해야 할 개혁방향과 과제에 대한 일반적 논의를 전개한다. 다음으로 제2부는 국회와 정당 및 행정부간의 정치역학에 초점을 맞춰 국회발전을 저해하는 정치적 요인에 대한 분석을 시도한다. 마지막으로 제3부는 중요한 국회제도를 구체적으로 살펴보며 여러 개혁안의 허와 실을 논한다.

우선 제1부의 첫 글에서 김영래는 국회의 현주소를 정치력의 부재, 자율성의 결여, 대표성의 왜곡, 정책기능의 저하, 갈등처 능력의 부재로 규정하며 부정적 진단을 내린다. 국회제도의 외적 하드웨어(hardware)는 여러 번의 개혁을 통해 상당한 변화를 겪었지만 실제적인 국회운영이나 국회의원의 의식이 변화되지 못하여 소프트웨어(software)는 과거에 비해 크게 달라지지 않고 있는 탓에 이러한 부정적 진단이 나올 수밖에 없게 된다. 이 논문은 아무리 훌륭한 제도를 가지고 있다 하더라도 그것을 운영하는 당사자인 국회의원의 의식개혁 없이 의회정치의 제도화는 힘들다는 점을 강조한다. 그러므로 국회제도 차원에서의 개혁을 지속적으로 추구하는 한편, 동시에 의원들의 의식개혁과 자질향상도 과제로 지향해야 한다는 결론에 이른다.

임성호는 정치권에 대한 신뢰야말로 효과적 거버넌스의 핵심요소라는 이론적 인식하에 한국국회는 국민으로부터 어느 수준의 신뢰를 받고 있는지 여론조사 결과를 분석한다. 국회는 예상대로 최악의 신뢰도를 기록했는데, 그의 글은 어떤 원인으로 인해 이처럼 불신이 팽배한지에 대해서도 설명을 시도한다. 국회 신뢰도가 다른 어떤 기관에 비해서 낮은 이유는 특정 정책결과나 집권정당에 대한 선호 때문이 아니라 정치과정상 정치인들의 전반적인 행태에 대한 부정적 인식 때문이라는 것이 그의 핵심 주장이다. 즉 정책결과보다는 정치과정이 국회 불신감의 보다 중요한 요인을 제공한다는 것이다. 이러한 정치과정의 중요성을 고려해볼 때, 국회개혁은 특정 정책이나 제도를 꼭 결과로 얻겠다는 집착을 버리고 과정상의 여러 가치를 충족시키는 방향으로 나아가야 추락한 신뢰도를 상승시킬 수 있다는 시사점을 얻을 수 있다.

　김형준은 상임위원회의 구성과 활동이 의회의 효율성과 성패를 실질적으로 결정짓는 변수라는 점에 주목해 상임위원회의 전문성을 진단한다. 이를 위한 방법론으로 그는 한국국회와 미국연방 하원의 비교론적 고찰을 시도한다. 그의 연구결과 한국국회 상임위가 전문성을 갖지 못하는 가장 근원적 요인은 상임위원회 배정에 전문성이 고려되지 않고 상임위원이 빈번히 교체되면서 전문성이 축적되지 못했기 때문이다. 국회에 효율적 입법 지원체가 구축되지 못한 것도 중요한 저해요인으로 작용하고 있다. 또 엄격한 정당규율과 당정협의회라는 비공식적 협의체의 존재는 의원 및 국회의 자율성을 저해하는 요인이 되고 있다. 의회가 투명하게 운영되지 못함으로써 의원들이 책임 있는 의정활동을 펼치지 않는 것도 위원회의 전문성을 떨어뜨린다. 이러한 분석에 입각해 김형준은 국회 상임위원회의 전문성을 높이기 위해서 국회가 사무처 중심에서 의원 중심체제로 전환되어 정책지원 예산을 늘리고 독립적 외부 전문가의 활용을 늘릴 필요가 있다고 결론 내린다.

　제2부는 국회를 둘러싼 정치역학을 살피며 어떠한 정치적 제약이 국회발전을 가로막고 있는지 논한다. 첫 글에서 이정희는 당정관계의 성격을 규명하고, 그것이 어떻게 국회에 정치적 한계로 작용하는지 분석한다. 그에 의하면 그간 행정부의 각 부처장관들은 당정협의의 필요성을 인식하지 못하거나 행정부의 전문성을 내세워 정책에 대한 사전조율의 필요성을 무시하는 경향을 보였다. 또 정당의 입장에서도 정책을 개발하고 대안으로 제시할 수 있는 전문성이 부족하거나 당내민주화가 이루어지지 않음으로 인해 정당 내의 의견조차 수렴 못해 정책결정과정에 참여하지 못하는 한계를 드러내 왔다. 그에 따라 쟁점이 되는 정책과 관련하여 집권당과 행정부간에 이견이 좁혀지지 않을 때 결국 대통령의 의사에 따라 사안이 최종적으로 마무리되며, 행정부 독주, 국회의 주변

화라는 결과가 초래되어 왔다. 이러한 현실분석에 입각해 이정희는 행정부와 집권당 사이를 조율할 수 있는 수단인 당정협조 제도를 실효성 있게 운영하는 제도적 장치의 강화를 주장한다.

함성득과 임동욱은 국회 원내교섭단체 구성요건의 변화와 그 정치적 여파를 분석한다. 그들은 먼저 교섭단체의 개념적 정의와 중요성을 제시한 후 교섭단체 운영 및 구성요건의 세계적 추이를 개관한다. 또한 교섭단체 구성요건과 관련된 이론적 논쟁점과 한국에서 교섭단체 구성요건과 관련하여 변화된 법률조항을 검토하고 이와 관련된 구체적 실례도 살펴본다. 아울러 원내교섭단체 구성요건과 관련된 정치적 여파를 대통령제, 소선거구제, 그리고 신당 출현 등의 측면에서 고찰한다. 이러한 분석을 통해 그들은 원내교섭단체 구성의 까다로운 규제로 인해 국회는 물론이고 한국정치가 전체적으로 패권정당 체제에 의해 지배되는 결과가 나타났다고 주장한다. 그러므로 정국혼란의 위험성에도 불구하고 원내교섭단체 구성요건을 완화함으로써 현재의 패권정당 체제를 탈피하고 새로운 개혁정당의 출현을 용이하게 해야 한다고 강조한다.

조정관의 글은 행정입법에 대한 국회의 효과적 통제야말로 과도한 행정부의 영향력을 약화시키고 행정부·의회 관계에 정치적 균형을 가져올 수 있는 결정적 메커니즘이란 인식에 입각해 있다. 의원입법의 활성화에 못지않게 의회에 의한 행정입법 통제가 의회기능을 정상화하는 데 중요하다는 것이다. 그의 분석에 의하면 한국국회의 미약한 정치적 위상은 부실한 행정입법 통제 때문이다. 물론 과거에는 전무했던 국회에 의한 행정입법의 직접통제가 민주화와 더불어 최근에는 절차적 측면에서 진전이 있었으나, 실제로는 빈약한 국회 전문자원, 행정입법에 대한 인식의 미비, 행정부의 비협조 등의 제약으로 아직 제대로 이루어지지 않고 있다. 이러한 현실을 시정하기 위해, 조정관은 국회의 전문적 입법 보좌능력의 확충, 국회·행정부간의 원활한 기능적 관계 수립, 청원 및 인터넷의 적극 활용을 통한 국민참여 등의 방안을 제시한다.

제3부의 글은 근래 중요하게 거론되어 온 몇몇 국회제도를 집중 조명하며 개혁방안의 허와 실을 분석한다. 우선 최정원의 논문은 입법행위 자간의 역학관계가 가시적으로 표출되는 시작점이자 이후 전개되는 입법과정의 양태에 지대한 영향을 미치는 법안발의 제도에 초점을 맞춘다. 분석결과 정치체제의 성격(민주적인가 권위주의적인가) 및 국회 내 정당간 권력관계(균형적인가 불균형적인가) 하는 입법환경 요인이 법안발의에서 의회의 적극성과 자율성에 긍정적 영향을 미치는 것으로 나타났다. 제도적 측면에서 보면 국회 입법지원 제도는 법안발의에 긍정적으로 작용하지만, 법안실명제의 시행과 정부법안 제출 통지의무제는 아직 제기능을 충분히 다하지 못하고 있다. 이러한 분석결과에 입각해 의원들이 자율성을 지키며 보다 적극적으로 법안발의에 참여하기 위해서는 국회 내 정당간 권력관계의 균형, 제도의 효율적 운영, 법안발의 요건의 완화, 민의수렴에 대한 적극성, 입법활동에 대한 사회적 관심과 감시 등이 필요하다는 결론을 제기한다.

손병권의 논문은 본회 활성화방안으로 등장한 전원위원회 제도와 대정부질문 제도를 고찰한다. 양 제도의 내용 및 문제점과 개선방향을 논함에 있어 각각을 잘 운용해 온 미국 하원 및 영국 하원과의 비교학적 관점을 취한다. 그의 핵심주장은 양 제도가 소기의 성과를 내기 위해서는 국회 및 개별의원들의 자율성과 전문성이 필요조건으로 전제되어야 한다는 것이다. 아울러 의원 개개인의 질의나 수정안 제출에 소요되는 절차상·시간상의 제규정을 완화할 필요가 있다는 점도 강조된다. 양 제도에 관한 국회법 규정에 스며 있는 정당 및 국회 지도부의 권한규정과 다양한 요구조건은 의원들로 하여금 양 제도를 활용할 동기를 갖지 못하도록 할 수 있다. 개선된 제도를 향유하기 위한 절차적인 장애가 높을수록 이러한 장애를 극복하기 위한 집합행동의 문제라는 딜레마는 더욱 클 것이다. 따라서 의사진행상의 질서유지와 효율성 향상의 필요성과 새로 도입된 제도의 실질적 활용의 필요성 사이에 신축성 있는 운영의 묘를 추구해야 한다는 결론이 도출된다.

박찬표는 높은 중요성에도 불구하고 상대적으로 등한시되어 왔던 국회 표결제도를 주제로 채택했다. 그의 글은 우선 자유투표와 정당투표를 둘러싼 논의를 대표성의 본질과 관련하여 규범적 차원에서 정리한 후, 비교의회론적 시각에서 의원들의 표결에 영향을 미치는 변수 및 표결유형을 살펴보고, 이를 바탕으로 우리 국회의 표결제도와 표결실태를 분석한다. 핵심주장을 정리하자면 자유투표(교차투표)가 궁극적 대안이 될 수 없고 자유투표 도입에 앞서 책임정당 정치의 필수요소인 정당투표의 원래 의미를 살리는 것이 최우선 과제여야 한다. 이를 위해서는 무엇보다도 이념과 정책에 기반을 둔 정당체제의 확립이 필요하다. 교차투표가 현 시점에서 진정한 의미를 가지려면, 국가보안법 문제와 같은 핵심적 이슈영역을 중심으로 정당을 뛰어넘는 표결연합이 형성되고, 그것이 현재의 지역정당 체제를 이념과 정책에 따른 정당체제로 개편하는 계기가 되어야 할 것이다. 또한 정당민주화를 통해 정당기율의 민주적 정당성을 높여야 한다는 점도 박찬표의 글에서 아울러 강조된다.

정상화는 고위공직자 인사청문회 제도의 현황과 실제 운용에서 발견되었던 문제점들을 진단한다. 그의 글에 의하면 2000년 이후 도입된 인사청문회는 경험부족으로 인하여 불가피한 측면도 있었으나, 어쨌든 많은 제도상·운용상의 문제점을 노정했다. 그러나 인사청문회 제도는 민주주의 발전의 중요한 도구로서 단점보다는 장점이 많으므로 꾸준한 개선노력을 통해 공고화의 과정을 거쳐야 한다. 이를 위해 정상화는 몇 가지 개선방안을 제시한다. 첫째, 시간적 제약을 탄력적으로 운영할 필요가 있다. 둘째, 인사청문위원회의 조사활동에 강제력을 부여하여 각 정부부처들로 하여금 자료확보에 적극 협조하도록 한다. 셋째, 청문회

대상을 확대한다. 넷째, 전문성과 정치적 영향력을 갖춘 의원들로 위원회를 구성한다. 다섯째, 위원들의 진지한 준비가 필요하다. 여섯째, 정파적 이해관계가 없는 민간 전문가들을 인사청문특별위원회에 참석하도록 하여 시민참여를 제도화할 필요가 있다.

신유섭의 글은 국정감사 제도가 어떠한 문제점을 노출하고 있고 개선방향은 어떠해야 하는지에 대해 논한다. 그의 분석에 의하면 국정감사가 너무 경보적 성격에 치우쳐 예방적 측면이 상대적으로 소홀히 되고 있는 것이 가장 큰 문제이다. 물론 경보적 국정감사도 의의가 있으나, 국정운영과 관련된 문제점을 사전에 방지하거나 악화되기 전에 발견하고 치유하는 것을 목적으로 하는 예방적 국정감사의 필요성이 간과되어선 곤란하다. 예방적 성격의 국정감사를 증진시키기 위해서는 물론 제도개선이 필요하나, 의원들의 태도변화와 유권자들의 의식전환도 요구된다. 의원들은 정치적 이해관계만 계산에 넣은 의정활동을 하지 말고 전문성을 증가시키면서 자신의 명망과 정책목표 달성을 목표로 하는 의정활동을 하도록 노력해야 한다. 유권자도 자신의 이해관계 여부와 상관없이 의정활동에서 뛰어난 의원을 표로써 정치적으로 보상해 줄 때 예방적 국정감사도 같이 증진될 수 있을 것이다.

마지막으로 임동욱은 예산심의 못지않게 대의민주주의에 중요한 국회 결산심사를 주제로 하여 제도상의 문제점과 개선방향을 고찰한다. 그는 국회의 예산과정이 결산심사는 경시하고 예산심의에만 주안점을 두는 경향이 지속될 경우 의회·행정부 관계의 불균형은 해소되지 않을 것이란 인식하에 상설 예결특위 체제를 도입할 것을 주장한다. 물론 이러한 상설특위 체제는 현재의 여건에서는 아주 만족스런 성과를 내기 어렵다. 그러므로 상시적 회계검사 체제를 확립하고 조기 결산심사 제도를 시행하는 제도적 보완을 가함으로써 상설특위의 효과적 운영을 도모해야 한다. 그럴 때 비단 재정민주주의뿐 아니라 건전한 의회민주주의가 앞당겨질 수 있을 것이라는 결론이 강조된다.

이 책의 편집자들은 논문을 게재한 필자들에게 우선 감사의 뜻을 전한다. 필자들은 각자 바쁜 일정에도 불구하고 기꺼이 연구용역에 동참하고 학술대회 발표에 참여하고 다시 수정과 보완의 절차를 거쳐 최종원고를 작성해 주었다. 편집자들이 연락과 조율에서 미숙함을 보였음에도 불구하고 필자들은 인내심을 갖고 부탁사항에 신속히 응해 주었고 마감일을 충실히 지켜 주었다. 특히 우수한 논문을 써서 이 책의 질적 수준을 높여 주었음에 감사를 표하고, 혹시라도 편집 부실로 인해 훌륭한 논문 내용에 흠이 가지 않기를 바랄 뿐이다.

한국정치학회와 국회사무처의 지원으로 이 책의 출간이 가능했다는 점은 앞에서 밝힌 바 있다. 한국정치학회는 공동연구가 시작될 수 있도록 연구계획과 연구진 구성을 주도하고 행정적 지원을 제공했고 발표를 위한 학술대회의 장도 마련해 주었다. 국회사무처는 연구진행, 발표, 수정 및 보완과정에 재정적 지원을 해주었다. 이 양 기관에 편집자들과 필진은 심심한 감사를 보낸다.

사회과학 전문연구서의 취약한 시장성에도 불구하고 출간을 결정한 도서출판 한울의 임원진, 그리고 편집과 교정에 수고를 기울여 준 담당자들께도 감사를 드린다. 덧붙여 편집진의 일원이 아니었음에도 불구하고 연락과 편집·교정단계에서 많은 신경을 쓰고 추진력을 불어넣어 준 최정원 연구교수께도 감사한 마음을 전한다.

편집자 김영래, 이정희, 임성호
2004년 2월

차례

서 문　　　　　　　　　　　　　　　　　　　　　　　　　　　3

제1장　한국 의회정치의 반성과 개혁과제/김영래 ······························ 19

　1. 문제의 제기 · 19
　2. 의회의 기능과 역할 · 21
　　　1) 대표기능 · 22
　　　2) 입법기능 · 23
　　　3) 행정부 감독기능 · 24
　　　4) 갈등해결 기능 · 25
　　　5) 통합기능 · 26
　3. 한국 의회정치의 문제점 · 27
　　　1) 정치력의 부재 · 29
　　　2) 자율성의 결여 · 30
　　　3) 대표성의 왜곡현상 · 32
　　　4) 정책기능의 저하 · 33
　　　5) 갈등처리 능력의 부재 · 36
　4. 국회 운영제도 개혁의 전개 · 37
　　　1) 이만섭 의장 시기 · 37
　　　2) 박관용 의장 시기 · 40
　5. 결 론 · 43

제2장　국회불신의 수준과 원인/임성호 ······································ 45

　1. 서 론 · 45
　2. 왜 신뢰가 중요한가 · 47
　3. 국회 불신감은 어느 정도인가 · 50
　4. 국회 불신감의 근원: 정책결과인가, 정치과정인가 · 53
　5. 결 론 · 63

제3장 상임위원회 전문성에 대한 비교고찰:한국국회와 미국 연방하원을

　　　중심으로/김형준 ··· 68

　1. 서 론·68

　2. 상임위의 전문성 결정요인·71

　　　1) 의원 개인요인·71

　　　2) 상임위원회의 조직과 운영요인·76

　　　3) 의회제도 요인·85

　3. 결 론·91

제4장 한국 당정관계의 역동성과 제도화/이정희 ······························· 95

　1. 들어가며·95

　2. 당정관계의 분석틀·98

　　　1) 분석틀과 주요행위자·98

　　　2) 당정관계의 결정요인·99

　3. 당정관계의 변화와 당정협의 메커니즘의 제도화·103

　　　1) 당정관계의 변화와 특성·103

　　　2) 당정협의 메커니즘의 제도화·107

　　　3) 당정관계에 따른 당정협조 제도의 변화·117

　4. 마치며·120

제5장 원내교섭단체 구성요건의 변화에 따른 정치역학/함성득·임동욱 ···· 125

　1. 서 론·126

　2. 교섭단체의 개념적 정의와 정치적 중요성·128

　　　1) 교섭단체의 개념적 정의 ·128

　　　2) 교섭단체의 정치적 중요성 ·129

　3. 교섭단체 구성요건과 관련된 이론적 논쟁들·131

　4. 교섭단체 구성의 세계적 추이 ·134

　　　1) 주요국 의회의 교섭단체 조직 및 운영실태·134

　　　2) 주요국 의회 교섭단체 구성요건의 시사점·141

　5. 한국에서 교섭단체 구성요건의 변화·142

1) 국회법 개정을 통한 교섭단체 구성요건의 변화 · 142

2) 교섭단체 구성의 실례 · 144

6. 정치제도와 교섭단체 · 148

7. 결 론 · 153

제6장 한국에서의 행정입법과 행정부·의회관계/조정관 ························· 156

1. 서론 · 156

2. 본론 1. 권력구조와 의회에 의한 행정입법 통제의 다양성 · 160

3. 본론 2. 한국에서의 행정입법 통제의 현실 · 167

4. 결론: 국회의 효과적인 행정입법 통제를 위한 제언 · 175

제7장 법안발의 제도와 국회 입법과정의 정치역학/최정원 ····················· 180

1. 서 론 · 180

2. 이론적 배경 · 181

1) 입법과정과 법안발의의 제도적 장치 · 181

2) 법안발의의 정치역학적 요인 · 186

3. 역대 국회 법안발의의 추이와 정치역학 · 190

1) 정치체제의 성격과 법안발의 실태 · 190

2) 국회 내 권력관계의 변화와 법안발의의 주도권 · 194

4. 제도적 측면에서 본 국회 법안발의 실태 · 198

1) 법안실명제의 효과 · 198

2) 정부법안 제출계획 통지의무제의 시행 · 201

3) 국회 입법지원 제도의 확충 · 205

5. 결 론 · 209

제8장 본회의 활성화를 위한 제도: 개정국회법의 전원위원회 제도 및
대정부질문 제도를 중심으로/손병권 ······································· 216

1. 서 론 · 216

2. 미국 하원의 전원위원회 제도 · 222

3. 개정국회법에서 전원위원회 제도의 내용, 문제점 및 개선방향 · 228

4. 영국 하원의 대정부질문 제도 · 232

5. 대정부질문 제도의 내용, 문제점 및 개선방향 · 234

6. 결론에 대신하여 · 238

제9장   국회 표결제도와 표결연합의 정치역학: 교차투표와 정당투표를

　　　　중심으로/박찬표 ·· 242

1. 표결의 함의와 표결연구의 중요성 · 242

2. 자유투표와 정당투표에 대한 규범적 접근 · 245

　　1) 대표이론의 측면에서 본 자유투표와 정당투표 · 245

　　2) 헌법론의 입장에서 본 자유투표와 정당투표 · 252

3. 표결제도와 표결유형에 대한 분석적 접근 · 254

　　1) 표결제도 · 254

　　2) 표결행태에 영향을 미치는 변수 · 257

　　3) 표결유형 · 260

4. 국회의 표결제도와 표결행태 · 271

5. 결론: 대안의 모색 · 278

제10장   고위공직후보자 인사청문회 제도의 현황과 의의/정상화 ············ 287

1. 서 론 · 287

2. 고위공직자 인사청문회 제도에 관한 기존 연구 · 289

3. 고위공직자 인사청문회 제도의 현황과 평가 · 290

　　1) 2000년: 국무총리(이한동), 대법관(이규홍 등 6인), 헌법재판소장(윤영철) 및 헌법재
　　　　판관(권성, 김효종)(송광수) 및 국가정보원장(고영구) · 293

　　2) 2002년: 중앙선거관리위원(김영신, 김헌무) 및 국무총리(장상, 장대환, 김석수) · 296

　　3) 2003년: 대법관(고현철), 국무총리(고건), 경찰청장(최기문), 국세청장(이용섭), 검찰총
　　　　장(송광수) 및 국가정보원장(고영구) · 299

4. 고위공직자 인사청문회 제도와 민주주의 · 303

　　1) 정책적 효율성 · 304

　　2) 정치적 효율성 · 306

5. 결론 및 정책제안 · 308

제11장 국회 국정감사 기능 개선방안: 예방적 성격의 국정감사를
　　　　중심으로/신유섭 ·· 316
  1. 서 론 · 316
  2. 예방적 성격의 국정감사와 경보적 성격의 국정감사 · 317
  3. 6공화국 이후의 국정감사 · 319
  4. 예방적 국정감사 활동을 제한하는 요인 · 321
  5. 예방적 국정감사 활성화방안 · 328
  6. 결 론 · 336

제12장 국회 결산심사 제도의 실태와 개선과제/임동욱 ························· 339
  1. 문제의 인식 · 339
  2. 국회 결산심사 제도에 대한 이론적 논의 · 341
    1) 국회 재정통제권의 의의 · 341
    2) 국회의 결산심사과정 · 342
    3) 결산심사와 관련된 주요 선행연구 · 344
  3. 국회 결산제도의 현실 및 주요 문제점 · 349
    1) 역대 국회 결산심사의 현실 및 생산성 · 349
    2) 결산심사 제도의 주요 문제점 · 351
  4. 국회 결산제도의 발전방향 및 정책과제 · 355
    1) 결산심사 제도개선의 요지 · 355
    2) 예결위의 "상설특위" 체제의 문제점 극복 · 356
    3) 상시적 회계검사 체제의 확립 · 359
    4) 조기 결산심사 제도의 확립 · 360
  5. 맺음말 · 362

제1장 한국 의회정치의 반성과 개혁과제

김 영 래(아주대학교 정치외교학과 교수)

1. 문제의 제기

한국 의회정치의 역사도 2004년 4월 15일 제17대 국회의원선거 실시로 거의 60여 년에 달함으로써 이제는 발전단계를 넘어 의회정치의 공고화시기에 들어서게 되었다고 할 수 있다. 특히 금년 새로 구성되는 제17대 국회는 앞으로 개정될 선거법에 의해 국회의원 수는 물론 선거절차에서 질적·양적으로 상당한 많은 변화가 있을 것으로 예상된다.[1]

한국국회는 그 동안 한국사회의 발전과 더불어 많이 변했으며, 이런 변화과정 속에서 국회는 한국 정치발전을 위해 수차 개혁을 시도하면서 한국 민주정치 발전에 필요한 의회의 사명을 완수하기 위해 노력해 왔다. 그러나 이러한 의회의 개혁노력에도 불구하고 아직까지 국회의 역할에 대한 국민적 평가는 호의적이지 못하다.

지난 2000년 4월 13일 제16대 국회의원선거를 실시, 273명의 국회의원을 선출했을 당시만 해도 국민들의 기대는 대단했다. 변화와 개혁

---

1) 헌법재판소는 2001년 7월 19일, 10월 25일의 판결을 통해 현행 국회의원선거 비례대표제의 배분방식과 기탁금제도에 대해 위헌결정을, 1인1표제에 대해 한정위헌 결정을, 국회의원 지역선거구의 현행 인구편차에 대해 평등을 침해한다고 위헌결정을 내려 2003년 12월 31일까지 선거법을 개정해야 한다고 판결하였다.

의 시대인 21세기를 맞이해 유권자들은 21세기 들어 첫 번째로 구성된 국회가 과거와는 다른 발전된 모습을 보여주기를 기대했다. 그러나 제 16대 국회 역시 과거 국회의 구습을 탈피하지 못하고 개원 초부터 운영상의 문제를 노출하고 원구성을 한 달 이상 지연하더니, 그후 방탄국회, 식물국회, 낮잠국회 등 갖가지 비판 속에서 오히려 제15대 국회보다도 낮은 평가를 받고 있다.[2]

제16대 총선에서 여당인 민주당이 참패하고 여당과 공동정부를 구성한 자민련이 몰락한 반면, 한나라당이 선전함으로써 현재 의회는 한나라당이 과반수를 차지하고 의회를 운영하고 있다. 특히 제16대 국회의원 선거에서 총선시민연대의 낙천·낙선운동으로 구시대적 정치인이 대거 퇴장하고, 동시에 소위 386세대라는 개혁세력이 의회에 진출하여 국민적 기대가 대단했으나, 현재 그 결과는 다소 실망스럽다.

이러한 상황에서도 국회는 그 동안 발전을 위해 많은 개혁을 시도했다. 지난 14대 국회에서는 국회개혁 차원에서 국회법을 개정해 연간 국회운영 기본일정 수립, 긴급현안 질문제도 도입, 4분 발언제도, 정보위원회 신설, 폐회 중 상임위원회의 월 2회 정례화 등 대폭적인 변화가 있었다.

특히 제16대 국회의원선거 직전인 2000년 2월 16일과 2002년 2월 28일 국회법 개정을 통해 국회의장의 당적이탈, 인사청문회 도입, 예산결산특별위원회 상설화, 자유투표제 명문화, 국회 상시개원 등을 제도화해 과거 국회와는 다른 모습을 보여주려고 노력했다.[3] 2002년 9월에

---

2) 윤종빈, 「제16대 국회의 운영제도 평가」, 한국의회발전연구회 편, 『의정연구』, 제13호(2002. 6), 7-8쪽.

3) 국회법은 1993년 12월 당시 이만섭 국회의장 주도로 구성된 국회제도개선위원회에서 건의한 내용을 중심으로 개정됐다. 이에 관해서는 국회사무처 의사국, 『달라진 국회법, 새로운 국회운영』(1994) 참조. 의장 당적이탈 등도 제16대 전반부의 이만섭 의장에 의해 주도됐다. 이만섭, 『나의 사전에는 날치기는 없다』(2001) 참조. 한편 이만섭 국회의장은 개정된 국회법에 따라 2002년

박관용 국회의장에 의해 주도된 국회법이 2003년 2월 4일 개정·공포돼 국회는 의원 발언제도 개선, 국정원장 등에 대한 청문회제도 도입 등을 통해 국회운영의 새로운 변화를 추구했다.[4]

그러나 현재 한국 국회는 이런 외적인 하드웨어(hardware)의 변화에도 불구하고 실제적인 운영이나 국회의원의 의식이 변하지 않아 소프트웨어(software)는 과거와 크게 달라지지 않았다. 따라서 이 글은 현재 한국 국회가 가지고 있는 문제점은 무엇이며, 그 개선을 위해 지금까지 국회가 추진한 개혁내용이 무엇인가를 고찰하려고 한다.

2. 의회의 기능과 역할

일반적으로 한국 의회의 기능과 역할은 다른 국가의 의회 역할과 유사하게 논의될 수 있다. 물론 의회의 기능과 역할에 대해서는 주어진 정치체계에 따라 다양하게 정의할 수 있으나, 민주정치 제도의 정착 여부는 민주정치의 요람인 의회가 어떤 기능을 수행하느냐에 달려 있다. 따라서 의회가 활동하고 있는 정치체계가 어떤 특성을 지니고 있느냐에 따라 기능을 다양하게 분석하는 것이 바람직하지만, 일반적 수준에서 논의하는 것도 민주정치 발전 차원에서 필요하다고 할 수 있다.

근대사회 이전의 의회는 전제군주나 전체주의적 통치자의 정책수행에 정당성을 확보하는 수단으로서 영향력 있는 국민집단의 동의나 지지를 얻는 장치의 역할을 했다. 그러나 근대사회에 들어와 의회는 전통적인 입법·대표기능 외에 여러 가지로 다원화되고 분화된 사회의 다양한 욕구를 정치체계가 수렴해 사회 갈등구조를 공동체적 시각에서 통합하

3월 8일 헌정사상 최초로 당적 없는 의장이 됐다.
4) 2002년 9월 박관용 의장에 의해 제출된 국회법은 2002년 1월 22일 국회에서 개정안을 의결, 2월 4일 공포됐다.

는 등 그 기능이 변하고 있다.

이러한 의회의 기능에 대해 패켄햄(Robert A. Packenham)은 브라질 같은 발전도상국 의회의 기능을 잠재적 정당화, 긴장해소, 지도자 충원, 사회화, 훈련, 법규제정, 이익표명, 행정부 감독기능으로, 데이비슨(Roger H. Davidson)은 미국 의회를 중심으로 법률제정, 대표, 합의구축기능으로 대별하고, 행정부 감독기능 등을 보조기능으로 구분했다. 한편 제웰과 패터슨(Malcolm E. Jewell and Samuel C. Patterson)은 의회의 주요기능을 갈등처리와 정치체제 통합기능으로 분류하고, 갈등처리에는 심의, 결정, 심판 및 정화기능이, 체제통합에는 승인, 정당화, 대표기능이 있다고 주장하는가 하면, 한국 의회를 연구한 김종림 교수 등은 의회를 정치적 대표기능, 정치참여 기능, 정당화기능, 자원배분 기능 등으로 제시하고 있다.5)

이와 같이 의회는 학자와 정치체계의 성격에 따라 그 기능을 다양하게 논의할 수 있으나, 정치제도로서 의회는 일반적으로 다음과 같은 기능을 수행하고 있다.

1) 대표기능

대표기능(representation function)은 의회의 본질적인 기능이다. 이는 의회의 존재이유와 관련된 것으로 민주정치를 대의정치라고 지칭할 때 대표기능이 우선적으로 주장된다. 대표기능은 선거에 의해 선출된 의원으로 구성된 의회가 국민의 이익을 보호하고 대변하며 국민의 입장에 서서 행동하는 것을 의미하는 것이다. 이는 광범위한 분야에 걸쳐 국민의

---

5) Gerhard Lowenberg and Samuel C. Patterson, *Comparing Legislature* (Boston, Mass.:Little, Brown, 1979); 박동서·김광웅, 『의회와 행정부』(법문사, 1989); 김광웅·김학수·박찬욱, 『한국의 의회정치』(박영사, 1991); 윤영오, 「국회제도 및 운영의 개선방향」, 《의정연구》 제2권 1호(1996), 120-123쪽.

다양한 이익과 견해를 의회라는 제도적 장치를 통해 여과시킴으로써 국민의 뜻을 정치체제 속으로 끌어들여 정책형성에 반영시키는 것이다.

한마디로 대표기능은 국민의 다양한 이해관계와 신념을 집약해 정책에 반영시키는 기능인데, 광의로는 정치과정에서 의회가 수행하는 모든 기능을 포괄하는 개념이 되며, 협의로는 이익표명, 이익집약, 법률제정, 정부와 선거구민과의 연결, 심부름 기능과 중첩되는 경우가 많다. 무엇보다도 의회의 대표기능은 국민의 주권적 의사를 표방·통합하는 것을 포함하고 있는 것으로, 의회가 국민주권의 최고기관임을 의미하는 것이다. 예컨대 영국에서 의회를 법적 의미에서 주권자라고 하는 등 대부분 국가에서 의회에 최고의 위치를 부여하고 있다.

그러나 대표기능은 의회의 가장 중요한 기능이면서 동시에 현대정치에서 가장 비판을 많이 받는 기능이기도 하다. 예컨대 대표기능이 지역적·직능적 차원에서 변질되고 있으며, 특정지역 단위에서 선출된 의원이 전체 국민을 대표할 수 있느냐, 혹은 공인으로서 의원의 위상이 무엇이냐 따위가 논란이 되고 있다.

2) 입법기능

대부분의 국가가 의회를 입법기관이라고 헌법에 명시하고 있다. 우리나라는 헌법에 "입법권은 국회에 속한다"(제40조)고 규정하고 있으며, 미국의 연방헌법도 "이 헌법에 의해 부여되는 모든 입법권은 연방의회에 속한다"(제1조 제1절)고 명시하고 있다.

입법권은 행정권, 사법권과 더불어 근대적 통치구조의 특징인 삼권분립의 한 구성부분이다. 이 기능은 1698년 영국의 권리장전, 1789년 프랑스의 인권선언 등 여러 과정을 거쳐 형성된 것이다. 영국의 권리장전에는 "의회의 승인 없이 왕권에 의해 법률 또는 법률의 집행을 정지하는 것은 위법이다."고 명시하고 있으며, 프랑스 인권선언도 "법률은 일반의사의 표현이며 모든 시민은 직접 또는 그 대표자에 의해 그 제정에 참가할 권리를 갖는다."고 규정하고 있다.

국가통치가 법에 의해 이루어진다는 차원에서 입법권은 의회의 다른 어떤 기능보다 더 기본적인 것이라고 할 수 있다. 그럼에도 불구하고 이 기능은 최근 행정권의 비대화, 행정부의 수반인 대통령이 가지고 있는 각종 명령권, 각종 재판소의 법률심의 등에 의해 상당히 퇴색되고 있다. 심지어 일부 국가에서는 행정권의 강화로 의회가 행정부의 시녀, 또는 단순히 행정부에서 제출한 법안을 통과시키는 통법부로 전락한 경우도 많아 입법기능(law-making function)에 근본적인 문제가 제기되고 있다.

3) 행정부 감독기능

민주정치는 행정·입법·사법부가 상호 견제와 균형(check and balance)을 이룰 때 비로소 능동적·안정적으로 운영된다. 어느 한 기관이 다른 기관에 비해 월등한 권력을 갖게 되면 삼권분립의 균형은 무너지고 올바른 민주정치는 실시하기 힘들게 된다.

입법부가 가지고 있는 대표적인 견제기능은 행정부에 대한 감독기관의 기능이다. 대표기능과 입법기능이 어느 정도 상징적인 기능이라면, 행정부에 대한 감독기능은 실질적 기능이다. 행정부에 대한 의회의 감독기능은 전제정치 또는 독재정치와 민주정치를 구분하는 중요한 기준이 된다.

현대사회의 발달과 국가역할의 증대로 인해 행정권 강화현상이 더 심화되고 있기 때문에, 행정부에 대한 입법부의 감독권한은 특히 중요한 의미가 있다. 현대국가를 행정국가라고 말할 정도로 행정권이 비대해지

고, 그 결과 행정권이 입법권이나 사법권보다 우위를 차지하게 됐기 때
문에, 행정부에 대한 입법부의 견제기능은 단순한 삼권분립의 원론적
차원에서는 물론이고 실질적인 국민의사 반영차원에서도 중요하다.

행정부에 대한 감독은 국정에 대한 대정부질문, 국정감사권, 탄핵소
추권, 그리고 정부각료에 대한 불신임권 등 다양한 형태로 행해지고 있
다. 그러나 최근 행정부가 지나치게 비대해지고 역할이 강화돼 한정된
적은 수의 의원과 이를 지원하는 소규모의 보좌 인력만 가지고는 효과
적인 감독기능을 제대로 수행하기 힘든 점이 문제가 되고 있다.

4) 갈등해결 기능

미국과 같은 서구의 발달된 민주정치를 갈등해결의 정치(politics as
conflict-resolution)라고 볼 때,6) 사회에 산재한 다양한 이해관계를 조정·
수렴해 정치에 반영하는 것은 현대의회의 대표적인 기능이다. 특히 산
업사회의 발전과 더불어 사회구성원간의 갈등이 더욱 심화되고, 이로
인해 사회가 파편화되고 있는 상황에서 사회에 산재한 여러 가치를 하
나의 권위와 정통성을 가지고 분배해 그 갈등을 최소화시키는 것이 정
치가 수행해야 할 최우선 과제이다.

갈등을 해결하는 방법은 물리적인 힘의 사용 또는 평화적 방법의 사
용 등 여러 가지 차원에서 고려될 수 있다. 그러나 의회는 폭력보다는
평화적인 방법, 즉 토론과 대화를 통해 일정한 틀 속에서 갈등을 처리
하는 대표적인 기구이다. 민주주의는 과정(process)의 정치이다. 따라서
정치가 의회라는 제도를 통해 전개될 때, 우리는 그 과정 자체에 정통
성을 부여하고 그 결과를 받아들인다. 이는 과정 자체가 갈등을 증폭시

---

6) Mark E. Kann, 한홍수·김영래 공역, 『현대정치학의 이해』(대왕사, 1988),
   32-63쪽.

키기보다는 여과하는 역할을 하기 때문이다. 그러나 이런 갈등처리를 위해 의회가 여러 이익을 집약해 이를 정치체계에 편입시키는 적극적인 기능을 수행해야 함에도 불구하고, 의회가 각 이익집단간에 야기된 갈등이 처리된 후, 또는 단순히 행정부의 처리결과에 따라 소극적으로 조정하는 부차적인 기능밖에 수행하지 못하고 있다는 비판이 일고 있다.

5) 통합기능

통합기능(integration function)은 반드시 의회만이 가지고 있는 기능은 아니다. 행정부나 사법부 등 모든 정치체계가 정치를 비롯한 사회를 통합하는 기능을 수행하고 있다. 그러나 의회는 그 체계의 속성이 다양한 구성요소를 통합해 원활한 흐름을 조성하는 것이며, 특히 정치체계는 이를 더욱 강조하고 있다.

이런 통합기능은 어느 한 요소에 의해 결정되지 않는다. 지금까지 언급한 여러 기능이 원활하게 수행될 때 비로소 정치체계에 대한 믿음이 생기고, 이것이 결국 통합기능으로 발전하게 된다. 특히 앞에서 지적된 갈등해결 기능이 정치체계에 정당성을 부여하고, 그러한 다양한 이해관계의 조절이 체제에 대한 지지를 확대함으로써 통합기능은 작동된다.

통합기능은 사회구성원에 대한 교육을 통해 더 강화되고 있다. 정치교육이란 정치체계에 대한 이해의 폭을 확대시키는 것으로, 이것이 체제에 대한 지지를 유도해 정치체계를 신뢰하는 문화를 낳을 수 있다. 그런데 통합기능 역시 최근에는 의회와 같은 공식적 정치제도 외에 다른 정치적·사회적 조직체에 의해 더 효율적으로 수행되는 경우가 많다. 오히려 의회가 당파적 이익을 우선해 운영됨으로써 의회의 역할에 심각한 반성을 촉구하고 있는 것이다.

이외에도 정치사회화의 기능, 정치지도자 충원의 기능, 정부 후원기능 등 여러 가지 기능을 수행하고 있으나, 이는 대부분 위에서 언급된 주요기능에 대한 부수적 역할로 간주되고 있다.

3. 한국 의회정치의 문제점

한국 국회는 1948년 5월 10일 실시된 제헌선거를 통해 구성된 초대 국회부터 2000년 4월 13일 실시된 총선거를 통해 구성된 현재의 16대 국회에 이르기까지 파란만장한 한국정치 현장에서 중요한 정치행위자 (political actor)로 활동했다. 그러나 한국의회는 행정국가화 현상이 심화 되는 과정에서 그 권한과 지위가 상대적으로 위축돼, 때로는 통법부라 는 지탄까지 받을 정도로 자기 역할을 제대로 수행하지 못했다.[7]

한국의 의회정치는 의회정치의 중심인 국회가 주도하기보다는 오히 려 행정부를 장악하고 있는 대통령이 어떤 리더십을 가지고 있느냐에 따라 그 위상이 결정됐다. 1980년대 후반까지 독재 또는 권위주의적 리더십을 가진 대통령에 의해 의회정치는 무시됐다. 이런 현상은 역시 한국정치의 민주화를 주도한 김영삼·김대중 대통령이나 현재 집권하고 있는 노무현정부에서도 크게 달라지지 않았다.

<표 1-1>과 같이 국회의원선거 방식이 대통령에 의해 좌지우지되 고, 의회도 정치상황에 따라 제도화되지 못하고 편의적으로 운영되는 등 많은 문제점이 노출됐다. 국토분단으로 인한 이념적 갈등과 안보환 경은 한국정치에 특수한 상황적 요인을 제공했다. 그러나 이러한 과정 에서도 한국의회는 민주정치의 보루로서 정치적 영욕 속에서 자기 위상 을 회복하기 위해 제한된 영역 내에서나마 노력한 예도 없지 않다.

---

7) 김호진, 『한국정치체제론』(박영사, 1990), 328쪽.

<표 1-1> 역대 국회운영 변천 개요

	의회구성	원내세력분포	선출방식	무소속출마가능여부	권력구조		비고
제헌	단원제	17개: 200명	직선(소선거구)	가능	대통령제	제1공화국	대통령 국회에서 선출
2대	단원제	12개: 210명	직선(소선거구)	가능	대통령제		1차개헌(1952. 7); 대통령직선제, 국회양원제
3대	단원제	6개: 203명	직선(소선거구)	가능	대통령제		2차개헌(1954. 11); 대통령3선금지폐지
4대	단원제	4개: 233명	직선(소선거구)	가능	대통령제		3차개헌(1960. 6); 의원내각제, 양원제
5대	양원제	7개(민의원 233명, 참의원 58명)	민의원: 직선(소선구), 참의원: 직선(대선구)	가능	의원내각제	제2공화국	4차개헌(1960. 11); 3.15부정선거관련자 처벌 근거
6대	단원제	5개(175명, 전국구 44명)	지역구: 직선(소선구), 전국구:비례대표	불가능	대통령제	제3공화국	5차개헌(1962. 12); 대통령제, 단원제
7대	단원제	3개(175명, 전국구 44명)	지역구: 직선(소선구), 전국구:비례대표	불가능	대통령제		6차개헌(1969. 8); 대통령3선허용
8대	단원제	4개(204명, 전국구 51명)	지역구: 직선(소선구), 전국구:비례대표	불가능	대통령제		7차개헌(1972. 11); 10월유신
9대	단원제	5개(219명)	지역구: 직선(중선구), 유정회:간선	가능	대통령제	제4공화국	통일주체국민회의에서 73인 선출
10대	단원제	5개(231명)	지역구: 직선(중선구), 유정회:간선	가능	대통령제		통일주체국민회의에서 77명 선출
11대	단원제	9개(276명, 전국구 92명)	지역구: 직선(중선구), 전국구:비례대표	가능	대통령제	제5공화국	8차개헌(1980. 12)
12대	단원제	7개(276명, 전국구 92명)	지역구:직선(중선구), 전국구:비례대표	가능	대통령제		제9차개헌(1987. 10)
13대	단원제	4개(299석, 전국구 75명)	지역구:직선(소선구), 전국구:비례대표	가능	대통령제	제6공화국	1990년 2월 15일 3당합당(민정당,통일민주당, 신민주공화당)
14대	단원제	4개(299석, 전국구 33명)	지역구:직선(소선구), 전국구:비례대표	가능	대통령제	민주주의 이행기	1995년6월 27일 지방자치단체장 선거 실시
15대	단원제	3개(299석, 전국구 46명)	지역구:직선(소선구), 전국구:비례대표	가능	대통령제	문민정부	통합선거법 제정
16대	단원제	3개(276석, 전국구 46명)	지역구:직선(소선구), 전국구:비례대표	가능	대통령제	국민의정부	국회의장 당적 금지

한국 국회의 기능과 역할에 대해 제헌국회부터 2000년 5월 30일 임기가 개시된 제16대 국회까지 다양한 시각에서 논할 수 있다. 그러나 역대국회는 앞에서 고찰된 바와 같이 정치적 상황에 따라 다르게 운영됐기 때문에 일률적으로 평가하는 데는 문제가 있다. 그럼에도 불구하고 한국 정치체제가 지니고 있는 특수성으로 인해 역대 국회는 몇 가지 공통된 특성을 지니는데, 그것은 다음과 같이 요약될 수 있다.

1) 정치력의 부재

의회는 민주정치의 중심이다. 민주주의가 인내와 관용의 가치를 존중하는 정치라고 한다면, 이는 의회에서 전개되는 토론, 타협, 협상의 과정을 통해 일어나고, 따라서 정치력은 필수적이다.

정치력은 물리력을 중심으로 전개되는 힘의 논리를 의미하는 것이 아니다. 법안심의에서 존중되는 다수결의 원칙도 의회에서는 절대적이기보다는 상대적인 개념이다. 힘의 논리와 능률성만 강조한다면, 국회와 같은 토론의 장은 불필요할 수 있다. 강자의 논리가 아닌 약자를 존중하는 차원에서 게임의 원칙이 존중되며, 승자와 패자가 분명하게 구별되는 zero-sum game이 아닌 non-zero-sum game을 전개해야 한다.

한국국회는 정치력 부재의 국회이다. 여야 모두 정치력보다는 힘의 논리를 강조하고 있다. 여당은 강자의 논리에 빠져, 타협과 협상이 여의치 않으면 다수결의 원리를 내세우면서 단독으로 의안을 날치기 통과시키고, 이런 여당의 횡포에 대해 야당은 농성, 무력저지, 장외투쟁 같은 극한적인 방법을 동원해 맞서는 일이 연례행사가 되고 있다.

제14대 국회의 경우 1992년 6월 개원 초부터 지방자치단체장 선거와 상임위원장 선출문제로 공전을 거듭한 이후 무려 7번이나 파행 운영했고, 회기 116일을 허송세월로 보냈으며, 그 중 제175임시회는 30일간

단 하루도 열지 못하고 폐회되기도 했다.[8]

이런 현상은 제15, 16대 국회에서도 유사하게 벌어졌다. 특히 제16대 국회는 거의 매달 국회가 소집됐으나, 방탄국회, 식물국회로 임시회 개회식도 하지 못하고 공전된 회기도 있을 정도이다. 정당은 국회의 상시 개원 제도를 악용해 동료의원의 불체포 면책특권이 효력을 발휘할 수 있도록 활용해 국민의 뜻을 저버린다는 비판이 있을 정도이다.[9]

2) 자율성의 결여

의회정치가 발전하기 위해 국회는 정치학자 헌팅턴이 주장하는 제도화(institutionalization)된 정치집단이 돼야 한다. 헌팅톤은 제도화를 자율성(autonomy), 복합성(complexity), 적응성(adaptability), 일관성(coherence)으로 보고 있는데, 이 중 의회정치 발전과 관련된 가장 중요한 개념은 자율성이다.[10]

자율성은 어떤 하나의 제도가 대외적으로 독자성을 유지하는 것을 의미하기 때문에 존립근거에서 가장 중요한 요소다. 특히 행정부, 사법부와 더불어 삼권분립의 한 축을 이루고 있는 국회가 자율성을 얼마나 확보하고 있느냐는 국회 존립의 핵심적 요이다. 자율성이 없으면, 안정성이 없고, 따라서 하나의 제도로서 기능과 역할을 수행하기 어렵게 된다.

이러한 국회의 자율성은 헌법, 국회법 같은 법적·제도적 요인에 의해 제약된다. 그러나 한국의 경우 이보다는 주로 제왕적 대통령을 중심으로 운영되는 행정부가 그 제약요인이 되고 있다. 대통령이 강력한 권한

---

8) 《중앙일보》 1996년 5월 18일.

9) 윤종빈, 앞의 책, 2002, 10쪽. 특히 제16대 국회는 2003년 12월 30일 불법 대선자금 수수혐의 등으로 체포동의안이 제출된 여야 국회의원 7명을 모두 부결시킴으로써 '방탄국회' '동료의원 감싸기' 등등의 거센 비판을 받고 있다.

10) Samuel P. Huntington, *Political Order in Changing Societies* (Princeton, N.J.: Princeton University Press, 1968), pp.8-38.

을 가지고 있는 정치체제이기 때문에 한국국회는 대부분의 경우 대통령의 통제 하에 일정한 역할만 행사하고 있다. 한국국회는 정치체제 변동에 따라 여러 차례 부침하는 과정에서 스스로 자율성을 확보하기보다는 적당하게 체제 내에서 안주해 왔다. 물론 최근 국회법개정을 통해 인사청문회를 실시하는 등 자율성을 확보하려는 움직임을 보이고 있으나 아직도 미흡한 실정이다.[11]

국회의원 임기 자체가 타의에 의해 단축되는 사례가 빈번했으며, 이런 과정에서 국회는 무력한 존재가 됐다. 제4대 국회는 4월 학생혁명으로, 5대 국회는 5·16쿠데타로, 8대 국회는 10월 유신으로, 10대 국회는 박정희 대통령의 암살과 신군부의 개입으로, 12대 국회는 1987년 민중항쟁의 결과 헌법개정으로 중도에 임기가 만료됐다. 이러한 타의에 의한 국회임기 중도단절 사례는 자율성수준 측정의 중요한 바로미터라 할 수 있다.

헌법이나 국회법에 의해서도 국회의 자율성은 충분히 확보하지 못하고 있다. 87년 헌법개정과 그 후의 국회법개정을 통해 유신체제 이래 취약했던 국회의 지위는 많이 회복돼 자율성이 상당수준 제고됐으나, 아직도 미흡하다. 국정감사권의 부활, 정보위원회의 신설, 인사 청문회 실시, 예산결산특별위원회 상설화 등에 의해 자율성이 점차 증대되고 있으나, 국회는 새로운 정치 환경에서 주체가 되지 못하고 또 제대로 적응하지도 못하고 있다. 아직도 국회가 개혁의 주체라기보다는 개혁의 대상일 뿐 아니라, 정책부재, 청와대 눈치 보기 등으로 국회의 무기력 상태는 계속되고 있다. 중요한 정책이 국회 내에서보다는 청와대를 중

---

11) 2002년 7월과 8월 장상, 장대환 국무총리 지명자가 국회 임명동의에서 부결됐다. 이는 헌정사상 각각 7, 8번째다. 지금까지 국회에서 임명동의가 부결된 예는 48년 7월 제헌국회 때 이윤영, 2대에는 50년 4월 이윤영, 50년 11월 백낙준, 52년 12월 이윤영, 52년 11월 이갑성, 5대에는 60년 8월 김도연 등이 부결됐다. 한편 국정원장, 경찰청장, 국세청장 등에 대해 실시된 청문회는 관련제도의 미비로 형식적 절차의 의미만 있었다는 지적이 많다.

심으로 한 권력 핵심부에 의해 결정되고 있는 것은 국회의 자율성수준
을 나타내는 대표적인 사례이다.

3) 대표성의 왜곡현상

국회의 본질적 기능은 대표성이다. 대의제도와 함께 발달한 국회는
일정한 사회 인구학적 개념에 기초한 대표성을 가지고 있으며, 그 대표
성은 이중적 의미를 가지고 있다. 일차적으로는 지역구를 대표하지만
현대 산업사회의 발달에 따른 구조적 분화로 인해 다양한 집단과 이익
을 대표하기도 한다. 이는 국회의원이 하나의 독립된 대표기관으로서
대의기관임을 나타내는 요소이기도 하다.

그러나 한국국회의 경우 대표성이 왜곡돼 있고 또 편중돼 나타나고
있다. 지역구 출신 국회의원은 출신 지역구를 대표하는 활동에 대해서
는 열심이지만, 지역구의 경계를 넘어 각종 다양한 사회계층이나 이익
집단의 이해를 대표하는 기능에 대해서는 소극적이다. 의원의 지역구
활동조차 정책 자료의 수집이나 이익집약 활동이라기보다는 주로 경조
사 참석 같은 비정책적인 일에 치중하고 있다.

전국구의 경우도 원래의 의미인 직능대표의 특성을 살리지 못하고 있
다. 전국구 공천 자체가 직능대표의 성격이라기보다는 고액 정치자금
헌금자, 공천 탈락자 구제, 논공행상, 지역안배 등의 성격을 띠고 있어
직능대표성의 역할을 기대하기에는 무리이다. 때문에 국회가 노동자와
소외계층의 이해를 제대로 대표하지 못하고, 기업 같은 특정세력의 이
익실현을 위한 로비활동에는 취약해 일반국민으로부터 유리되는 한 원
인이 되고 있기도 하다.

대표성의 또 하나의 요소인 청원제도는 민의 대변기관인 국회가 국민
의 권익을 보호하는 중요한 제도인데, 활성화되지 못하고 있다. 국회에

접수된 청원의 채택률은 극히 낮다. 예컨대 지난 14대 국회에서 총 535
건의 청원이 접수됐는데, 채택된 것은 불과 11건이다.[12] 청원 자체가
때로는 왜곡돼 6공 때 수서지구 택지 분양사건처럼 변칙 처리됨으로써
말썽이 되기도 했다.

4) 정책기능의 저하

국회는 입법행위를 통해 국가의 기본정책을 입안함과 동시에 행정부
의 정책수행을 감독하는 역할을 해야 한다. 국회의 정책기능은 정책의
제 설정, 정책형성, 정책집행, 정책평가의 여러 단계에 걸쳐 국회 단독
또는 다른 기관과의 연계를 통해 수행되고 있다. 정책기능은 행정부가
제출한 기본정책을 수정하거나 거부하는 미국의회와 같은 능동적(active)
의회기능부터 영국의회의 반응적(reactive) 기능, 제한적 기능을 하는 주
변적(marginal) 기능, 명목상의 역할만 하는 극소적(minimal) 기능 등으로
분류될 수 있다.[13]

한국국회의 정책기능은 주로 주변적 수준에 머무르고 있으며, 극소적
으로 전락할 가능성도 상존하고 있다. 이런 상황은 입법기능에서 잘 나
타나고 있다. 제헌국회부터 제14대 국회까지 제출된 법안 처리건수를
보면 제출건수나 처리건수에서 행정부의 우위현상이 나타나고 있다.

<표 1-2>에서와 같이 제14대 국회의 경우 법안 제출건수 총 902건
중 정부제출 581건, 의원발의 321건이며, 이 중 정부안은 537건으로
92%가 가결 통과됐으나, 의원제출 법안은 가결건수가 119건으로 불과
37%의 가결률을 나타내고 있다.[14] 4년 동안 단 1건의 법률안을 발의
하지 않은 의원도 44명으로 13.7%에 달하며, 단 1건의 발의를 통해 4

---

12) 국회사무처 의사국, 『의정통계집』(1996), 247쪽.
13) 박찬욱, 「한국의회정치의 특성」, 《의정연구》 제1권 1호(1996), 19-20쪽.
14) 국회사무처 의사국, 『의정통계집』(1996), 187쪽.

년을 버틴 의원 47명을 포함하면 의원 30% 정도가 입법활동이 부진한
것으로 나타났다.[15]

제16대 국회의 경우 2004년 12월까지 제출된 법안 심의내용을 보면
의원발의는 2,455건 중 472건이 가결돼 정부제출 법안 590건 중 419
건이 가결된 내용과 비교할 때 역대국회와 크게 달라지지 않은 것을 알
수 있다.[16]

<표 1-2> 역대국회의 정부 제출안과 의원발의안 비교

공화국	역대 국회	제안건수			가결건수			가결률	
		의원발의	정부제출	합계	의원발의	정부제출	합계	의원 발의	정부 제출
제1	제헌	89(38.0)	145(62.0)	234	43(28.9)	106(71.1)	149(63.7)	48.3	73.1
	2대	182(45.7)	216(54.3)	398	77(36.0)	137(64.0)	214(53.8)	42.3	63.4
	3대	169(41.2)	241(58.8)	410	72(45.9)	85(54.1)	157(38.3)	42.6	35.2
	4대	120(37.3)	202(62.7)	322	31(41.3)	44(58.7)	75(23.3)	25.8	21.8
제2	5대	137(46.3)	159(53.7)	296	30(42.9)	40(57.1)	70(23.6)	21.9	25.2
제3	6대	416(63.2)	242(36.8)	658	178(53.6)	154(46.4)	332(50.5)	42.8	63.6
	7대	244(45.6)	291(54.4)	535	123(34.5)	234(65.5)	357(66.7)	50.4	80.4
	8대	43(31.2)	95(68.8)	138	6(15.4)	33(84.6)	39(28.3)	14.0	34.7
제4	9대	154(24.3)	479(75.7)	633	84(15.4)	460(84.6)	544(85.9)	54.5	96.0
	10대	5(3.9)	124(96.1)	129	3(3.0)	97(97.0)	100(77.5)	60.0	78.2
제5	11대	202(41.3)	287(58.7)	489	83(24.4)	257(75.6)	340(69.5)	41.1	89.6
	12대	211(55.7)	168(44.3)	379	66(29.7)	156(70.3)	222(58.6)	31.3	92.9
제6	13대	570(60.8)	368(39.2)	938	171(34.8)	321(56.3)	492(52.5)	30.0	87.2
	14대	321(35.6)	581(64.4)	902	119(18.1)	537(81.9)	656(72.7)	37.1	92.4
	15대	1,144(58.6)	807(41.3)	1,951	461(41.2)	659(58.8)	1,120(57.4)	40.3	81.7
	16대	1,865(70.0)	590(30.0)	2,455	472(52.9)	419(47.1)	891(36.3)	25.3	71.0
합계		6,459(52.8)	5,759(47.2)	12,218	2,568(36.9)	4,396(63.1)	6,964(57.2)	39.7	60.3

주: 1) 제16대 국회의 경우는 2003년 12월 31일 현재까지의 수치임.
　　2) 각 건수의 의원발의 난과 정부제출 난의 ( )는 각각 전체건수 대비 비율을 나타냄.
　　3) 가결건수 합계 난의 ( )는 법률안 가결률을 나타냄.
출처: 국회사무처. 『의정자료집』, 2000, 528쪽; 임종훈. 「제16대국회의 중간평가」, 《의
　　정연구》 제13호, 33쪽; www.assembly.go.kr 참조.

---

15) 《조선일보》 1996년 4월 28일.
16) 《동아일보》 2003년 1월 10일.

이런 현상은 입법 자료를 수집하는 데 노력이 빈약한 데서도 볼 수 있다. 국회는 국민의 의사를 파악하기 위해 공청회를 개최할 수 있는데, 공청회는 <표 1-3>과 같이 역대국회를 종합해 154회 개최됐을 뿐이다. 물론 제14대와 제15대 국회의 경우 공청회는 각각 32회, 46회 개최돼 점차 증가하는 추세를 나타내고 있으나, 제14대의 경우 당시 최대 관심사였던 한의약분쟁과 관련해서 1993년 5월 13일 보사위에서 '약사의 한약조제·판매에 관한 공청회'를 단 한 차례 개최했다는 것은 정책기능의 소극성을 보여준다.[17]

제16대의 경우 2001년 8월 4일을 기준으로 30회의 공청회가 개최돼 역대국회에 비해 증가했으나, 이는 공청회 개최요건이 완화된 이유도 있다. 그러나 2001년 8월 4일까지 입법공청회가 한 차례도 열리지 않았다는 것은 국민들의 다양한 의견을 수렴하려는 의원들의 의지가 약함을 나타내는 것이다.[18]

<표 1-3> 역대 국회의 공청회 개최 상황 (위원회 주관)

역대 국회	2	3	4	5	6	7	8	9	10	11	12	13	14	15	합계
공청회 횟수	8	1	6	2	11	4	0	1	6	9	2	26	32	46	154

출처: 국회사무처. 2000, 『의정자료집』, PP. 412-414 참조.

입법과정의 무더기·졸속처리도 문제이다. 법률안 제출이 정기국회에 편중됨으로써 질의와 토론이 대부분 생략되고, 여야가 대립하는 상황에서 회기 막바지에 싹쓸이 또는 날치기로 변칙 처리되는가 하면, 의원 자신도 법안의 내용보다는 법안통과 여부를 둘러싼 당 지도부의 협상에 오히려 관심을 두고 있을 뿐이다.

---

17) 국회사무처, 『의정통계집』, 116쪽.
18) 윤종빈, 앞의 책, 2002, 10-11쪽.

정책기능의 주요한 부분을 차지하고 있는 예산심의를 보더라도 국회
에서의 삭감 또는 증액되는 규모는 미미해 70년대의 3~5%를 제외하
고는 수정비율이 대체로 1% 이내이며,[19] 예산분배 우선순위에 대해서
도 별다른 수정을 가하지 못해 예산심의 기능이 소극적임을 볼 수 있
다. 예산결산특위는 상설화됐지만, 실제로 그 역할은 과거와 크게 다르
지 않다.

5) 갈등처리 능력의 부재

현대의회의 대표적인 기능은 사회에 산재한 다양한 이익집단간에 야
기된 갈등을 조정해 분열된 사회를 통합으로 유도하는 것이다. 특히 국
회가 권위를 가지고 첨예한 갈등을 조정해 사회분열을 방지하는 입법활
동을 할 때 사회는 발전하는 것이다.[20]

한국국회도 법률안 제출, 공청회 개최, 청원 및 진정서 접수 같은 각
종 제도적 장치를 통해 사회의 다양한 갈등을 국회에서 수렴하려는 노
력을 하고 있으나, 그 역할이 극히 미미하다. 예컨대 청원의 경우 제14
대 국회는 535건을 접수, 이 중 42.6%를 처리, 제13대의 처리율 71%
에 비해 상당히 낮으며, 진정건수도 6,414건이 접수됐으나, 341건이 미
처리돼 역시 제13대에 비해 낮은 처리율을 나타내고 있다. 제16대의
경우 청원은 총 754건이 접수되고 그 중 329건이 처리되어 43.6%를
나타내고 있다. 이는 미국의 경우 이익집단의 약 89%가 의회에 대한
활동의 중요성을 강조하고 있는 것과 대조적으로 한국의 이익집단은 주

---

19) 『의정통계집』, 210-212쪽. 제16대 국회는 예산안 처리 법정기일을 세 차례
   나 어겼으며, 2004년 예산안의 경우 정부가 요청한 117조 5천억 원보다 8천
   억이 추가된 118조 3천억 원으로 증액 편성되었다. 이는 1975년 이래 29년
   만에 처음이다.
20) 김영래, 「의회의 갈등처리 기능 활성화 방안」, 《21세기 나라의 길》 제13호
   (나라정책연구회, 1993), 122-137쪽.

로 활동무대를 행정부에 집중시키고 있다.

이런 현상은 최근 우리 사회에서 심각한 문제로 등장하고 있는 한의약분쟁이나 의약분쟁에서 국회가 거의 방관자적 위치에 있었다는 사실에서도 알 수 있다. 한의약분쟁에서 국회는 이를 보건복지부 차원의 행정부문제로 제한시키면서 공청회 한번 제대로 개최하지 않는 소극적 입장을 취했다. 골치 아픈 분쟁에 공연히 개입해 득 될 것이 없으니, 무반응이 상책이라는 입장으로 일관했다고 볼 수 있는 바, 이는 무책임한 처사이다.

4. 국회 운영제도 개혁의 전개

한국국회는 위와 같은 문제점을 해결하기 위해 국회 운영제도 개선을 여러 차례 추진했으며, 그 결과 제도적 측면에서 많은 개선이 이루어졌다. 최근 국회의장들이 추진했던 국회개혁을 국회법 개정내용에 따라 고찰해 볼 필요가 있다.[21] 역대 국회의장은 의회의 수장으로서 국회운영 제도개선을 시도했으나, 대부분 큰 성과 없었다. 그러나 이 중 이만섭 의장 시기와 현재 박관용 의장 시기는 다른 의장 시기에 비해 상당 수준 운영제도 개선을 추진한 것으로 평가되고 있어 이를 중심으로 고찰하고자 한다.

1) 이만섭 의장 시기

이만섭 국회의장은 의정사상 최초로 당적을 보유하지 않은 국회의장

---

21) 국회법은 1948년 10월 2일 제정·공포된 이후 총 26차의 개정이 있었다. 한편 1988년 6월 15일 법률 제4015호로 전면 개정한 이후 2003년 2월 4일 개정·공포된 법률 제6855호까지는 총 13차 개정이 있었다.

이었으며, 역대 어느 의장보다 의회의 자율성을 확보하기 위해 더 많이 노력했다. 역대 국회에서 항상 문제가 됐던 날치기 국회운영을 하지 않은 것을 가장 자랑스럽게 여길 정도로, 이만섭 의장은 국회에 대한 행정부의 통제에서 벗어나기 위해 상당히 노력한 것으로 평가받고 있다.

이만섭 의장 시기는 2기로 나누어 살펴볼 수 있다. 제1기는 1993년 4월부터 94년 6월까지, 제2기는 2000년 6월부터 2002년 5월 말까지다. 국회운영 개선논의는 박준규 의장 시기인 1993년 2월 국회운영위원회 내에 '국회운영 및 제도개선소위원회'를 구성해 국회의 제도, 관행, 조직 등 국회운영에 대한 전반적 검토를 추진했다. 이런 작업의 결과 93년 12월 국회의장 자문기구로 구성된 국회제도개선위원회가 국회운영에 대한 여러 가지 개혁안을 제출해 94년 6월 28일 국회에서 국회법개정을 의결·공포해 실시하게 된 것이다.

법률 4761호로 공포된 국회법 개정안은 연간 국회운영 기본일정 수립, 긴급현안 질문제도, 4분 자유발언 제도, 기록표결 제도, 입법예고 제도, 대체토론 제도 등을 도입했다. 이외에도 국가정보원의 업무를 관장하는 정보위원회의 신설, 폐회 중 정례회의 활성화, 최초 발언시간의 균등화, 안건심사 제도 보완 등 위원회 관련사항을 대폭 개선했다.

한국국회는 그 동안 연중 회기제를 채택하고 있는 미국, 영국과 달리 정기회와 임시회로 구분돼 상시 활동에 제약이 있었으며, 특히 임시회는 불규칙적이라는 점이 문제가 돼 연중상시 운영계획의 수립 필요성이 제기됐다. 4분 자유발언 제도는 미국의회의 1분 발언제도에서 착안한 것으로 본회의에서 대정부질문이나 법안토론 시간 외에는 중요 국정사안에 대해 자유발언을 할 기회를 주는 제도이다.

긴급현안 제도는 영국, 독일의회에서 채택하고 있는 것으로 국정 현안문제가 발생했을 때 의제선정의 경직성, 절차의 번잡성 등에 대해 국회차원의 적절한 대책을 수립하기 위한 것이다. 기록표결제는 의원들의 책임성을 강조하기 위한 것으로, 지금까지 찬반 구분 없이 투표자 성명만을 기록해 특정법안에 대한 의원들의 책임이 사실상 면제돼 왔다.

이만섭 의장 시기 제2기는 21세기 들어 처음으로 구성된 제16대 국회로서 어느 국회보다 국회운영 개선요구가 많아 이를 반영했다. 이 개선안은 원래 98년 국회의장에 세 번째로 취임한 박준규 의장에 의해 자문기구인 '국회제도운영개혁위원회'가 구성돼 IMF 환란으로 초래된 국가위기 상황에서 국민의 국회불신을 해소하고 생산적이고 능력 있는 국회를 만든다는 취지에서 만들어졌다. 이 '국회제도운영개혁위원회'는 국회의장의 당적이탈, 자유투표제 실시, 인사 청문회 제도 현실화, 소위원회제도 활성화, 국회의장 권한강화, 예결산위원회 상설화 등을 건의했다. 이 중 국회법개정에 반영된 내용 중 중요사항은 다음과 같다.[22]

2000년 2월 16일 국회법개정으로 국회는 상시 개원하며, 짝수 달에는 임시회를 소집하고 매주 월요일부터 수요일까지는 위원회 활동을, 목요일은 본회의를, 임시회 기간 중 1주일은 대정부질문을 하도록 했다. 또 예산결산특별위원회를 상설화해 안건이 상정되지 않더라도 상시적인 위원회 활동이 가능토록 했으며, 공청회도 재적위원 3분의 1 이상 요구가 있으면 개최할 수 있도록 하는 등 상당한 개선이 있었다.

개정국회법은 헌법에 의해 동의를 요하는 대법원장, 헌법재판소장, 국무총리, 감사원장 등의 경우 인사 청문 특별위원회를 두어 청문회를 개최할 수 있도록 법적 근거를 두었다. 또한 전원위원회 제도를 만들어 주요 의안의 본회의 상정 전후에 재적의원 4분의 1 이상 찬성이 있을 때 심층적인 심사를 위해 의원 전원으로 구성된 전원위원회를 개회할 수 있도록 했는데, 2003년 4월 이라크 파병안에 대한 국회표결 직전 처음으로 실시돼 좋은 반응을 얻었다.

---

22) 박준규 의장 시기 '국회제도운영개혁위원회'가 건의한 내용은 강장석, 「'국회제도운영개혁위원회' 활동에 대하여」, 《의정연구》 제4권 2호(1998), 206 -207쪽 참조.

이만섭 의장 제2기의 대표적인 개혁사례는 국회의장의 정치적 중립
을 위한 당적이탈과 자유투표제의 명문화이다. 국회의 공정한 운영을
위한 국회의장의 당적보유 금지는 오랫동안 논의됐으나 실현되지 않았
다. 그러나 2002년 2월 28일 개정돼 이만섭 의장은 한국 의정사상 처
음으로 당적 없는 국회의장이 됐다. 더구나 의장이 개인 의원으로서 불
이익을 받지 않도록 제도적인 장치도 마련했다.[23]

자유투표제는 국회법 제114조 2에 의해 "국민의 대표자로서 의원은
소속정당의 의사에 귀속되지 아니하고 양심에 따라 투표한다."고 규정
해 의원들이 입법활동을 수행함에 있어 소신에 따라 투표할 수 있게 했
다. 또한 인사 청문회 기간도 후보 1인당 2일에서 3일까지 연장하는 등
박준규 의장 시기에 추진하지 못한 여러 가지 개선안을 입법화했다.

2) 박관용 의장 시기

박관용 의장(2002. 7~현재)은 한국 의회정치사상 처음으로 행정부를
장악하고 있는 집권당이 아닌 야당출신 국회의장이다. 물론 여당인 새
천년민주당이 야당인 한나라당에 비해 의석이 상당히 적어 국회는 원내
다수당인 한나라당에 의해 주도되고 있으므로 한나라당 소속 의장 후보
가 당선되기는 했으나, 이는 과거에도 야당이 원내 다수임에도 불구하
고 소수의석을 가진 여당이 대통령의 권력에 힘입어 의장직을 차지한
것에 비하면 커다란 변화로 볼 수 있다.

박관용 의장은 한국국회의 새로운 비전을 강한 국회, 열린 국회, 국민
의 국회로 정하고, 권력을 견제하는 가장 효율적인 제도적 장치가 3권

---

23) 국회법 제20조 2에 의거, 의장이 지역구 의원일 경우 임기 만료일 90일 전
부터 당적보유가 가능토록 함으로써 정당공천에 지장이 없도록 했으며, 의장
이 비례대표일 경우에는 당적이탈이 의원직 상실로 연결되지 않도록 단서조
항을 두었다.

분립임을 강조했다.[24] 박의장은 타협과 균형, 조화의 정치문화가 정착될 때 비로소 정치적 통합과 진정한 민주주의가 가능하다는 인식을 가지고, 명실상부한 3권 분립을 위해서 입법부의 자율성과 독립성을 신장하고 기능을 활성화하기 위해 몇 가지 국회운영 개선책을 제시, 입법화시켜 현재 실시하고 있다.

최초의 야당 출신 국회의장인 박 의장은 입법부 권능의 재정립이 규범적·선언적 의미만으로 구체적 실현이 담보되는 것이 아니라, 2002년 7월 제16대 국회 후반기 원구성에 국회의원들이 자율적으로 국회의장을 선출함으로써 입법부의 책임성과 독립성을 새롭게 정립할 수 있는 역사적 전기가 마련됐다고 보았다. 국회법은 지난해 10월 국회 운영위에 개정안이 제출돼 2003년 1월 22일 국회 본회의에서 통과됐다. 동 개정안은 국회의 대정부 통제기능을 강화하기 위해 국회 인사 청문회 대상을 확대하고, 형식화돼 있는 결산심사 기능을 강화하며, 법률안이 연중 균형 있게 심사될 수 있도록 하고, 국회의 국정감사 기능을 보완하는 것을 주요내용으로 하고 있는데, 그 골자는 다음과 같다.

① 대통령 당선인이 국무총리 후보자에 대한 인사 청문회의 실시를 요청하는 경우 의장은 각 교섭단체 대표의원과 협의해 인사 청문 특별위원회를 두도록 함으로써 대통령 취임 이전에 국무총리 후보자에 대한 인사 청문회가 가능토록 했다.

② 위원회의 전문성을 강화하기 위해 위원회 위원은 임시회의 경우 동일 회기 중에, 정기회의 경우 선임 또는 개선 후 30일 이내에는 변경될 수 없도록 했다.

③ 위원회의 심도 있는 법률안 심사를 위해 법률안이 위원회에 회부된 후 15일(법사위는 5일)이 경과한 후에만 상정할 수 있도록 했다.

---

24) 상기 내용은 박관용 국회의장이 2003년 2월 19일 흥사단 도산아카데미 주최 세미나에서 발표한 내용을 주로 참고했다.

④ 대통령이 요청한 국가정보원장, 국세청장, 검찰총장, 경찰청장 후보자에 대한 인사 청문을 소관 상임위원회에서 실시하도록 했다.

⑤ 의원발의 입법을 활성화하기 위해 의안발의 요건을 완화, 의원 10인 이상의 찬성으로 의안을 발의할 수 있도록 했다.

⑥ 국회 결산심사 기능을 강화하기 위해 결산심사 결과 정부 또는 해당기관의 위법 또는 부당한 사유가 있을 경우에는 이에 대해 변상 및 징계조치 등의 방법으로 시정을 요구하고 그 처리결과를 국회에 보고하도록 했다.

⑦ 상임위원회 예산안 예비심사의 실효성을 제고하기 위해 예산결산특별위원회가 소관 상임위원회에서 삭감한 세출예산 각 항의 금액을 증가하거나 새 비목을 설치할 경우에는 소관 상임위원회의 동의를 얻도록 하되, 새 비목의 설치에 대해서는 소관 상임위원회가 72시간 이내에 예산결산특별위원회에 통지하지 아니할 경우에는 동의를 한 것으로 보도록 했다.

⑧ 법률안을 효율적으로 심사하기 위해 정기국회 기간 중에는 원칙적으로 예산부수법안만 처리하되, 긴급하고 불가피한 사유로 위원회 또는 본회의의 의결이 있을 때에는 예산부수법안이 아닌 경우도 처리할 수 있도록 했다.

⑨ 대정부질문을 효율적으로 운영하기 위해 모두(冒頭)질문을 폐지하고, 대정부질문을 일문일답에 의한 방식으로 20분간 하도록 하되 답변시간은 이에 포함시키지 않도록 했다.

⑩ 국회가 감사원에 대해 사안을 특정해 감사를 요구할 수 있고, 감사원은 3개월 이내에 그 결과를 국회에 보고해야 하며, 감사원이 특별한 사유로 그 기간 내에 감사를 마치지 못할 경우에는 2개월의 범위 내에서 연장할 수 있도록 했다.

이러한 국회법개정으로 예컨대 대정부질문이 일문일답식으로 바뀌는 등 여러 가지 변화가 나타났다. 그러나 국정원장 청문회 등에서와 같이 청문회가 실질적인 기능을 하지 못하는 점 등이 개선될 사항으로 지적되고 있다. 따라서 이번 국회법개정이 정치개혁과 의회민주주의 발전의 필요충분조건이라고 보기는 어렵다. 앞으로 운영과 제도 양면에서 더 많은 개선이 요구되고 있다.

5. 결 론

지금까지 나타난 국회운영의 문제점을 통해 알 수 있었던 바와 같이 앞으로 국회는 자율성, 민주성, 전문성, 공개성, 도덕성, 책임성, 개혁성의 의회상을 국민들에게 보여주어야 할 것이다. 특히 국회는 의회정치의 제도화차원에서 독립된 국민대표 기관으로서 자율성을 확보해 토론과 협상을 통한 민주정치 과정의 확립에 노력해야 하며, 고도의 전문성을 가지고 책임을 지고 국정을 수행하는 국민의 대표기관으로서 역할을 수행해야 된다.[25]

지금까지 여야가 국정을 논의하는 행태를 보면 국민에게 사랑을 받기보다는 오히려 불신의 대상이 돼 왔다. 특히 제15대와 제16대 국회 개원과정이나 그 후 국회 운영과정에서 보여준 구태의연한 모습은 국민들에게 많은 실망을 주었다. 한국정치는 지금까지 국민에게 희망적인 비전을 제시하는 희망의 균형을 통한 여야경쟁이 아닌 공포의 균형을 통한 정치를 해 왔다. 국회에서 여야간 대치상황이 발생할 때, 여야는 토론과 타협을 통한 희망적인 비전의 제시보다는 상대방을 제어하기 위한 공포의 수위를 높이면서 균형을 유지하는 정치를 해 왔다.

---

25) 국회의 자율성, 민주성, 전문성, 공개성, 책임성, 도덕성, 개혁성 등에 대한 구체적인 내용은 윤형섭·김영래·이완범, 『한국정치: 어떻게 볼 것인가』(박영사, 2003), 235-265쪽 참조.

2000년 제16대 총선을 통해 국민들은 개혁의 후퇴도, 여당의 독주도, 야당의 일방적인 반대만을 위한 투쟁논리도 원치 않았다. 그러나 제16대 국회에서 가장 많이 사용된 단어가 뇌사국회, 방탄국회, 식물국회, 파행국회일 정도로 비난이 많았다. 더 이상 국회가 통법부, 정쟁부가 돼서는 안 된다. 국회는 분명히 행정부의 시녀가 아닌 민주정치의 중심으로서 역할을 수행해야 하며, 역할에서 지평의 전이(paradigm shift)가 필요하다. 국회는 21세기의 한국사회가 지향하는 선진국가, 복지국가, 정보사회, 통일국가의 미래상을 제시해야 하며, 국민의 삶의 질을 높이기 위한 국회가 돼야 한다.

국회는 법규나 제도의 개정만으로 개혁될 수 없다. 아무리 훌륭한 제도를 가지고 있더라도 이를 운영하는 당사자인 국회의원의 의식개혁 없이 의회정치의 제도화는 힘들다. 국회의원의 높은 자질과 전문적인 지식, 그리고 국민들의 신뢰감이 바탕이 돼 민주적인 국회운영이 이루어질 때, 진정한 국민의 대표기관으로서 21세기형 한국국회의 모습이 정리될 것이다.

제2장 국회불신의 수준과 원인

임 성 호(경희대학교 정치외교학과 교수)

1. 서 론

오늘날 민주화시대에도 국민 사이에는 국회에 대한 불신감이 여전히 존재하고 있다. 심지어는 국회 무용론마저 심심찮게 들리곤 한다. 국회가 '통법부,' '자동 거수기,' '권력의 시녀' 등의 역할에서 벗어나지 못했던 과거 권위주의체제에서야 국회에 대한 불신감이 당연히 높을 수밖에 없었다. 그러나 근래 민주화가 상당수준 진척된 상황에서도 국회가 계속 불신의 대상이라면 아이러니가 아닐 수 없다. 어떤 이유로 전반적인 민주화에도 불구하고 국회는 여전히 불신 받는 존재에 머물고 있을까. 이러한 문제의식에 입각해 이 글은 국회에 대해 우리 국민이 어느 정도의 신뢰감·불신감을 가지고 있는지 관찰하고, 어떤 요인 때문에 불신감이 고조되는지 설명하고자 한다. 불신의 원인을 살펴봄으로써 보다 바람직한 국회개혁의 방향에 대한 시사점을 얻을 수 있을 것이다.

신뢰개념은 오랫동안 정치학의 주된 관심영역 바깥에 머물러 있었다. 현대정치학의 주류 패러다임을 형성해 온 자유주의 시각은 자기이익을 추구하는 개인을 전제조건으로 해서 최대다수에게 최대행복을 가져다 줄 수 있는 절충적 정책을 찾고 제도적 고안을 통해 개인주의적 욕구의 병폐를 통제하는 것을 목표로 한다. 여기에 신뢰(trust)개념은 중심요소

로 등장하지 않는다. 인간은 기본적으로 자기이익을 추구하는 본성을
버릴 수 없으므로 이 사람의 야심이 저 사람의 야심을 견제토록(am-
bition counters ambition) 하자는 '불신의 제도화'가 오히려 자유주의의
핵심원리를 이룬다. 그러나 비교적 최근에 와서 기존 자유주의체제의
위기 증후군이 퍼지면서 신뢰회복을 통해 돌파구를 찾고자 하는 대안
적 시각이 공감을 자아내고 있다. 정치체제에 대한 일반적이고 사회적
인 신뢰가 조성될 때 정치적 거래비용이 감소하고 '무임 승차자의 동
기'나 '죄수의 딜레마'가 약화돼 갈등해소와 이익조정이 상대적으로 용
이해진다는 시각이다. 이 시각에는 여러 갈래가 있지만, 기존 개인주의
적 자유주의 시각에 비해 공동체의 중요성을 강조한다는 데에 공통분
모가 존재한다.

　오래 잊혀졌던 신뢰개념이 근래 들어 새로이 주목받고 있다는 데서
이 글 이면의 문제의식을 찾을 수 있다. 이 글은 우선 한 나라의 정치,
특히 의회정치를 위해 신뢰가 어떤 점에서 중요한지 이론적 논의를 전
개한다. 이어서 한국국회가 얼마나 낮은 수준의 신뢰, 역으로 말하자면
얼마나 높은 수준의 불신을 받고 있는지 서술하고, 나아가 어떤 이유로
한국국회가 높은 불신을 받고 있는지 추론한다. 덧붙여 정치개혁이 어
떤 기본방향을 지향할 때 추락한 신뢰도를 상승시킬 수 있을지에 대해
서도 처방해 본다.

　본론에 앞서 경험관찰의 결과를 미리 요약하자면 다음과 같다. 첫째,
국회에 대한 우리 국민의 신뢰감은 극히 낮은 수준에 있다. 다른 어떤
기관에 비해서도 낮은 수준이다. 둘째, 국회에 대한 불신감은 특정 정
책결과나 집권정당에 대한 선호 때문이 아니라 정치과정상 정치인들의
전반적인 행태에 대한 부정적 인식 때문에 생기는 것으로 판단된다. 즉
정책결과보다는 정치과정이 국회 불신감의 보다 중요한 요인을 제공한
다. 셋째, 정치과정의 중요성을 고려할 때 국회개혁은 특정 정책결과나

특정 제도에 대한 집착보다는 과정상의 여러 가치를 충족시키는 방향으로 나아가야 할 것이다. 이러한 경험적 주장에 앞서 우선 다음 제2절에서는 국회와 같은 정치적 기관에 대한 신뢰감이 왜 필요하고, 반면 높은 불신감은 왜 위험한지에 대한 이론적 논의를 전개한다.

2. 왜 신뢰가 중요한가

정치체제의 작동, 즉 거버넌스(governance)에 대한 다양한 의견은 자유주의 시각과 공동체주의 시각으로 대별할 수 있다. 자유주의 시각이 현대 민주주의 논의의 주류를 차지해 온 반면, 공동체주의 시각은 적어도 1970~80년대까지는 주변부에 밀려 있었다고 해도 과언이 아니다. 전자는 거버넌스의 핵심요인으로 이익을 향한 개인주의적 동기를 충족시켜 주는 구체적인 정책, 그리고 개인주의적 동기의 부정적 효과를 억제시키는 제도적 고안(institutional designs)에 주목한다. 이 자유주의 시각에 의하면, 전체적으로 가장 많은 사람들에게 가장 큰 이익을 주는 정책을 찾고 개인이익 추구본성이 전체이익에 해를 가져오는 경우를 가능한 한 줄일 수 있도록 적당한 제도를 고안·운영하는 것이 거버넌스의 요체다(Hardin 1999; Shapiro 1999). 고정된 자기이익을 추구하는 개인들이 제도적인 틀 안에서 서로를 견제하며 중간적 정책을 찾는 가운데 체제의 조정·적응·유지기능이 원활히 도모될 수 있다는 이 자유주의 시각 속에 주관적 인식인 신뢰개념은 자리잡고 있지 않다.

이와 대조적으로 거버넌스에 관한 공동체주의 시각은 신뢰개념을 핵심요소로 상정한다. 보다 근래에 공명을 자아내기 시작한 이 시각이 인간이 기본적으로 자기이익을 추구한다는 가정을 전적으로 부정하는 것은 아니다. 그러나 인간이 사회적 망(網)을 형성해 상호 작용하는 가운데 타인과 공적 권위체를 신뢰하게 될 수 있다는 현실적 가능성도 받아들인다. 신뢰는 거버넌스에 필수적일 뿐 아니라 성취 가능하다는 것이다. 이 점에서 공동체주의 시각은 전통적 자유주의 시각과 차이를 보인다. 인간이 추구하는 다양한 이익 사이에 정확한 중간적 절충점을 찾고 상충되는 이익이 상호 견제하도록 해야 체제가 원활히 작동된다는 것이 자유주의 관점이다. 반면에 이 둘째 시각은 인간의 마음속에 잠재돼 있는 신뢰감을 밖으로 끄집어낼 수 있고, 그래서 정치체제에 대한 신뢰가 조성된다면 정확히 중간이 되는 위치에서 정책적 절충점을 찾지 못하더라도, 그리고 철저한 균형 속에 권력집단간에 완벽한 상호견제가 이루어지지 않더라도 거버넌스가 제고될 수 있다고 본다.

정치체제에 대한 신뢰가 형성된다면 일반대중은 정부영역 행위자들의 정통성을 존중하고 이익조정을 위한 정책결정에 보다 광범한 지지를 보내게 된다. 오늘날처럼 사회이익이 날로 파편화되는 상황에서는 대부분의 대중에게 구체적인 혜택을 주는 특정정책을 찾기 힘들고, 상충되는 이익을 효과적으로 조정할 수 있는 정치제도의 틀을 고안하기 어렵다. 그럼에도 불구하고 체제에 대해 신뢰감을 갖게 된다면 일반대중은 정부 및 정치권의 이익조정 행위에 관용적 태도를 보이고 정부결정(사회규칙)을 수용·실천하는 경향을 보인다. 그럼으로써 사회갈등이 지나치게 높은 수준으로 분출되지 않고 정치체제가 원활히 작동될 수 있게 된다. 다시 말해 신뢰가 조성될 때 정치적 거래비용이 감소하고 '무임 승차자의 동기'와 '죄수의 딜레마'가 상대적으로 약해짐으로써 거버넌스가 원활해질 수 있다. 미국 건국 당시 연방주의자들에게 정치적으로 패배해 역사의 뒷전으로 밀렸던 반연방주의(Anti-Federalist) 전통과 공화주의 전통, 개인주의적 자유주의의 한계를 극복하고자 하는 현대 공동체주의(communitarianism), 정체성·규범·문화 등 주관적 인식요소를 강조하는 마치(March)와 올센(Olsen) 류(流)의 신제도주의, 퍼트넘(Putnam) 등의

사회적 자본(social capital) 논의가 이 둘째 시각을 대표한다고 할 수 있
다(Storing 1981; Mulhall and Swift 1992; March and Olsen 1986, 1995;
Putnam 1993).

최근에 거버넌스 개념을 논하는 학자들은 주로 두 번째 시각인 공동
체주의에 입각해 있다. 사실 첫 번째 시각 하에서는 굳이 거버넌스라는
새 개념을 사용할 필요 없이 통치, 국정수행, 정책능력 등 기존의 표현
을 쓰면 된다. 두 번째 시각에 입각한 학자들은 하향식 통치뿐 아니라
상향식 참여와 투입(input), 그리고 구체적 정책혜택과 제도적 고안뿐 아
니라 추상적이고 주관적인 신뢰감을 논의의 중심에 놓다 보니 거버넌스
라는 낯선 개념에 착안하게 된 것이다. 이 공동체주의 시각에서 거버넌
스를 정의내리자면 "사회에 존재하는 다양한 구체적 혹은 추상적 이익
과 생각이 정부와 정치권에 잘 전달되고 효과적으로 충족돼 정치체제
전반에 대한 신뢰감을 초래함으로써 사영역과 공영역간에 유기적이고
원활한 관계가 형성·유지되는 것"이라 할 수 있다. 여기서 신뢰는 가장
핵심적 위치를 차지하는데, 이는 사영역과 공영역을 이어 주는 교량이
자 상호작용을 원활하게 해 주는 윤활유이며 또한 같이 묶어 주는 끈에
비유할 수도 있다.

국민이 정치체제에 대해 느끼는 주관적 인식인 신뢰감이 거버넌스의
핵심요소라는 시각은 오늘날의 사회 환경 속에서 높은 시대적 적절성을
갖는다. 물론 구체적 정책과 제도적 고안을 통해 체제작동을 활성화할
수 있다는 자유주의 시각의 계속적인 유효성과 유용성을 부인할 순 없
다. 그러나 근래 후기산업화, 세계화, 탈냉전화 등 전환기적 상황 하에
서는 어떤 구체적 정책이나 제도적 고안으로도 대중의 광범한 지지를
이끌어 내기 힘들고 사회갈등을 효과적으로 조정하기 어렵다. 사회이익
의 파편화, 대중의 원자화, 사회이익의 초국가적 연계 등이 심화되면서
다양한 입장의 원만한 조정은 물론이고 어떤 입장이 존재하는지조차 파

악하기가 힘들어졌다. 이런 속에서는 정책과 제도를 통해 거버넌스를
도모하는 방식의 한계가 커질 수밖에 없다.

이에 국민이 정치적 신뢰감을 느끼게 함으로써 체제를 원활하게 작동
토록 하는 방식을 좀더 많이 시도해 볼 만하다. 이 방식이라고 쉬울 리
없지만 상대적으로 간과돼 왔던 만큼 새로이 보다 큰 비중을 부여할 필
요가 있다. 신뢰감 형성을 강조하는 공동체주의 시각이 기존 자유주의
시각에 적절히 보완될 때 보다 바람직한 결과를 기대할 수 있을 것이
다. 실제로 타일러(Tyler) 등 여러 학자들에 의한 일련의 최근 경험연구
는 정치체제에 대한 일반적 인식, 즉 체제 신뢰도가 체제의 산출물(공공
정책 결정 및 결과)에 대한 국민의 자발적 존중, 실천을 가장 확실하게
담보해 주는 거버넌스 촉진요소라는 점을 실증적으로 확인해 준다(Tyler
1998, 2001; Braithwaite and Levi 1998; Hibbing and Theiss-Morse 2001). 특
히 대의기관인 의회는 원리상 행정부나 사법부에 비해 국민과의 직접
연계성이 훨씬 높으므로, 국민의 신뢰가 의회기능의 원활화를 위해 결
정적으로 중요하다. 국회에 대한 국민의 신뢰 또는 불신수준을 살펴봐
야 할 이유를 여기에서 찾을 수 있다.

3. 국회 불신감은 어느 정도인가

앞 절에서 살펴본 것처럼 거버넌스를 위해 신뢰감이 중요한데, 한국
국민은 정치에 대해 어느 정도 신뢰감을 갖는지 관찰해 보자. 국회가
깊은 불신의 대상이라는 것은 피상적 관찰자도 동의할 테지만, 2000년
도의 한 설문조사는 예상보다 더 암담한 현실을 확인해 준다. 이 조사
에 의하면(이명석 외 2001, 186), 국회를 포함한 정치권과 정부 전반에
대한 한국인의 인식은 극히 부정적이다. "정치인들 대부분은 신뢰할 수

없다"는 설문에 86.5%의 응답자가 동의했고, "정치인들은 국민들을 잘 살게 해 줄 능력이 있다."는 설문엔 33.2%만이 동의했다. 정부에 대한 인식도 마찬가지로 좋지 않다. "정부의 정책집행은 투명하게 이루어지고 있다."에는 13.3%만이 찬성한 반면, "정부는 대부분의 예산을 낭비하고 있다."에는 80.6%가, "정부를 책임지고 있는 사람들은 대부분 부패해 자기 실속만 차린다."에는 77.1%가 동의했다. 정치인에 대한 낮은 평가의 당연한 결과로 국회와 정당에 대한 인식도 좋을 리 없다. "국회는 행정부를 효과적으로 견제한다."에는 20.2%만 수긍했고, "정당은 국민의 의사를 국정에 반영한다."에는 23.5%만 동의했다. 이러한

<표 2-1> 한국국민의 기관 신뢰도

	매우 신뢰한다	어느 정도 신뢰한다	별로 신뢰하지 않는다	전혀 신뢰하지 않는다	모름/무응답
1. 시민단체	269 (17.6%)	904 (59.3%)	249 (16.3%)	52 (3.4%)	51 (3.3%)
2. 노동조합	87 (5.7%)	774 (50.8%)	483 (31.7%)	97 (6.4%)	84 (5.5%)
3. 군대	117 (7.7%)	719 (47.1%)	471 (30.9%)	198 (13.0%)	20 (1.3%)
4. UN	99 (6.5%)	712 (46.7%)	391 (25.6%)	80 (5.2%)	243 (15.9%)
5. 종교계	117 (7.7%)	651 (42.7%)	487 (31.9%)	172 (11.3%)	98 (6.4%)
6. 세계은행	74 (4.9%)	648 (42.5%)	435 (28.5%)	71 (4.7%)	297 (19.5%)
7. 언론계	60 (3.9%)	655 (43.0%)	592 (38.8%)	165 (10.8%)	53 (3.5%)
8. IMF	85 (5.6%)	629 (41.2%)	429 (28.1%)	96 (6.3%)	286 (18.8%)
9. 교육계	54 (3.5%)	637 (41.8%)	623 (40.9%)	188 (12.3%)	23 (1.5%)
10. WTO	70 (4.6%)	609 (39.9%)	474 (31.1%)	93 (6.1%)	279 (18.3%)
11. 의료계	41 (2.7%)	615 (40.3%)	667 (43.7%)	175 (11.5%)	27 (1.8%)
12. 경찰	37 (2.4%)	511 (33.5%)	668 (43.8%)	299 (19.6%)	10 (0.7%)
13. 대기업	29 (1.9%)	496 (32.5%)	733 (48.1%)	213 (14.0%)	54 (3.5%)
14. 다국적기업	33 (2.2%)	490 (32.1%)	659 (43.2%)	192 (12.6%)	151 (9.9%)
15. 법조계	24 (1.6%)	440 (28.9%)	713 (46.8%)	322 (21.1%)	26 (1.7%)
16. 정부	32 (2.1%)	325 (21.3%)	734 (48.1%)	424 (27.8%)	10 (0.7%)
17. 국회	20 (1.3%)	149 (9.8%)	480 (31.5%)	870 (57.0%)	6 (0.4%)

주: 각 기관의 신뢰도 순위는 "매우 신뢰한다"와 "어느 정도 신뢰한다"는 응답을 합한 값을 기준으로 했음.
출처: 한국갤럽 여론조사(2002년 7월). 한국갤럽으로부터 얻은 원자료에 대한 관찰 결과임.

총체적 불신감은 "정치인들의 선거공약은 대부분 지켜진다."는 설문에
불과 6.9%만이 동의한 것에서도 잘 드러난다.

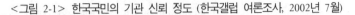

<그림 2-1> 한국국민의 기관 신뢰 정도 (한국갤럽 여론조사, 2002년 7월)

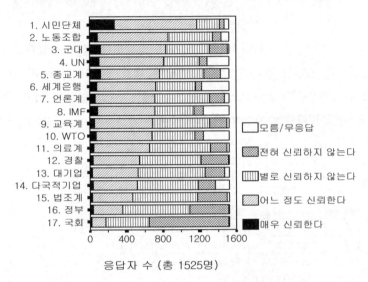

응답자 수 (총 1525명)

　그 중에서도 국회가 특히 불신의 대상이 되고 있다. 여러 기관에 대
한 신뢰도를 상호 비교하면, 한국국민이 특히 국회를 얼마나 불신하고
있는지 분명히 알 수 있다. 2002년 7월의 한국갤럽 여론조사 결과를
요약한 <표 2-1>을 통해 알 수 있듯이, 국회는 타의 추종을 불허할
정도로 최저의 신뢰도를 기록했다. 17개 기관 중 신뢰도 꼴찌를 여유
있게 차지했다. 신뢰도 1등을 차지한 시민단체에 대해 응답자 중
76.9%가 매우 신뢰하거나 어느 정도 신뢰한다고 말한 반면, 국회에 대
해서는 11.1%만이 신뢰한다고 말했다. 또한 응답자의 57%가 국회를
전혀 신뢰하지 않는다고 답해 다른 기관과 아주 현격한 차이를 보였다.
기관 신뢰도가 마지막에서 두 번째인 (행)정부의 경우 23.4%가 매우 또

는 어느 정도 신뢰한다고 했고, 전혀 신뢰하지 않는다는 응답은 27.8%를 기록해 비록 높지 않은 신뢰도지만 적어도 국회에 비해서는 상당히 나은 모습을 보였다. <그림 2-1>은 <표 2-1>을 시각적으로 이해하기 쉽게 꾸민 것이다.

물론 입법부에 대한 불신은 한국에만 국한된 현상이 아니다. 민주화가 일찍 이루어진 서구국가의 경우에도 전환기적 시대상황을 맞아 전반적으로 정치 불신감이 퍼져 있고 의회에 대한 인식도 별로 좋지 않다 (Dodd 1993; Hibbing and Theiss-Morse 1995; von Beyme 1996). 그러나 상대적 관점에서 볼 때 한국국회만큼은 아니다. 미국의회의 경우 1990년대 초반 바닥을 쳤던 신뢰도가 꾸준히 상승해 1990년대 후반 이후 근래에는 신뢰한다는 응답이 55~60%로, 신뢰하지 않는다는 응답보다 20% 이상 많은 상태다(http://vsap.cqpress.com). 한국국회는 다른 민주국가의 의회에 비해 신뢰도가 낮을 뿐 아니라 과거에 비해서도 신뢰도가 별로 상승하지 않는다는 데 문제의 심각함이 있다. 민주화시대를 맞아 기대수준이 높아진 국민의 눈에는 오늘날의 국회가 오히려 더 큰 불신의 대상일 수 있다. 실제로 오늘날 국회의 의사진행 과정이나 정치적 위상을 볼 때 "차라리 1950년대 및 1960년대 국회가 오늘날의 국회보다 절차의 민주성이나 입법기능의 활성화 정도에서 더 앞섰다는 지적이 설득력을 지닐 정도이다."는 것이 세평이다(임성호 1998, 112; 문용직 1997; 박종민 1998; Lim 1998).

4. 국회 불신감의 근원: 정책결과인가, 정치과정인가

국회에 대한 높은 불신감은 어떻게 설명할 수 있을까? 이와 관련해서 결과중심적 시각과 과정중심적 시각을 대비해 볼 수 있다. 기존에는 정

책결과가 구체적 정책혜택을 얼마나 가져오는가에 따라 국민의 정치신
뢰도가 결정된다는 결과중심적 시각이 널리 수용돼 왔다(Gamson 1968;
Citrin 1974). 지역 선심사업이나 민원활동 등 미시적 차원에서 구체적
정책혜택을 가져다주는 개별 의원에 대한 여론은 호의적이지만 입법기
관으로서 의회가 사회에 거시적으로 적용되는 정책을 효율적으로 산출
해 내지 못해 여론의 지탄을 받는다는 점을 미루어볼 때(Fenno 1975;
Mayer and Canon 1999), 국민이 정책결과와 혜택에 따라 의회에 대한 신
뢰감을 느끼거나 상실하게 된다는 시각이 공감을 얻을 수 있다. 국민이
정책으로 자기의 구체적 이익이 도모되는지 그 결과 여부에 따라 정치
체제에 신뢰감을 갖게 된다면 여기에는 도구적(instrumental) 신뢰가 형
성됐다고 말할 수 있다. 이 결과중심적 시각에서 볼 때 국회 불신감이
높다는 것은 국회가 적절한 정책결과를 내지 못해 도구적 신뢰를 얻는
데 실패했기 때문이다.

　도구적 신뢰와 달리 일반적(generalized) 신뢰는 구체적 개인이익의 충
족 여부와 상관없이 정치체제 전반에 대해 갖게 되는 신뢰감이다. 일반
적 신뢰는 정책결과보다는 정치과정상 정치인의 행태에 대한 전반적 인
상에 더 많은 영향을 받는다. 그런 의미에서 과정중심적 개념이라 하겠
다. 정책결과를 통해 도구적 신뢰를 쌓기가 매우 어렵다는 오늘날의 시
대상황을 감안하면, 일반적 신뢰가 좀더 실현 가능성이 있는 신뢰유형
으로 주목의 대상이 되고 있음을 알 수 있다. 시대상황뿐 아니라 민주
주의 원리상 행정부보다 의회가 과정상의 여러 가치에 보다 직접적으로
연결된다는 점, 그리고 정치과정상의 각종 행위와 작용이 행정부보다는
의회라는 무대에서 더 많이 이루어진다는 점 등을 고려할 때도 국회 신
뢰도·불신도에 대한 과정중심적 시각이 설득력을 얻을 수 있다. 이런
시각에서 볼 때 높은 국회 불신감은 의원들이 정치과정상의 여러 가치
에 충실하지 않아 일반적 신뢰감을 자아내지 못했기 때문에 생겨난다.

　근래의 많은 연구도 과정중심적 시각의 타당성을 뒷받침해 준다. 특히 의원간의 토의(deliberation)를 민주주의의 핵심기제로 강조하는 학자들에 의하면, 토의라는 정치과정상의 행위가 정치와 의회에 대한 국민의 일반적 신뢰를 형성시키는 데 중요한 공헌을 한다고 강조한다(March and Olsen 1986; Elster 1998; Mansbridge 1980). 진정한 의미의 토의는 이익이나 생각의 단순한 집성(aggregation)이 아니라, 충분한 설득과정을 거쳐 이익과 생각의 근본적인 전환(transformation)이나 통합(integration)이 수반되거나 적어도 그것을 목표로 하는 의사소통이다(Habermas 1984 and 1987). 즉 진정한 토의는 이익이나 생각이 통합돼 최종적으로 합의에 달하든 혹은 달하지 못하든 간에 설득하고 설득당하는 관계 속에서 관련 행위자와 체제에 대한 신뢰를 자아내는 대화과정이다(Connor and Oppenheimer 1993). 토의를 통해 공동이익을 모색하고 이것을 향해 각자의 이익선호 체계를 바꾸고 그러한 과정을 통해 국민에게 일반적 신뢰감을 고양시키는 것을 목표로 하는 토의 민주주의적 대의체제는 과정을 더 중시한다. 어떤 특정결과에 이르지 못하더라도 권력 작용 과정상에서 토의의 충실함은 국민에게 일반적 신뢰를 널리 확산·제고시킴으로써 정치체제의 거버넌스를 고양시킬 수 있으리라 기대되기 때문이다.

　정치과정상 의원들의 행태가 일반적 신뢰감에 결정적 영향을 미친다고 보는 시각에서 토의만 유일하게 강조되는 것은 아니다. 진정한 토의를 위한 요건일 수도 있겠지만, 정책결정과정의 투명성(개방성), 의사진행 규칙의 존중, 다양한 의견의 자유로운 표출, 소수의견의 존중, 상대방에 대한 예의, 극단적 수사가 아닌 비교적 중립성과 균형성을 띤 발언 등 정치과정상 관찰될 수 있는 여러 특성이 신뢰형성의 핵심요인으로 거론된다(Gutmann and Thompson 1996; Macedo 1999). 예컨대 율라우(Eulau)와 카프스(Karps)는 구체적 정책혜택(사회적 또는 개인적)이 수반되지 않더라도 상호예의와 규칙존중 등 의원들에 의한 정치과정상의 여러 상징적 행동을 보며 국민은 추상적 효능감을 느끼고 정치인과 의회 및 정치체제에 대한 신뢰를 갖게 된다는 점을 경험적 연구를 통해 지적한다(Eulau and Karps 1977). 즉 신뢰도를 위해 더 중요한 것은 구체적 정책혜택을 수반하는 정책대의(policy representation)나 이익대의(interest representation)가 아니라 의원들이 정치과정에 충실하게 임해 유권자의 주관적 인상에 호소하는 상징적 대의(symbolic representation)라는 것이다. 또 다른 예로 히빙(Hibbing)과 띠스모스(Theiss-Morse)도 미국시민이 정치체제에 대해 평가할 때 정책내용과 정책결과보다는 정책결정과정이 어떠했는지——의원들 사이에 충분한 토의가 있었는지 혹은 자발적 합의가 이루어졌는지 혹은 소수의견도 존중됐는지 등——에 대한 인상을 주된 기준으로 삼는다고 주장한다(Hibbing and Theiss-Morse 2001, 1995).

과정이 중요하다는 것은 긍정적 차원뿐 아니라 부정적 차원에서도 그렇다. 정치과정의 훼손은 곧 불신감 팽배로 이어진다. 정치과정이 감정적 말싸움이나 공허한 말장난으로 흘러가고 있다는 인상을 시민들이 갖게 될 때는 신뢰도에 역효과가 난다는 것은 수많은 기존 경험연구에 의해 지지돼 왔다. 예컨대 의원들이 의안심사 과정에서 극단적이고 과장된 수사에 의존하고 상대방과 심지어는 정치권 전체를 매도하는 발언을 할 때 국민은 정치 불신감을 갖게 된다는 실증적 연구결과가 있다(Brady and Theriault 2001; Fried and Harris 2001). 상호성과 예의가 결여된 논쟁, 그리고 감정에 지배되는 논쟁이 정치과정을 이끌수록 불신감을 고조시킨다는 연구결과도 있다(Funk 2001; Uslaner 1993; Dionne 1991). 또한 의원이 의안 심사를 할 때 중립적이지 못하고 특정 사회이익만을 대변한다는 인상을 주어도 역효과가 난다(Tyler 2001; Hibbing and Theiss-Morse 2001). 국민의 기대수준을 비현실적으로 높이는 과장된 허풍과 전투적 이념분자들 간의 대결적 논쟁(Brady and Theriault 2001; Funk 2001), 그리고 입법절차를 악용하는 행태(Brady and Theriault 2001) 등도 국민의 정치 신뢰감에 큰 해를 끼친다.

이상에서 국회 불신감의 근원에는 정책결과에 대한 불만족으로 인한 도구적 신뢰의 훼손도 존재하겠지만, 정치과정상 의원들의 행태에 대한 전반적 실망으로 인한 일반적 신뢰의 상실이 크게 자리 잡고 있을 것이라는 점을 논했다. 기존 연구를 바탕으로 한 이러한 이론적 논의를 이제 실제 한국국회의 사례에서 검증해 보자. 과연 정치과정상의 하자 또는 정책결과의 미흡 중 어느 쪽이 국회 불신감의 보다 중요한 근원으로 작용할지 여러 경험지표를 통해 살펴본다.

우선 <표 2-2>의 오른쪽 부분에서 국회 불신도와 관련 있는 요인을 찾자면, 성별과 행정부 불신도 두 변인만이 통계적으로 유의미한 것으로 관찰됐다. 여성보다는 남성이 더 크게 국회를 불신했고, 당연한 결과지만 행정부 불신도가 높을수록 국회 불신도도 높았다. 그 밖에 연령과 교육수준의 경우 유의수준을 .05가 아니라 .1로 덜 엄격하게 잡으면 국회 불신도와 상관관계가 있는 것으로 관찰된다. 즉 연령이 높을수록, 그리고 교육수준이 높을수록 국회 불신도도 증가한다고 할 수 있다. 그러나 유의수준을 .1로 올려 잡으면 변인 간 관계의 유무가 애매한 경우에도 관계가 있다고 잘못 단언할 위험성이 있다. 특히 국회를 신뢰한다고 답한 응답자의 수가 워낙 적은 데다 다른 여러 독립변인을 통제하다 보니 각 독립변인의 회귀계수 계산 시 표본수가 너무 적어져 엉뚱한 결과가 나올 여지가 있다. 한 예로 효능감이 국회 불신도와 관계없다는 표의 분석결과가 상식적으로 잘 이해되지 않는다. <표 2-2>에서처럼 회귀분석을 시도하지 않고 효능감(있다, 없다)과 국회 불신도(1~4점 스케일) 양자 관계에 대한 t검사를 해 보면 영가설하에서 유의도가 .000으로 나온다. 즉 t검사에서는 양자간에 상관관계가 있는 것으로 나온다.

그러므로 국회 불신도에 대한 회귀분석 결과에만 의존하기보다는 행정부 불신도와 국회 불신도를 비교해 종합적으로 유추해 볼 필요가 있다. 양 불신도간의 상관관계가 높을 것이므로, 양자 모두에 영향을 미치는 요인이 있다면 그것이야말로 정말 국회 불신감의 원인일 것이라고 비교적 확신을 갖고 말할 수 있다. 행정부 불신도와 국회 불신도를 각각 종속변인으로 놓고 여러 요인과의 관련성을 살펴보니, 성별은 국회 불신도와 관계가 있는 것으로 보이지만(Sig.=.000) 행정부 불신도와는 아무런 관계를 보이지 못했다(Sig.=.808). 연령도 비슷한 양상을 보여, 국회 불신도와는 유의수준 .1에서 상관관계가 있지만 정부 불신도와는 전혀 관계가 없는 것으로 관찰됐다(국회 Sig.=.055, 정부 Sig.=.866). 반면 교육수준은 행정부 불신도에는 영향을 미치지만(Sig.=.018) 국회 불신도에 대한 영향은 Sig.=.055로 유의수준을 .1로 잡을 경우에 한해 통계적으로 유의한 것으로 관찰됐다. 소득수준은 P<.1인 경우에만 행정부 불신도와 유의한 관계를 보였고(Sig.=.088) 국회 불신도와는 전혀 관계를 보이지 않았다(Sig.=.543). 거주지 크기를 보자면, 행정부 불신감과는 통계적 관계가 관찰됐지만(Sig.=.010) 국회 불신도와 관련해서는 모호한 유의도가 나왔을 뿐 아니라(Sig.=.056) 행정부 불신도와 국회 불신도의 회귀계수가 서로 반대로 하나는 양수 다른 하나는 음수로 나왔다. 인터넷 이용 정도와 대정부 적극성(문제해결을 위해 공무원을 만난 경험의 유무)을 통해 본 사회적 활동성도 불신도와 아무런 상관관계를 보이지 못했다.

이러한 관찰결과를 종합하자면, 성별, 연령, 교육수준, 소득수준, 거주지, 사회적 활동성 등 사회경제적 변인 중 분명하고 일관되게 행정부 불신도 및 국회 불신도 양자를 설명할 수 있는 것은 찾을 수 없다. 정치 불신감이 어떤 특정계층이나 부류에 속하는 사람만의 특성이 아니라 사회 전반에 보편적으로 퍼진 현상일 것이라는 시사점이 도출된다. 정치과정보다 정책결과의 영향력이 더 결정적이었다면 불신도와 관련해서 사회계층간의 차이가 좀더 분명히 드러났을 것이다. 정책결과에 따라 사회계층간 희비가 엇갈릴 것이기 때문이다. 이 점을 통해 특정 정

책결과보다는 전반적 정치과정에 대한 일반적 인상이 한국국민의 정치
불신감──같은 말로 행정부 불신감 및 국회 불신감──을 보다 결정적
으로 형성시키는 요인일 것이라는 추론이 가능하다. 특정 정책결과에
의한 도구적 신뢰감보다는 주로 전체적 정치과정에 의해 형성되는 일반
적 신뢰감의 상대적 중요성이 엿보인다.[1]

<표 2-2> 행정부 불신도 및 국회 불신도에 대한 선형회귀분석

독립변수	행정부 불신도			국회 불신도		
	회귀계수	표준오차	유의도	회귀계수	표준오차	유의도
절편	2.335	.157	.000	2.345	.169	.000
성별	.00876	.036	.808	-.141	.038	.000
연령	-.00031	.002	.866	.0037	.002	.055
교육수준	.0529	.022	.018	.0458	.024	.055
소득수준	-.0018	.001	.088	.00067	.001	.543
거주지 크기	-.067	.026	.010	.0534	.028	.056
인터넷 이용 정도	.0001	.007	.988	.0101	.008	.179
행정부 불신도	-	-	-	.245	.028	.000
국회 불신도	.217	.025	.000	-	-	-
시민단체 불신도	.049	.025	.055	.0318	.027	.241
효능감	-.781	.043	.000	-.057	.051	.272
사회 신뢰도	-.060	.023	.009	-.021	.025	.403
대정부 적극성	-.009	.046	.841	-.037	.049	.445
회귀모형의 적합도	R^2=.287 F=49.530 Sig.=.000			R^2=.100 F=13.763 Sig.=.000		

주: 국민의 효능감은 "우리나라 국민들의 생각이나 의견이 정부의 정책결정에 반영되고
있다고 생각하십니까?" 하는 질문에 대해 "아니다"는 0, "그렇다"는 1로 코드화함. 독
립변인은 다음과 같이 코드화함. 성별: 남=0, 여=1. 교육수준: 초등학교 졸업 이하=1,
중학교 졸업=2, 고등학교 재학 또는 졸업=3, 대학 재학 이상=4. 거주지 크기: 대도시
=1, 중소도시=2, 읍/면=3. 사회신뢰도: 사람들을 조심해야 한다=0, 상황에 따라 다르
다=1, 사람들을 믿을 수 있다=2. 대정부 적극성: 개인/가족문제 해결을 위해 지난 1년
간 공무원을 만난 경험이 없다=0, 있다=1.
출처: 한국갤럽 여론조사(2002년 7월). 한국갤럽에서 얻은 원자료에 대한 관찰결과임.

---

1) <표 2-2>에서 시민단체 불신도, 효능감, 사회 신뢰도는 국회 불신도와 별
   상관관계를 갖지 않는다(영가설하에서 각각 Sig.=.241, .272, .403)는 상식과
   배치되는 흥미로운 관찰결과가 나왔다. 본문에서도 언급했듯이 아마 국회를
   신뢰한다는 응답자의 수가 원체 적은 데다 다른 여러 독립변인을 통제하다
   보니 표본수가 너무 적어져 신뢰하기 어려운 관찰결과가 나온 것 같다.

2001년 4월의 한국갤럽 여론조사도 비슷한 시사점을 준다. 국회에 대한 부정적 민심은 특히 의원의 당파싸움에 가장 큰 영향을 받는다는 결과가 나왔다. <표 2-3>이 보여주듯 지난 1년간 국회가 잘못한 것을 하나만 들라는 질문에 "당리당략에 의한 당파싸움으로 인한 정치불안정"을 든 응답자가 무려 41.8%를 차지했다. 특정정책보다 정치과정상 의원의 행태가 국민의 부정적 인식을 조장한다는 것을 알 수 있다. "실업자 증가 등 경제상황 악화," "의약분업 시행," "업무수행능력 미흡" 등 정책결정이나 결과 또는 업무능력과 관련된 답을 꼽은 사람은 각각 18.2%, 7.0%, 3.5%에 불과했다. "모름/무응답" 범주에도 응답자 중 무려 18.4%가 포함돼 있어, 구체적 이유보다 전반적 인상이 국회 불신도에 큰 영향을 미친다는 것을 시사해 준다. 즉 정책결과보다 정치과정이 보다 중요하게 국회에 대한 평가를 결정짓는다고 짐작할 수 있다.

<표 2-3> 국회에 대한 부정적 인식의 요인 (한국갤럽 여론조사, 2001년 4월)
("지난 1년간 국회가 잘못한 것으로는 무엇이 있습니까?")

항 목	응답자 수	%
당리당략에 의한 당파싸움으로 정치불안정	413	41.8
실업자 증가 등 경제상황 악화	180	18.2
의약 분업 시행	69	7.0
업무수행능력이 떨어진다	34	3.5
서민을 보호하지 않는다	27	2.7
민의 수렴을 별로 하지 않는다	19	1.9
기타	65	6.6
모름/무응답	182	18.4
합 계	990	100

출처: 한국갤럽 여론조사(2001년 4월). 한국갤럽 홈페이지(http://gallup.chol.com/).

유권자들이 어느 특정정당 때문에 불신감을 느끼는 것이 아니라는 사실을 통해서도 정책결과보다 정치과정이 불신요인으로 더 큰 비중을 갖는다는 것을 엿볼 수 있다. <표 2-4>가 보여주듯이, 국회파행의 책임

소재를 묻는 여론조사에서 여당, 야당 모두 잘못이라고 말한 응답자가
57.5%에 달했다. 정책의 의제설정, 결정, 결과에 보다 직접 연계될 것
이라고 통상 생각되는 여당에 책임을 돌리는 응답자는 26%에 그쳤다.
다수당으로서 국회 정책논의를 주도할 수 있는 위치에 있던 야당에 책
임을 물은 응답자도 11.7%에 불과했다. 이는 성별, 연령에 따라 큰 차
이를 보이지 않고 남녀노소에 고루 해당됐다. 학력의 경우 정책결과와
혜택을 비교적 잘 따지는 고학력자(대학 재학 또는 졸업자)도 저학력자에
비해선 정치권 전체를 탓하는 비율이 다소 떨어지지만 여전히 53.6%에
달했다. 고소득층의 경우에도 여야 양쪽을 비판하는 비율이 저소득층에
비해 다소 낮지만 그 수치가 50%를 상회했다. 이처럼 여야 전체에 대
한 비판이 모든 사회계층을 망라해 공통되게 관찰된다는 데서 한국국민
은 국회 불신요인으로 사회계층에 따라 다른 정책혜택이나 비용을 가져
오는 특정 정책결과보다는 정치과정 전체에 대한 일반적 인상을 중시했
을 것이라는 점이 시사된다.

　<표 2-4>에서 지역별 응답을 보자면, 표본수가 너무 적어 측정오류
의 가능성이 큰 강원을 제외하고 모든 지역에서 여야 양쪽에 국회파행
의 책임을 돌리는 비율이 매우 높다. 여당 지지가 압도적인 호남지역,
야당이 지배적 힘을 발휘하는 영남지역에서도 마찬가지였다. 정치과정
전반에 대한 불신감의 팽배를 엿볼 수 있다. 직무수행 평가 관점에선,
잘하고 있다고 응답한 사람 중에서 48.5%가 여야 양쪽에 부정적 인식
을 가졌지만, 잘못하고 있다고 답한 사람 중 56.6%, 보통이라고 말한
사람의 70.9%가 양쪽 모두에 책임을 돌렸다. 여기서 시사되는 바는 국
회에 대해 어느 정도 신뢰하는 사람에 비해 불신하거나 무관심한 사람
의 경우 더욱 정치권 전체를 불만의 대상으로 삼는다는 것이다. 정치
불신감은 특정정책 때문이 아니라 정치과정 전반의 잘못된 행태로 인해
주로 생긴다는 추론이 가능하다.

<표 2-4> 국회 파행의 책임소재

응답항목	전체(%) 990명	성별(%) 남자 498명	성별(%) 여자 491명	연령별(%) 20대 246명	연령별(%) 30대 269명	연령별(%) 40대 209명	연령별(%) 50세 이상 266명	교육수준별(%) 중졸 이하 184명	교육수준별(%) 고졸 416명	교육수준별(%) 대재 이상 389명
여당	26.0	25.2	26.7	23.8	25.8	26.8	27.5	22.5	22.9	30.9
야당	11.7	13.6	9.8	15.2	11.5	11.6	8.8	11.2	10.1	13.6
양쪽 모두	57.5	58.1	56.8	53.1	59.2	59.0	58.5	58.2	60.7	53.6
모름/무응답	4.9	3.1	6.7	8.0	3.5	2.6	5.2	8.1	6.2	1.9

응답항목	소득수준별(%) 150만원 이하 448명	소득수준별(%) 151~300 만원 376명	소득수준별(%) 301 만원 이상 154명	소득수준별(%) 모름/무응답 12명	직 업 별(%) 농/임/어업 57명	직 업 별(%) 자영업 124명	직 업 별(%) 블루칼라 125명	직 업 별(%) 화이트 칼라 186명	직 업 별(%) 가정주부 312명	직 업 별(%) 학생 79명	직 업 별(%) 무직 106명
여당	23.8	27.4	27.9	38.3	10.2	31.7	21.4	24.4	28.4	30.6	25.3
야당	9.0	12.0	19.7	.0	13.1	8.8	15.3	12.7	8.3	17.2	14.5
양쪽 모두	61.3	56.1	51.1	36.0	67.5	57.1	59.1	60.4	57.4	50.5	50.7
모름/무응답	5.9	4.4	1.3	25.7	9.3	2.4	4.1	2.5	5.9	1.7	9.5

응답항목	지 역 별(%) 서울 235명	지 역 별(%) 인천/경기 238명	지 역 별(%) 강원 29명	지 역 별(%) 대전/충청 98명	지 역 별(%) 광주/전라 98명	지 역 별(%) 대구/경북 114명	지 역 별(%) 부산/경남 167명	지 역 별(%) 제주 10명	지역크기별(%) 대도시 515명	지역크기별(%) 중소도시 354명	지역크기별(%) 읍/면 121명
여당	25.2	24.7	44.8	20.3	15.0	33.5	31.1	13.4	27.6	25.3	20.9
야당	10.1	10.6	16.2	12.7	19.4	9.2	10.7	22.3	11.4	11.6	13.5
양쪽 모두	62.2	58.0	33.9	58.5	58.8	52.7	55.6	64.3	57.1	58.5	56.2
모름/무응답	2.5	6.7	5.1	8.6	6.7	4.6	2.7	.0	4.0	4.6	9.4

응답항목	직무수행평가수준별(%) 잘하고 있다 232명	직무수행평가수준별(%) 잘못하고 있다 572명	직무수행평가수준별(%) 보통이다 122명	직무수행평가수준별(%) 모름/무응답 63명	지지정당별(%) 한나라당 251명	지지정당별(%) 민주당 212명	지지정당별(%) 자민련 32명	지지정당별(%) 민국당 5명	지지정당별(%) 기타정당 17명	지지정당별(%) 없다/모름/무응답 472명
여당	18.6	32.0	16.2	17.4	40.0	14.3	39.2	13.0	51.8	22.0
야당	23.7	8.1	10.7	2.3	6.3	26.7	26.0	37.8	4.0	6.8
양쪽 모두	48.5	56.6	70.9	72.3	49.0	53.6	28.1	49.2	44.2	66.3
모름/무응답	9.2	3.36	2.3	8.0	4.7	5.3	6.8	.0	.0	4.8

출처: 한국갤럽 여론조사(2001년 4월). 한국갤럽 홈페이지(http://gallup.chol.com/).

특기할 점은 한나라당이나 민주당 등 특정정당 지지자들도 여야 모두 잘못이라고 생각하는 경향이 크다는 것이다. 정치권 전체를 비판하는 비율이 지지정당이 없는 사람 중에서 물론 가장 높지만(66.3%), 한나라당과 민주당 양대 정당 지지자 사이에서도 50% 전후의 높은 비율을 보이고 있다. 특정정당을 지지하는 사람도 어느 한쪽보다는 정치권 전체를 뭉뚱그려 불신하는 상황이니, 지지정당이 없거나 평균적인 유권자는 말할 나위도 없을 것이다. 한국국민이 높은 정치 불신감을 갖게 되는 이유는 전체 정치과정상 의원들의 전반적 행태에 실망하기 때문이라는 점이 시사된다.

5. 결 론

국회에 대한 우리 한국국민의 불신감은 위험할 정도로 팽배해 있다. 이는 언론보도나 일반인들의 대화로부터 익히 알고 있는 점이지만, 이 논문은 여론조사 결과를 통해 그 점을 실증적으로 보여주었다. 국회 신뢰도는 다른 어떤 기관에 비해서도 현저히 낮은 수준에 머문다. 국회에 대한 이러한 불신감은 특정 정책결과나 특정정당에 대한 선호에 의해서도 부분적으로 야기되겠지만, 이 글에서는 정치과정상 정치인들의 전반적 행태에 대한 부정적 인식 내지는 인상 때문에 생기는 면이 크다고 주장했다. 구체적 정책결과보다는 일반적 정치과정이 국회 불신감의 보다 중요한 요인을 제공한다는 것이다.

정치과정이 신뢰도에 결정적으로 중요하다는 이 글의 결론으로부터 바람직한 국회개혁을 위한 시사점을 얻을 수 있다. 국회개혁은 특정 정책결과나 특정제도에 대한 집착보다는 과정상의 여러 가치를 충족시키는 방향으로 나아가야 할 것이다. 그러므로 정책결정의 효율성이나 정책결과의 효과성만 강조하지 말고 정책결정과정에서 민주성, 개방성(투명성), 다양성, 신중성, 토의와 안건심의의 충실성을 기하는 데 더 많은 비중을 둘 필요가 있다. 그런 의미에서 2000년 5월의 국회법개정과 2003년 1월의 국회법개정을 통해 의원의 자율성을 높이고 상호 대화를 증진시킬 수 있는 여러 개혁안이 도입됐음은 한편으로 고무적이다(임성호 2002). 그러나 다른 한편으로 보면 새로 도입된 여러 개혁제도가 기대했던 만큼 효과를 내지 못하고 있으며 또 과정상의 가치를 위해서는 추가적으로 도입돼야 할 개혁안도 산적해 있다. 이러한 미진한 측면에 대해서는 이 책의 다른 논문이 충분히 다루고 있다. 여기서는 특정 결과보다 정치과정 관련 제(諸)가치를 중시하는 방향으로 국회개혁이 나아가야만 국민의 신뢰도를 높이고 아울러 거버넌스를 제고할 수 있다는 일반론을 제시하는 것으로 만족하고자 한다.

참고문헌

문용직. 1997, 「제3공화국 의회에서 원내총무의 지도력」,《의정연구》3권 1호.

박종민. 1998, 「행정부의 입법부 지배: 변화와 지속」,《의정연구》4권 2호.

이명석 외. 2001, 「한국 민주주의 공고화와 시민의 정치인식」,《의정연구》7권 1호.

임성호, 1998. 「한국 의회민주주의와 국회제도 개혁방안」,《의정연구》4권 2호.

_____. 2002, 「한국국회의 토의 활성화와 제도개혁: 2000년 개정국회법의 효과에 대한 평가」,《세계정치연구》1권 2호.

Brady, David W. and Sean M. Theriault. 2001, "A Reassessment of Who's to Blame: A Positive Case for the Public Evaluation of Congress," in John R. Hibbing and Elizabeth Theiss-Morse, eds, *What is It about Government That Americans Dislike?*, Cambridge, UK: Cambridge

University Press.

Braithwaite, Valerie and Margaret Levi. eds. 1998, *Trust and Governance*, New York: Russell Sage.

Citrin, Jack. 1974, "Comment: The Political Relevance of Trust in Government," *American Political Science Review*, 68.

Connor, George E. and Bruce I. Oppenheimer. 1993, "Deliberation: An Untimed Value in a Timed Game," in Lawrence C. Dodd and Bruce I. Oppenheimer, eds., *Congress Reconsidered*, 5th edition, Washington, D.C.: Congressional Quarterly Press.

Dionne, E. J., Jr. 1991, *Why Americans Hate Politics*, N.Y.: Simon & Schuster.

_____, 2000, "Why Americans Hate Politics," *The Brookings Review*, 18, 1.

Dodd, Lawrence. 1993, "Congress and the Politics of Renewal: Redressing the Crisis of Legitimation," in Lawrence Dodd and Bruce Oppenheimer, eds., *Congress Reconsidered*, 5th Ed., Washington, D.C.: CQ Press.

Elster, Jon, ed. 1998, *Deliberative Democracy*, Cambridge: Cambridge University Press.

Eulau, Heinz, and Paul Karps. 1977, "The Puzzle of Representation: Specifying Components of Responsiveness," *Legislative Studies Quarterly* 12.

Fenno, Richard. 1975, "If, as Ralph Nader Says, Congress Is 'The Broken Branch,' How Come We Love our Congressmen So Much?" in Norman Ornstein, ed., *Congress in Change*, N.Y.: Praeger.

Fried, Amy and Douglas Harris. 2001, "On Red Capes and Charging Bulls: How and Why Conservative Politicians and Interest Groups Promoted Public Anger," in John R. Hibbing and Elizabeth Theiss-Morse, eds., *What is It about Government That Americans Dislike?*, Cambridge, UK: Cambridge University Press.

Funk, Carolyn L. 2001, "Process Performance: Public Reaction to Legislative Policy Debate," in John R. Hibbing and Elizabeth Theiss-Morse, eds., *What is It about Government That Americans Dislike?*, Cambridge, UK: Cambridge University Press.

Gamson, William. 1968, *Power and Discontent*, Homewood, IL: The Dorsey Press.

Gutmann, Amy and Dennis Thompson. 1996, *Democracy and Disagreement*,

Cambridge: Belknap Press of Harvard University Press.

Habermas, Jurgen. 1984, 1987, *Theory of Communicative Action*, Boston: Beacon Press, Vols. 1, 2.

Hardin, Russell. 1999, "Deliberation: Method, Not Theory" in Stephen Macedo, ed., *Deliberative Politics*, Oxford: Oxford University Press.

Hibbing, John R. and Elizabeth Theiss-Morse. 2001, "The Means Is the End" in John R. Hibbing and Elizabeth Theiss-Morse, eds., *What is It about Government That Americans Dislike?*, Cambridge, UK: Cambridge University Press.

_____. 1995, *Congress as Public Enemy*, Cambridge, UK: Cambridge University Press.

Lim, Seong-Ho. 1998, "A Paradox of Korean Democracy: 50 Years' Experience of the 'Imperial' Presidency and the 'Peripheral' Legislature," *Korea and World Affairs* 22, 4 (Winter).

Macedo, Stephen. 1999, *Deliberative Politics*, Oxford: Oxford University Press.

Mansbridge, Jane. 1980, *Beyond Adversary Democracy*, Chicago: University of Chicago Press.

March, James, and Johan Olsen. 1986, "Popular Sovereignty and the Search for Appropriate Institutions," *Journal of Public Policy*, 6, 4 (Oct./Dec.).

_____, 1995, *Democratic Governance*, N.Y.: The Free Press.

Mayer, Kenneth and David Canon. 1999, *The Disfunctional Congress?*, Boulder, CO: Westview Press.

Mulhall, Stephen and Adam Swift. 1992, *Liberals and Communitarians*, Oxford, U.K: Blackwell.

Putnam, Robert. 1993, *Making Democracy Work*, Princeton, NJ: Princeton University Press.

Shapiro, Ian. 1999, "Enough of Deliberation: Politics Is about Interests and Power" in Stephen Macedo, ed., *Deliberative Politics*, Oxford: Oxford University Press.

Storing, Herbert, J. 1981, *What the Anti-Federalists Were For*, Chicago: The University of Chicago Press.

Tyler, Tom R. 1998, "Trust and Democratic Governance" in Valerie Braithwaite and Margaret Levi, eds., *Trust and Governance*, New York: Russell Sage.

_____. 2001, "The Psychology of Public Dissatisfaction with Government" in John R. Hibbing and Elizabeth Theiss-Morse, eds., *What is It about Government That Americans Dislike?*, Cambridge, UK: Cambridge University Press.

Uslaner, Eric. 1993, *The Decline of Comity in Congress*, Ann Arbor: University of Michigan Press.

von Beyme, Klaus. 1996, "Party Leadership and Change in Party Systems: Towards a Postmodern Party State?," *Government and Opposition* 31, 2 (1996).

제3장 상임위원회 전문성에 대한 비교고찰: 한국국회와 미국 연방하원을 중심으로

김 형 준(국민대학교 정치대학원 객원교수)

1. 서 론

한국국회는 1963년 제6대 국회부터 상임위원회 중심으로 운영되기 시작해 현재에 이르고 있다. 즉 제헌국회부터 제5대 국회까지는 본회의 중심으로 국회가 운영돼 상임위원회 심사는 본회의 심의를 위한 예비심사적 성격을 가졌을 뿐이고 본회의에서 삼독회의 절차를 거쳐 실질적인 법안심의를 했다. 다시 말해 위원회에서 채택된 의안은 본회의에서 위원회의 보고를 들은 후 3독회제에 따라 의안에 대한 질의, 토론, 축조심사는 물론 내용수정도 본회의에서 이루어졌다. 그러나 5·16혁명 이후 6대 국회부터는 본회의 기능은 형식화되고 상임위원회 중심으로 운영되고 있는데, 위원회 심사과정에서도 대부분의 안건은 소위원회에 회부돼 소위원회 심사결과가 위원회 전체회의 의결을 거쳐 본회의에서 그대로 의결된다.

일반적으로 "위원회는 특정한 수의 위원으로 구성돼 본회의 의결 전에 회부된 안건을 심사하며 그 부문에 속하는 의안을 입안하는 국회의 기관으로 정의된다"(국회 1998, 1053). 각국 의회가 안건의 실질적인 심사기관으로 위원회를 설치·운영하는 가장 근본적인 이유는 의원들이 국정을 각 분야별로 분담해 특정분야를 전담할 수 있게 함으로써 의회의 정책 전문성을 확보하기 위해서다. 또한 특정 국정분야를 전담하는 상설 상임위원회 제도가 확립되면 심의의 안정성과 지속성을 제고시키고 이를 통해 의정활동에 대한 전문성을 가져올 수 있기 때문이다(박찬표 1998, 20). 따라서 상임위원회가 어느 정도 전문성을 갖고 효율적으로 운영되고 있는지 여부가 의회의 업적과 성패를 실질적으로 결정짓는 변수라 할 수 있다.

16대 국회 1년간의 입법활동을 평가해 보면 역대 국회보다 훨씬 활발한 것으로 나타났다.

<표 3-1>에서 보듯이 16대 국회 1년 동안 발의된 법안은 155건(74.1%)이나 증가해 입법활동이 훨씬 활발해졌다. 더구나 16대 국회 1년 동안 의원발의 수는 총 364건으로 정부제출 법률안 208건보다 1.75배 많았다. 그러나 의원발의 법률안과 정부제출 법률안의 처리율 및 가결률을 살펴보면 의원발의 법률안 처리율은 35.1%에 불과한 데 비해 정부제출 법률안의 처리율은 88%에 달했다. 또한 전체 처리된 법안 중 정부제출 법안이 차지하는 비중이 58.9%로 정부의 입법기능이 의회에 비해 훨씬 높았다.

한편 16대 국회 1년 동안 의원 발의된 법안은 위원회 대안을 제외하고 총 338건이었고, 의원 1인당 평균 발의건수는 1.2건으로 나타났다. 1건 이상의 법안을 발의한 의원은 148명이었고, 1년 동안 단 한 건의 법안도 발의하지 않은 의원은 128명이었다. 전체 의원 중 절반 정도가 법안발의조차 하지 못한 상황에서 법안심의 및 표결의 핵심기구인 상임위원회가 제대로 기능하고 있다고 단정하기는 어렵다.[1]

---

[1] 16대 국회 활동에 대한 평가에 이견도 있다. 임성호(2001, 30)는 비록 16대 국회에서도 의원발의 법안보다는 정부제출 법안이 주로 우선적으로 다루어졌지만, 2001년 4월 13일까지 가결된 정부제출 법률안은 총 156개이며, 이 중 115개가 수정돼 수정률이 75%에 달할 정도로 법안심사가 충실히 진행되고 있다는 점을 긍정적으로 평가하고 있다.

<표 3-1> 입법활동 비교표

기 간	구 분	접 수	처 리	처 리 건 수					미처리
				가 결		부결	폐기	철회	
				원안	수정				
16대 (00. 6. 5 ~01 .4. 30)	정부제출	208	183 (88.0%)	42	120	0	21	0	25
	의원발의	364	128 (35.1%)	36	19	0	64	9	236
15대 (96 .6. 5 ~97. 3. 18)	정부제출	171	160 (93.6%)	67	77	0	14	2	11
	의원발의	209	75 (33.9%)	39	7	0	27	2	134

출처: 국회, 「제15대 국회 경과 보고서」, 《국회보》(2000).

이 글의 목적은 상임위원회의 전문성에 대해 체계적으로 분석하는 것이다. 특히 대통령제를 채택하고 있고 철저하게 위원회 중심으로 의회를 운영해 능동적 의회의 상징이 되고 있는 미국 연방하원의 상임위원회가 어떤 제도와 절차를 통해 효율적으로 운영되고 있는지를 비교론적 시각에서 고찰한다. Mezey(1990, 151-167)는 '정책 형성력'(policy-making strength)과 '의회에 대한 지지 정도'(the degree of support accruing to the legislature)라는 두 가지 기준으로 의회를 분류하고 있다. 의회가 행정부 대안을 대폭적으로 수정할 뿐 아니라 용이하게 거부할 수 있으며 국민들로부터 전폭적 지지를 받는 의회를 '능동적(active) 의회'로 분류하고 구체적인 사례로 미국의회를 제시한다. 반면 의회가 행정부의 제안을 쉽게 거부하지 못하더라도 의미 있는 수정을 가할 수는 있지만 국민들부터 비교적 낮은 수준의 지지를 받는 의회를 '주변형(marginal) 의회'로 분류했는데, 한국국회가 이 같은 유형에 속한다. 한국국회가 주변적 지위에서 벗어나 미국 연방의회처럼 정책기능이 왕성한 능동적 의회로 거듭나기 위한 핵심적 과제는 의회운영의 핵심인 상임위원회를 제도화시키고 전문화시키는 것이다. 그러므로 한국국회와 미국의회에서 전개되는 위원회활동이 갖고 있는 근원적 차이점을 규명하는 것은 한국 의회

발전 연구에 참으로 의의가 있을 것이다.

이 글은 상임위원회의 전문성에 영향을 주는 요인을 의원 개인수준, 상임위 및 의회제도 수준에서 분석한다. 특히 실증적 자료를 통해 각 분석수준에서 한국국회의 상임위가 제대로 기능하지 못하는 요인에 대해서 분석한다. 다만 이를 분석함에 있어서는 미국 연방의회의 경험을 부각시키는 비교론적 시각에서 고찰한다.

2. 상임위의 전문성 결정요인

1) 의원 개인요인

위원회의 행위주체인 의원 개인이 어느 정도의 전문성을 갖고 위원회 활동을 하느냐가 위원회의 전문성을 결정하는 기본적인 요인이다. 일반적으로 전문성의 의미는 특정분야에 관한 높은 수준의 지식이나 기술로, 사전교육이나 연구를 통해 얻게 되는 것과 특정업무를 계속 수행하는 과정에서 경험을 통해 습득하는 것을 포함한다. 그런데 위원회활동에서 전문성이란 특정분야에 한정된 지식만이 아니라 위원회의 업무활동 전반과 관련된 전문지식을 말한다. 의회의 핵심기능인 입법기능, 예산심의·확정기능, 국정감사·비판기능이 위원회를 중심으로 이루어진다고 할 때, 이러한 기능을 수행해야 할 의원에게 요구되는 전문성은 크게 다음의 세 가지다.

첫째, 법제 전문성이다. 해당 위원회에 회부된 수많은 법률안을 헌법이나 다른 법률과의 관계에 비추어 검토하고 수정안이나 위원회안을 성안하기 위해서는 법제 실무경험이 요구된다. 둘째, 예·결산심의의 전문성이다. 다른 어느 의정활동보다 고도의 정치적 협상능력을 요구하는 예산심의·확정기능을 수행하기 위해서는 의원들의 예·결산심의 능력이 필요하다. 셋째, 위원회 소관업무에 대한 폭넓은 전문성으로서 위원회 소관업무와 관련된 일반적이고 보편적인 전문지식을 말한다.

의원 개인수준에서 위원회가 요구하는 이러한 전문성을 충족시키는 데 영향을 미치는 가장 중요한 요인은 국회의원 선출 전의 경력이다. 즉 상임위원회 구성이 어느 정도 전문 인력으로 채워져 있는지, 그리고 국회의원 중 가용한 전문 인력이 어느 정도 해당 위원회에 배정됐는지가 중요하다. 전자는 위원회 구성의 전문성과 관련된 문제이고, 후자는 위원회의 전문성 제고와 연계된 사항이다.

16대 국회의원의 의원 전 경력을 살펴보면, 정치인이 71명으로 가장 높은 26.1%를 차지하고 법률제정에 전문적인 지식을 갖고 있는 법조인 출신은 15.1%를 차지하는 것으로 나타났다. 15대 국회의원의 경우 정치인이 21.4%로 가장 높고, 관료 15.7%, 언론 13.4%, 법조계 11.7%인 점과 비교해 볼 때 법조인 출신의 비율이 약간 상승했다. 위원회별로 법률제정에 전문의원 경력을 분석해 보면 <표 3-2>에서 나타나듯이 전문성 정도가 가장 높게 나타난 위원회는 법사위로 80%가 법조인 출신으로 구성됐다. 재정경제위의 30.7%가 기업인으로, 교육위의 25%가 교육계 출신, 국방위의 27.8%가 군 출신, 보건복지의 26.7%가 의약계출신으로 구성됐다. 한편 전문성 제고노력이 가장 높게 반영된 경력분야는 군인으로 군 출신의 62.5%가 국방위에 소속됐다. 그 다음으로는 의약계 출신의 57.1%가 보건복지, 법조인 출신의 29.3%가 법사위에 배정됐다.[2] 이를 종합해 보면 16대 국회 상임위 구성에서 전문성 제

---

2) 15대 국회 개원 1년의 경우 전문성 정도가 가장 높게 반영된 위원회는 법사위와 교육위였다. 법사위의 경우 80%가 법조인 출신으로 구성됐고, 교육위의 경우는 50.8%가 교육계 출신으로 구성됐다. 한편 전문성 제고노력이 가장 높게 반영된 경력분야로 의약계 출신(56.6%), 군인(35.7%), 법조인(34.3%), 교육자(25.0%) 등으로 나타났다(한국유권자운동연합 1997, 25-27).

<표 3-2> 16대 국회의원 상임위별 경력 분포*

상임위명	정치인	관료	언론인	법조인	기업인	교육계	사회운동	군인	의약계	문화예술	계
법제사법	2 (13.3)			12 (80.0)					1 (6.7)		15
정무	7 (35.0)	3 (15.0)	2 (10.0)	2 (10.0)	2 (10.0)		3 (15.0)	1 (5.0)			20
재정경제	2 (8.7)	7 (30.4)	2 (8.7)		7 (30.4)	3 (13.0)	1 (4.3)		1 (4.3)		23
통일외무	8 (34.8)	3 (13.0)	5 (21.7)	2 (8.7)	1 (4.3)	1 (4.3)	1 (4.3)	1 (4.3)		1 (4.3)	23
국방	2 (11.1)	5 (27.8)	1 (5.6)	2 (11.1)	1 (5.6)	1 (5.6)	1 (5.6)	5 (27.8)			18
행정자치	9 (39.1)	6 (26.1)	3 (13.0)	3 (13.0)	1 (4.3)		1 (4.3)				23
교육	4 (25.0)		3 (18.8)	1 (6.3)		4 (25.0)	3 (18.8)		1 (6.3)		16
과학기술	1 (5.6)	2 (11.1)	4 (22.2)	3 (16.7)	4 (22.2)	2 (11.1)	1 (5.6)	1 (5.6)			18
문화관광	4 (21.1)	2 (10.5)	5 (26.3)	3 (15.8)		1 (5.3)	2 (10.5)			2 (10.5)	19
농림수산	5 (22.7)	3 (13.6)	3 (13.6)	5 (22.7)	2 (9.1)	1 (4.5)	3 (13.6)				22
산업자원	9 (47.4)		3 (15.8)	1 (5.3)	4 (21.1)		2 (10.5)				19
보건복지	2 (13.3)	2 (13.3)	2 (13.3)	2 (13.3)	1 (6.7)	1 (6.7)			4 (26.7)	1 (6.7)	15
환경노동	6 (37.5)	3 (18.8)	1 (6.3)	2 (12.5)			3 (18.8)	1 (6.3)			16
건설교통	10 (40.0)	7 (28.0)	1 (4.0)	3 (12.0)	2 (8.0)		2 (8.0)				25

* 2001년 6월 현재

고노력은 높은 것으로 보이나 전문인력 위주로 상임위원회를 구성하지는 못한 것으로 나타났다.

국회의원 선출 전 사회경력과 연계돼 의원의 전문성과 밀접한 관련이 있는 것은 의원의 경력유형(career type)이다. Kim and Patterson(1992, 201-03)은 각국 의회 엘리트에 대한 비교연구에서 공직경험(previous

experience in office holding)과 다선 여부(length of parliamentarian service)라
는 두 가지 기준에 의해 의원을 아마추어형(amateur), 단계별 성취형
(arrivist), 의회주의자형(parliamentarian), 경력주의자형(careerist) 등 4가지
경력유형(career type)으로 분류하고, 성숙한 의회정치를 구현하기 위한
전제조건으로 단계별 성취형과 경력주의자 유형의 중요성을 강조했다.
아마추어형이란 공직경험이 없는 초선의원을 말한다. 이들에게 정치는
완전히 새로운 모험이다. 이들이 기성 정치인과 구별되는 특징은 정치
와 공직경험이 전무해 상대적으로 덜 정치적이라는 점이다. 반면 단계
별 성취형 의원이란 비록 초선이지만 의원이 되기 전까지 정부기관이나
지방의회 같은 공공기관에서 공직경험을 갖고 있는 경우를 말한다. 이
러한 유형의 의원은 자신이 의원에 당선되기 전에 단계별로 조직돼 있
는 직위사다리를 거쳤기 때문에 아마추어형 의원보다는 조직의 원칙과
통상적인 운영절차(operational procedure)에 익숙하다. 한편 의회주의자형
은 선수는 재선 이상이지만 공직경험이 없는 의원을 지칭한다. 이러한
유형의 의원은 정치를 의회에서 시작했다고 볼 수 있다. 경력주의자형
의원이란 공직을 통한 풍부한 경험과 재선 이상의 선수를 가진 의원들
을 지칭한다. 일반적으로 선진 의회민주정치가 활성화되고 행정부와 입
법부가 동등한 입장에서 전문성을 바탕으로 국정을 논하기 위해서는 무
엇보다도 경력주의자형이 차지하는 비중이 커야 한다. 그리고 초선의원
이라도 아마추어형보다는 단계별 성취형이 차지하는 비중이 커야 한다.
예컨대 1980년대 스위스 의회를 분석한 연구결과를 보면 경력주의자형
의원이 차지하는 비율이 55%이며 단계별 성취형은 37%인 반면 아마
추어형은 4%, 의회주의자형은 단 2%밖에 되지 않았다. 벨기에도 비슷
한 양상을 보여주었는데 경력주의자형 76%, 단계별 성취자형 19%, 아
마추어형 3%, 의회주의자형 2%로 나타났다(Kim and Patterson 1992,
203-204). 선진 의회민주정치를 구현하고 있는 이들 국가에서 공직경험

은 의원이 되기 위한 거의 필수요건으로 간주되고 있음을 알 수 있다. 16대 총선 당선자 273명을 위에서 제시한 4가지 경력유형에 따라 분류해 보면 아마추어형 22.3%(61명), 단계별 성취형 18.3%(50명), 의회주의자형 35.2%(96명), 경력주의자형 24.2%(66명)로 구성돼 있다.3) 단계별 성취형과 경력주의자형이 차지하는 비율이 낮은 것이 특징이다.

의원 개인수준에서는 국회의원 선출 전 경력뿐 아니라 선수와 재선율도 위원회의 전문성 제고와 밀접한 관련이 있다. 다시 말해 의원의 전문성은 재선, 삼선 등 다선의원이 될수록 축적되며, 이러한 다선의원이 동일한 상임위에서 활발한 의정활동을 펼칠 때 상임위의 전문성이 강화된다. 16대 총선 결과 전체 273명의 의원 중 초선의원이 차지하는 비율은 40.7%(111명)였다. 227명의 지역구 의원 중 88명(38.8%), 전국구 46명 중 23명(50.0%)이 초선이다. 민주당은 전체 115명의 당선자 중 56명(46.8%), 한나라당은 전체 당선자 133명 중 47명(35.3%), 자민련은 17명 중 4명(23.5%)이 초선이었다.4)

이를 상임위원회별로 분석해 보면 초선의원 비율이 가장 높은 위원회는 보건복지위로 60%가 초선이다. 그 다음으로는 환경노동위, 과학기술정보통신위, 정무위의 경우 50%가 초선으로 구성됐다. 한편 초선의원의 비율이 낮은 위원회는 국방위(11%), 통일외교통상(21.7%), 건설교

---

3) 15대 총선 때 299명의 당선자를 위에서 제시한 4가지 경력유형에 따라 분류해 본 결과도 16대 국회와 비슷하다. 아마추어형 25.8%(77명), 단계별 성취형 20.1%(60명), 의회주의자형 30.8%(91명), 경력주의자형 23.4%(70명)로 나타났다(김도종·김형준 2000, 119).

4) 15대 총선에서 새로 등원한 신인은 모두 137명(45.8%)이었다. 253명의 지역구의원 중 106명(41.9%), 46명의 전국구의원 중 31명(67.4%)이 초선이었다. 정당별로는 신한국당이 56명(지역구 43명, 전국구 12명)으로 당 전체 당선자 139명 중 40.3%를 차지했다. 국민회의는 40명(지역구 30명, 전국구 5명)으로 당 소속 당선자 79명 중 50.6%를 차지했다. 자민련은 26명(지역구 21명, 전국구 5명)으로 당 전체 당선자 50명 중 52.0%를 차지했고, 민주당은 7명(지역구 4명, 전국구 3명)으로 전체 15명의 당선자 중 66.6%를 차지했다(김도종·김형준 2000, 118).

통위(24.0%), 재정경제위(39.1%) 순이었다. 다시 말해 노른자 상임위의
경우 초선의원이 차지하는 비율이 상대적으로 낮은 것으로 분석됐다.[5]

한편 16대 총선에서 현직의원이면서 동일한 선거구에서 재선을 추구
했던 의원 수는 총 191명이었고, 이 중 재선에 성공한 사람은 116명으
로 60.7%의 재선율을 보였다. 이를 정당별로 살펴보면, 한나라당은 84
명의 현직의원이 재선을 추구했는데 이 중 63명(75.0%)이 당선됐고, 민
주당 소속의원은 61명 중 43명(70.5%), 자민련은 32명 중 8명(25.0%)이
당선됐다. 한나라당과 민주당의 현직의원 재선율은 전체 평균보다 약
10~15% 정도 앞선 반면, 자민련 소속의원의 재선율은 극도로 저조했
다.[6] 이러한 수치는 미국 연방하원의 경우 선거에서 현직의원의 이점이
강하게 작용하면서 재선율이 90% 정도를 차지하는 것과 비교해 볼 때
그리 높은 편은 아니다.

2) 상임위원회의 조직과 운영요인

상임위원회가 의원 개인의 전문성, 자율성, 책임성을 강화하는 방향
으로 조직되고 운영되는가는 궁극적으로 위원회 전문성과 밀접하게 연
계돼 있다. 위원회가 의원의 전문성을 강화시키는 방향으로 조직되고

5) 15대 국회 개원 후 1996년에 구성된 상임위원회의 경우 행정위(68.8%), 보
   건복지위(62.5%), 농림수산위(60.0%), 내무위(56.7%), 환경노동위(55.6%) 등
   에서 과반수의 의원이 초선으로 구성됐고, 재정경제위(34.5%), 국방위(34.5%)
   에서는 초선의원의 비율이 상대적으로 낮았다(한국유권자운동연합 1997,
   24-25).
6) 한나라당 소속 현역의원의 경우 단순한 전체 수치상으로는 75.0%로 높게 나
   타났지만, 이러한 결과는 한나라당의 영남지역 석권 때문에 가능했다. 따라서
   현직의원의 재선율을 면밀히 분석하기 위해서는 권역별 분석이 필요하다. 수
   도권 선거결과를 보면 한나라당은 전체 31명의 재선 추구자 중 17명(54.8%)
   만 당선됐다. 이는 한나라당의 전체평균 75.0%보다 20%나 뒤지는 수치다.
   대조적으로 민주당의 경우 수도권에서 37명의 재선 추구자 중 25명(67.6%)이
   당선돼 재선율이 한나라당보다 앞섰다(김도종·김형준 2000, 121-122).

운영되는지 여부는 크게 3가지 측면에서 고찰할 수 있다. 첫째는 상임위원회 소관에 대한 배분방식이다. 상임위 소관 배분방식은 크게 두 가지 유형으로 구별된다. 하나는 국정 각 분야를 기능적으로 구분해 배분하는 미국식이고, 또 다른 하나는 각 행정부처를 상임위원별로 배분하는 일본식이다. 우리 국회의 경우 상임위체제는 '국정의 기능적 분업화의 원칙'에 따라 이루어졌지만 그 소관사항을 규정하는 것은 미국식보다는 일본식을 채택하고 있다(박찬표 1998, 21). 이러한 방식은 "위원회가 주도적으로 또는 자율적으로 의제를 선정하고 입안하는 능동적 결정방식보다는 행정부에서 입법한 안건을 심의하는 데 치중하는 수동적 의사결정 방식"이라는 특성을 갖고 있다. 여하튼 국정 각 분야의 유기적인 연관성이 높아지면서 행정 각 부서는 이에 맞추어 기능 통합의 추세를 보이고 있다. 그러나 의회의 상임위체제를 행정부 개편에 맞추어 수동적으로 개편할 경우 전문성의 측면에서 뒤떨어지는 의회가 통합기능을 갖춘 행정부서를 제대로 견제할 수 없는 상황에 처하게 돼 이로 인해 위원회 기능이 약화되는 결과가 초래된다.

둘째, 상임위원회 변경에 대한 문제다. 상임위원이 빈번히 교체되면 위원의 전문성이 축적될 수 없다. 현행 국회법에서는 2년을 단위로 원구성을 다시 하도록 규정하고 있는데, 이때 상당수 의원의 소속 상임위가 변동되고 있으며, 원이 구성된 뒤에도 수시로 소속 상임위가 변동되고 있다. 역대국회에서의 상임위 교체율을 보면 11대 국회 52.3%, 12대 국회 48.5%, 13대 국회 52.8%, 14대 국회 57.6% 등으로 평균 50%를 상회하고 있다.(박찬표 1998, 22). 16대 국회가 개원한 지 1년 정도 지난 시점인 현재 민주당 이원성의 원의 경우 한 달 사이에 무려 5차례나 상임위를 변경했다(보건복지→교육 3. 6→보건복지3. 12→교육 3. 21→보건복지 3. 27→교육 3. 28).

더 문제가 되는 것은 한국국회에서는 삼선, 사선 등으로 의원 경력이

축적돼도 소속 상임위의 변동으로 전문성 축적이 이루어지지 못하고 있
다는 점이다. 미국의 경우 다선의원이 될수록 상임위 교차율은 급격히
낮아지는데, 이는 곧 의원경력의 축적과 비례해 특정 정책부문에 대한
전문성이 축적됨을 의미한다. 이러한 다선의원이 의회의 정책심의 및
입법과정의 중심역할을 담당할 때 전문성과 분권성이 보장된다. 16대
국회의원 중 4선 이상 의원은 총 46명이고 이 중 13대부터 16대까지 4
회 연속 당선된 국회의원은 23명이다. 이 중 4번의 임기 동안 한 상임
위를 계속 유지한 의원은 단 한 명도 없다.[7] 한국국회에서는 의원경력
축적에 따른 전문성 축적이 이루어지지 않고 있다는 것을 단적으로 보
여주는 것이다. 좀더 세부적으로 살펴보면 16대 국회의원 273명 중 재
선 이상의 의원은 162명이고, 이 중 15대 의원이면서 16대에 재선된
의원 수는 141명이다. 이들의 상임위 교체현황을 보면 15대 전·후반기
상임위와 16대 전반기 상임위가 동일한 의원은 약 28%(39명)에 불과하
고, 15대 전후반기 상임위 중 한 곳과 16대 전반기 상임위가 동일한 의
원 수는 약 18%(25명)로 총 55%(77명)가 상임위를 교체했다.[8]

상임위원뿐 아니라 상임위원장의 빈번한 교체도 문제다. 예컨대 운영
위와 정보위를 제외한 15대 국회 후반기 상임위원장 선임 시 전반기의
위원장이 그대로 재선된 경우에는 한 명도 없었으며, 전반기와 같은 위
원회 소속위원이 위원장으로 된 경우가 5명(법사위 목요상, 국방위 한영수,
농수산위 김영진, 보건복지위 김찬우, 건교위 김일윤 의원 등)인 반면, 위원회

---

7) 11대 국회부터 14대 국회까지 4회 연속 당선된 16명의 국회의원 중 4번의
   임기 동안에 한 상임위를 계속 유지한 의원은 단 한 명에 불과한 것으로 나타
   났다(박찬표 1998, 22).
8) 13대 의원 중 14대에 재선된 의원의 상임위 교체현황을 보면, 재선의원 134
   명 중 13대 당시의 상임위를 바꾸지 않은 의원은 42명으로 31%에 불과하고
   무려 69%가 상임위를 교체했다. 또한 11대부터 14대까지 4회 연속 당선된
   국회의원 16인 중 4번의 임기 동안 한 상임위를 계속 유지했다고 할 수 있는
   경우는 1명에 불과하다(박찬표 1998, 22).

소속이 바뀌면서 위원장이 된 경우가 9명에 이른다.

셋째, 위원회 전문 보좌기능의 약화도 상임위원의 전문성을 약화시킨다. "의회는 본질적으로 전문성보다는 각계각층의 대표성이 우선시되는 의원들로 구성되고, 이들 의원이 선거를 통해 주기적으로 교체되는 까닭에 복잡하고 까다로운 사회문제의 해결에 요구되는 특정정책 영역에 대한 전문지식과 경험을 축적하는 데 한계가 있다"(박천오·윤진훈 2001, 169). 따라서 의회가 본래적 기능을 제대로 수행하고 국민을 대표해서 행정부의 업무수행을 평가하고 통제할 수 있는 능력을 보유하기 위해서는 전문성을 갖춘 전문가 및 전문기관의 도움이 절대적으로 필요하다. 이러한 의미에서 의원의 입법활동을 효율적으로 보좌하기 위한 상임위에서의 입법 지원조직인 입법관료제가 정착돼 있다. 국회 위원회 전문위원실은 수석전문위원(차관보급)의 지휘 아래 전문위원, 입법조사관, 입법심의관 등이 법률안, 예산안, 청원 등 소관안건에 대한 검토보고, 각종 의안에 대한 조사연구, 위원회 의사진행 보좌 등의 기능을 수행하고 있다.9) 그런데 이들 상임위 소속 입법관료들은 그 동안 인력부족과 전문성 결여 같은 현실적인 제약요인으로 말미암아 의원의 의정활동을 효율적으로 뒷받침하지 못하고 있다.10) 국회 위원회 공무원의 입법지원 실태에 관한 실증적인 연구결과, 국회의 총 지원조직 인원은 3,017명이

---

9) 상임위원회 및 특별위원회의 입법활동을 보좌하는 일체의 공무원을 통칭해 위원회의 보조기관이라고 한다. 제14대 국회의 1994년 제27차 국회법개정을 통해 위원회 수석전문위원 이하 위원회 직원의 업무수행을 실질적으로 뒷받침하기 위해 그 직무를 법으로 명시하고 위원장의 허가를 얻어 자료를 요청할 수 있는 법적 근거를 마련했다.

10) 대체로 위원회 전문위원실은 법률안의 검토보고, 심사과정의 보좌기능 외에 법안을 생산하는 데 별로 기여하지 못하고 있다는 평가를 받고 있다(김홍섭 1998, 36). 실제로 상임위 소속위원의 경우 입법활동에서 전문위원의 검토보고서 및 정책현안 자료 등 일부 발간 유인물 제공을 제외하고는 위원회 공무원들로부터 큰 도움을 받지 못하며, 행정부처나 그 산하기관 등을 통해 각종 정보를 입수하는 것으로 알려져 있다.

고 이 중 위원회 인력은 215명(10.3%)으로 조사됐다(박천오·윤진훈 2001, 170). 그런데 법률안, 예산안 등 의안의 검토, 자료 분석에 직접 참여하는 수석전문위원, 전문위원, 입법심의관, 입법조사관의 숫자는 124명에 불과하며, 이러한 수치는 위원회당 평균 6명 정도의 입법지원 전문위원을 갖고 있다는 것을 의미한다. 더욱이 상임위에 소속된 이들 전문위원은 국회사무처의 순환보직 제도에 의해 행정사무직과 함께 2~3년마다 순환·배치돼 전문성을 배양하는 데 한계가 있다.

　한편 정치적 중립성의 강조가 오히려 상임위 입법관료의 책임 있는 정책지원 활동을 불가능하게 하고 있다. 입법관료에게 정치적 중립은 그들의 입법지원이 특정정당에 편중되지 않고 범 국회적 차원에서 이루어져야 함을 의미한다. 바꿔 말해 국회의 독자적 역량을 제고시키기 위한 입법관료의 기능적 뒷받침은 특정정당의 시야에 구속받지 않는 객관성과 공정성을 유지해야 한다는 것이다. 현 국회법 규정에 상임위 입법관료는 복무에 관해서는 국회 사무총장의 지휘·감독을 받고, 직무에 관해서는 소속 위원장의 지휘·감독을 받도록 규정돼 있다. 하지만 이들 입법관료는 실제 업무에서 인사권을 갖고 있는 사무총장의 눈치를 살필 수밖에 없다. 그런데 국회 사무총장은 정치적 인물로 행정부 수반인 대통령이 지명하는 것이 관례다. 이러한 상황에서 사무총장은 대통령의 눈치를 보게 되고 상임위 입법관료는 사무총장의 눈치를 살피게 된다. 다시 말해 상임위 입법관료는 정치적 중립이라는 명분을 내세우지만, 실제로는 입법과정에서 정부의 입장을 관철시키는 기능에 치중할 수밖에 없는 구조에서 일하고 있으므로 이런 구조에서 효율적인 입법보조 기능은 이루어질 수 없다. 이는 국회 위원회 공무원의 입법활동 지원실태에 대한 한 여론조사 결과, 위원회 공무원의 78.8%는 업무수행에 대해서 객관적·중립적 입장을 취한다고 응답한 반면, 의원보좌진의 경우는 오직 25%만 이에 대해 동조한 데서 잘 나타난다(박천오·윤진훈 2001,

185).

미국 연방하원의 경우 각 위원회는 당해 위원회에 할당된 스텝 고용 예산으로 자체적으로 위원회 스텝을 고용한다. 즉 정책지원 업무를 수행하는 위원회 정책보좌진은 각 원내정당에서 임명하고 운영한다. 위원회 보좌직원 중 핵심이 되는 전문스텝의 경우 하원규칙에 의해 2/3는 다수당에서, 나머지 1/3은 소수당에서 임명하고 이들은 자신이 속한 원내정당의 상임위원을 보좌한다. 여타 보좌직원의 경우도 각 당에서 임명하는데, 그 정당별 비율은 위원회 자체에서 결정한다. 연방하원의 경우 1996년 현재 19개 상임위 및 1개 특별위의 스텝 총수는 1,367명으로 1개 상임위 당 평균 68명에 이르고 있다.[11]

상임위 수준에서 의원의 자율성에 영향을 주는 중요한 요인은 크게 두 가지다. 첫째, 위원장 및 위원 선임과 연계된 변수다. 만약에 위원 및 위원장 선임권을 소수 당 지도부가 독점하게 되면 위원회의 자율성이 확보될 수 없다. 우리 국회의 경우 상임위원장은 상임위원 중에서 위원회에서 호선해 국회 본회의에서 의결한다고 규정하고 있지만, 실제로 상임위 배정권은 정당의 소수 지도부가 장악하고 있다. 따라서 의원들 간에 인기 상임위를 둘러싼 경쟁이 있을 경우 기존 상임위 경력이라는 업무 전문성과 고참성의 기준보다는 정당의 소수 지도부가 위원회 배정권을 전적으로 행사하고 있다. 한마디로 한국국회에서는 정당 지도부가 위원회 선임권을 통해 의원의 자율성을 통제하는 경향이 강하며, 이것이 정당에 대한 의회정치의 자율성을 제약하는 요인이 되고 있다. 반면에 미국의회의 경우 각 정당은 별도의 상임위원회 선임기구를 구성

11) 독일에서는 연방의회 위원회가 상당한 정도로 원내교섭단체에 의해 운영되고 있다. 상임위원회와 병행해 원내교섭단체 분과위원회가 설치돼 있고, 이곳에서 상임위원회 심사에 앞서 또는 그와 병행해 해당 법안을 심사하게 되고, 그 결과를 가지고 교섭단체 해당 분과위원회 구성원이 그대로 위원이 돼 있는 상임위원회에서 법안을 검토한다(박찬표 1998, 27).

하고 이를 통해 객관적이고 공정한 선임을 보장하고 있다. 예컨대 연방
하원 공화당의 상임위원회 선임기구는 원내총무, 원내부총무, 공화당
의원이 5명 이상인 주에서 각 1명씩, 의원 4명 이하의 주로 구성된 주
연합집단에서 1명씩, 가장 최근의 두 선거에서 선출된 의원집단에서 선
출된 총 21명으로 구성된다(박찬표 1998, 24). 둘째, 정당규율의 문제다.
Shaw(1990, 239)는 8개 국가를 상대로 의회 위원회의 중요성(committee
importance)을 분석해 등급을 매겼다. Shaw는 위원회의 중요성을 의회와
정책의 산출을 결정하거나 영향을 주는 위원회의 능력이라 정의하면서
정당특성, 헌정구조, 상임위 절차 등의 요인이 위원회의 중요성에 영향
을 미치는 요인이라고 주장한다. 그 중에서도 정당의 특성이 위원회의
중요성 또는 위원회의 행위에 영향을 미치는 가장 중요한 요인이라고
주장한다. 즉 주요정당의 수(예컨대 일당체계, 양당체계, 다당체계 등), 정당
이 어느 정도 응집력을 갖추고 있는지 여부, 한 개의 정당이 지속적으
로 경쟁을 지배하는지 아니면 정당 간 경쟁체계가 갖춰져 있는지, 내각
이 단일정당에 의해서 운영되는지 아니면 연립내각으로 운영되는지, 그
리고 주요정당이 이념적으로 근접한지 아니면 떨어져 있는지가 위원회
의 강도를 결정짓는 요인이라고 분석한다. <표 3-3>에서 나타나듯이

<표 3-3> 주요 국가별 정당 특성과 상임위원회 강도

국 가	주요정당수	응 집 성	경 쟁 성	일당/연합	이념적 근접성	강도순위
미 국	2	비응집	경 쟁	일당	근접	1
이탈리아	2 이상	응 집	경 쟁	연합	비근접	2
서 독	2	응 집	경 쟁	연합	중간	3
필 리 핀	2	비응집	경 쟁	일당	근접	4
캐 나 다	2	응 집	지배적 경쟁	일당	근접	5
영 국	2	응 집	경 쟁	일당	중간	6
인 도	1	응 집	지배적 경쟁	일당	비근접	7
일 본	2이상	응 집	지배적 경쟁	일당	비근접	8

출처: Malcolm Shaw. "Committeesin Legislature" in Philip Norton (ed.). *Legislutues*,
(New Fork: Oxford University Press, 1990), p.243.

응집력이 강하지 않고 이념적으로 근접한 양당이 경쟁체계를 이루고, 단일정당이 정부를 지배하는 정당특성을 갖고 있는 미국의회의 위원회가 위원회 강도(committee strength) 면에서 수위를 차지하고 있다. 비록 우리와 같은 대통령제를 채택하고 있지만 미국의회는 정당의 의원에 대한 통제력이 약하고 당의 응집력 약하다는 특성이 궁극적으로 상임위원회의 중요성과 의원의 자율적인 의정활동을 강화시켜 주는 요인으로 작용한다.

또한 미국 연방의회의 경우 상임위원회는 의회와 행정부 간에 국가정책을 둘러싼 정보교환과 의견교환이 이루어지며, 이를 바탕으로 주요 국가정책이 결정되는 정책결정의 장으로 기능하고 있다. 그러나 우리 국회의 상임위원회는 이러한 기능을 제대로 수행하지 못하고 있는데, 그 중요한 원인 중의 하나는 강력한 정당규율과 당정협의회라는 기구가 존재하기 때문이다. 여당과 정부간에 정책의 핵심은 이미 당정협의회를 통해서 결정되고 상임위는 결국 정부·여당의 합의를 거쳐 이미 확정된 정책을 야당의 반대를 무릅쓰고 통과시키는 장소로 전락해 있다. 이러한 구도에서는 결국 의회 내에서 여당의 자율성이 제약을 받을 수밖에 없고, 나아가 의회의 자율성을 저해하는 요인이 된다.

상임위 수준에서 의원의 책임성에 영향을 주는 가장 중요한 요인은 위원회활동의 공개와 기록 여부다. 만약 위원회의 모든 활동이 공개되고 기록된다면 재선을 목표로 하는 의원의 경우 책임의식을 갖고 의정활동을 펼칠 것이다. 미국의회에서는 극히 예외적인 경우를 제외하고 모든 회의내용은 공개되고 의원의 표결내용이 기록돼 일반에게 공개되는 투명한 의정활동이 이루어지고 있다.

현행 국회법에서는 국회활동의 투명성을 확보하고 법안을 보다 충실하게 심사하기 위해 원칙적으로 소위원회 회의를 공개하도록 하는 한편, 회의록 작성을 의무화하고 있다(국회법 제57조 제5항, 제69조 제4항).

<표 3-4> 16대 국회 상임위원회 회의 관련 (2000. 5. 30~2001. 4. 30)

상임위	전체 회의수	소위 회의수	회의 공개	회의 비공개	회의록·요지 회의록	회의록·요지 요지	백분율(%) 회의공개	백분율(%) 회의록
국회운영	21	2	2	·	2	·	100	100
법제사법	49	35	34	1	10	25	97	28
정무	25	7	7	·	·	7	100	0
재정경제	45	17	·	17	17	·	0	100
통일외교 통상	26	7	7	·	3	4	100	42
국방	20	14	12	2	5	19	85	35
행정자치	29	20	20	·	·	20	100	0
교육	22	6	6	·	·	6	100	0
과학기술 정보통신	26	7	7	·	1	6	100	14
문화관광	34	12	12	·	6	6	100	50
농림해양 수산	30	13	13	·	·	13	100	0
산업자원	21	5	5	·	·	5	100	0
보건복지	28	25	5	20	2	23	20	8
환경노동	32	9	9	·	9	·	100	100
건설교통	24	4	4	·	·	4	100	0
정보	8	0	·	·	·	·	·	·
총 계	440회	183회	143회 (78%)	40회 (22%)	55건 (30%)	138건 (70%)	78%	30%

출처: 국회 정보공개 청구결과.

16대 국회 1년 동안의 입법활동을 평가한 시민사회단체연대회의 정치개혁위원회의 발표에 따르면 <표 3-4>에서 보듯이 16대 국회 1년 동안 각 상임위의 소위원회는 총 183회 개최됐고, 이 중 78%(143회)만이 공개됐다. 비공개된 회의는 전체의 22%(40회)였다. 총 40회의 비공개회의 안건 대부분이 자금세탁방지 관련법안(4회), 의약분업 관련법안(13회) 등 국민의 관심이 집중된 민생·개혁입법이 포함된 것으로 드러났다.

또한 소위원회 회의록을 작성한 것은 전체의 30%인 55건으로 국회법의 기본취지인 투명성 확보와는 거리가 멀었다. 특히 보건복지위의 경우 소위원회 회의 25회 중 20회(80%)를 비공개로 진행했을 뿐 아니라 회의록도 단 2회(8%)만 작성해 가장 비공개적인 상임위로 꼽혔다.

현재 국회에서는 소위원회의 특성상 회의공개가 어려울 경우에는 소위원회의 의결로 공개하지 않을 수 있다는 단서조항(제57조 제5항)을 악용해 민감한 정치현안에 대한 회의는 철저하게 비공개로 진행하고 있다. 예컨대 2001년도 예산심의를 위해서 예결위에 13인의 예산안조정소위를 구성했지만, 실제로 소위원회에 다시 의원 5명과 기획예산처장관을 포함한 '6인소위'라는 비공식 협의체를 만들어 철저하게 비공개로 진행한 데서 잘 드러나고 있다.

3) 의회제도 요인

의회제도 중 정부의 정책을 가장 효율적으로 감독할 수 있는 수단은 예·결산권과 국정감사·조사권이다. 의회가 정부정책 집행에 대한 감독을 강화하는 방향으로 조직되고 운영되면 의원의 전문성이 강화되고 궁극적으로 위원회의 전문성이 제고된다.

헌법은 제54조부터 제58조까지 예산 결정과정을 상세히 규정할 만큼 국회의 기능 중에서 예·결산기능이 차지하는 비중은 크다. 예·결산기능의 중요성에도 불구하고 한국국회는 이러한 기능을 제대로 수행하지 못하고 있다. 주된 이유는 다음과 같다. 첫째, 의원들의 전문성 부족이다. 16대 국회에서 초선의원이 차지하는 비율은 40.7%이다. 2000년 정기국회 예결위 50명 중 초선의원의 비율은 46.0%로 평균보다 약간 높은 편이다. 물론 이러한 수치는 1990년 3당합당 이후 13대 국회 예결위에서 초선이 차지하는 비율이 80%를 상회하고 1993에서 94년 2년간 100인의 예결위원 중 초선의원이 차지하는 비중이 70% 정도인 것과 비교해 볼 때 그 규모 면에서는 적은 편이다(곽해곤 1998, 10). 하지만 예산심의 및 결정은 다른 어느 의정활동보다 전문적 지식과 고도의 정치적 협상능력이 요구된다는 점에서 예결위원 절반 정도가 의정경험이 적은 초선의원이 차지한다는 것은 심도 있는 심사를 어렵게 만드는 요인이 된다.

또 예결위 임기가 1년이고 대부분의 위원이 1년마다 교체되기 때문에 의원들이 예·결산부문에서 전문적 지식을 쌓는 데 한계가 있다. 예결위원의 선정기준이 전문적 지식의 보유가 아니라 순환보직 형태의 나눠 먹기식으로 전개되는 데 문제가 심각하다. 예결위원은 국회의원 임기 4년 동안 모두 지역구 의원이 한 번씩은 맡을 수 있도록 하기 위해 연속적으로 예결위에 소속될 수 없도록 하는 규정이 관례처럼 시행되고 있다. <표 3-5>에서 보듯이 지난 15대 국회 4년 동안(정기국회 기준) 예결위에 참여한 총 인원은 151명인데, 이 중 38명(25.2%)만이 2회 이상에 걸쳐 예결위원이었고, 나머지는 1회에 한해서만 예결위원이 됐다.

<표 3-5> 15대 국회(정기회) 예결위원 분석 (1996~1999)

정 당	배당위원 수	실제 예결위원수	예결위 소속 횟수		
			1회	2회	3회
신한국/한나라	97	72	51	17	4
국민회의	61	50	42	5	3
자 민 련	34	22	14	4	4
비교섭단체	8	7	6	1	-
계	200	151	113 (74.8%)	27 (17.9%)	11 (7.3%)

둘째, 경직된 당정구조가 예·결산기능을 약화시키고 있다. 국회에서 정부예산안을 심의하는 절차에 앞서서 정부와 집권당은 비공개적으로 예산 당정회의를 한다. 즉 여당은 국회에서 예산안을 심의하기 이전에 당정협의를 통해 이미 예산심의를 마치고 국회 예결특위에서의 심의는 야당 몫으로 인식하고 있다. 집권당의 집합적 이해관계를 최대한 반영하는 예산안 당정회의의 결정이 이루어지면 집권당 의원의 역할이란 충

실히 따르는 것이다.

여당이 예산편성 당시부터 당정회의를 통해 자신들의 정치적 요구를 현실화시키는 데 반해 야당은 이 과정에서 철저히 배제되기 때문에 이것이 국회 예산심의를 둘러싸고 여야가 첨예하게 대립하는 근본요인이 되고 있다. 더구나 정기국회에서의 예산심의는 매년 특정 정치적 사건과 연계돼 표류되고 예산심의가 정치적 협상의 희생물이 돼 왔기 때문에 국회의 예·결산기능이 정상적으로 진행되기 어렵다(곽해곤 1998, 5). 더욱이 최근 들어 정당의 지지기반이 지역적으로 나누어지는 경향이 고착화돼 가면서 국회의 예산심의도 지역할거에 근거한 지역간 나눠 먹기식으로 진행되는 경향이 강하다. 국회 본회의는 작년 12월 27일에 정부가 편성한 101조 300억 원에서 8,054억 원을 삭감한 예산안을 통과시켰다. 그런데 본회의 예산안 표결에서 예결위원 7인을 포함한 38명이 영호남지역에 예산이 편중됐다고 반대했고, 14명이 기권하는 보기 드문 일이 벌어졌다. 예산안 통과에 반대한 의원 중 수도권, 강원, 충청 출신이 57.9%(22명)를 차지한 데서 나타나듯이 지역간 예산 나눠먹기는 심각한 문제다(동아일보 00/12/28, 4; 중앙일보 00/12/28, 43).

셋째, 위원회활동에서 공개·기록의 원칙이 지켜지지 않음으로써 발생하는 의원들의 책임성 결여문제다. 국회 심의는 상임위보다 예결특위가 우선이고 예결특위에서도 계수조정소위원회의 조정이 결정적이다. 그런데 이러한 계수조정소위가 속기록을 남기지 않고 철저히 비공개로 진행되고 있다는 데 문제가 있다.

넷째, 전문 보조 인력의 부족이다. 예산정책국은 1999년 법제예산실이 폐지됨에 따라 새롭게 확대·개편된 조직이다. 이 국은 국가 예·결산의 중요정책 및 사업계획의 분석·평가와 정책대안을 개발하고, 외국의 예산·결산 및 정책에 관한 조사 및 연구를 담당하고 있다. 그런데 예산정책 공무원의 수는 총 43명에 불과하고, 그 가운데 각 상임위원회별

예산정책 업무를 담당하고 있는 공무원은 계약직 10명과 4~5급 일반
직공무원 16명으로 모두 26명에 불과하다(박천오·윤진훈 2001, 171). 현
재 같은 적은 인원으로는 효율적인 정책지원을 하기란 원천적으로 불가
능하다. 미국의회의 경우 1993년 통계에 따르면 3개 예산관련 위원회
중 세출위원회 227명, 세입위원회 142명, 예산위원회 98명 등 총 467
명의 위원회 스텝과 의회예산처(CBO) 230명, 회계감사원(GAO) 4,958
명, 의회조사국(CRS) 814명 등 예·결산을 담당하는 독립적인 전문기관
소속의 방대한 인원이 의회의 예·결산활동을 지원하고 있다(Ornstein,
Mann and Malbin 1996, 131-138).

   한국국회가 갖고 있는 권한 중에서 실질적으로 정부를 감독하는 데
가장 효율적인 수단은 예·결산권보다 국정감사·조사권이다. 특히 국정
조사 제도는 제헌국회부터 제8대 국회까지는 따로 법률로 두지 않고
헌법과 국회법에 규정돼 있었다. 제4공화국(제9대 및 제10대 국회)에서는
국정조사 제도가 폐지됐다가 제5공화국 헌법에 최초로 헌법에 명시되
고 1981년 국회법개정에서 그 주요절차가 규정됐다. 이후 여소야대의
제13대 국회 초에 국회법이 개정되면서 국정조사에 관한 구체적인 사
항을 따로 법률로 정하도록 함에 따라 "국정조사 및 조사에 과한 법률"
이 88년 8월에 제정돼 현행과 같은 국정조사가 정착됐다. 그런데 여러
가지 요인에 의해 정부의 정책 활동을 감시하기 위한 중요한 수단으로
채택된 국정감사·조사제도는 제대로 기능을 하지 못하고 있다. 국정감
사의 경우, 첫째, 현행 국정감사는 20일이라는 짧은 시간에 모든 위원
회가 대부분의 정부기관을 대상으로 실시하기 때문에 정책감사가 되지
못하고 수박 겉핥기식 감사로 끝나는 경우가 많다. <표 3-6>에서 보
듯이 한국국회는 최근에 평균 16~17일의 짧은 기간에 총 300개 이상
의 기관에 대해 국정감사를 실시했다. 위원회당 평균 20개 이상의 기관
을 감사한 것이다. 이런 상황에서 내실 있는 국정감사란 원천적으로 불

<표 3-6> 연도별 국정감사 통계자료 분석

연도	1991	1992	1993	1994	1995	1996	1997	1998	1999	2000
감사시기	9. 16 10. 5	10. 15 10. 24	10. 4 10. 23	9. 28 10. 17	9. 25 10. 14	9. 30 10. 19	10. 1 10. 28	10. 23 11. 11	9. 29 10. 18	10. 19 11. 7
감사기간	15	9	18	16	17	16	14	17	16	16
총 감사 실시기관	279	290	349	340	336	331	298	329	351	355
당연기관	142	138	142	143	161	150	128	145	138	146
임의기관	137	152	206	197	175	181	170	184	213	211
위원회평균 실시기간	17.4	18.1	21.8	21.3	21.0	20.7	18.6	20.6	21.9	22.2
위원회 1일 실시기간	1.2	3.6	1.2	1.3	1.2	1.3	1.3	1.2	1.1	1.4
피감기관당 감사시간	3.0	2.6	3.9	4.1	3.9	3.9	3.4	4.1	1.4	3.8
서류제출 요구	16,854	32,884	30,133	36,533	40,015	41,938	47,571	48,793	56,099	66,497
의원1인당 제출요구	56.7	110.3	101.1	122.6	138.0	125.9	142.4	146.1	188.3	244.5
증인출석 요구	2,234	2,266	2,584	2,888	2,832	2,942	2,286	2,751	2,442	2,614
기관증인	2,215	2,199	2,502	2,833	2,734	2,910	2,247	2,616	2,312	2,614
일반증인	19	67	82	55	98	32	39	135	130	270
참 고 인	38	30	51	49	82	96	68	88	161	222

출처: 국회사무처 의사국(2000a). 「국정감사통계자료집」, 국회사무처 의사국(1999). 「국정감사·조사관련통계자료집」에서 발췌 정리; 1991~1998 자료는 김민전(1999). 「예·결산심의와 국정감·조사」, p. 204

가능하다. 국정감사가 '일회성·폭로성 감사'로 전락하게 할 수밖에 없게 돼 있다. 둘째, 현행 국정감사에서는 전체 위원회 수준에서 감사가 이루어지는 까닭에 평균 20여 명에 이르는 소속의원이 한 번씩만(15분) 질문해도 질문에만 평균 5시간을 허비하게 되는 등 운영상 비효율성을 노정하고 있다. 또한 일문일답보다는 일괄질의와 일괄답변 형식을 유지함에 따라 실체적 진실을 파악하는 계기가 되지 못하고 자기 과시형 연설과 현장 모면식 답변이 주를 이루고 있다(김민전 1999, 212).

국정조사의 경우 다음과 같은 요인에 의해 활성화되지 못하고 있다. 첫째, 국정조사 계획서가 본회의의 승인을 받아야 비로소 조사를 실시할 수 있기 때문에 국정조사의 발동이 쉽지 않다. 국정조사가 부활된 제13대 국회 이후 총 39번의 국정조사 요구가 있었지만 오직 15번(38.5%)만이 본회의에서 계획서가 승인됐다(국회사무처 의사국 2000a, 311).[12]

둘째, 미국의회의 경우 조사청문회에서 증인에게 면책특권을 부여함으로써 자신을 유죄화할 수 있는 증언을 포함한 모든 증언을 확보하고 있다. 한국의 경우 정치적으로 비중이 있는 증인이 출석요구에 응하지 않아 조사가 제대로 이루어지지 않는 경우가 많다.

셋째, 전문직원의 신문권이 인정돼 있지 않아 국정조사 이전에 증인을 면접하고 증언을 청취해 그 증언과 관련된 증거를 사전에 확보하거나 의원이 감당하기 어려운 전문적인 사안에 대해서 신문할 수 없다.

넷째, 국회의 자료접근권이 폭넓게 보장돼 있지 않다. 특히 효율적인 조사를 위해서 수사 중이거나 재판 중인 사안에 대해서도 의회가 재판에 관여할 목적이 아닌 한 정보접근권이 인정돼야 하는데, 한국국회에서는 허용되지 않고 있다. 더구나 핵심 증거물을 정권 또는 피감기관이 내놓지 않겠다고 하면 강제할 방법이 없다.

다섯째, 조사할 시간과 권한, 필요한 경비에 대한 예산이 지나치게 적다. 국정조사에 참여한 한 의원이 한 언론과의 인터뷰에서 "국회에서 지급하는 비용은 태부족이어서 적지 않은 개인 돈을 지급했다"고 밝힐 정도로 예산배정이 취약하다.

---

12) 16대 국회 들어서는 총 7번의 국정조사 요구가 있었지만 오직 2회만 조사계획서가 본회의에서 통과됐다. 더욱이 공적자금 국정조사는 증인문제 등에 여야가 합의를 보지 못해 실시되지 못했다.

3. 결 론

한국과 미국의회와 같이 상임위중심의 운영체계를 갖고 있는 나라에서는 상임위원회의 구성과 활동은 의회의 효율성과 성패를 실질적으로 결정짓는 변수라 할 수 있다. 한 마디로 본회의 의결 전에 회부된 안건을 심사하며 그 부문에 속하는 의안을 입안하는 상임위원회는 의회의 전문성, 효율성, 그리고 민주성을 제고시키는 결정적인 변수이다. 이 글은 위원회 활동의 주체인 의원들의 전문성, 자율성, 책임성이 강화되면 궁극적으로 위원회의 전문성이 높아진다는 전제 아래 이들에 영향을 주는 요인을 비교론적 시각에서 고찰했다. 한국국회가 미국의회와 비교해 볼 때 상임위가 전문성을 갖지 못하는 가장 근원적인 요인은 상임위원회의 구성이 전문 인력으로 채워지지 못하고, 상임위원이 빈번히 교체되면서 위원의 전문성이 축적되지 못했기 때문이다. 국회 내에 효율적인 입법 지원체가 구축되지 못한 것도 상임위원의 전문성을 제고시키지 못하는 요인으로 작용하고 있다. 또한, 엄격한 정당규율과 당정협의회라는 비공식적인 협의체의 존재는 의원뿐만 아니라 국회의 자율성을 저해하는 요인이 되고 있다. 한편, 의회가 공개와 기록이라는 원칙아래 투명하게 운영되지 못함으로써 의원들이 책임 있는 의정활동을 펼치지 못하는 것도 위원회의 전문성을 떨어뜨리는 요인이 되고 있다. 따라서 국회에서 상임위원회의 전문성을 제고시키기 위해서는 무엇보다도 의회의 제도와 운영을 의원의 전문성, 책임성, 자율성을 제고시키는 방향으로 개혁해야 한다. 특히, 국회가 사무처 중심이 아니라 국회의원 중심체제로 전환시키는 임무가 시급하다. 국회 예산이 국회의원 및 상임위에 대한 정책개발비 지원예산 보다 국회사무처 자리를 보존하는데 치중되고 있는 잘못된 관행이 개혁되어야 한다. 이 같은 요구는 2002년도 국회 세입세출예산요구안에 대한 세부사항을 분석해 보면 더욱 명확해진다.

2002년 국회예산의 총액은 약 2,249억원으로 책정됐다. 이 중에 56.7%(1,275억원)가 인건비고 사업비는 974억원(기본사업비 259억원, 주요사업비 715억원)으로 되어있다. 그런데 총 사업비중 의원 지원 정책비는 약 223억원(22.9%)에 불과하고 나머지 751억원은 전액 사무처 사업비인 것으로 분석됐다. 다시 말해, 국회 총 예산 중 정책개발비는 오직 9% 정도에 불과한 것으로 나타났다. 더욱 놀랄만한 사실은 위원회 운영 예산이 75억원으로 책정됐는데 이중에 위원장 활동비가 13억 9천만원으로 약 62%를 차지하고 있는 반면에 외부 전문가 활용 비용으로 책정된 액수는 4.8%인 1억7백만 원에 불과하다. 이는 19개 상임 및 특별위원회별로 1년 동안 평균 560만원에 불과한 수치이다. 이와 같은 상황에서 의원이 직접 외부 전문가를 고용해 정책대안을 마련한다는 것은 불가능하다. 따라서 국회가 정상화돼 상임위원회가 높은 전문성을 바탕으로 기능하기 위해서는 무엇보다도 국회를 일반 행정 중심체제에서 전문적인 정책지원중심체제로 시급히 개편돼야 한다. 사무처의 일반 행정 경비와 불요불급한 예산을 대폭 삭감해 정책예산 비율이 비정책예산 보다 높도록 교정해야 한다. 이와 더불어, 의원들이 법안, 예산심의를 위해 독립적으로 외부전문가를 고용해 정책에 활용될 수 있도록 상임위원회별 정책개발비를 최대한 증액해야 한다.

참고문헌

곽해곤. 1998, 「국회 예결산심의에 관한 평가와 개선방향」, 한국정당정치연구소 제6차 한국정치포럼 발표논문.

국회. 2001, 『2002년도 세입세출 예산요구(안)각목명세서(일반회계)』.

_____. 1998, 『대한민국 국회 50년사』

_____. 2000, 「15대 국회 경과보고서」, 《국회보》 6월호.

국회정치개혁특별위원회. 2001, 『일본의회의 입법과정』.

국회사무처. 2000, 『의정자료집: 제헌국회~제15대국회』.

국회사무처 의사국. 1999, 『국정감·조사관련 통계자료집』.

_____. 2000a, 『국정감사 통계자료집』.

_____. 2000b, 『미국의회 의사절차』.

국회운영위원회 수석전문위원실. 2000a, 『제16대국회 국회운영위원회 편람』.

_____. 2000b, 『개정국회법 소개』.

국회제도개선위원회. 1994, 『국회제도개선에 관한 설문조사』.

국회제도운영개혁위원회. 1998, 『국정감사·조사제도 개선에 관한 설문조사
    결과분석 보고』.

김광웅·김학주·박찬욱. 1990, 『한국의 의회정치: 이론과 현상인식』, 박영사.

김도종·김형준. 2000, 「제16대 국회의원선거 결과에 대한 집합자료 분석」,
    《한국정치학회보》 제34집 2호.

김민전. 1999, 「예·결산심의와 국정감·조사」, 백영철 외, 『한국의회정치론』,
    건국대학교 출판부.

김종림. 1985, 「의회과정을 규제하는 불문율」, 박동서(편), 『의회와 입법과정
    』, 법문사.

김홍섭. 1998, 「국회의원 입법활동 지원 활성화방안」, 한국정당정치연구소 제
    2차 한국정치포럼 발표논문.

동아일보. 2000년 12월 27일.

박재창. 1995, 『한국의회행정론』, 법문사.

박찬욱. 1995, 「미국과 영국의회의 정책집행 감독활동」, 《한국정치학회보》
    제29집 3호.

_____. 1999, 「한국 의회정치의 특성」, 백영철 외, 『한국의회정치론』, 건국
    대학교 출판부.

박찬표. 1998, 「국회상임위원회의 활성화방안」, 한국정당정치연구소 제2차
    한국정치포럼 발표논문.

박천오·윤진훈. 2001, 「국회 위원회 공무원의 입법활동지원 실태에 관한 실
    증적 연구: 위원회 공무원과 의원보좌관의 인식을 중심으로」, 《한국정
    치학회보》 제35집 1호.

시민사회단체연대회의 정치개혁위원회. 2001, 『16대국회 1년 입법활동 평가
    자료』.

신동아. 2000, 『16대 국회의원 인물사전』.

임성호. 2001, 「국회 토의 활성화를 위한 제도의 모색: 개정국회법의 시행현

황과 평가」, 한국의회발전연구소 제40차 의정연구논단 '밀레니엄 시대
의 새로운 국회상 수립' 발표논문.
장기태·이정화·손석창. 2000, 「예산안조정소위원회의 운영개선에 관한 연구」,
국회사무처, 『입법연구 논문집』.
조선일보. 2000년 12월 28일.
중앙일보. 2000년 12월 28일.
한국유권자운동연합. 1997, 『제15대국회 의정활동 평가서(1996년도)』, 한국
유권자운동연합 의정평가단.

Congressional Quarterly. 2000, *Congressional Quarterly 1999*, Almanac: 106th
Congress 1st Session, Washington D.C.: Congressional Quarterly Inc.
Kim, Chong Lim and Samuel C. Patterson. 1992, "The Political Integration
of Parliamentarian Elites" in Anthony Mughan and Samuel C. Patterson
(eds.), *Political Leadership in Democratic Societies*, Chicago: Nelson-Hall
Publishers.
Loewenberg, Gerhard and Samuel C. Patterson. 1979, *Comparing Legislatures*,
New York: University Press of America.
Mezey, Michael. 1990, "Classifying Legislatures" in Philip Norton (ed.),
Legislatures, New York: Oxford University Press.
Ornstein Norman J., Thoma E. Mann and Michael J. Malbin. 1996, *Vital
Statistics on Congress 1995-1996*, Washington D.C.: Congressional
Quarterly Inc.
Parker, Glenn R. and Suzanne L. Parker. 1985, "Factions in Committee: The
U.S. House of Representatives," in Glenn R. Parker (ed.), *Studies of
Congress*, Washington D.C.: Congressional Quarterly Inc.
Shaw, Malcolm. 1990, "Committees in Legislatures," in Philip Norton (ed,),
Legislatures, New York: Oxford University Press.

제4장 한국 당정관계의 역동성과 제도화

이 정 희(한국외국어대학교 정치외교학과 교수)

1. 들어가며

행정국가 현상이 심화되면서 의회의 기능이 행정부에 비해 상대적으로 위축되고 있는 것이 사실이며, 특히 우리나라와 같은 전통적인 대통령 우위의 국가에서 의회의 역할은 상당히 제한돼 왔다. 그러나 이러한 현실 속에서도 의회의 중요성을 간과할 수 없는 이유는 의회가 정책의 민주성을 확보하고 행정부의 독주를 견제할 수 있는 유일한 권력기관이기 때문이다. 행정부가 정책의 효율성을 우선시하기 때문에 그로 인해 야기될 수도 있는 정책의 민주성과 형평성문제를 의회의 역할을 통해 보완할 수 있는 것이다.

한국사회가 민주화되어감에 따라 시민사회의 활발한 정치참여는 국회 활성화의 밑받침이 되고 있다. 현재 의정활동이 국민의 기대에 부응하지 못하고 있는 것은 사실이나 국회는 행정부를 견제·감시하고 국민의 의사를 입법화하기 위해 노력하고 있다.

한국정치의 특수성으로 인해 국회와 행정부의 관계는 전형적 대통령제를 택하고 있는 미국과도 상이하고, 내각제를 택하고 있는 유럽의 여러 국가들과도 다른 관계로 발전해 왔다. 이것은 집권정당의 정치적 위상과 밀접하게 관련되어 있다.

한국의 경우 과거 국회와 행정부간의 역학관계는 행정부 우위로 규정

돼 왔다. 집권당은 다수당의 위치를 배경으로 의회를 지배했고 집권당
은 행정부에 종속되는 구도가 장기간 이어졌다. 제6공화국 이후 세 차
례에 걸쳐 단기간 여소야대의 경험이 있었으나 집권당은 합당과 국회의
원 영입으로 이를 해소해 나갔다(백창재 1995, 137-149).

일반적으로 대통령제를 채택한 국가에서는 정책수행에서 집권정당의
책임성은 높지 않다. 일단 대통령에 취임하면 대통령은 행정부의 수반
으로서 정책을 수행하고 정국을 운용한다. 그러나 우리나라의 경우 대
통령은 집권당의 총재로서 당권을 동시에 행사해 왔다. 따라서 의회는
집권당 총재인 대통령의 통제 하에 있는 여당의원과 야당의원으로 구성
된다. 이런 맥락에서 보면 의회와 행정부의 관계에서 집권당과 행정부
의 관계는 상당히 중요한 부분을 차지하게 된다. 대통령을 정점으로 행
정부와 집권여당은 상호 갈등과 협력을 반복할 수밖에 없으며, 이는 의
회와 행정부의 관계를 규정하는 중요한 변인이 된다.

행정부와 정당과의 관계에서 한국의 경우에는 과거 권위주의정부하
에서 정당을 통해 정통성을 확보해야 할 필요성이 절실했다. 권력의 궁
극적 기초는 국민이므로 정당의 책임성은 국민의 지지수준에 따라 평가
받게 된다. 아무리 민주적인 규칙에 따라 정권을 장악했다 해도 실질적
인 정통성이 뒷받침되지 않으면 권력은 유지될 수 없다. 절차적 정통성
을 결여한 정권이라 하더라도 국민의 지지를 증대시켜 나감으로써 취약
한 정통성을 보완해 나갈 수도 있다. 그러므로 집권당과 행정부는 정책
을 국민의 지지라는 잣대로 평가하고 조정할 필요가 있다. 정책결정과
정에서 정부와 집권당이 의견을 교환하고 조율할 수 있는 수단으로 존
재하는 당정협의 제도는 정당의 입장에서 볼 때 국민의 다양한 욕구를
충실하게 수렴하고 행정의 민주화수준을 제고시킬 수 있다는 점에서 큰
의의를 지닌다. 또한 권력주체들이 정책결정과정을 효율화하고 정당을
통해 국민의 의사를 정책에 반영할 수 있음을 보여주는 유용한 제도였

다.1) 당정협조란 국가의 주요정책에 대해 정당, 특히 집권당과 행정부가 상호협의를 통해 의견을 조정해 나가는 과정으로 정의할 수 있다. 한국의 경우 '당정협조'라고 할 때 그 범위는 매우 넓으나, 주요정책에 대한 당정회의 제도와 법령안에 대한 협의제도가 주된 내용을 이루고 있다(권찬호 1999, 221).

당정협의와 관련된 제도의 채택과 운영은 비교적 오랜 기간을 거쳐 제도화돼 왔다. 당정협의 제도를 도입하고 유지해 올 수 있었던 데는 대통령제 속에 포함된 내각책임제적 요소가 크게 작용한 것으로 보인다. 헌법상의 각종 내각책임제적 요소도 이와 무관하지 않다. 또한 대통령이 집권당의 당수를 겸하며 당무를 관장해 온 것도 당정협의 제도화 요구의 한 이유라 할 수 있다. 대통령이 집권당 당수로서 당의 역할에 대해 책임을 진다는 것은 대통령에 대해 책임을 지는 각료 역시 간접적으로 집권당에 대해 책임을 진다는 의미이기 때문이다. 따라서 이러한 당정협의 제도의 도입과 제도화의 과정은 한국의 권력구조를 반영하면서 행정부와 정당의 관계가 갖는 역동성을 가늠할 수 있는 잣대가 된다.

이 글은 우리나라 당정관계의 역동성을 규명하는 데 목적이 있다. 당정관계를 규정하는 제반 요인을 규명하고, 당정관계 메커니즘의 변화를 당정협조 제도를 중심으로 살펴보고자 한다.

---

1) 정당, 특히 집권여당과 행정부의 정책협의 과정을 '당정협조'라고 표현해 왔다. 당정협의라는 표현이 더욱 정확할 것이지만, 당정협의 제도를 규율해 온 역대 국무총리의 훈령은 당정간의 유기적인 협조에 역점을 두어 '당정협조'라는 용어를 사용해 왔다. 특히 국무총리 훈령 제334호(1996. 8. 5)는 '정당과 행정부간의 정책 및 정무협조'를 '당정협조'라고 규정해 당정협조의 개념을 처음으로 정의했다. 행정부와 야당의 정책협조도 훈령 상으로는 당정협조의 범위에 포함되고 있으나, 당정간 정책추진의 책임성과 일관성 유지라는 관점에서 보아 여당과의 정책협조가 더 중요하게 취급되고 있으며 여기서도 이에 한정하기로 한다(권찬호 1999, 221).

2. 당정관계의 분석틀

1) 분석틀과 주요행위자

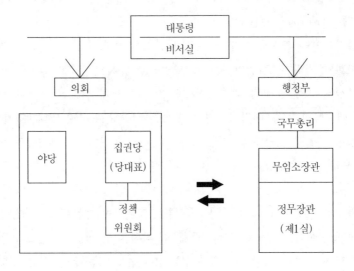

　당정관계를 구성하는 것은 정당과 행정부, 특히 집권여당과 행정부다. 따라서 당정관계의 전체 방향과 내용을 조절하는 행위자는 집권당의 당대표와 행정부의 국무총리라고 볼 수 있다. 그러나 한국의 경우 당총재와 행정부의 수반을 대통령이 동시에 장악하고 있기 때문에, 당연히 당정관계의 최종적인 내용에 강력한 영향력을 행사하는 행위자로 대통령을 상정할 수 있다. 고위급 차원의 당정협조 외에도 실질적으로 행정부에서 당정관계의 조정역할을 해 온 행위자는 제1공화국부터의 무임소장관, 제5, 6공화국의 정무장관(제1실)이며, 당 쪽에서는 정책위원회와 산하의 정책조정위원회를 들 수 있다.

　따라서 당정관계의 역동성과 당정협조 제도의 변화는 권력구조, 정당과 행정부의 위상, 정당체계 같은 정치 환경도 중요한 변수이지만, 실

제 당정관계를 구성하고 실행하는 행위자들의 관계와 이에 대한 규정도
고려해야 한다.

2) 당정관계의 결정요인

당정관계의 협조·견제 메커니즘은 행정부와 정당이 갖는 위상과 역할
의 차이에서 우선적으로 찾아볼 수 있다. 정당의 입장에서는 정부가 시
행하고자 하는 정책을 국민의 지지라는 기준에 의해 평가할 필요가 있
음을 내세우면서 정책결정과정에서 당의 우위를 주장한다. 이에 대해
행정부는 정책결정과정의 효율성과 결과를 중시하기 때문에 전문성을
담보로 한 행정부 우위의 당정관계를 견지하려 한다. 이러한 역학관계
는 여러 가지 요인에 의해 결정되고 변한다.

첫째, 권력구조다. 당정관계를 분석하는 데는 우선 정당의 위상이 중
요하다. 이는 정당이 행정부의 정책결정과정에 참여하는 방식에서 어떤
근거를 가지고 어떤 방식으로 참여하는가를 의미하며, 기본적으로 권력
구조에 기인한다. 권력구조는 정치 및 행정과정의 공식적인 규칙과 절
차를 규정하는 틀이 되기 때문이다. 권력구조가 의회중심주의에 기반하
고 있는가 정당중심주의에 기반하고 있는가가 정책결정과 집행에서 당
정관계에 영향을 줄 수 있다. 의회중심주의에서는 정책에 대한 심의가
주로 의회라는 무대에서 이루어지는 반면, 정당중심주의에서는 집권당
과 행정부간의 협의과정에서 정책의 채택 여부가 실질적으로 결정되는
경우가 많기 때문에 그만큼 당정관계의 양상이 중요한 문제로 제기된
다. 영국과 같이 양당제도의 확립에 근거해 내각책임제를 채택하고 있
는 국가에서는 집권정당의 정책의사가 그대로 정책결정에 반영되는 경
우이며, 이 경우 책임정당의 개념에 비교적 충실한 정당체계를 가지고
있다고 볼 수 있다. 그러나 대통령중심제 국가에서는 집권정당이 국가

의 공식적인 정책결정에 직접 미치는 영향력이 비교적 약하다.[2]

한국의 경우처럼 특정정당을 배경으로 선출된 대통령이 행정부를 장악해 그가 속한 정당의 정책의사를 반영하게 되는 경우에는 그 중간적 위상을 갖게 된다. 집권당의 총재가 곧 대통령인 권력구조에서 집권당은 총재를 축으로, 행정부는 대통령을 축으로 연결돼 있는 것이다. 따라서 대통령을 중심으로 한 집권정당과 행정부의 관계는 상호 보완적 관계에 있으면서 동시에 경쟁의 관계에 있다고 볼 수 있다.

둘째, 정당체계가 중요한 요인으로 작용한다. 우리나라는 근래에 이르기까지 경쟁적인 정당체계를 기반으로 한 평화적 정권교체의 전통이 수립되지 못한 채 집권정당 우위의 정당체계를 지속해 왔다. 정당이 국민으로부터 표출된 이익을 결집해 정책 쟁점화 시키고 또 이에 따른 정책내안을 제시해 정부의 공식적인 정책결정에 얼마나 영향력을 미칠 수 있느냐 하는 것은 중요하다. 집권정당도 일반대중 속에 뿌리를 내리지 못해 대통령의 권력강화를 위한 도구로 이용돼 온 경우가 허다하며, 집권당은 정책정당의 모습을 보이지 못했다. 정당의 정책개발에 대한 전문성과 당내 응집력이 부족한 경우 정당은 행정부와의 관계에서 종속적 위치를 벗어나기 어렵다(이시원 1989, 58). 일반적으로 대통령을 정점으로 하는 행정부의 기술관료들은 정책결정과정에서의 정치적 타협이나 협상은 낭비적이며 혼란과 갈등만을 유발한다는 인식하에 관련 이익집단이나 정당, 심지어는 집권정당까지도 배제하는 경우가 많았다. 실질

---

2) 민주주의체제하에서 정당의 책임성문제와 관련해서 정당이 나타나는 유형을 '정당다원주의'(party pluralism)와 '책임정당이론'(responsible party theory) 두 가지로 나눌 수 있다. 정당다원주의에서는 정당의 독점적 이익대표 기능이 인정되지 않기 때문에 정당은 여러 이익단체와 동등한 위치에서 상호 작용하며 그 결과가 의회를 통해 정책결정과정에 반영될 뿐이다. 반면 정당이 선거 시에 정책대안을 국민에게 제시해 다수의 지지를 받으면 정부를 구성하고 정책을 실현해 나간다는 원리에 바탕을 두는 책임정당이론은 정당을 정책결정의 궁극적인 주체로 간주한다(권찬호 1999, 223-224).

적인 중요 정책결정은 각 분야의 해당 관료조직과 각료 및 정보기구를 기반으로 한 대통령의 판단에 의존하는 경우가 많았다. 대통령을 정점으로 한 행정부는 기술합리성과 비밀성, 신속성을 특징으로 정책을 결정했기 때문에 집권정당의 참여가 원활하게 이루어질 수 없었다(이시원 1989, 59-60). 정당이 제도적 견제장치를 갖지 못할 경우 정책결정과정에서 행정부에 일방적으로 끌려갈 수밖에 없다. 따라서 당정협조 제도는 정당이 정책결정과정에서 정부에 통제력을 행사할 수 있는 유일한 장치가 된다(권찬호 1999, 230-231).

셋째, 의회 내의 의석분포와 정당 간 경쟁이 주요변수가 된다. 집권당이 의회의 다수를 점하고 있을 때와 여소야대의 의석분포일 경우 행정부와 집권여당의 관계는 달라진다. 그러나 그 관계가 항상 일방향적인 것으로 속단하기는 어렵다. 의석분포의 성격도 DJP공조와 같이 과반수를 점유한 경우에는 그 관계를 정형화할 수 없다. 여소야대일 경우 행정부는 집권당과의 협조가 더욱 필요하기도 하지만, 야당의 중요성으로 인해 집권당의 중요성이 상대적으로 떨어질 수 있다. 정당 간 경쟁이 심해질 경우 집권당의 입장에서는 국민의 정치적 지지를 확보하기 위해 행정부에 대한 요구를 더욱 확대할 수도 있기 때문에 협력관계보다는 갈등관계가 증폭될 수 있다.

넷째, 대통령의 정당과 행정부에 대한 인식이 중요한 요인이다. 우리나라와 같은 대통령제 국가에서 집권당과 행정부의 관계는 대통령의 리더십에 크게 좌우된다. 우리나라의 대통령은 행정수반과 당총재라는 위치에 있으나 대체로 여당 지도자로서의 역할보다 초당적 국가지도자의 모습으로 자신의 이미지를 부각시키려고 애쓴다. 특히 집권정당이 갑자기 등장한 정치세력의 제도적 권력창출을 위해 피조됐던 경험과 대통령에게 고도의 권한이 집중돼 있던 상황에 비추어 보면, 대통령의 정당 일반에 대한 시각과 집권정당의 역할 및 기능을 어떻게 보느냐 하는 것이 당정관계에 큰 영향을 미칠 수 있다.

권력의 중심인 대통령과의 접촉빈도나 정책결정 및 집행과정에서 집권당은 행정부에 비해 매우 불리한 입장에 있는 것이 사실이다. 행정부는 정책결정뿐 아니라 정책집행 권한을 가지고 있고, 그 과정에서 대통령과 접촉하는 빈도가 정당보다 훨씬 많다. 따라서 시간이 지남에 따라 집권자는 행정부에 중점을 두게 되며, 집권당의 상대적 중요성이 떨어지는 경우가 허다하다. 이런 경우 집권당과 행정부의 관계는 지도자의 영향력을 변수로 한 일종의 갈등관계가 이루어질 수도 있다(Huntington 1968, 420-421).

다섯째, 대통령의 위상변화를 들 수 있다. 행정부와 집권당의 관계는 양자를 총괄하는 대통령의 장악력에 따라 달라진다. 권위주의시대의 대통령과 김대중 대통령의 위상, 즉 당정의 장악력은 큰 차이를 보인다. 집권당과 행정부를 상대적으로 어느 정도 장악할 수 있느냐에 따라서도 다르다. 박정희 대통령은 유신체제를 시점으로 당정을 더욱 강하게 장악했다. 그러나 대통령 임기말에 나타나는 권력누수 현상은 당정간의 관계를 변화시킨다. 집권당 내부의 결속력 약화와 행정권의 독자성 확립 노력으로 당정협의는 더욱 난항을 겪을 수 있다.

끝으로 포괄적인 환경적 요인으로 시민사회의 발전을 들 수 있다. 정당은 일반국민들의 지지를 바탕으로 정부의 공식적 정책결정에 영향을 미칠 수 있다. 시민사회의 정치적 요구가 분출하고 이를 정당과 행정부가 어느 정도 받아들일 수 있는가 하는 문제는 매우 중요하다. 우리나라의 정당은 여야를 막론하고 시민사회의 이익표출을 실질적으로 수용할 조직구조나 전문가가 드물다. 주로 선거 때 사회집단의 지지와 동원을 위해 당조직이 급조되는 상황이고 정당 내의 조직 담당자나 정당의 고위층도 시민사회에 대한 인식이 아직 미약하다.

그러나 한국사회 내의 다양한 민주화와 개혁작업은 시민사회 단체의 활동을 국가조합주의적 양태에서 다원주의적 형태로 변모시키고 있다. 사회 내의 서로 다양한 경쟁세력과 이익이 정치적 의사형성 과정에 자유롭고 균등하게 참여할 수 있는 기회를 부여하는 제도적 장치를 마련한다면 정당과 행정부의 관계는 변모될 수 있다. 즉 시민사회의 정치적 의사를 어느 정치주체가 정확하게 집약하는가는 중요한 일이다.[3]

당정관계는 앞에서 논의한 바와 같이 권력구조, 정당체계와 정당조직, 의회 의석분포와 정당 간 경쟁, 대통령의 상황인식과 태도, 대통령의 위상, 그리고 민주화에 따른 시민사회의 성장 정도에 의해 영향을 받는다. 그러나 동시에 이러한 요인은 상호 영향을 끼치는 것으로서 일방적인 영향의 주체와 객체, 즉 독립변인과 종속변인으로 규정할 수는 없다.

3. 당정관계의 변화와 당정협의 메커니즘의 제도화

앞서 논의한 요인을 중심으로 우리나라의 당정관계를 살펴보고 그 제도화의 변화과정을 고찰한다.

1) 당정관계의 변화와 특성

제3, 4공화국 하에서 공화당은 군정 최고책임자였던 박정희를 민간정

---

3) 한국에서 이익집단은 의회나 정당에 대해 적극적인 이익표출과 압력을 행사하기보다는 대체로 청원과 민원활동 위주의 역할을 하고 있으며, 이익표출의 통로와 대상이 행정부에 집중되고 있다. 정당이나 의회 또한 동등한 정치적 행위자로 이익집단을 보기보다는 단순히 민원처리와 선거과정에서 동원을 위한 관리차원에서 이익집단을 바라보고 있다. 이러한 이익집단과 타 정치주체의 관계에서의 부적응, 즉 이익표출의 비제도화는 극복돼야 한다. 예컨대 정당과 이익집단의 정치적 기능을 상호보완이나 협조 또는 상호 갈등관계가 제도화돼 갈 때 한국 이익집단과 정당의 정보전달 과정, 이익표출과 이익집산 과정의 균형을 이룰 수 있다(이정희 2001).

부의 대통령이 되게 하고, 의회의 안정세력을 구축하는 데 크게 기여했을 뿐 아니라 제2인자로 불리던 김종필 당의장의 막강한 영향력으로 제3공화국 전반기에는 집권여당으로서 비교적 활발한 정책활동을 전개했다. 그리하여 당차원의 독자적인 정책개발 활동과 함께 정부의 주요 정책도 사전에 공화당과 협의하도록 제도화됐다. 하지만 정부에 대한 당 우위를 지향했던 공화당은 1969년 11월 3선개헌 직후 당총재인 박대통령이 대폭적으로 공화당 기구를 축소하게 되면서 활동이 위축됐다. 이는 제4공화국 유신체제하에서 더 극명하게 드러났는데, 유신체제에서는 극도로 관료적이고 권위주의적인 대통령 중심의 정부에 집권당이 들러리의 역할을 하는 특징을 보이고 있다.

초기에는 공화당 총재로서 박대통령은 공화당이 정책정당화해서 좋은 정책을 행정부에 제시해 줄 것을 강력히 표명하기도 했으나, 공화당이 당내파벌간의 갈등으로 계속 소용돌이에 휘말리자 정책정당으로서의 기대가 무너지게 됐다. 공화당에 대한 박대통령의 부정적 시각은 제3공화국 후반기로 갈수록 더 강화되며 유신헌법하의 제4공화국에서는 공화당의 당헌을 개정해 대통령후보 추천기능까지 없애 버리고 유정회를 조직해 공화당을 무력화시켰다.

정당 내의 민주성 또한 한국정당의 특징인 고도의 집권화로 인해 국민의 뜻에 기반을 둔 정당의 이익통합과 수렴능력이 취약했다. 집권정당인 공화당은 이러한 성향이 강해 당내 리더십이 특정개인을 중심으로 고도의 권위주의적 성격을 가지고 있었다. 따라서 공화당의 비민주적인 당운영과 내부질서는 소속의원들의 정책활동을 위축시켰다.

정당의 정책개발 능력이라는 측면에서 보면, 제3, 4공화국의 집권여당인 공화당은 일하는 정당, 정책정당이라는 기치 하에 정책을 입안·심의하기 위한 기구로 정책위원회를 설치·운영했다. 정책위원회는 실질적이고 구체적인 정책개발의 일환으로 산하에 정책연구실과 분과위원회,

정책심의회를 두고 있었다. 일반적으로 행정부에서 작성된 안이 국회에
상정해야 할 정책안인 경우에는 반드시 무임소장관실을 통해 당의 정책
연구실로 이송되며 정책연구실에서는 이를 검토한 후 소관 분과위원회
의 협의를 거쳐 정책심의회에 상정·의결하는 과정을 거치도록 함으로
써 정책기구의 기능적 실질화를 도모하고자 했다. 초창기 공화당은 정
책개발 및 연구를 통해 전문성을 갖추고자 했으나, 당기구의 점진적 축
소와 함께 정책연구실의 기구와 인력도 축소됐으며 1969년에 있은 큰
폭의 기구축소와 함께 전문위원도 줄어들었다. 이리하여 정책연구실의
기능은 정부에서 이송돼 온 정책안을 사후 심의하는 데 그치는 경우가
대부분이었다.

자연스러운 세력관계 속에서의 경쟁이 아니라 비상시국과 신군부의
강력한 힘을 배경으로 제5공화국 정부를 탄생시킨 민정당은 행정부에
대한 당 우위체제와 당정협조를 크게 강조해 왔다. 이에 따라 장기적인
정책과제를 전문적으로 조사·연구하기 위한 국책연구소와 실무적 차원
에서 단기정책을 입안하고 정부에서 이송한 의안을 전문적으로 검토하
는 전문위원실을 설치·운영해 정부를 주도하는 정책정당의 면모를 보
이려고 했다(이시원 1989, 64).

민정당을 배경으로 집권한 전두환 대통령은 기존 우리나라 정당에 대
해서는 상당히 불신감을 표명하면서도 그가 총재로 있는 민정당과 행정
부 사이에 상호 긴밀한 협조관계가 형성될 것을 희망했다.[4] 하지만 한
편으로는 민정당 총재의 입장보다는 대통령으로서의 지위를 우선했으
며 국정 최고책임자로서 자신의 역할을 강조한 측면도 있었다. 따라서

---

4) "국정을 주도하는 데 있어 당의 공과, 정부의 공과, 그리고 본인의 공과가
서로 구분되기 어려운 함수관계를 이루어 가자"고 주장한 것도 여당과 정부
간의 협조관계를 강조한 것이라 볼 수 있다(「민주정의당 창당 1주년 기념식
치사에서」, 대통령비서실 편, 『전두환대통령 연설문집 제2집』, 서울: 대통령
비서실, 351쪽 참조).

민정당이 창당 이후 행정부에 대한 당 우위를 표방했으면서도 정책결정에 대한 영향력은 실제로 그다지 강하지 않았다.

정당의 정책개발 능력이라는 측면에서 보면, 민정당은 장·단기 정책개발을 담당하는 국책연구소와 정책위원회 산하의 전문위원실을 통해 전문적인 정책연구 기능을 수행했다. 국책연구소는 초창기 산하에 8개의 실을 두고 의욕적으로 활동했으나 실효성을 거두지 못하고 3개 실로 축소 운영됐다. 특히 소관부처의 국장급 실무자를 당의 전문위원으로 활용한 민정당은 이들로 하여금 자신들이 소속했던 소관부처의 현안문제에 대한 비판적 검토를 통해 집권당으로서 정책대안을 제시해 주도록 기대했다. 그러나 이들은 민정당을 잠시 거쳐 가는 자리로 생각하고 다시 해당부처로 돌아가는 것을 상례로 여겼기 때문에, 해당부처의 현안문제를 민정당의 입장에서 비판적으로 검토하기는 쉽지 않았다. 이와 같이 조직화된 정책개발 능력의 미흡은 여당으로서 민정당이 행정부에 대한 당 우위를 실질적인 측면에서는 구현하기 어렵게 하는 요인이었다.

제6공화국, 특히 노태우정부하에서는 과거 군사독재 시절과는 다르게 정당의 자율성은 높아질 수 있었으나, 집권당의 응집성 저하 때문에 당정관계에서 집권당이 큰 영향력을 행사하기는 어려웠다. 특히 3당합당으로 당내 계파 간 갈등이 증대하면서 당 내부의 갈등상황은 책임정당의 요건인 당내 응집력을 크게 약화시켰고 당정협조의 활성화에 부정적 영향을 주었다. 구조 면에서도 당정관계의 제도화 정도가 제5공화국과 비교해 근본적인 변화를 보이지 않았다.

이후 문민정부 하에서도 김영삼 대통령의 집권당에 대한 구조변화 시도는 당 내부의 개혁을 원만히 처리하지 못해 당내 응집성을 크게 떨어뜨렸고, 동시에 정당체계 재편성에도 영향을 주었다. 특히 정당체계의 다당화는 정국이 안정되게 운영되지 못하게 하는 주요 원인으로 작용했다. 이에 따라 행정부가 직접 전면에 나서게 됐고 그만큼 정당은 주변

적 입장에 머물러 있었다. 김영삼 정부 성립 이후 진행된 정치 환경의
변화는 당정관계에 있어 정당에 대한 행정부의 우위를 바꿀 만한 충분
한 여건을 제공하지 못했다고 볼 수 있다.

지금까지의 당정관계를 보면 각 시기마다 조금씩 변화를 보이기는 하
지만 집권당에 대한 행정부의 우위가 일반적인 경향임을 알 수 있다.

2) 당정협의 메커니즘의 제도화

당정관계에서 협조나 견제를 제도화할 필요성은 행정부와 정당이 갖
는 위상과 역할의 차이에서 제기된다. 정당의 입장에서는 정부가 시행
하고자 하는 정책을 국민의 지지라는 기준에 의해 평가할 필요가 있음
을 내세우면서 정책결정과정에서 당의 우위를 주장한다. 이에 대해 행
정부는 정책결정과정의 효율성과 결과를 중시하기 때문에 전문성을 담
보로 한 행정부 우위의 당정관계를 견지하려 한다. 집권당의 입장에서
는 권력의 중심인 대통령과의 접촉빈도를 늘리고 정책결정 및 집행과
정에 개입할 수 있는 제도적 장치가 필요하다. 행정부의 입장에서도 법
률안의 국회통과를 용이하게 하고 추진하고자 하는 정책에 대한 정당
의 지지와 정당성을 이끌어 내기 위해 집권당과의 긴밀한 관계가 요구
된다. 행정부는 집권당과의 정책협조를 통해 민주적 시각을 보완함으로
써 합리적인 정책결정을 할 수 있다. 이렇듯 집권당과 행정부는 상호
필요성에 의해 당정협의체제를 도입하고 제도화하려고 한다.

가. 당정협조제도의 도입: 한국정당이 정당법의 근거를 가지고 제대
로 자리를 잡기 시작한 시기는 제3공화국에서 1963년 정당법이 통과된
이후의 일이다. 제1공화국 시대에 이승만 대통령은 일개 정당의 대표자
이기를 거부하고 국민 전체의 대통령이 되고자 했다. 그러나 대통령의
선출이 국민직선제로 바뀌고 그로 인해 선거과정에서 정당의 도움을

필요로 하게 됨에 따라 자유당을 정권의 배경으로 삼지 않을 수 없었
다. 그러나 이때는 정당과 행정부의 관계가 일정한 틀을 형성하지 못했
다. 내각책임제를 도입했던 제2공화국의 경우는 당정관계의 새로운 모
델을 창출할 수 있는 좋은 기회였다. 그러나 공화국 자체의 존속기간이
짧았기 때문에 당정관계 역시 의미 있는 제도로 정착되지 못했다.

당정협조제도의 한국적 모형이 정립된 것은 제3공화국 초기부터였다.
그 이전에는 정책결정과정의 주요 행위자는 정당이 아니라 국회의원이
었다. 제3공화국에서 민주공화당은 정당법규를 정비하고 정당중심주의
를 지향했다. 당정협조 제도는 바로 이 정당중심주의의 일환으로 탄생
되게 된 것이다. 이와 같은 정당중심주의의 채택은 5·16군부쿠데타를
주도한 중심세력들의 의지가 바탕이 됐다. 당시 박정희 국가재건최고회
의 의장은 김종필과 함께 김재춘에게도 별도로 창당을 연구하도록 지시
한 것으로 알려져 있을 만큼 정당 창당에 상당한 심혈을 기울였다.

민주공화당과 행정부의 공식적인 협조체제 구축에 관한 논의는 제3
공화국 탄생 불과 2일 후인 1963년 12월 19일에 개최된 제100차 당무
회의에서였다. 여기에서 김종필 당의장은 '당과 정부의 지도체제 단일
화'를 천명하고 모든 문제는 당의 결정에 의거해 행정부와 입법부가 실
천하도록 할 것을 당총재에게 건의해 합의했다는 점을 강조하며 당정
간의 정책협조를 역설했다.

이 자리에서 결정된 당정협조 방안의 주요내용으로는 1964년부터 대
통령이 참석하는 당무위원 및 국무위원 연석회의와 간담회를 정기적으
로 개회하기로 하며, 동시에 정부는 주요의안의 입안과 국회제출에 앞
서 반드시 당의 정책연구실과 협의하고 당무회의에 부의하도록 한 것
등이었다.

당정간 정책수립과 집행에 관해 협조하는 방안이 더 구체화된 시기
는 1964년 1월 22일 제104차 당무회의에서였다. 이때 결정된 내용 중

중요한 사항은 당무위원 및 국무위원 연석회의를 매월 제2수요일에 정기적으로 개최해 정책수립을 협의하고 그 집행결과를 확인하도록 한 것이었다. 그리고 연락소위원회(당은 사무차장, 정책연구실장, 기획부장, 행정부는 무임소 국무위원, 내무부장관, 상공부장관 참석)를 구성해 주 1회 협의하고 실천방안을 논의하도록 했다. 또한 행정부는 주요의안의 입안과 국회제출에 앞서 반드시 당(정책연구실)과 협의하고, 국회대책위원회와 당무회의에 부의하도록 했다. 이에 따라 최초의 당무위원과 국무위원 연석회의가 1964년 1월 23일에 개최돼 당정간 유기적인 협조를 다짐했다(민주공화당 편 1973, 162-163).

1965년 4월 8일 박정희 대통령은 "정당과 정부간의 유기적인 협조 개선방침에 관한 지시각서"를 당시 정일권 국무총리에게 시달했고, 같은 해 4월 20일 국무회의 의결로 확정돼 당정협조가 비로소 제도적 근거를 갖추게 됐다(민주공화당 편, 1973:219).

지시각서의 내용은 인사, 제도, 운영주체 면으로 3분할 수 있는데, 인사 면에서는 정부의 중요인사의 결정을 여당과 사전 협의하도록 했다. 제도 면에서는 정부의 주요정책의 수립 및 집행에서 여당과 사전 협의하도록 했으며, 청와대 연석회의를 통해 각급 회의에서 결정되지 않은 사항에 대해 정책을 수립하도록 했다. 또한 국무위원은 당무위원과 정기적으로 회합해 정부의 당면문제를 논의하도록 했다. 그리고 경제관계 장관은 당 정책심의회와 정기적으로 연석회의를 개최함으로써 경제문제 전반에 걸쳐 이견을 조정하도록 했다. 마지막으로 이러한 당정협조 업무를 주관하는 기관으로 이미 당정협조 업무를 담당해 온 당 출신 무임소 국무위원을 지정하고 이를 제도화해 그 기능을 강화하도록 했다(권찬호 1997, 63-68).

무임소 국무위원은 국회와 정당 등 정치권의 문제를 주로 다루도록 하기 위해 집권당 소속 국회의원이 겸임하는 것을 관례로 정착시켰다.

무임소 국무위원은 정부수립 직전인 1948년 8월 12일부터 임명돼 제2
공화국까지는 제도개선, 특명사항 처리 등의 업무를 맡았었다. 제3공화
국 때 당정협조를 시작하면서부터 무임소장관은 비로소 당정협조 업무
를 주요임무로 하는 직책으로 관례화됐다.

<표 4-1> 당정협조 제도 도입시 당정회의 체계

명 칭	주요 참석자	회의성격, 주기
청와대 정부·여당 연석회의	대통령·당대표·국무총리·당무위원·국무위원	최고위급 회의, 주1회(또는 월 1회)
공화당의장·국무총리 간담회	당대표·국무총리	주1회 원칙
당무위원·국무위원 연석회의	당무위원·국무위원	기본 당정협의체 월 1회 원칙
정책위의장·부총리 간담회	정책위의장·부총리	주1회 원칙
경제문제 연석회의	당정책심의위원·경제부처장관	경제문제 협의체 주1회 원칙
정책협의회	당정책심의위원·비경제부처장관	비경제문제 협의체 주1회 원칙
실무자급 확대회의	당간부·전문위원·각부처 기획관리실장	월 2회 원칙

출처: 민주공화당 편. 『민주공화당사』 1973.

나. 당정협조의 주관기관과 규정의 변화: 당정협조를 담당한 주관기
관의 성격과 변화과정을 살펴봄으로써 당정협조의 양상을 관찰할 수
있다. 또한 당정협조를 규율한 규정은 당정협조의 방법 및 내용을 정한
것이어서 이 규정의 변화는 공식적인 당정협조의 변화를 나타낸다.

당정협조 제도의 변화는 주관기관의 역할변화와 맞물려 있다. 지금까
지 당정협조 업무는 대통령 지시와 국무총리 지시 및 총리 훈령 등에
근거해 정무장관(제1)[5]에게 부여돼 왔다. 그러나 담당기관의 업무와 관

---

5) 정무장관(제1)은 당초 무임소(제1, 2, 3까지 가능) 국무위원이었다가 제5공화
국 출범 시 정무장관으로 명칭이 변경되고 제6공화국 출범 시 정무장관(제1
실)과 정무장관(제2실)로 분리됐다.

런한 규정의 변화는 크지 않다. 따라서 일반적으로 수행하는 업무추세의 변화를 살피는 것이 도움이 될 것이다.

제3, 4공화국 때에는 무임소 국무위원이 당정협조를 담당했다. 제3공화국 초기 당정협조를 시작하면서 당정 관계자들은 무임소 국무위원이 당정협조 업무를 주관하도록 지정했다. 1965년 4월 8일 당정협조에 관한 대통령 지시각서에는 이를 명시했다. 제3공화국 말기와 제4공화국 때에는 제1무임소 국무위원은 정무담당 무임소 국무위원, 제2무임소 국무위원은 경제담당 무임소 국무위원으로 불렸다. 두 무임소 국무위원 모두 각 분야에 해당하는 당정협조 업무를 담당했다.

그러나 제5공화국 때부터는 임무에 어울리는 명칭인 정무장관으로 개칭돼 당정협조 업무를 수행했다. 제5공화국 때에는 기존의 당정협조 업무 외에 정당에 대한 행정부의 정치적 연계업무를 폭넓게 수행했다. 그러나 제6공화국에 와서는 이러한 기능이 상당부분 줄어들고 정부·여당간의 행정업무 협조에 치중했다. 정무1장관은 회의의제를 선정하고 참석자를 조정하는 등의 업무를 주관했으며, 나아가 당정협조 업무를 수행하기 위한 정무활동으로 행정부 및 여당의 주요회의에 빠짐없이 참석해 현안문제를 공식·비공식적으로 조율하는 역할을 했다. 정무1장관 실은 항상 당정협조의 중심에서 기본적인 역할을 수행했다. 이는 과거 제3공화국 때 개최된 당무위원·국무위원 연석회의에서부터 제6공화국에서 개최되는 고위당정정책조정회의까지 최고위 당정회의를 직접 주관해 온 것에서 잘 나타난다(권찬호 1997, 73-74).

정무장관의 존재근거는 대통령제라는 테두리에서 집권당과 행정부를 연결하는 역할을 담당할 마땅한 장치가 없다는 한국적 특수성에 있다. 그러나 점차 일상적인 당정협조가 부처별 당정회의에서 이루어짐에 따라 정무장관은 정치적으로 민감한 정책에 대해서만 조정하고 지원하는 역할을 하게 됐다.

당정협조 업무의 근거규정은 당정협조 업무의 기본적인 내용을 담아 왔다. 당정협조는 정부의 정책결정에서 핵심적 역할을 하는 과정임에도 불구하고 이를 법률로 규정하기는 어렵다. 행정부와 여당의 관계를 일반 법률로 규정하기 어렵기 때문이다.

행정부측에 대한 당정협조 업무지시는 1965년 4월 8일 박정희 대통령이 당시 정일권 국무총리에게 시달한 지시각서("여당과 정부간의 유기적인 협조 개선방안에 관한 지시각서")에서 처음 제도화됐다. 그후 1969년 10월 15일, 1970년 3월 25일, 1971년 8월 12일 각각 국무총리 지시로 "당정협조 사무처리지침"을 시달, 당정협조 업무를 구체화시켜 나갔다.

제4공화국 때에는 1973년 4월 24일 국무총리 훈령(제112호, "당정협조에 관한 처리지침")으로 제정됐다. 그 내용은 각 원·부·처가 법령안이나 국민생활에 영향을 미치는 중요정책을 입안할 때 원칙적으로 민주공화당과 유신정우회 정책기구의 협조를 받도록 하는 것이었다.

제5공화국에 와서는 민정당 측에서 1982년 1월 1일에 "당정책기구의 합리적 운영방안"을 마련해 당정협조의 창구로서 당과 국회 및 정부의 관계를 명확히 했다. 행정부에서는 이러한 취지에 맞추어 1982년 4월 19일 훈령 제178호를 시달했다. 당 측은 다시 1985년 5월 4일에는 "당정협조 강화방안"을 마련해 행정부에 이의 실천을 요청했다. 그 방안은 당정협조 전담기구의 보강과 당정정책실무협의회6)의 정례화를 주요내용으로 한 것이었다.

그 후 제6공화국에서 민자당이 탄생한 후 1990년 8월 9일 훈령이 개정(제244호)됐다. 김영삼 정부에 들어서 1996년 2월 신한국당이 탄생한

---

6) 당정정책실무협의회란 제5공화국에서 시행된 제도로서 정부 측에서 부처 차관급, 청장 및 기획관리실장과 관계국장이 참석하고 당에서는 정책조정실장, 부실장, 정책국장, 전문위원이 참석해 월 1회 정기적으로 개최하는 회의체이며, 주로 정부 현안문제와 법률안에 대해 협의했다. 이는 부처의 실·국장과 당의 전문위원간의 실무당정협의회와 함께 부처간 당정협의회 개념에 종속되므로 현재는 별도로 규정하지 않고 있다(권찬호 1997, 77).

다음 1996년 8월 5일 다시 한번 훈령이 개정(제344호)됐으나, 당정협조 제도를 규율하는 국무총리 훈령은 제5공화국 제178호(1982. 4. 19), 제6 공화국 제244호(1990. 8. 9)의 기본골격과 크게 다르지 않았다. 법률안 과 주요 정책안에 대한 당정협의 제도와 각급 당정회의 제도는 그 기본 체제와 방식을 유지한 것이다.

문민정부의 당정협조는 총리훈령 제344호에 의거, 대상과 절차, 협조 방법, 협조시기를 지정하고, '당정협의회의'와 '법령안 당정협의'를 중 심으로 과거와 달리 야당과의 당정협조 근거 등을 규정해 당정협조의 책임성과 효율성을 제고시키는 방향으로 운영됐다(박창균, 1999:430).

<표 4-2> 문민정부의 각급 당정협의회의 체계

명 칭	주요 참석자	회의성격, 시기
고위당정정책 조정회의	· 당측: 당대표, 당3역, 당대표 지명 당직자 · 정부측: 총리, 부총리 2인, 총리 지명 국무 위원 * 정무1장관(사회)	핵심회의체(주요현안 중 심, 월 1회)
부처별 당정협의회의	장·차관-당정책위원회	기본회의체(법령안 및 현 안 중심), 수시
실무당정회의	부처실·국장-당전문위원	실무협의체(법령안 중심), 수시

출처: 국무총리 훈령 제334호를 중심으로 작성(박창균 1999, 45).

국민의 정부에서 당정협의는 총리훈령 제360호에 의거 '당정협의회 의'와 '법령안 당정회의'를 중심으로 야당과의 당정협조 근거 등을 규 정했으며, 문민정부하의 운영체계와 큰 차이는 없었다.

여야 정권교체와 정부조직법 개정에 따라 관련규정을 개정하고 종전 당정협조 운영상의 미비점을 보완했으며, 집권여당이 공동정부였기 때 문에 당정협조 대상기관을 단일정당에서 새정치국민회의, 자유민주연합 2개 정당으로 변경됐고 당정협조 총괄기관은 원·부·처·청에서 부·처· 청 및 위원회(정책을 수립·집행하는 위원회)로 변경했다. 특히 고위당정정

책조정회의 참석자를 청와대 정무수석비서관 및 의제와 연계된 수석비
서관으로 확대·조정했다.

<표 4-3> 국민의 정부 각급 당정협의회의 체계

명 칭	주요 참석자	회의성격, 시기
고위당정정책 조정회의	·당측: 총재·총재권한대행, 당3역, 총재· 총재권한대행 지명 당직자 ·정부측: 총리, 재정부장관, 통일부장관, 총리 지명 국무위원 ·청와대: 정무수석, 의제관련 비서관 * 당측: 국민회의, 자민련	핵심회의체(주요현안), 비 정례적으로 개최
부처별 당정협의회의	장·차관 - 양당 정책위원회	기본회의체(법령안 및 현 안중심), 수시
실무당정회의	부처실·국장 - 양당 전문위원	실무협의체(법령안), 수시

출처: 국무총리 훈령 제360호를 중심으로 작성.(박창균 1999, 55).

명 칭	주요 참석자	회의성격, 시기
고위당정정책 조정회의	·당측: 여당의 총재·총재귀한대행 또는 대표최 고위원, 사무총장·원내총무·정책위원회의장, 총 재·총재권한대행 또는 대표최고위원 지명 당직자 ·정부측: 국무총리, 재정경제부장관, 교육인적자 원부장관, 국무총리 지명 국무위원, 관계부처의 장 및 관계공무원 ·청와대측: 대통령 비서실 정무수석비서관 및 의 제와 관련된 수석비서관	정책협의 및 조정, 수시
부처별 당정협의회의	각 부·처·청 및 위원회의 장 여당 정책위원회의장	법률안, 대통령령안, 총리령·부령 및 정 책안 중심, 수시

출처: 국무총리 훈령 제413호를 중심으로 작성.

당정협조 제도가 도입된 제3공화국 이후 상당기간 정당은 정권창출
의 모체가 아니었고, 이에 따라 정책능력도 대체로 미약했음에도 불구
하고 정당의 정책결정과정 참여는 강조돼 왔다. 정당정치의 논리에서
보면 당정협조 제도는 정당정책의 실현과정이기는 하지만, 한국의 집권
여당이 언제나 정당중심주의를 표방하며 당정협조를 요구해 왔다는 점

은 특이한 사항이다. 한국의 경우 당정협조 제도가 정권의 특성과 관계 없이 비교적 일관된 모습을 보여 왔다. 민주화 이후에도 당정협조 제도 운영방식의 골격도 그 이전과 비교해 큰 변화를 보이지 않고 있다.

<표 4-4> 당정협조 제도에 관한 규정(훈령)의 변화

공화국별(집권당)	근거(훈령)	주요 내용
제3공화국(민주공화당)	대통령지시각서	법률안, 주요정책안 협의
제4공화국(민주공화당)	훈령 제112호	차관회의, 국무회의에 앞서 협의
제5공화국(민주정의당)	훈령 제178호	법령안, 주요정책안 협의
제6공화국 노태우 정부(민주자유당)	훈령 제224호	차관회의 3주 전까지 협의
제6공화국 김영삼정부(신한국당)	훈령 제334호	법령안, 정책안, 주요부령 대상·기안단계 협의, 차관회의 2주 전까지 완료
김대중정부(민주당, 자민련, 민국당)	훈령 제413호	정무장관 폐지, 국무총리 비서실장이 당정협조 업무 주관, 부·처·청·위원회 참여, 정당에 대한 정책설명회 시행

자료: 정무장관(제1)실.

다. 당정협조의 방식: 한국의 경우 당정협의가 이루어지는 방식은 공식적인 당정협조 제도, 대통령을 매개로 한 의견조율, 국회에서 정부·여당 간 협조, 당정간의 인사교류로 나눌 수 있다.

이 중에서 핵심적 위치를 차지하는 것은 물론 제도적 장치에 의한 공식적인 당정협조 과정이다. 그러나 당정협조의 실체를 보다 정확히 이해하기 위해서는 비제도적인 나머지 세 가지 방식에 대해서도 충분히 이해할 필요가 있다.

제도적 장치에 의한 협조는 '주요정책에 대한 당정협의회의'(흔히 '당정회의'라고 한다), '법령안에 대한 당정협조', '국회에서의 법안처리를 앞둔 입법정책 협의' 등에 의해 이루어질 수 있다. 이들은 국무총리 훈령이라는 행정입법상의 근거를 가지고 제도화된 가장 공식적이고 직접적인 당정협조 방법이다.[7] '법령안에 대한 당정협조'는 당정회의의 한

유형으로, 정치적 현안문제를 제외한 법령안에 대한 당정회의를 일컫는다. 국회의 승인을 받는 동의안의 경우도 이 범주에 포함된다. 법령안을 두고 당정회의를 할 경우에는 국무총리 훈령에 정한 특별한 절차에 따르기 때문에 이를 통상의 당정회의와 구분해 다루고 있다. 각 부처는 입안단계에서 법령안이 성안되면 법령안 20부를 정당 전문위원에게 보내 협의를 진행한다. 단순한 자구수정이 아닌 경우에는 부처별 당정회의를 하게 된다. 협의가 완료되면 정부는 차관회의와 국무회의에 상정해 처리한다. 국무총리 훈령에는 당정협조를 행정부의 정책입안 단계에서 행하도록 제도화하고 있다. 입법정책협의회는 제6공화국에서 탄생한 당정협조 제도의 변형이다. 이 협의회는 정부부처 간에, 그리고 여당과 행정부 간에 입법을 위한 협조체계를 구성함으로써 효율적인 입법을 추진할 목적으로 도입됐다.

대통령은 행정부의 수반인 동시에 특별한 경우를 제외하고는 여당의 당수를 겸하므로, 당정협조는 대통령을 권력기반으로 해서 집권당과 행정부가 상호 교류하고 협조하는 것이 원칙이다. 여기서 권력기반이라는 의미는 대통령이 직접 당정협조를 담당하는 것이 아니라는 뜻이며, 일반적인 당정협조는 대통령의 관여 이전에 집권당 대표와 국무총리 수준과 그 이하의 협조단계를 말한다.

그런데 훈령에 규정돼 있지 않은 예외적인 방법이지만 청와대에서 당정회의를 직접 주재하는 경우가 있다. 행정부와 집권당간 의견조율이 쉽게 이루어지지 않거나, 시국현안이나 대형 국가정책 등 의제의 중요성으로 인해 대통령이 직접 이견을 조정하고 대통령의 의도를 설명해 당정간에 협조를 요청할 필요가 있을 때는 대통령의 개입이 필요하다.

제3공화국 때는 '청와대·정부·여당 연석회의'라는 공식적인 회의가

---

7) 국무총리훈령 제334호 "당정협조 업무 운영규정"(1996. 8. 5)은 당정회의와 법령안 당정협조 제도에 대해 규정하고 있고, 국무총리 훈령 제237호 "정부 입법계획 운영규정"(1990. 2. 28)은 입법정책협의제에 관해 규정하고 있다.

개최됐다. 제3, 4공화국의 청와대 당정회의는 대체로 국가의 중요정책
을 논의했으며, 당으로서는 대통령의 힘을 빌리는 좋은 기회여서 이를
적극 활용했다. 제5공화국에 와서는 사례가 많지 않았으나 제6공화국
노태우 정부의 경우에는 연 1회 정도 회의가 열렸다. 김영삼 정부에서
는 거의 개최되지 않았다.

대통령은 정당과 행정부의 의견이 다를 경우 정당의 견해에 귀를 기
울일 수도 있고, 행정부의 의견에 동의할 수도 있다. 또는 어느 한쪽에
지시해 정책의 방향을 끌고 나갈 수도 있다. 따라서 대통령은 당정협조
과정에서 최대의 영향력을 행사한다고 볼 수 있다. 대통령의 관여는 수
석비서관이 개입하는 경우를 포함한다.

마지막으로 당정간 직접적인 정책협의 방법은 아니나 당정협조의 기
초가 되는 방법으로 당정간 인사교류 제도가 있다. 대통령은 정당 인사
중에서 주로 국회의원을 행정부의 각료 등으로 충원한다. 물론 정당은
당 소속인 이들을 통해 영향력을 발휘할 수 있다.

3) 당정관계에 따른 당정협조 제도의 변화

한국의 당정협조 제도는 약 35년의 역사를 거치는 동안 정치 환경의
변화, 이에 따른 집권당의 교체 및 역할변화, 당정관계의 변화 등에 따
라 조금씩 다른 모습을 보여 왔다. 즉 당정협조 제도의 운영은 집권당
과 행정부를 둘러싼 정치체제와 당정관계의 성격에 의해 규정될 수밖에
없다.

제3공화국의 당정협조 제도는 전반기에 도입되면서 활발히 운영되다
가 후반기로 올수록 위축되는 양상을 보였다. 이는 행정부 우위현상이
강화됨에 따라 나타나는 것이라고 볼 수 있다. 따라서 당정회의의 내용
또한 행정부의 의사가 우선적으로 반영됐다. 그러나 당정협조 제도의

기본적 골격과 기능은 유지됐으며 이러한 양상은 유신 이후 제4공화국으로 이어졌다. 하지만 제4공화국에서는 정권이 고도로 권위주의화한 결과, 당정협조가 정부의 의사를 많이 반영하면서 실질적으로는 제대로 이루어지지 못했다.

제5공화국 초기에는 당정협조 제도가 외형상으로는 크게 활성화되는 모습을 보였다. 제5공화국 초기에는 제3공화국 초기와 같이 당정협조 제도를 추진할 주관적 여건이 어느 정도 조성돼 있었다고 볼 수 있다. 왜냐하면 정당이 집권자에 의해 창당됐지만, 당정을 주도하는 인사들이 동일한 정권 주도세력의 일원이었기 때문이다. 정권 담당자들은 제3공화국 초기와 같이 당정협조의 필요성을 인식하고 국가 중요정책을 다루는 당정회의와 법령안 당정협의 제도를 다시 활성화시켰다. 특히 전두환 대통령을 비롯한 정권 주도층의 당정협조 제도에 대한 의지는 매우 강력했다. 그래서 당정협조가 제도화된 시기가 바로 이때였다고 볼 수 있다.

당정회의 중에서도 정당의 의견을 행정부에 전달하고 행정부를 통제하는 장치로 당정정책 조정회의가 활발히 개최됐다. 명칭도 '당무위원·국무위원 연석회의'에서 '당정정책조정회의'로 개칭되고, 당 측의 대표위원과 정부 측의 국무총리가 공식적인 상대자로 자리 잡아 당정간 실질적인 최고 회의체로 기능했다. 법령안 당정협조는 제3, 4공화국보다 충실히 개최됐다. 이전에는 법률안이 주된 협의의 대상이었으나 제5공화국에 와서는 국민생활에 큰 영향을 미치는 대통령령령안에 대한 당정협조도 강조됐다. 제5공화국에 들어와서 당정협조 제도는 어느 정도 제도화된 단계로 진입했던 것이다.

제6공화국 노태우 정부 초기에는 여당이 야당보다 의석이 적어 공식적인 당정협조 제도를 운영하기가 어려웠다. 이른바 '여소야대' 상황이어서 당정회의 자체가 열리기 어려웠고 법령안 당정협조도 훈령의 규정대로 시행되기 어려웠다. 당정협조 제도의 운영에 대해 다수인 야당이 반대했을 뿐 아니라 특정정책에 대해 당정협의를 해도 국회에서 통과된다는 보장이 없었다. 당시 집권여당인 민정당과 행정부는 당정회의를 대체할 제도를 마련해 국무총리 훈령으로 각 부처에 시달했다. 국무총리 소속하에 입법정책협의회를 설치해 운영하되 입법정책협의회는 ① 정부입법정책의 협의, ② 주요 법령안의 처리에 관한 협의, ③ 정부와 정당간의 입법에 관한 협의, ④ 관계 부처간 입법에 관한 의견조정 및 건의 등을 담당하도록 했다. 회의 구성원은 법무부장관, 정무1장관, 법제처장, 총리행조실장 및 심의안건과 관련되는 원·부·처의 장이 된다. 입법정책협의회는 그 기능을 수행하기 위해 대통령 비서실, 정당의 정책부서 관계자와 협의해야 하며 해당 입법과 관련되는 단체 또는 전문인사의 의견을 청취할 수 있다. 의원제안 법률안의 경우에는 정무1장관이 여당의원이 제안하고자 하는 법률안의 내용을 법제처장에게 통보하고 입법정책협의회에 부의하며, 그 결과를 당해 의원에게 통보하도록 규정했다(국무총리훈령 제237호 참조).

당정협조 제도의 가장 큰 변화는 국민의 정부 국무총리 훈령 제360호에서 찾아볼 수 있다. 1998년 4월 6일 국무총리실이 국민회의·자민련 양당 정책위와의 협의를 거쳐 개정한 당정협조 업무운영규정은 자민련을 여당으로 명시했다는 점이 특징이다. 과거 규정은 여당을 대통령이 소속된 정당으로 정의했기 때문에 자민련은 형식상 당정협의에 참석할 수 없었다. 그러나 여당에 자민련과 국민회의를 명시함으로써 당정협의에 자민련이 참석할 수 있는 분명한 근거를 마련했다. 개정된 국무총리 훈령 제2조는 여당의 개념을 종전 '대통령이 소속된 정당'에서 '새정치국민회의와 자유민주연합'으로 구체화해 새 정부가 양당의 공동정권임을 분명히 했다. 이에 따라 과거 정무1장관이 담당하던 당정협의 주체도 총리실로 바뀌었다. 새 훈령 제3조에서는 "국무총리는 행정부의 당정협조를 총괄·조정한다."고 규정했다. 이는 곧 김종필(金鍾泌) 총리서리가 실세 총리로서 전면에 나서고 당정협의의 무게중심도 김총리 서리로 쏠리게 된다는 것을 시사한다(국무총리 훈령 제360조; 국민일보, 1998/4/7 참조).

김대중 정부에서는 당정협조 제도를 운영하는 데 총리의 권한이 매우 막강해졌다. 개정훈령 제4조는 총리가 주요 법률안 및 정책안에 대한 정책설명회를 개최하기 전에 각 부나 위원회로부터 사전보고를 받도록 규정하고 있으며, 법률 등의 입안단계부터 여당의 정책위의장과 협의토록 규정하고 특별한 사유가 없는 한 상정 2주 전까지 협의를 마치도록 했다. 또한 청와대 정무수석이 고정멤버로 당정협의에 참석하도록 규정하고 있다. 개정훈령의 내용은 당정협조 제도를 운영하는 데 행정부의 총리에게 예전보다 높은 위상을 부여함으로써 행정부의 집권당에 대한 우위가 보다 강화됐다. 당정회의 주관부처가 정무1장관실에서 총리실로 격이 높아져 주관자 측의 의견이 당정회의 참석자들에게 강한 영향을 끼치게 됐다는 것도 과거와 다른 점이다.

그러나 당정협조 제도에 반영된 행정부의 위상강화는 원활한 당정협조를 가로막는 장애가 됐다는 지적을 받기도 했다. 국민연금 확대실시 파동, 의약분업실시 연기, 한자병용 논란, 한일어업협상 파문 등 국민의 정부 들어서 논란이 됐던 정부의 정책들이 제대로 추진되지 못한 이유로 당정간, 공동여당 간 협조체제가 미흡했다는 점을 들 수도 있다. 집권당의 힘이 행정부에 비해 약해졌기 때문에 부처장관들도 당정협조를 중요시하지 않았다는 것이다.

4. 마치며

지금까지 당정관계가 권력구조, 정당체계와 정당조직, 의회의 의석분포와 정당 간 경쟁, 대통령의 상황인식과 태도, 대통령의 위상, 그리고 민주화에 따른 시민사회의 성장 정도에 영향을 받으며 변했음을 살펴보았다. 그러나 동시에 이러한 요인들은 상호 영향을 끼치는 것으로서 일방적인 영향의 주체와 객체, 즉 독립변인과 종속변인으로 규정할 수 없다.

당정관계에 있어서 협조나 견제의 제도화 필요성은 행정부와 정당이 갖는 위상과 역할의 차이로부터 제기된다. 정당의 입장에서는 정부가 시행하고자 하는 정책을 국민의 지지라는 기준에 의해 평가할 필요가 있음을 내세우면서 정책결정과정에서 당의 우위를 주장한다. 이에 대해 행정부는 정책결정과정의 효율성과 결과를 중시하기 때문에 전문성을 담보로 한 행정부 우위의 당정관계를 견지하려고 한다. 그러나 동시에 정책의 효과성과 능률성을 우선시하는 행정부는 그로 인해 야기될 수도 있는 정책의 민주성과 형평성의 문제를 정당과의 긴밀한 협의를 통해 보완하고자 한다. 집권당은 자기 당 출신이 행정수반으로 있는 행정부에 영향력을 행사해 집권당의 정책이 행정부의 정책결정에 반영되도록 하거나, 중요한 정책안을 국회에 작성·제출해 가결되도록 함으로써 정부의 공식적인 정책결정에 영향력을 미치고자 한다. 집권당의 입장에서는 권력의 중심인 대통령과의 접촉빈도를 늘리고 정책결정 및 집행과정에 개입할 수 있는 제도적 장치가 필요하다. 행정부의 입장에서도 법률안의 국회통과를 용이하게 하고 추진하고자 하는 정책에 대해 정당의 지지와 정당성을 이끌어 내기 위해서는 집권당과의 긴밀한 관계가 필요하다. 행정부는 집권당과의 정책협조를 통해 민주적인 시각을 보완함으로써 합리적인 정책결정을 할 수 있다. 이렇듯 집권당과 행정부는 상호 필요성에 의해 당정협의 체제를 도입하고 제도화해 왔다.

따라서 당정관계에서 협력과 견제의 메카니즘을 구체적으로 보여줄 수 있는 당정협조 체제는 권위주의정권이 정권의 탄생과 정통성을 확보하기 위한 유용한 제도로 도입됐고, 내각제적 성격을 갖는 한국의 대통령제로 인해 제도화되고 유지될 수 있었다. 즉 당정협조 제도는 정통성의 문제와 권위주의적인 요구 사이에 정책을 합리화해 나가는 과정이었다.

그러나 현재까지의 당정협조 과정을 보면 행정부 각 부처 장관들이 당정협의의 필요성을 인식하지 못하고 있거나 행정부의 전문성을 내세워 정책에 대한 사전조율의 필요성을 무시하는 경향이 강하다. 또한 정당의 입장에서도 정책을 개발하고 대안으로 제시할 수 있는 전문성이 부족하거나 당내민주화가 이루어지지 않아 정당 내의 의견조차 충분히 수렴해 정책결정과정에 참여하지 못하는 한계를 드러내고 있다. 당정협의에 대한 행정부와 정당의 인식부족 때문에 결국 쟁점이 되는 정책과 관련해 집권당과 행정부 간에 의견이 좁혀지지 않을 때 대통령의 의사에 따라 사안이 최종적으로 마무리됨으로써 대통령 1인의 판단에 의존하게 되는 문제점이 나타난다.

국정운영에서 무엇보다 중요한 것은 국민의 의사를 정확하게 판단하고 수렴해 정책을 개발하고 집행하는 것이다. 이를 위해서는 관련부처 간은 물론이고 당정간에 사전 정책조율 기능이 제대로 작동해야 한다. 당정관계에서 견제와 협력의 기제가 제대로 작동하기 위해서는 관련부처간의 업무협조뿐 아니라 당정협조 제도를 실효성있게 운영하는 제도적 장치를 강화할 필요가 있다. 당정관계에서 당정협조 제도의 효율적이고 실질적인 운영은 아무리 강조해도 지나치지 않다. 왜냐하면 행정부가 전문성과 효율성을 토대로 입안한 시책에 대해 국회 심의에 앞서 민의를 반영해 보완할 수 있는 1차적 관문이 바로 당정협조이기 때문이다. 정책결정시 행정부와 집권당 사이에 의견을 교환하고 조율할 수 있는 수단인 당정협조 제도는 정치적으로 국민의 다양한 욕구를 충실히 수렴하고 행정의 민주화 수준을 제고시킬 수 있다는 점에서, 또한

협력과 견제가 적절히 이루어지는 당정관계의 정립을 제도적으로 보장
할 수 있다는 점에서 큰 의의를 지닌다 할 것이다.

참고문헌

강웅규. 1994, 「한국정당과 행정부의 상호관계에 관한 연구: 제4공화국 이후
    여당의 행정부에 대한 영향력을 중심으로」, 고려대학교 정책과학대학
    원 석사학위논문.
권찬일. 1994, 「한국정당의 행정부에 대한 영향력 연구: 제3공화국 이후 여당
    을 중심으로」, 국방대학원 석사학위논문.
권찬호. 1999, 「한국정당과 행정부의 정책협의제도 연구: 이론적 근거를 중심
    으로」, 《한국행정학보》 제33권 제1호.
권찬호. 1997, 「한국 당정협조제도에 관한 연구: 집권당의 정책결정과정 참여
    를 중심으로」, 중앙대학교 박사학위논문.
김용욱. 1995, 「제3공화국 민주공화당의 정책연구」, 《호남정치학회보》 제7
    호.
대통령비서실 편. 「민주정의당 창당 1주년 기념식 치사에서」, 『전두환대통령
    연설문집』, 제2집, 서울: 대통령비서실.
박재희. 2000, 『정책결정 시스템과 정책조정』, 한국행정연구원.
박창균. 1999, 「정부의 정책결정과정에서 정당참여 방안연구: 국민의 정부 집
    권여당을 중심으로」, 국민대학교 정치대학원 석사학위논문.
백창재. 1995, 「대통령제·내각제 논쟁의 허실」, 『국가전략』, 서울: 세종연구
    소.
맹주석. 1998, 「한국 집권당의 정책결정과정에 관한 연구: 제3공화국 민주공
    화당을 중심으로」, 성균관대학교 행정대학원 석사학위논문.
민주공화당 편. 1973, 『민주공화당사』.
송충식. 1985, 「당정협의회, 이면의 구조」, 《정경문화》 제252호.
안성열. 1970, 「당정협의회란 무엇인가」, 《신동아》 제75호.
유병채. 1994, 「한국의 정책결정에 있어서 여당과 행정부의 관계에 관한 연
    구: 당정협의를 중심으로」, 연세대학교 행정대학원 석사학위논문.
이시원. 1989, 「한국의 당·정관계에 관한 연구」, 《한국행정학보》 제23집 1호.

이정희. 1996, 「시민단체의 정치적 역할과 과제」, 『여의도 정책논단』 여의도
연구소.
정무장관(제1)실. 1997. 12, 『정무장관실 연혁(1948-1997)』.
조성대·양재성. 1990, 「한국의 정책결정과정에 있어서 당·정관계에 관한 연
구」, 《상명여대 논문집》 제25호.

Huntington, Samuel P. 1968, *Political order in Changing Societies*, New Heaven
and London :Yale University Press.
http://www.minjoo.or.kr/minjoo21/24.html.

제5장 원내교섭단체 구성요건의 변화에 따른 정치역학[*]

함 성 득(고려대학교 행정학과 교수)·**임 동 욱**(충주대학교 행정학과 교수)

이 장에서는 원내교섭단체 구성요건의 변화와 그 정치적 영향을 이론적으로 분석한다. 구체적으로 먼저 교섭단체의 개념적 정의와 중요성을 제시한 후 교섭단체 운영 및 구성요건의 세계적 추이를 파악한다. 또 교섭단체 구성요건과 관련된 이론적 논쟁점과 한국에서 교섭단체 구성요건과 관련해서 변화된 법률조항을 검토하고 이와 관련된 구체적 실례도 살펴본다. 아울러 원내교섭단체 구성요건과 관련된 정치적 영향을 대통령제, 소선거구제, 그리고 신당 출현 등의 측면에서 고찰한다. 이러한 분석을 통해 이 장에서는 원내교섭단체 구성요건의 완화가 현재의 패권정당 체제를 탈피해 새로운 개혁정당의 출현을 더욱 쉽게 할 것이라고 강조한다. 이 경우 물론 많은 소수정당이 출현해 정국의 혼란을 가중시킬 수 있으나, 현재의 패권정당 체제에서도 정국의 혼란이 심각한 만큼 새로운 길을 모색하는 것이 바람직하다는 것이다.

---

[*] 이 글은 함성득·임동욱(2001)을 기초로 최근 국회를 둘러싼 급격한 환경변화에 맞게 수정한 것임.

1. 서 론

지난 2000년 4·13총선 때 김종필씨가 이끄는 50석의 자유민주연합 (자민련)은 스스로 여당인 민주당과의 연합, 즉 DJP공조를 파기하고 야당의 길을 걷겠다고 공언했으나 의석수 17석의 정당으로 영락했다. 자민련으로서는 원내교섭단체마저 구성하지 못하는 참패였고 이는 유권자들의 뜻이었다. 그러나 김대중 대통령과 여당은 소수파의 한계를 절감하고 자민련과의 공조회복을 통한 의석 과반수 차지를 시도했다. 원내 1당인 한나라당의 국정 발목잡기에 마냥 끌려만 갈 수는 없다는 초조감 때문에 그들은 과반수 의석수를 만들어야 한다는 강박관념에 사로잡혔던 것이다.

이를 위해 민주당과 자민련은 원내교섭단체 구성요건을 현행 20석에서 10석으로 완화하는 국회법 개정안 처리를 강행하려다 야당과 정면충돌했다. 구체적으로 지난 2000년 7월 24일 민주당과 자민련은 국회운영위원회에서 야당의 저지를 뚫고 국회법 개정안을 날치기 처리해 여야 대치정국을 초래했다. 양당은 지난 2000년 12월 18일에도 국회법 개정안 상정을 시도하다 야당의 반대에 부딪쳤다.

우여곡절 끝에 민주당은 2001년 초 헌정사상 유례가 없는 2차에 걸친 '의원 꿔주기'라는 무리수를 통해 자민련을 다시 원내교섭단체로 구성시키면서 DJP공조를 복원시켰다. 그러나 2001년 9월 3일 임동원 통일부장관 해임과 관련해 DJP공조가 붕괴한 후 자민련으로 이적한 민주당 의원 4명의 탈당과 잔류한 이한동 국무총리에 대한 제명으로 자민련은 의석수가 15석이 돼 원내교섭단체의 지위를 잃어 버렸다. 당시 국회에는 교섭단체 요건을 현행 20석에서 10석으로 완화하는 내용의 국회법 개정안이 계류돼 있고 이를 위한 국회법 개정문제는 또다시 여야 격돌의 불씨가 될 가능성이 매우 높았다.

결국 지금까지 한국 정국은 원내교섭단체 구성요건이라는 이슈를 중심으로 많은 혼란을 겪었다. 분명한 것은 국회가 기본적으로 원내교섭단체를 중심으로 운영되기 때문에 원내교섭단체 구성요건 완화를 위한 국회법개정은 정당 간의 합의가 필요하다는 사실이다.

이러한 관점에서 원내교섭단체 구성요건의 변화와 함께 이것이 한국 정치에 미치는 영향을 살펴보는 것이 학문적으로 매우 의미가 있음에도 불구하고 지금까지 이 분야에 대한 체계적이고 이론적인 연구는 전무했다. 나아가 원내교섭단체 구성요건의 완화는 기존의 패권정당 체제에서 탈피해 의원들의 새로운 이합집산을 통한 새로운 정당 출현을 활성화시켜 현재의 정국혼란을 심화시킬 수도 있고, 다른 한편으로 한국 정치의 새로운 대안으로 제시될 수도 있다. 따라서 교섭단체 구성요건의 변화와 그 정치적 영향을 분석하는 것은 정치 이론적으로나 현실적 측면에서도 매우 중요한 작업이다.

이를 위해 이 장에서는 먼저 교섭단체의 개념적 정의와 정치적 중요성을 살펴보고자 한다. 둘째, 교섭단체 구성요건, 조직, 운영실태의 세계적 추이를 살펴보고자 한다. 셋째, 교섭단체 구성요건과 관련된 이론적 논쟁점과 한국에서 국회법개정을 중심으로 원내교섭단체 구성요건과 관련해서 변화된 법률조항을 검토하고 이와 관련된 구체적 실례도 제시하고자 한다. 넷째, 원내교섭단체 구성요건과 그 정치적 영향을 대통령제, 소선거구제, 그리고 신당 출현 등의 측면에서 파악하고자 한다. 마지막으로 이상의 작업을 토대로 이 글의 이론적 공헌을 정리하고자 한다.

2. 교섭단체의 개념적 정의와 정치적 중요성

1) 교섭단체의 개념적 정의

국회법 제33조의 규정에 따르면 교섭단체(交涉團體)는 일반적으로 동일정당 소속의 의원들로 구성되는 원내 정치단체를 말한다. 교섭단체의 존재목적은 국회에서 일정한 정당에 속하는 의원들의 의사를 사전에 종합·통일해 각 교섭단체 간에 교섭의 창구역할을 하도록 함으로써 국회의 의사소통을 원활하게 유지하려는 데 있다.

제헌국회 당시 무소속과 군소정당·단체의 소속의원이 의석의 과반수를 차지했고, 그들은 원내 활동에서 수개의 그룹을 형성해 각기 행동을 통일했다. 국회운영의 능률을 도모하기 위해 이를 양성화해 국회법상의 단체로 인정하게된 것이 교섭단체가 시작된 연원이다.

교섭단체의 명칭과 관련해서 현재 20인 이상의 소속의원을 가진 정당은 당연히 하나의 교섭단체로 인정되므로 그 정당명을 교섭단체의 명칭으로 하는 것이 관례로 돼 왔다. 그러나 교섭단체를 소속의원 20인 미만인 2개 이상의 정당으로 구성하거나 소속의원 20인 미만인 정당과 무소속의원으로 구성할 경우에는 교섭단체의 명칭을 그 구성원의 일부가 속한 정당과 구분되도록 정하는 것을 선례로 하고 있다.

또한 교섭단체로서 실질적으로 활동하기 위해서는 대표의원(代表議員)을 선임하고 그 대표의원은 소속의원이 연서·날인한 명부를 국회의장에게 제출해야 한다. 왜냐하면 교섭단체의 인적 사항을 기초로 국회의장이 각 교섭단체 대표의원과 국회운영 등에 관해서 협의해 의석배정, 위원회 위원의 선임, 발언허가 등 기타 의원의 활동에 필요한 조치를 취할 수 있기 때문이다. 이때 대표의원이란 그 정당의 대표가 아니라 교섭단체를 대표하는 의원을 말하며 그 명칭(원내총무 등)이나 선임방법에 아무런 제한이 없다. 국회법상 교섭단체 또는 교섭단체 대표의원의 역할을 보면 의원의 의석배정, 연간 국회운영 기본일정, 사무총장 임면 등을 국회의장과 협의하며 정책연구위원을 제청하는 등의 역할을 수행한다. 아울러 국정감사 및 조사에 관한 법률에서는 국정조사 요구서 제출 시 조사를 시행할 위원회를 국회의장과 협의해 확정하고, 조사특별위원회를 교섭단체 의원 수 비율에 따라 구성하는 등의 일을 한다. 이러한 교섭단체가 그 소속의원의 탈퇴·사망 등으로 20인에 미치지 못하게 될 때에는 교섭단체의 지위를 상실하게 된다.

2) 교섭단체의 정치적 중요성

대의 민주주의에서 정당은 국가와 국민을 연계해주는 매개자적 역할을 수행한다. 따라서 정당은 국민의 의사를 표출·집약·대표하는 가장 주요한 수단이기 때문에 정당이 없는 현대의 대의제 민주주의는 존재할 수 없다. 아울러 정당은 국민의 지지를 받기 위하여 선거에서 경쟁할 뿐 아니라 원내에 진출한 뒤에도 정책의 실현을 둘러싸고 경쟁하게 되는데, 원내에서 이루어지는 정당간의 경쟁은 동일정당에 속하거나 동일한 견해를 공유한 의원들을 하나로 묶어주는 원내정치집단(클럽, 분파, 집단 등 다양한 형태)을 단위로 하여 이루어지며 이것이 교섭단체의 가장 일반적 형태이다.

한편, 대의 민주주의에서 개별 의원들은 국가전체를 대표하고 있는 것이지 정치·사회·경제·지역 등 특정 이익을 대표하는 것이 아니기 때문에, 교섭단체의 존재를 인정할 수 없다는 주장도 있다. 대의 민주주의에서 개별 의원들은 개인의 자격으로 국가의 주요 정책결정에 참여하며 그들의 발언이나 표결은 의원 개개인의 양심에 따라서만 행하여져야 하며 그 밖의 다른 요소가 개입되어서는 안 된다는 주장이다. 이러한 논리에 따라 일부 국가에서는 원내집단을 인정하지 않는 경우도 있으며, 원내교섭단체를 헌법, 법률, 의회규칙 등 공식적인 법규 밖에서 관행적으로 인정하고 있는 경우도 있다(박찬표 2000).

그러나 대부분의 민주주의 국가에서 원내교섭단체는 국회의 운영과 분리될 수 없는 일부분이 되고 있으며, 헌법, 의사규칙, 정당 및 선거관계법, 공식등록제도 등에 의해서 공인받고 있다. 대부분의 국가에서 교섭단체가 공인을 받기 위해서는 필요한 최소한의 의원을 확보하여야 하는데, 이는 정당 및 정치집단의 과도한 분열로 인해 의회의 활동이 저해 받는 것을 막기 위한 것이다. 일반적으로 원내교섭단체가 공인을 받게 되면 다양한 권한과 권리가 부여된다. 예컨대 의회의 의사를 주관하는 위원회에의 참여, 토론에 있어 의원 수에 비례하는 발언시간의 할당, 위원회 위원 지명권, 원내의 사무실 배정 및 재정적, 행정적 지원 등이 그것이다.

실제로 한국의 경우 원내교섭단체가 되면 정당 활동을 지원하기 위해 수립된 '국고보조금 제도'와 관련하여 매우 유리한 입장에 놓이게 된다.[1] 이를 구체적으로 살펴보면, 정당에 대한 국고보조금의 지급은 "동일 정당의 소속의원으로 교섭단체를 구성한 정당에 대해 그 100분의 50을 정당별로 분할하여 배분·지급하고 보조금 지급 당시 제1항의 규정에 의한 배분·지급대상이 아닌 정당으로서 5석 이상의 의석을 얻은 정당에 대하여는 100분의 5씩을, 의석을 얻지 못하였거나 5석 미만의 의석을 얻은 정당 중 적격한 조건을 갖춘 정당에 대하여는 보조금의 100분의 2씩을 지급한다. 아울러 이상의 두 가지 규정에 의한 지급액

---

[1] 2001년 초 '의원 꿔주기'를 통해 자민련이 원내교섭단체를 구성했을 때 받았던 실질적 혜택은 국고보조금 연 30여억 원 추가와 국회직원 11명 지원, 그리고 국회의사당내 사무실 제공 등이다. 그러나 2001년 9월 3일 임동원 장관 해임안과 관련하여 DJP공조가 붕괴되어 자민련은 8개월 만에 원내교섭단체 지위를 상실함에 따라 그 동안 분기별로 14억 원씩 받아왔던 국고보조금이 9월 15일에는 5억 9천만 원으로 8억 원 이상 줄어들었다.

을 제외한 잔여분 중 100분의 50은 지급 당시 실시된 국회의원 총선거에서 득표한 정당의 득표수 비율에 따라 배분한다."고 규정하고 있다.

이러한 현행 국고보조금 제도 아래서는 결국 교섭단체를 구성한 정당은 보조금을 많이 지급 받을 수 있는 다양한 장치가 마련되어 있는 반면 교섭단체를 구성하지 못한 신생 정당이나 소수 정당은 그러한 기회를 갖기가 매우 어렵다. 이와 관련하여 곽진영(2001)은 국고보조금 지급을 지급 당시의 국회 의석수에 따라 배분하는 현 제도는 기존의 정당 세력구도를 더욱 고착화하는데 기여한다고 주장한다. 나아가 교섭단체를 구성하지 못한 신생 정당 및 소수정당의 경우 비공식적인 정치자금의 유입이 힘들다는 점을 고려한다면 현 국고보조금 제도는 교섭단체를 구성한 정당과 교섭단체를 구성하지 못한 정당간의 정당 활동을 위한 자금의 격차를 더욱 벌어지게 하여 '기존 정당체계의 고착화'를 조장하게 한다. 왜냐하면 현행 국고보조금 제도의 지급 방식이 교섭단체를 구성한 기존 정당에게만 유리하게 되어 있고, 또한 그러한 방식으로 지급되는 국고보조금이 증액되어 가고 있다는 사실은 기존 정당에게는 안정적인 생존보장의 여건을 조성하게 되고 신진 세력에게는 진입의 장애요인을 제공하게 되기 때문이다.

3. 교섭단체 구성요건과 관련된 이론적 논쟁들

원내교섭단체의 구성요건과 관련하여 그간 이루어진 논의들을 검토해 보면 교섭단체 정족수를 몇 명으로 해야 하는지에 대한 보편적 기준이 없어 보인다. 우리 국회의 교섭단체 구성요건인 20명도, 따지고 보면 객관적 기준에 의한 것이 아니고 구태여 제시한다면 국회법 제정 시 일본 국회법상의 의안발의의 정족수에서 힌트를 얻었다고 할 수 있다(박종흡 2001, 13).

이론적인 측면에서 교섭단체 구성요건과 관련하여 이루어진 쟁점들은 외견상 비교적 단순한 기준으로 구별할 수 있다. 즉 교섭단체의 구성요건을 현행보다 강화시킬 것이냐 아니면 구성요건을 현행보다 완화시킬 것이냐의 문제로 귀착된다.

우선 원내교섭단체 구성요건을 강화해야 한다거나 또는 일정 하한선을 두어야 한다는 주장은 다음과 같은 몇 가지 기본적 가정에 근거를 두고 있다. 첫째 가정은 소수 정당의 출현을 인위적으로 억제하여 정국의 혼란을 막을 수 있다는 것이다. 특히 최근 헌법재판소의 '1인 1표 전국구제'에 대한 위헌결정은 교섭단체 구성요건 강화의 필요성을 증대시킨다. 현행 비례대표제의 채택 여부부터 논란의 대상이 되지만 '1인 2표 비례대표제'의 채택은 군소정당에 정치적으로 유리하며 신생정당의 출현을 촉진할 것이 분명하다. 왜냐하면 1인 2표제는 인물과 정당을 각기 다르게 선택할 수 있는 소위 '분리투표'의 가능성을 높이기 때문이다. 이는 결과적으로 현행 대통령제하에서 다당제의 촉진을 가져올 수도 있다(양건 2001). 이러한 상황에서 원내교섭단체 구성요건의 대폭 완화는 소수 신생정당의 출현을 조장하여 정국의 혼란을 더욱 심화시킬 수 있다.

둘째는 원내교섭단체 구성요건에 일정 하한선을 둠으로써 국회 운영 상의 효율성을 높일 수 있다는 것이다. 실제로 하한선이 없거나 매우 낮은 경우, 많은 교섭단체가 출현하고 이에 따라 각각의 원내교섭단체 대표가 연설하게 되는 등 국회 운영에 많은 차질이 빚어지게 된다(윤영오 2001).

셋째로 대통령 그리고 여당과 비교하여 상대적으로 정치적 힘이 약한 야당의 입장에서 보면 교섭단체 구성요건의 완화는 여당의 야당에 대한 '분열' 또는 '와해 공작'으로 악용될 수 있는 소지가 강하다는 것이다. 실례로 여당의 야당 의원에 대한 정치적 압력 및 회유를 통한 '의원 빼오기'가 빈번한 한국의 경우, 교섭단체 구성요건의 완화는 이러한 공작 정치의 부정적 환경으로 너무나 쉽게 악용될 수 있다. 현재 야당인 한나라당이 교섭단체 구성요건 완화와 관련하여 그 기준을 10석으로 하는 안에 반대하는 가장 중요한 이유 중의 하나가 이것이다. 왜냐하면 기준을 너무 낮추면 한나라당의 경우 총재에 대한 당내 반대 세력들이 이탈할 가능성이 높아지기 때문이다.

물론 교섭단체 구성요건의 강화를 주장하는 이면에는 새로운 정치 세력의 정치 참여를 제한시켜 기존 정당의 패권을 확대·강화하고자 하는 의도도 숨어 있다. 실제로 다음 장에서 살펴보듯이 1972년 유신헌법을 제정하면서 교섭단체 구성요건을 의원 10인 이상에서 의원 20인 이상으로 변경한 것은, 이러한 이유로 교섭단체의 구성요건을 엄격하게 한 전형적인 사례로 지적할 수 있다.

한편 교섭단체 구성요건의 완화를 강조하는 이론적 주장들은 날이 갈수록 다원화되어 가는 한국 사회의 현실을 고려하여 다양한 사회집단 대표들의 원내 활동을 가능케 함으로써 의회의 대표성을 높이는 동시에 사회적 갈등을 의회로 수렴한다는 긍정적 기능을 강조한다. 물론 교섭단체 구성요건의 완화는 많은 소수 정당의 출현으로 정국의 혼란을 가중시킬 수 있으나 현재 소수의 패권 정당체제하에서도 정국의 혼란이 심각함을 고려할 때 긍정적 기능이 기대된다는 것이다.

또한 교섭단체 구성요건을 완화시키고 그 결과 소수의 의원들로 구성된 교섭단체가 많이 생겨날 경우, 북유럽구가들처럼 '협의민주주의'를 발전시킬 수 있는 기반도 조성할 수 있다. 왜냐하면 다양한 사회계층의 이익을 대변하는 정치엘리트간의 타협과 협력을 중시하는 협의민주주의 이념은 소수파의 원내 활동 보장을 전제로 한 것이기 때문이다. 아울러 교섭단체 구성요건 완화는 진보세력의 원내진출에 대비하고 그

들의 원내 활동을 보장하기 위한 여건조성 의미도 있으며 이미 제도권
내로 진입한 개혁적 의원들 간의 창조적 연대를 가능케 할 수도 있다.
　다른 정략적인 차원에서 주로 야당인 한나라당에서 주장하는 것으로
현재의 정치적 구도에서 '혁신인사들'이 교섭단체를 구성하면 현 여당
의 정치적 기반이 일부 상실되어 집권가능성이 높아진다는 것이다. 따
라서 교섭단체 구성요건을 완화하여 보수·혁신 정치구도를 만들고 자
민련을 극우로 몰아서 현재의 기존정당들을 정치적 색깔에 따라 보혁구
도로 편성하자는 것이라는 논지도 있다(송인수 2001). 아울러 내년 대선
에서 자민련의 지지를 얻기 위해서라도 교섭단체 완화에 협조하자는 주
장도 한나라당 내부에서 제기되고 있다.
　결국 이상에서 살펴보듯이 한국의 경우 교섭단체 구성요건과 관련된
기존 정당들의 입장이나 그간의 논의는 특정 철학이나 이론에 기초하
여 정립된 것이 아니고 당시 정치적 상황이나 이해득실에 따라 결정된
측면이 많다. 이러한 이유로 이제는 학문적 관점에서 교섭단체 구성요
건과 관련된 이론적 공방과 그 정치적 영향을 체계적으로 분석할 필요
성이 높아지고 있다.

4. 교섭단체 구성의 세계적 추이

1) 주요국 의회의 교섭단체 조직 및 운영실태

　주요 국가의 의회에서 교섭단체의 승인여부 및 명칭, 법적근거, 승인
의 조건, 주요 권한을 어떻게 규정하고 있는 지를 개괄적으로 제시하고
있는 것이 <표 5-1>이다. <표 5-1>의 자료 중 한국과 비교·분석하
는 준거의 틀로 제시될 수 있는 국가의 교섭단체의 조직 및 운영실태를

살펴보면 다음과 같다(IPU 1996; Heider and Koole 2000; 박찬표 2000).

(1) 미국

미국의 경우 교섭단체에 대한 명문규정은 상원의 규칙은 물론 하원의 규칙 어디에도 없다. 그러나 "하원의 많은 규칙 및 절차는, 정당에 의한 통치 시스템이라고 하는 문맥에서만 이해될 수 있다"는 말에서 알 수 있듯이 실제로 양원은 모두 공화당과 민주당 양당을 중심으로 운영되고 있다. 또한 하원 의사규칙을 살펴보면, 교섭단체나 원내정당 등에 대한 규정은 없지만, '다수당'(majority party)과 '소수당'(minority party)이 의회의 조직 및 운영에 중요한 역할을 하도록 규정되어 있다. 아울러 상원과 하원의 원내정당을 통괄하고 구속하는 상급조직은 없으며, 각 원의 원내정당은 조직과 정책에서 상호 독립적이고 원내정당의 통제력이 느슨하기 때문에 의회 내 지도기관으로서 강력한 역할을 수행하지 못하고 있으며, 따라서 의회는 일반적으로 분권적 구조를 띠고 있다.

원내정당의 조직을 보면 하원의장은 원내 다수당의 실질적인 정치적 지도자이고, 원내지도부는 원내지도자(Floor Leader), 원내총무(Whip), 수석 부원내총무(Chief Deputy Whip), 부원내총무(Deputy Whip), 다수의 원내총무보(Assistant Whip) 등으로 구성되어 있다. 하원의원 총회(민주당은 Caucus, 공화당은 Conference)는 원내정당의 최고기관으로 민주당 하원의원 총회는 2/3 이상의 의결로 소속의원을 구속하는 규칙을 채택하고 있다(함성득·남유진 1999).

정책과 관련한 원내정당의 입장은 원칙으로 운영정책위원회(민주당)와 정책위원회(공화당)에서 논의하여 결정하고 있다. 그러나 일상적 입법과정에서 원내정당의 역할은 지도부에 의해 이루어지고 있다. 지도부의 명에 의해 원내총무들이 소속의원의 표를 모으는 역할을 하며, 때로는 하원의장이 직접 나서서 이러한 역할을 하기도 한다. 아울러 하원의장

과 다수당 지도자와 원내총무는 의사일정 작성 등에 있어 실질적 권한
을 행사하고 있다.

(2) 영국

영국의 경우 원내교섭단체에 대한 의사규칙 규정이 없다. 다만 하원
의 원내교섭단체는 '의회당'(Parliamentary Party)이라고 불리는데, 의회당
은 상원의원을 포함한 양원(兩院) 통합의 의회정당이지만, 중심세력은
하원의원이며 이것이 그대로 하원의 원내교섭단체 기능을 수행하고 있
다. 실제로 보수당에서 정식으로 '보수당'의 명칭을 가진 것은 원내조
직(즉 원내정당)이고, 원외조직(즉 원외정당)은 '보수주의자·통일주의자협
회 전국연합'으로 불리는 지원조직에 불과하다. 노동당의 경우도 원외
조직을 포함한 통일적인 조직체로 노동당이 존재하고, '의회노동당'
(Parliamentary Labor Party)은 노동당의 원내조직에 불과하다.

아울러 영국의 경우 원내교섭단체는 여당일 때와 야당일 때 전혀 다
르게 조직되고 있다. 여당일 때에는 당수가 수상이 되고, 기타 간부가
각내상(閣內相), 각외상(閣外相), 정무차관, 기타 정부 직에 취임한다. 의
원과 겸직이 가능한 직위 수는 95인 이하로 규정되어 있으며, 이들이
그대로 여당 원내교섭단체의 '지도부'(Frontbencher)가 된다. 원내교섭단
체는 당수, 간사, 각종 위원회, 기타 직위 및 기관 등으로 조직되며, 여
당 원내총무가 하원에서 정부법안의 심의계획을 주도한다. 원내간사 직
은 야당에도 있으며, 여야당의 원내간사는 심의 스케줄, 기타 의원에
관한 사항 등을 협의한다. 따라서 원내간사가 원내교섭단체의 통일성을
확보하는 데 핵심적 역할을 수행한다.

보수당 원내교섭단체의 구성에 대해 보다 자세히 살펴보면 다음과
같다. 보수당이 여당일 때에는 원내교섭단체 지도부가 바로 정부가 된
다. 야당일 때에는 원칙적으로 전(前) 대신들로 구성되는 '지도부 자문

위원회'(Leaders' Consultative Committee)가 지도부로서 보수당의 '예비내각'(Shadow Cabinet)을 구성한다. 의원총회의 경우 간부와 평의원을 모두 포함하는 의원총회는 없다. 예전에는 '평의원'(private members)의 총회로서 1922년 시작된 '1922년 위원회'가 있어 주 1회 회합했는데, 1943년 이후부터는 여당일 때는 평의원으로 구성되고, 야당일 때는 보수당 하원의원 전원으로 구성된다. 원칙적으로 매주 개최되고 있는 의원총회는 정책입안이나 각료에 대한 지시권한은 없지만, 평의원들에게는 토의를 통해 당의 방침을 비판하거나 당 집행부의 권한을 견제하고 간부의원에 대한 평의원의 소리를 반영하는 장으로 기능하고 있으며, 당 간부들에게는 당의 여론을 파악하는 장이 되고 있다.

노동당 원내교섭단체의 구성에 대해 보다 자세히 언급하면 다음과 같다. 노동당의 경우 야당일 때이건 여당일 때이건 언제나 전체 노동당 하원으로 구성된 의원총회(의회노동당 전체집회)가 매주 개최된다. 다만 야당일 때에는 당수, 부당수, 하원 수석원내간사, 당 상원의원단장 등의 당연직 외에 의원총회에서 선출된 15인의 하원의원을 포함한 '의회위원회'(Parliamentary Committee)가 예비내각을 구성하고, 여당일 때에는 '정부와의 연락위원회'(Liaison Committee)를 설치한다는 것이 차이점이다. 노동당은 원내교섭단체 기관으로 각종 '당위원회'(party committee)를 운영하고 있는데, 각 분야의 정책을 취급하는 주제별위원회(노동당에서는 주제별그룹) 및 각 지역 출신자로 구성된 지역위원회(노동당에서는 지역그룹) 등이 통상 주 1회 회합하고 있다.

(3) 독일

독일 의회는 '원내교섭단체의 의회'라고 불릴 정도로 원내교섭단체가 의회운영에서 중요한 역할을 한다. 원내교섭단체인 'Fraktion'는 의사규칙에 규정되어 있는 의원의 기관이다. 독일 원내교섭단체의 구성, 직위,

기관 등은 각 원내교섭단체의 규칙에 의해 구체적으로 규정되어 있는데, 일반적으로 원내교섭단체는 매우 조직적인 전국정당의 의원단이라는 것이 특징이다. 각 원내교섭단체는 선거에 의해 선출되는 원내교섭단체장(원내총무)과 원내교섭단체장 대리, 그리고 원내간사를 두고 있다. 또한 원내교섭단체 총회(즉 의원총회)가 최고기관이며, 지도기관으로서 원내교섭단체 이사회를 두고 있다. 기민·기사 동맹과 사민당은 상급 지도기관으로 간부회를 두고 있다.

법안심사를 포함한 원내교섭단체의 정책 활동의 중심기관으로 '작업집단'(working groups)이 있다. 그 멤버는 원칙적으로 작업집단에 대응하는 의회 상임위원회의 위원으로 구성된다. 또한 상임위원회의 심사와 병행하여 원내교섭단체 작업집단에서 심사가 행해지고, 그 결과가 상임위원회 심사에 반영되고 있다. 아울러 원내교섭단체는 의원의 의안발의에 필요한 서명, 제1 독회에서 일반토론의 실시 요구, 심의 연기 및 토론종결 동의의 제출, 제3 독회에서 수정안의 제출에 필요한 서명, 기타 의사규칙상에서 정한 많은 사항을 실행하고 있다.

(4) 프랑스

프랑스의 경우 원내교섭단체인 'Groupe Politique'는 의사규칙에 의해 규정된 의회의 정식 기관이다. 프랑스의 원내교섭단체장은 의사일정을 협의하는 의사협의회(의장, 부의장, 상임위원장, 원내교섭단체장, 기타 정부대표로 구성)에 출석하여, 원내교섭단체 소속 의원수와 같은 표수의 의결권을 행사한다. 또한 원내교섭단체장은 본회의의 중단, 특별위원회의 설치, 정족수의 확인 등을 요구할 수 있으며, 의원의 관리운영기관인 '의원 이사부'(bureau du groupe) 구성 멤버(부의장 6명, 회계역 의원 3명, 서기역 의원 12명)의 후보자를 추천하고, 원내교섭단체에 할당되는 상임위원의 후보자를 통지하는 등 의원 운영에서 중심적 역할을 수행한다.

<표 5-1> 주요국 의회(하원)의 교섭단체제도

국가	교섭단체 승인 여부 및 명칭	법적 근거	승인의 조건	주요한 권한
아르헨티나	Parliamentary blocs	의사규칙	3인 이상의 의원	교섭단체대표는 의회운영위 위원이 되고 의사일정 작성에 참여. 교섭단체 수에 따라 위원회 의석 및 의원사무실 배정.
호주	Parties	공식 근거 없음	없음	제1야당에게 특별한 지위가 부여됨. 토론에서의 우선권, 의사일정에 관한 비공식적 협의권, 위원회 위원 지명권이 부여되고 또한 사무실 및 당직자에 대한 특별수당이 제공됨.
오스트리아	Klubs	의사규칙 제7조	동일 정당명부상의 의원 5명 이상	의장단 회의 참여. 의사일정결정에 참여. 세력에 비례하여 위원회 위원에 선출. 공적 보조금 지원. 원내사무실 및 직원 배정.
벨기에	Political groups	의사규칙	의원 5인 이상	원의 운영 및 의사를 결정하는 각종 위원회에 세력 비에 따라 참여. 의원에 대한 보조금. 사무실배정. 교섭단체 대변인은 예산토론 등에서 우선권 행사.
브라질	Parties	헌법, 정당관계법, 선거법	의원 10%. 또는 최소 9개 주 이상에서 5%이상 득표	의사일정 작성에 참여. 의석수에 비례하여 위원회 참여.
캐나다	Political parties	없음	12인 이상의 정당은 특혜 부여. 하원에서는 보다 소수 정당도 비슷한 대우	의사일정 작성에 참여. 의석수에 비례하여 위원회 참여. 12인 이상 정당에게 연구기금 제공.
덴마크	Party groups 또는 Folketing groups	없음. 그러나 의사규칙 및 선거법에서 그 존재를 사실상 인정.	없음. 그러나 의석수에 따라 재정지원 등이 제공	재정적 지원. 사무실 지원.
프랑스	Groups	의사규칙	의원 20명 이상	의사부 구성에 참여. 의사일정 작성하는 의장단회의에 참여. 의석수에 비례하여 위원회 구성 참여. 교섭단체 사무국에 대한 보수지급 및 사무실 배정. 교섭단체 대표는 발언자를 통보하고 토론연기, 공개투표, 정족수 파악, 위원회 구성 등을 요구.
독일	Fractions	의사규칙	5% 이상	의장단에 참여. 토론자 지명, 법안 발의, 대정부 질문과 동의 및 수정안 제출.
이태리	Parliamentary groups	헌법, 의사규칙.	20인 이상. 또는 20개 이상 선거구에 후보 제시하거나, 명부투표에서 30만표 이상 획득한 전국적 정당의 의원	교섭단체대표회의에 참여. 위원회 위원 지명. 의석수에 따라 보조금 지급. 사무실 및 시설 제공.
일본	회파	없음. 그러나 국회법은 회파의 존재를 전제로 하고 있음	의원 2인 이상	위원회의 위원 지명. 본회의 발언자 지정. 조사연구 지원금 제공. 원내 사무실 제공.
룩셈부르그	Political groups	의사규칙	의원 5인 이상	운영위원회 참여. 위원회 위원 지명. 사무실 및 시설 제공. 재정 지원.

네덜란드	Fracties	의사규칙	동일명부상의 의원	위원회 구성시 협의. 교섭단체 대표에 수당 지급. 보좌직원 및 사무실 경비 국고지원. 의석수에 따른 사무실 제공.
노르웨이	Parliamentary groups	없음	1인의 의원으로도 구성	의석수에 비례하여 의장단 구성에 참여. 위원회 위원 지명. 보조금 및 사무실 지원.
포르투갈	Praliamentary groups 또는 parties	헌법	의사규칙에 의하면, 의원 2인 이상, 무소속 의원은 25인 이상	의사일정 작성하는 의장단 회의에 참여. 위원회 위원 지명. 보조금. 사무실 및 보좌직원. 동의안 및 권고안 제출. 조사위원회 구성 요구.
스페인	Parliamentary groups	헌법	의원 15인 이상, 의석 5석 및 각 선거구 정당득표율 15% 이상, 전국득표율 5% 이상	대변인회 참여. 의사일정 재심의 요구. 위원회 위원 지명. 사무실, 설비, 보조금 지급.
스웨덴	Party groups	헌법	동일정당소속 의원	의장단 협의회 참여. 위원회 위원 지명. 보조금.
스위스	Groups	의사규칙	의원 5인 이상	교섭단체대표회의 참여. 보조금, 사무실 제공.
영국	Parties	제1야당 대표 및 원내총무에 대한 재정지원을 규정한 '장관 및 기타 보수에 관한 법'(1975)에 내재.	없음	의사일정 협의. 위원회 위원 지명시 협의. 재정적 지원. 사무실. 제1야당 당수 및 총무에 보수 지급.
미국	Parties	없음. 그러나 의사규칙은 다수당과 소수당의 존재를 전제로 함.	없음	다수당이 의사일정 작성. 소수당은 발언권, 시간배정, 위원회직원 임명권 보유. 양당은 공히 위원회 위원 지명권을 행사하고, 보조금, 사무실이 제공됨.

자료: IPU. 1996; Heider and Koole, 2000; 박찬표, 2000을 토대로 재구성.

원내교섭단체의 기관으로는 의원총회와 이사부(bureau du groupe)가 있다. 의원총회는 국회개회 중에는 매주 1회 개최되며, 입법작업에 관한 최후의 논의가 행해지고 관련된 지시 및 결정이 전달되는 주요한 통로이다. 이사부는 정치적으로 의원총회보다 중요한 기관이다. 이사부는 원내교섭단체뿐 아니라 위원회에도 설치되어 있는 프랑스 특유의 지도 기관이라 할 수 있다. 원내교섭단체 이사부는 사회당의 경우 당연직인 원내교섭단체장, 의원의 위원회 자파 대표자, 의원 이사부의 자파 의원 등과, 의원총회에서 선출된 의원 등 40인으로 구성되어 있으며, 공화국연합의 경우 25인으로 구성되어 있다. 원내교섭단체 이사부는 매주 1회

회의를 개최하여 원내교섭단체의 결정을 집행하며, 원내교섭단체 또는
원내교섭단체 소속의원이 제출한 법안, 수정안, 질문 등을 심사하고 본
회의 토론자를 선정한다.

(5) 일본

일본의 경우 원내교섭단체인 '회파'(會派)의 구성요건에 대해 국회법
이나 중의원규칙, 참의원규칙에 명문규정을 두고 있지 않지만, 국회법
규정은 이 회파의 존재를 전제로 하고 있다. 일본 국회법 제42조 제3항
및 제46조(상임위원 및 특별위원은 회파의 세력 비에 따라 할당한다), 제54
조의 3항(참의원 조사회 위원은 각 회파의 세력 비에 따라 각 회파에 할당한
다) 등이 회파의 존재를 전제로 한 대표적인 조항이다(成田憲彦 1988).

회파 구성요건은 중·참의원 선례에 따르고 있는데, 중의원 선례집에
의하면 "원외단체에 속하고 있는 의원이 1인일 경우 원내에서는 무소
속으로 취급한다"고 돼 있고, 참의원 선례록에는 "의원이 회파를 결성
할 때에는 이를 의장에게 신고하며 회파의 소속의원이 1인일 때에는
이를 회파에 속하지 않은 의원으로 취급한다"고 되어 있다. 이상과 같
은 선례를 근거로, 일반적으로 "회파란 원내에서 활동을 함께 하려는
의원의 단체로서, 선례에 따라 2인 이상의 의원으로 조직된다"고 해석
하고 있다. 한편 "국회에 있어서 각 회파에 대한 입법사무비의 교부에
관한 법률"에서는 소속의원이 1인인 경우도 회파로 규정하고 있지만,
이것이 일반적 의미의 회파 개념에 영향을 미치는 것은 아니다.

2) 주요국 의회 교섭단체 구성요건의 시사점

결국 원내교섭단체 구성요건의 세계적 추이를 보면 주요 20개국의
원내교섭단체 구성요건은 한국과 비교해 상대적으로 적은 의석수를 필

요로 한다. 구체적으로 한국과 비교했을 때 독일만이 34석으로 유일하게 높지만 의원총수 대비 측면에서는 5%로 한국의 7.2%보다는 낮다. 우리와 같은 대통령제 국가인 브라질은 의원총수 대비 측면에서는 우리보다 상대적으로 높은 10%를 요구하고 있으나, 최소 9개 주 이상에서 5% 이상이라는 조건을 충족시키면 된다는 비교적 신축성 있는 구성요건을 두고 있다. 프랑스와 이탈리아는 20석으로 한국과 같지만 역시 의원총수 대비로는 각각 3.5%와 3.2%로 한국의 절반에도 못 미친다. 즉 이러한 상대적 비율을 한국의 의석수로 환산하면 교섭단체 하한선이 8~9석밖에 되지 않는 셈이다. 그 밖의 나라도 스페인(15석), 캐나다(12석)를 제외하고는 대부분 5석 이하의 매우 적은 의석수를 요구하고 있고, 아예 하한선이 없거나 1인인 나라도 20개국 중 8개국이나 된다.

주요 국가 의회의 교섭단체 조직 및 운영실태를 통해 확인할 수 있는 중요한 사실은 앞에서 언급한 것처럼 교섭단체로 공인받기 위한 조건이 최소한의 의원확보라는 점이다. 즉 정당 및 정치집단의 과도한 분열로 인해 의회의 활동이 저해받는 것을 막을 수 있는 최소한의 필요인원만을 규정하고 있는 것이 세계적인 추세인 것이다. 이러한 관점에서 한국의 20석이라는 교섭단체 구성요건은 상대적으로 높은 수준이라고 볼 수 있다(박찬표 2000; 장성민 2001).

5. 한국에서 교섭단체 구성요건의 변화

1) 국회법 개정을 통한 교섭단체 구성요건의 변화

우선 교섭단체 구성요건에 대한 국회법 규정은 1948년 국회법 제정 때부터 있었던 것이 아니고 1949년 7월 29일 제1차 국회법 개정 때 신설되었다. 당시 국회법 제14조 제2항에 "단체교섭회는 국회내 각 단체 대표의원으로 구성하며 각 단체의 구성원수는 의원 20인 이상이 되어야 한다"고 규정했다.

둘째, 이후 변화가 없다가 1960년 9월 26일 국회법 전문개정이 있었는데, 국회의 구성이 달라졌던 제2공화국의 출범(3차 개헌: 1960. 6. 15)으로 인해 교섭단체의 구성요건에도 변화가 있었다. 이를 구체적으로 살펴보면, 국회법 제33조 제3항에 "각 단체의 구성의원 수는 민의원에 있어서는 20인 이상, 참의원에 있어서는 10인 이상이어야 한다"고 규정했다.

셋째, 1963년 11월 26일 국회법이 개정되고 제3공화국이 출범(5차 개헌: 1962. 12. 26)하면서 교섭단체 구성요건에 변화가 있었다. 이를 살펴보면, 국회법 제35조 제1항에 "국회에 소속의원 10인 이상의 정당을 단위로 하여 교섭단체를 둔다. 그러나 정당단위가 아니라도 다른 교섭단체에 속하지 아니하는 10인 이상의 의원으로 따로 교섭단체를 구성할 수 있다"고 규정했다.

넷째, 1973년 2월 7일 국회법이 개정되고 제4공화국이 출범(7차 개헌: 1972.12.27) 하면서 교섭단체 구성요건에도 또 다른 변화가 있었다. 국회법 제35조 제1항에 "국회에 20인 이상의 소속의원을 가진 정당은 하나의 교섭단체가 된다. 그러나 다른 교섭단체에 속하지 아니하는 20인 이상의 의원으로 따로 교섭단체를 구성할 수 있다"고 규정했다. 이러한 유신헌법 체제하에서 강화된 교섭단체 구성요건은 새로운 정치 세력의 정치참여를 제한시켜 기존 정당의 패권을 유지하자는 의도와 함께 기존 정당과 국회의 운영을 효율적으로 쉽게 통제하고자 하는 행정부의 의도가 작용했다고 볼 수 있다.

다섯째, 제9차 개헌(1987. 10. 29)과 1988년 6월 15일 국회법 개정을 통해 교섭단체 구성요건과 관련하여 국회법 제33조 제3항에 "어느 교섭단체에도 속하지 아니하는 의원이 당적을 취득하거나 소속정당을 변경한 때에는 그 사실을 즉시 의장에게 보고하여야 한다"는 내용을 신설했다.

여섯째, 김영삼정부 출범 후 1994년 6월 28일 국회법 개정에서는 원내교섭단체와 관련하여 국회법 제33조 제2항에 구체적으로 "교섭단체의 대표의원은 그 단체의 소속의원이 연서·날인한 명부를 의장에게 제출하여야 하며, 그 소속의원에 이동이 있거나 소속정당의 변경이 있을 때에는 그 사실을 지체 없이 의장에게 보고하여야 한다. 다만, 특별한 사유가 있을 때에는 당해 의원이 관계서류를 첨부하여 이를 보고할 수 있다"고 규정했다.

일곱째, 김대중정부 출범 후 국회법(2000년 2월 16일) 개정에서는 원내교섭단체와 관련해 큰 변화는 없었다. 최근 이루어진 국회법 개정을 원내교섭단체 구성요건 측면에서 자세히 살펴보면 <표 5-2>와 같다.

2) 교섭단체 구성의 실례

앞에서 언급한 국회법 개정을 통한 원내교섭단체 구성요건의 변화에 따라 실제로 이루어졌던 주요 사례를 살펴보면 다음과 같다(자세한 것은 국회사무처 2000, 109-113 참조).

(1) 교섭단체 구성의 예

먼저 제헌국회에서는 20인 이상의 소속의원을 가진 정당을 단위로 교섭단체를 둔다고 규정했으나 정당단위가 아니라도 다른 교섭단체에 속하지 않는 20인 이상의 의원이 따로 교섭단체를 구성할 수 있었다. 실제로 제헌국회 제1회부터 제4회까지는 친목단체였으나 제1차 개정국회법에 의하여 제5회부터 비로소 20인 이상의 의원으로 단체교섭회를

<표 5-2> 원내 교섭단체 구성요건의 변화에 따른 국회법 개정

2000. 2. 16 개정국회법	1994. 6. 28 개정국회법	1988.6.15 개정국회법
第33條(交涉團體) ① 國會에 20人 이상의 所屬議員을 가진 政黨은 하나의 交涉團體가 된다. 그러나 다른 交涉團體에 속하지 아니하는 20人이상의 議員으로 따로 交涉團體를 구성할 수 있다. ② 交涉團體의 代表議員은 그 團體의 所屬議員이 連署·捺印한 名簿를 議長에게 제출하여야 하며, 그 所屬議員에 異動이 있거나 所屬政黨의 變更이 있을 때에는 그 사실을 지체없이 議長에게 보고하여야 한다. 다만, 특별한 사유가 있을 때에는 당해 議員이 關係書類를 첨부하여 이를 보고할 수 있다. ③ 어느 交涉團體에도 속하지 아니하는 議員이 黨籍을 취득하거나 所屬政黨을 變更한 때에는 그 사실을 즉시 議長에게 보고하여야 한다.	第33條(交涉團體) ①·③(제14차와 같음) ② 交涉團體의 代表議員은 그 團體의 所屬議員이 連署·捺印한 名簿를 議長에게 제출하여야 하며, 그 所屬議員에 異動이 있거나 所屬政黨의 變更이 있을 때에는 그 사실을 지체없이 議長에게 보고하여야 한다. 다만, 특별한 사유가 있을 때에는 당해 議員이 關係書類를 첨부하여 이를 현행국회법에 보고할 수 있다.	第33條(交涉團體) ①國會에 20人 이상의 所屬議員을 가진 政黨은 하나의 交涉團體가 된다. 그러나 다른 交涉團體에 속하지 아니하는 20人이상의 議員으로 따로 交涉團體를 구성할 수 있다. ② 交涉團體의 代表議員은 그 團體의 所屬議員이 連署·捺印한 名簿를 議長에게 제출하여야 하며, 그 所屬議員에 異動이 있거나 所屬政黨의 變更이 있을 때에는 그 사실을 議長에게 보고하여야 한다. ③ 어느 交涉團體에도 속하지 아니하는 議員이 黨籍을 취득하거나 所屬政黨을 變更한 때에는 그 사실을 즉시 議長에게 보고하여야 한다.

구성하게 되었다. 또 제5대 국회에서는 제9차 개정국회법에 의해 민의원은 20인 이상, 참의원은 10인 이상의 의원으로 단체교섭회를 구성하였다. 아울러 제6, 7, 8대 국회에서는 제10차 개정국회법에 의하여 10인 이상의 의원으로 교섭단체를 구성하였으며, 제9대 국회 이후는 제15차 개정국회법에 의하여 20인 이상의 의원으로 교섭단체를 구성하였다.

구체적으로 2개 이상의 정당소속 의원으로 교섭단체를 구성한 예는 제6대 국회에서 '삼민회'가 민주당 13인, 자유민주당 9인, 국민의당 2인 등 3당 합계 24인으로 교섭단체를 구성한 것이다. 또한 무소속의원이 교섭단체를 구성한 예로 제7대 국회에서 민주공화당에서 제명된 무소속의원 13인이 구성한 교섭단체 '십·오구락부'를 들 수 있다. 또한 제9대 국회에서 무소속의원 21인이 교섭단체 '무소속의원회'를 구성하였고, 제10대 국회에서는 무소속 의원 21인으로 교섭단체 '민정회'를 구성하였다. 아울러 20인 미만 정당소속 의원과 무소속의원으로 교섭단체를 구성한 예도 있었다. 제7대 국회에서 무소속의원 12인으로 구성되었던 교섭단체 십·오구락부가 해체되고 대중당 소속의원 2인과 함께 총 14인이 교섭단체 '정우회'를 구성하였다.

(2) 탈당계가 첨부되지 않은 의원의 교섭단체 가입을 인정하지 않은 예

제14대 국회에서 제176회 임시회 폐회중인 1995년 8월 12일, 민주당에 소속되었던 의원 66인이 새로운 정당을 창당(가칭 새정치국민회의)하는 과정에서 교섭단체 등록을 신청하였으나 민주당 탈당계를 첨부한 54인에 대해서만 교섭단체 새정치국민회의 가입을 인정하고 탈당계를 첨부하지 않은 전국구의원 12인의 가입은 인정되지 않았다.

(3) 교섭단체 대표의원(원내총무)과 그 소속의원의 변경이 있을 때 의장에게 보고하지 않은 예

국회법에는 "교섭단체 구성 후 대표의원과 그 소속의원의 변경이 있을 때 의장에게 보고하고, 의장은 이를 국회에 보고해야 한다"고 되어 있다. 그러나 소속의원 변경사실이 있었음에도 불구하고 보고가 없어 의장 등이 사실확인을 요구한 예가 있다. 제12대 국회 제132회 임시회 폐회중인 1987년 4월 29일, 신한민주당 소속의원 66인이 별도 교섭단체 '통일민주동지회'를 구성하여 의원명부를 제출하였으나 신한민주당 대표의원으로부터 제적보고가 없어 이동사실을 확인할 수 없으므로 의장이 신한민주당 총재에게 소속의원 당적변경 등 이동사실을 확인하는 공문을 발송해 그 회신공문과 제적보고에 의해 이동내용을 정리했다.

또한 교섭단체 소속의원 이동사실을 확인하기 위하여 국회 사무총장

이 중앙선거관리위원회 사무처장에게 지구당 해산 현황 확인을 요구한 예도 있었다. 제12대 국회 제132회 임시회 폐회중인 1987년 4월 29일, 신한민주당 소속의원 66인이 별도 교섭단체 통일민주동지회를 구성하여 의원명부를 제출하였으나, 66인중 지구당을 해산한 51인의 지구당 해산 사실을 확인하기 위하여 국회사무총장이 중앙선거관리위원회 사무처장에게 이의 확인을 요구하고 그 회신에 의해 통일민주동지회 소속의 의원명부를 확인하였다.

아울러 교섭단체 소속의원 이동사실을 확인하기 위하여 의원에게 탈당증명서 제출을 요구하기도 했다. 제12대 국회 제132회 임시회 폐회중인 1987년 4월 29일, 신한민주당 소속의원 66인이 별도 교섭단체 통일민주동지회를 구성하여 의원명부를 제출하였으나, 66인 중 탈당한 의원 15인의 탈당사실을 확인하기 위하여 해당의원에게 탈당증명서 제출을 요구하고 이에 의하여 탈당사실을 확인하였다.

(4) 교섭단체가 구성원의 미달 등으로 해체된 예

제10대 국회에서 1979년 3월 13일에 구성된 교섭단체 '민정회'가 소속의원 15인이 민주공화당에 가입함으로써 구성원이 20인에 미달되어 1979년 6월 9일 해체되었다. 제12대 국회에서는 1985년 4월 12일에 구성된 교섭단체 '신한민주당'이 1987년 11월 10일 소속의원 1인의 사직으로 구성원이 20인에 미달되어 동 일자로 해체되었다. 또한 1985년 4월 18일에 구성된 교섭단체 '한국국민당'이 1987년 10월 12일 소속의원 1인의 탈당으로 구성원이 20인에 미달되어 동 일자로 해체되었다. 제14대 국회에서는 1992년 6월 13일에 구성된 교섭단체인 '통일국민당'이 1993년 3월 2일 소속의원 7인의 탈당으로 구성원이 20인에 미달되어 동 일자로 해체되었다.

앞서 언급한 것처럼 한국의 원내교섭단체 구성요건은 제헌국회에서 제5대 국회까지는 하한선이 원내 20석이었으나 제6대 국회에서는 10석으로 완화됐다가 제9대 국회에서 다시 20석으로 강화되어 현재에 이르고 있다. 이러한 사례를 통해 분명하게 알 수 있는 사실은 한국의 경우 원내교섭단체 구성요건의 변화가 정치발전을 위한 논리적 타당성보다는 정치적 편의주의에 상당부분 영향을 받았다는 점이다.

6. 정치제도와 교섭단체

앞에서 언급한 것처럼 현행 국회법의 원내교섭단체는 정당 국고보조금 등 재정적 측면에서 무소속에 비해 많은 특권을 누린다. 결국 교섭단체를 구성하지 못한 정당이나 의원의 활동은 사실상 정치적으로 많은 제약을 받는 결과를 초래한다. 이것이 민의의 반영을 핵심으로 하는 대의민주주의 기본이념을 심각하게 침해한다고 해석할 수도 있다. 아래에서는 권력구조, 선거제도, 그리고 신당 출현과 원내교섭단체 구성요건의 관계에 대해 살펴본 후, 한국의 정치상황에 부합하는 원내교섭단체 구성요건을 제시하고자 한다.

먼저 권력구조, 즉 대통령제와 원내교섭단체 구성요건의 관계를 살펴보면 앞에서 살펴본 주요 20개 국가 중 대통령제에서의 원내교섭단체 구성요건은 내각제에서의 구성요건보다 상대적으로 적은 의석수를 요구하고 있다. 이는 대통령제 아래서 독립적 헌법기관인 의원 개개인의 정치적 자율성이 내각제하의 의원보다 상대적으로 더 많이 인정되어야 하기 때문이다. 따라서 대통령제를 채택하고 있는 한국의 경우 원내교섭단체 구성요건을 내각제를 채택한 국가의 요건보다 용이하게 하는 것이 이론적으로 옳을 것이다(박찬표 2000; 장성민 2001).

그러나 권력구조와 교섭단체의 구성요건과는 아무런 관계가 없다는 주장도 있다(김택기 2001). 도리어 권력이 대통령에게 집중되어 있는 한국의 대통령제하에서 교섭단체 구성요건을 완화할 경우 앞에서 언급한 것처럼 야당의원 빼오기 등의 공작정치에 악용되어 야당에 대한 대통령의 통제를 더욱 용이하게 할 수도 있다는 것이다.

둘째, 정당체제의 근간인 선거제도, 즉 소선거구제와 원내교섭단체 구성요건의 관계를 살펴보자. 일반적으로 소선거구제에서 당선된 의원은 중·대선구제에서 당선된 의원보다 민의를 더 집약적으로 대표한다. 따라서 소선거구제에서 당선된 의원은 국민의 대표성 측면에서 정치적 자율성을 보다 많이 인정해야 한다. 결국 이를 존중하기 위해서 소선거구제도를 채택한 국가의 경우 원내교섭단체 구성요건을 완화시켜 상대적으로 적은 의석수를 요구하는 것이 바람직할 것이다(박찬표 2000; 장성민 2001). 특히 정당명부제(1인 2표제)가 실시되지 않고 있는 상황에서 원내교섭단체 구성요건의 강화는 개혁신당 등 소수당의 출현을 억제하는 역효과만 초래할 가능성이 높다. 왜냐하면 일반적으로 현행 소선거구제의 단순다수대표제는 신생정당의 진입에 매우 어려운 요인으로 작용하고 있기 때문이다(곽진영 2001).

그러나 선거제도와 교섭단체 구성요건 역시 아무런 관계가 없다는 반론도 제기되고 있다(김택기 2001). 구체적으로 한국의 경우 현행 선거제도에 따르면 지역구의 경우 큰 지역구는 약 35만 명을 대표하고 작은 지역구는 9만 명을 대표하고 있는 것이 현실이다.[2] 이렇듯 선거인 측면에서 지역편차가 심한 한국의 선거제도하에서는 대표성이라는 개념이 상대적으로 중요하지 않다는 것이다.

---

[2] 헌법재판소는 2001년 10월 25일 현행 국회의원 선거구인수 상하한선 규정(상한 35만 명, 하한 9만 명, 최대 편차 3.88대 1)에 대해 헌법불합치 결정을 내리고 2004년 총선 이전에 3대 1로 인구편차 기준을 재조정하라고 명령했으며 장기적으로는 인구편차 기준이 2대 1이 되는 것이 바람직하다는 의견을 제시했다.

셋째, 신당 출현과 원내교섭단체 구성요건과 관련하여 한국의 정치역학을 자세히 살펴보면 다음과 같다. 앞에서 살펴본 바와 같이 원내교섭단체 구성요건 완화는 날이 갈수록 다원화되어 가는 한국사회의 현실을 고려할 때 다양한 사회집단 대표들의 원내활동을 가능케 함으로써 의회의 대표성을 높이고 동시에 사회적 갈등을 의회로 수렴하는 긍정적 기능을 할 것이다.

물론 교섭단체 구성요건 완화는 많은 소수정당의 출현으로 정국의 혼란을 가중시킬 수 있으나 현재 패권정당 체제하에서도 정국의 혼란이 심각함을 고려할 때 긍정적 기능이 기대된다. 아울러 북유럽국가들처럼 소수로 구성된 교섭단체가 많이 있을 경우 '협의민주주의'를 발전시킬 수 있는 기반도 조성할 수 있다. 왜냐하면 다양한 사회계층의 이익을 대변하는 정치엘리트간의 타협과 협력을 중시하는 협의민주주의 이념은 소수파의 원내활동 보장을 전제로 한 것이기 때문이다. 특히 교섭단체 구성요건 완화는 진보세력의 원내진출에 대비하고 그들의 원내활동을 보장하기 위한 여건조성의 의미도 있다. 그리고 이미 제도권 내로 진입한 개혁적 의원들간의 창조적 연대를 가능케 할 수도 있다.

무엇보다 중요한 사실은 교섭단체 제도는 양당제하에서는 논의할 필요가 없다는 것이다(박종흡 2001:12). 제헌국회 이래 지금까지 한국정당사를 보면 우리는 미국이나 영국과 같은 양당제를 경험한 적이 없고 여러 정치정황에 비추어볼 때 앞으로도 양당제보다는 복수 내지 다당제로 전개될 가능성이 훨씬 크다. 또한 최근 헌법재판소의 위헌결정 등에 따른 선거제도의 개혁 여하에 따라서는 다원화된 각계 이익을 대변하는 다당제로의 전환이 촉진될 것이다. 그렇다면 교섭단체 구성에 관한 논의 역시 미래의 제도와 환경변화에 부합할 수 있는 복수 내지 다당제의 현실을 효과적으로 수용할 수 있는 형태로 변하는 것이 순리일 것이다.

따라서 한국의 경우 이제는 원내교섭단체 구성요건을 대폭 완화해야 할 시기가 도래했다는 사실을 중시할 필요가 있다. 정당개혁이 미진한 현상황에서 기존의 패권정당 체제에 충격을 줄 수 있는 하나의 방법은 기존의 민주당, 한나라당, 자민련 이외의 제4당이나 무소속 후보가 약진함으로써 기존 정당체제에 대해 혁신의 압력을 가하는 것이다. 실제로 지난 2002년 12월 대선이 끝난 후 민주당에서 탈당한 의원들이 주축이 되어 탄생한 열린우리당(47석)은 기존 정당에도 개혁을 하지 않으면 안 되도록 만들고 있다.

한국의 경우 우선 현재와 같은 지역주의 구도에서 지역적 기반이 없는 개혁적 정당이 소선거구제하에서 의석을 획득하는 것은 어렵고, 현행 패권정당 체제와 소선거구제 선거제도하에서 무소속이 약진을 한다는 것도 매우 어렵다. 단지 지역주의가 심한 지역에서 패권정당에의 가입을 요건으로 무소속으로 승부를 할 수는 있지만 지금까지 무소속으로 출마한 이들은 당선된 후 모두 지역의 패권정당에 가입함으로써 이를 정당 내 선거로 만들고 말았다. 물론 무소속이나 제4당의 약진을 기대해 볼 수 없는 것은 아니지만 이는 정치자금, 선거조직 등의 현실적 요소를 고려해 볼 때 매우 어렵다(곽진영 2001).

다가오는 2004년 국회의원 선거에서 이러한 제4당과 무소속의 바람이 지역에 따라서는 어느 정도 성공할 수도 있다. 그러나 국회의원 선거가 2007년 12월의 대통령 선거의 전초전이 될 경우에는 다시 지역주의에 기초한 지역패권 정당이 국회의원 선거를 압도할 가능성이 매우 높다. 따라서 현실적으로 외국에서 정당개혁을 가져왔던 제4당 또는 무소속 후보의 약진 등은 그 대안이 될 가능성이 별로 높지 않다(조기숙 2001).

여기에서 한국의 경우 한 가지 다른 가능성, 즉 원내교섭단체 구성요건 완화를 통한 기존 정당 소속의원의 탈당과 이로 인한 새로운 정당의 출현을 생각해 볼 수 있다(조기숙 2001). 1987년 민주화 이후 끊임없이 정당의 이합집산이 이어졌는데, 이는 주로 특정 개인의 지도력 상실의 결과 정당이 소멸했거나 특정 개인의 대권 준비를 위해 창당된 경우였다. 특정 이념이나 정책적 목표를 중심으로 새로운 정당이 탄생한 예는 없었다.

새로운 정당이 성공하기 위해서는 먼저 교섭단체 구성요건을 충족시키는 새로운 정당을 창당하기 위해 필요한 최소한의 의원, 즉 현행법에서는 최소한 20명의 의원이 동시에 탈당해야 한다. 왜냐하면 국고보조금을 수혜하지 못하면 이들 신생 정당이 정당조직 자체를 유지할 수 없을 것이기 때문이다. 따라서 탈당하려는 개별 의원은 자신이 20번째 의원이 되고자 할 것이다. 왜냐하면 특정 의원이 신생정당 창당을 위해 처음 19명에 속했다가 추가적인 탈당이 없을 때에는 정치적으로 매우 난처한 입장에 처할 수도 있기 때문이다. 이러한 사실을 극명하게 보여주는 사례가 바로 열린우리당의 창당이다. 열린우리당은 2003년 12월 현재 47석의 의석을 확보하고 있어 정치적 파괴력이나 영향력이 비교섭단체인 자민련(16석)과 비교가 안 되는 실질적인 여당이다.

결론적으로 이러한 신당 출현을 촉진시키기 위한 대안은 비록 논란의 여지는 있지만 원내교섭단체 구성요건을 대폭적으로 완화시키는 것이다. 즉 원내교섭단체 구성요건을 대폭 낮추어 현행 20인에서 10~15인 또는 그 이하로 하게 되면 새로운 정당의 출현은 더욱 활성화될 것이다(조기숙 2001). 이러한 경우 현재의 패권정당 체제를 탈피하는 새로운 개혁정당의 출현이 더 쉬워질 것이다. 이 경우 물론 많은 소수정당이 출현하여 정국의 혼란을 가중시킬 수 있으나 패권정당 체제에서도 정국의 혼란이 심각한 만큼 새로운 길을 모색하는 것은 바람직하다.

지금까지 논한 것처럼 이 논문은 한국에서 원내교섭단체 구성요건을 완화시키는 것이 현재의 권력구조나 정당체계에 부합하는 것이고 패권정당체계가 지닌 단점을 극복하는 동시에 협의민주주의를 발전시킬 수

있는 토대를 제공하는 것이라고 강조하고 있다. 다만 이러한 원내교섭
단체 구성요건 완화가 특정 정당을 교섭단체로 만들어 주는 위인설관
(爲人設官)식의 입법인가, 국민의 심판인 총선 민의에 따르는 입법인가
등의 현실 정치적인 문제는 논외로 하고 있다.

7. 결 론

대의민주주의에서 정당은 국민의 의사를 표출·집약·대표하는 가장
중요한 수단이기 때문에 정당 없이 현대의 대의민주주의는 존재할 수
없다. 아울러 정당은 선거뿐 아니라 원내활동에서도 정책의 실현을 둘
러싸고 경쟁하게 되는데, 원내에서 이루어지는 정당간의 경쟁은 원내
정치집단을 단위로 하여 이루어지며 이것이 교섭단체의 가장 일반적 형
태이다. 즉 교섭단체란 동일정당 소속의원들로 구성된 원내정치단체인
것이다. 교섭단체의 존재이유는 정당별로 의원들의 의사를 종합·통일하
여 각 교섭단체간에 교섭의 창구역할을 하도록 함으로써 국회의 의사를
원활하게 운영하려는 것이다.

이러한 교섭단체에 대해 본 논문은 교섭단체의 구성요건과 이에 따
른 정치적 영향의 문제를 이론적으로 분석하고 있다. 구체적으로 본 논
문은 먼저 교섭단체의 개념적 정의와 중요성을 제시한 후 교섭단체 운
영 및 구성요건의 세계적 추이를 파악하였다. 또한 교섭단체 구성요건
과 관련된 이론적 논쟁점과 한국에서 국회법 개정을 중심으로 원내교
섭단체 구성요건과 관련된 변화된 법률조항을 검토하고 이에 따른 구체
적 실례도 살펴보았다. 아울러 원내교섭단체 구성요건과 관련된 정치역
학을 대통령제, 소선거구제, 신당 출현 등의 측면에서 고찰하였다.

연구를 전개하기 위해서는 몇 가지 전제조건이 필요했다. 첫째, 교섭

단체의 존재를 인정할 것이냐의 문제이다. 이 문제는 이론적 측면에서
만이 아니라 실제로도 몇몇 나라에서는 교섭단체를 인정하지 않고 있다
는 점에서 논쟁의 여지가 충분히 있다. 그러나 대부분의 민주주의국가
에서 원내교섭단체는 국회운영과 분리될 수 없는 일부분으로 자리잡고
있으며, 헌법, 의사규칙, 정당 및 선거관계법, 공식등록제도 등에 의해
서 공인받고 있다. 아울러 공인을 받으면 교섭단체는 다양한 권한과 권
리가 부여되고 있다. 이와 관련하여 본 논문은 교섭단체의 실체를 전제
로 하고, 그 구성요건을 어떻게 해야 할 것인지와 그에 따른 정국역학
에 연구의 초점을 맞추었다. 둘째, 총선민의의 해석논쟁 같은 정치상황
에 대한 정치적 해석이나 당리당략적 시각을 배제한 가운데 논지를 전
개하였다. 셋째, 비슷한 맥락에서 현재의 기존 정당만을 대상으로 교섭
단체의 당부를 논하는 접근방식을 배제하고 있다.

　이러한 전제조건과 지금까지의 종합적인 분석작업을 통해, 본 논문은
원내교섭단체 구성요건의 대폭적 완화가 현재의 패권정당 체제를 탈피
하여 새로운 개혁정당의 출현을 더욱 쉽게 할 것이라고 강조하고 있다.
이 경우 물론 많은 소수의 신생정당이 출현하여 정국의 혼란을 가중시
킬 수 있으나, 현재의 패권정당 체제에서도 정국의 혼란이 심각한 만큼
새로운 길을 모색하는 것이 바람직하다는 것이다.

참고문헌

국회사무처. 1991, 『외국 의회의 의사제도』.
국회사무처. 2000, 『국회법 선례집』.
곽진영. 2001, 「거버넌스와 한국 정당체계의 민주화: 정당-국가간 관계를 중
　　　심으로」, 한국의회발전연구회.
김택기. 2001, 「교섭단체 구성요건에 대한 담론」, 한국정치학회 토론회 자료.

박종흡. 2001, 「국회 개혁의 방향과 과제」, 국회관계법 개정에 관한 공청회 자료, 국회정치개혁특별위원회.

박찬표. 2000, 「교섭단체」, 국회도서관입법DB: www2.nanet.go.kr:8080/~cristal/main.html.

송인수. 2001, 「교섭단체 요건완화 필요」, 《동아일보》 7월 11일.

양건. 2001, 「1인2표제의 득실」, 《중앙일보》 7월 23일.

유수정. 1996, 「국회반세기 사료: 국회의 조직과 운영제도의 변천」, 《국회보》.

윤영오. 2001, 「교섭단체 구성요건: 한나라당 입장」, 국회관계법 개정에 관한 공청회 자료, 국회정치개혁특별위원회.

장성민. 2001, 「교섭단체 요건 낮춰야」, 《국민일보》 1월 31일.

정호영. 2000, 『국회법론』, 법문사.

조기숙. 2001, 「국회의 위상강화를 위한 정당 및 선거제도 개혁」, 한국의회발전연구회.

함성득·남유진. 1999, 『미국정치와 행정』, 나남출판사.

함성득·임동욱. 2001, 「원내 교섭단체 구성요건의 변화와 정국역학」, 한국 정치학회 하계학술세미나 발표논문.

이태리 하원 의사규칙: http://english.camera.it/index.asp?content=deputati/funzionamento/03.costituzione.asp

네덜란드 하원 의사규칙: http://www.parlement.nl/int/rvoeng/hfdframe/rvo000.htm

프랑스 하원 의사규칙: http://www.assemblee-nat.fr/8/gb/8gbhomeindex.html

미국 하원 의사규칙: http://www.house.gov/rules/house_rules.htm

독일 하원: http://www.bundestag.de/btengver/orga/parlgrps.htm

오스트리아 하원 의사규칙: http://www.parlinkom.gv.at/

成田憲彦. 1988, 「議會における會派とその役割: 日本と諸外國」, 『レファレンス』.

IPU. 1986, *Parliaments of the World: A Comparative Reference Compendium*, New York: Facts on File Publications.

Kunt Heider and Ruud Koole (ed.). 2000, *Parliamentary Party Groups in European Democracies: Political Parties Behind Closed Doors*, New York: Routledge.

제6장 한국에서의 행정입법과 행정부·의회관계[*]

조 정 관(한신대학교 국제관계학부 교수)

1. 서 론

그 동안 한국정치를 전공하는 많은 학자들은 다른 권력기구와 비교하여 권력이 너무나 막강한 한국의 '제왕적', '절대' 대통령제에 대해 많은 우려를 해 왔다(윤영오 1996; 양동훈 1999; 박찬표 2001; 조정관 2001). 그런데 이 이슈에 관한 정치학계의 논의는 대부분 한국 대통령의 정당에 대한 권위주의적 지배라는 정치역학 측면의 연구(윤영오 1996; 양동훈 1999; 조정관 2001)와 입법 측면에서 볼 때 전문성이 높고 비대한 행정부가 비전문적이고 빈한한 자원밖에 갖추지 못한 국회를 압도하고 있다는 현상에 관한 분석(정주택 1996; 박찬표 2001)에 치중하여 왔다. 바꿔 말하자면 보다 정상적인 분권적 대통령제 운영을 위한 제도개혁의 중심방안으로, 전자의 경우에는 정당의 자율성 증대, 후자의 경우에는 입법활성화를 위한 국회의 자원증대를 제시하였다. 본 논문은 행정부·의회관계를 이러한 기존 연구와는 조금 다른 관점에서 조명하고자 한다. 이 연구는 현대국가에서 필연적으로 출현하는 행정부의 규칙제정, 즉 행정

* 이 논문은 졸고, 「행정입법과 행정부─의회관계: 한국에서의 시사점」, ≪21세기 정치학회보≫ 제13집 1호, 2003, 275-292쪽을 수정·가필한 것이다.

입법에 대한 의회적 통제의 문제를 다룸으로써 이것이 한국의 행정부·
의회 관계에서 갖는 의미를 고찰하고자 한다.

이 논문의 구성은 이어지는 서론의 후반부에서 먼저 행정입법과 그
것이 갖는 일반적 함의를 정의하고 이 논문의 고찰대상을 한정한 후,
본론의 전반부에서는 권력구조와 관련하여 행정입법의 의회적 통제가
어떻게 다르게 나타나는가를 비교적 시각에서 살펴본다. 본론의 후반부
에서는 한국에서 국회에 의한 행정입법 통제가 어느 정도 진전돼 왔는
지 파악한 후 그 바람직한 발전을 위한 정책적 제언을 제시하려 한다.

행정입법의 정의와 일반적 고찰

행정입법(rule-making)이란 행정기관이 장래에 향하여 적용되는 일반·
추상적 규범을 정립하는 작용, 다시 말하면 행정기관에 의한 법규범의
제정, 즉 입법을 말한다(김두현 1998, 233). 다르게 표현하자면 행정입법
은 입법부와 행정부에 의해 입안된 일반적 지침을 수행하기 위해 행정
기관이 작성한 규칙을 의미한다(래니 1994, 450-451). 그러나 행정입법은
그 종류가 대단히 다양하고 범위가 광범하기 때문에, 이 논문에서는 고
찰범위를 제한하려 한다. 행정입법을 그 제정 주체별로 보면 '국가 행
정권에 의한 입법'과 '자치입법'으로 나눌 수 있는데, 국가권력에 초점
을 맞추고 있는 이 논문은 전자만을 대상으로 한다. 또 다른 한편, 대상
을 중심으로 보면 행정입법은 시민에 대한 법규명령(Rechtsverord-
nungen)과 행정기관 내부에 대한 행정규칙(Verwaltungsvorschriften) 두 가
지로 분류할 수 있다(Roellecke 1997, 89). 형식면에서 보자면 대통령령,
총리령, 부령과 같이 법률 하위의 명령 류가 전자에 속하고, 고시, 훈령,
예규, 통첩 등과 같이 행정기관의 편의에 의하여 제정되는, 그러나 헌
법에는 규정되어 있지 않은 규칙 류가 후자에 속한다. 한국의 현행 국

회법(제98조)은 이들 모두를 국회에 제출하도록 명문화하여 의회통제의 대상으로 삼고 있지만 현실상 그러한 광범한 통제는 불가능하다. 국회법에서도 법률위반 여부를 검토하도록 한 대상으로 대통령령, 총리령, 부령 등 법규명령만 명기하고 있으므로(제98조2항), 이 논문의 논의는 이 세 가지 법규명령을 중심으로 전개하고자 한다.

고전적 권력분립 이론에 의하면 입법에 관한 권리는 입법부에 배타적으로 부여되었고, 그 권한의 타 권력기관으로의 위임은 원칙적으로 금지되었다. 이러한 위임금지는 자유주의적 원칙에서 전제군주 및 중앙 국가 권력으로부터 시민의 자유를 수호하기 위하여 고안되었고, 그 의미는 오늘날에도 계속 유효하다. 그러나 20세기 이래 여러 가지 사회·경제적 변화와 행정부의 비대화, 특히 제1, 2차 세계대전을 즈음한 복지국가의 등장과 이에 따른 행정기능의 확대·강화로 인하여, 입법부의 심의능력을 뛰어넘는 전문성, 효율성, 그리고 신속성을 요구하는 다량의 법규범 생산이 필요하게 되었다. 그 결과 입법이 분업화되어 의회는 중요한 방향과 대강을 결정하는 법률을 제정하고, 대부분의 구체적인 규칙은 행정부에 위임하게 되었다. 한편 오늘의 민주주의국가에서는 입법부뿐 아니라 행정부의 수반 또한 국민이 선출한 대표라는 민주적 정당성을 지니고 있기 때문에, 이제 고전적인 입법 위임금지 원칙은 더 이상 절대적일 수는 없게 되었다(장영수 1998, 28-30; 조태제 1997, 2; 장태주 1999, 321-322; 김민호 1996, 103-104; 김용섭 1999, 128-131; Warren 1996, 255-259). 그리하여 오늘날 양적인 면에서나 국민생활에 미치는 영향력 면에서 모두 행정입법이 의회입법을 압도하는 양상을 보이고 있다. 이는 한국을 포함한 세계 각국의 일반적인 경향으로, 독일의 경우 공포건수 면에서 법규명령이 법률에 비해 무려 3배나 더 많다(장태주 1999, 324).

그러나 입법 비위임원칙의 형해화와 행정입법의 영향력 증가가 행정부입법의 무조건적이고 전면적인 허용이나 행정부의 입법부에 대한 압

도의 제도화를 의미하는 것은 결코 아니다. 현대에 있어서도 권력분립
국가의 입법에 대한 근본적인 민주적 정당성은 변함없이 의회에 부여된
다. 모든 권력분립 국가에서는 이 주제와 관련하여 ① 행정입법은 반드
시 법률의 위임이 있어야 한다는 것과 ② 행정입법에 대한 법령심사권
의 존재를 규정하고 있다(김두현 1998, 235-237). 본질적인 면에서 행정
부는 관료적 효율성을 중심으로 하는 집행부(The Executive)이며 (대통령
제의 경우) 그 행정수반 1인 또는 (내각제의 경우) 소수의 각료만이 국민
의 선출에 의하여 민주적으로 통제되는 대상이라는 점을 감안할 때, 행
정입법의 증가는 그 적절한 통제가 이루어지지 않는다면 민주주의와 법
치주의를 위협하는 중대한 변수로 등장할 가능성이 높다(장영수 1998;
김용섭 1999; 장태주 1999; 김남진 1996; 홍준형 1996).

행정입법에 대한 민주적 통제는 행정부 내부의 사전통제, 여론의 통
제, 사법부의 사후통제 등 여러 가지 방식으로 행해질 수 있다. 그러나
무엇보다도 의회의 통제가 이론적으로나 현실적으로 가장 적절하고 효
과적이다. 왜냐하면 의회는 행정입법 규범의 상위에 위치하는 법률의
심사, 제정을 담당하는 입법자이며, 국민으로부터 그러한 임무를 부여
받고 선출됨으로써 입법에 관한 한 최상의 민주적 정당성을 부여받은
기관이기 때문이다. 물론 의회에 의한 통제에 대하여 효율성을 최고 지
도원리로 하는 집행부(행정부)가 저항·대립하는 것은 당연한 일이다. 특
히 대통령제 국가의 경우 의회와 대통령은 국민이 직접 선출하고 '양립
하는 민주적 정통성'(dual democratic legitimacy)(린쯔·바렌주엘라 1995)을
갖는다. 이들간의 갈등의 주요 전장(戰場) 중의 하나가 바로 행정입법에
대한 의회 통제력의 정도를 결정하는 데 있다고도 볼 수 있다.

특히 방법론적 측면에서 볼 때 기존의 비교제도적 접근에 의한 대통
령·의회 권력관계의 연구(대표적으로 Shugart and Carey 1992; Carey and
Shugart, ed. 1998)가 거대담론적·헌법적 측면을 밝혀내는 데 유용했다

면, 행정입법의 의회통제 정도를 초점으로 한 연구는 중범위적이고 일상적인 정치과정 속에서의 대통령·의회관계를 파악하는 데 유용할 수 있다. 이러한 관점에서 우리는 이제 권력구조와 관련하여 행정입법의 의회적 통제가 어떻게 다르게 나타나는가를 비교적 시각에서 살펴본다.

2. 본론 1: 권력구조와 의회에 의한 행정입법 통제의 다양성

고전적 의미에서 보자면 의회와 사법부라는 두 권력에 의한 행정부의 균형과 견제는 군주적 권력을 위임받은 행정부 수반의 존재를 용인하는 기본전제였다. 영국, 프랑스, 독일처럼 군주제의 틀로부터 긴 기간에 걸쳐 점진적으로 정치민주화를 이룩한 선발 민주주의국가에서는 군주권력에 대한 대항체로서 의회권력이 먼저 성장하였고, 나중에 민주적으로 선출된 집행부(the executive)권력이 군주를 대체하는 순서로 대의정치가 발달하였다. 미국의 경우 헌법을 제정하는 시초부터 정치의 중심을 의회에 두고 대통령은 단지 의회의 결정을 집행하는 도구로 고안되었다. 따라서 그들 선발 민주주의국가에서는 정부권력의 분립과 상호견제가 비교적 용이하게 제도화되었고, 행정입법에 대한 통제도 대부분 상당한 수준에서 이루어지고 있다. 그러나 이들 사이에서도 행정입법의 의회통제에 관해서는 그 발전양태가 다양하다. 그 차이는 각국의 역사적 배경의 차이, 그리고 기본적으로 내각제와 대통령제라는 권력구조의 작동논리의 차이에서 연원한다.

영국 및 대다수 의원내각제 국가에서 행정입법 제도는 의회주권에서 비롯된다고 할 수 있다(김두현 1998, 235-237; 김유남 2000, 109-111). 내각제 권력구조에서 국민은 행정부의 수반을 따로 뽑지 않고 오직 의회만을 선출한다. 따라서 내각제하에서는 의회가 유일한 민주적 정당성

(democratic legitimacy)의 원천이며, 그 의회의 신임이라는 전제하에 내각
이 성립된다. 따라서 내각이 이끄는 행정부는 의회가 부여하는 범위 안에
서 얼마든지 위임입법을 할 수 있고, 또 의회는 얼마든지 그 행정부의
위임입법에 제한을 가하거나 통제할 수 있는 권능을 소지하고 있다고 할
수 있다. 그러므로 내각제를 취하고 있는 국가에서는 행정입법에 대한
의회의 통제 정도가 상당히 다양한 스펙트럼으로 나타난다. 영국의 경우
에는 행정입법 초안의 의회제출을 통한 승인 및 부인의 절차 (laying
before parliament)와 이 의제를 다루는 의회 상임위원회의 설치를 통해 의
회에 의한 행정입법에 대한 광범하고 강력한 심사(여남구 1988, 8-35; 이종
후 1989; Jacobini 1991, 75-90)가 이루어지고 있으나, 독일이나 일본의 경
우에는 의회의 행정입법 통제수준이 상대적으로 미약하다고 볼 수 있다.

전통적으로 강한 군주와 관료제를 발달시킨 독일의 경우에는 비스마
르크(Bismark)헌법 후기에 법률 이분설을 받아들임으로써 행정부에 의한
입법의 대량 수권을 가능하게 했다. 그후 행정입법에 대한 제한을 두지
않은 바이마르(Weimar)헌법과 나치체제에서의 수권법(Ermaechtigungsge-
setz)을 통해 많은 기본권 침해문제가 발생한 이후에야 전후 기본법 제
80조에 행정입법에 대한 위임의 근거 및 제한, 동시에 그에 대한 의회
의 적극적 관여가 명시적으로 규정되었다(장태주 1999, 322-325). 그리하
여 현대 독일에서는 의회의 동의권유보(Zustimmumgsvorbehalt) 제도 등
을 통하여 의회가 중요 행정입법을 광범하게 통제하게 되었다(장태주
1999; 조태제 1997). 그러나 중요한 것은 과거 독일이 행정입법에 대하
여 의회의 적극적 통제를 부과하지 않았던 근본적인 이유가 내각제 권
력구조상 행정부 리더십의 운명이 의회의 신임 여부에 달려 있으므로
행정에 관한 총체적 위임을 내각에 한 것이라는 인식을 바탕에 두고 있
었다는 것이다. 역시 내각제를 취하고 있는 일본의 경우 행정입법에 대
한 의회의 관여가 제도적으로 거의 부재한 경우(박영도 2000)도 이와 같

은 맥락에서 이해될 수 있는 것이다.

대통령제 국가의 경우에는 행정입법에 대한 관점이 매우 다르다. 대통령제의 이상은 철저한 권력분립으로부터 연원하며, 양립하는 민주적 정통성을 지닌 행정부와 의회는 그 태생으로부터 견제와 균형을 목표로 대자적으로 존재한다. 대통령제의 모국인 미국에서 정부의 입법안 제출권 자체가 부정되는 것처럼, 대통령제에서의 입법은 철저히 의회의 몫으로 설정되었다. 입법기능이 행정부가 아니라 의회에 주어진 근본적인 이유는 무엇보다도 민주적으로 선출된 다수의 다양한 대표들의 집합체로서의 의회가 일인대표(대통령)로 구성되는 집행부로서의 행정부보다는 갈등의 집합과 조정역할에 더 합당하기 때문이라고 하겠다.

그러나 대통령제 국가도 내각제 국가와 마찬가지로 국가기능의 확대라는 시대사적 요구 속에 행정입법이 절대적으로 필요해졌고, 따라서 그것을 대폭 도입하고 있으며, 그 결과 행정입법이 국민생활에 미치는 영향이 점증하고 있다는 것은 주지의 사실이다. 그러나 권력제도에 배태되어 있는(embedded) 논리를 기초로 볼 때, 일원적이 아닌 이원적인 민주적 정통성을 지닌 대통령제 국가에서는, 위에 서술한 내각제에서 행정의 내각에의 총체적 위임을 전제로 한 행정부의 입법기능 대규모 수권이라는 현상은 수용되기 어렵다. 행정부의 수반인 대통령이 고정된 임기를 가지고 독자적으로 선출되며 이에 대한 의회의 불신임이 사실상 거의 불가능하다는 점에서, 대통령제에서 의회의 행정부 통제력은 내각제에 비한다면 매우 제한적이다. 그러므로 대통령제에서의 의회는 내각제에서보다 행정입법의 증가에 더 부정적이며, 만일 그것을 허용하려면 강력한 입법적 통제를 전제로 하는 경향을 보일 것은 자연스러운 일이다. 반대로 대통령(행정부)의 입장에서는 구조적으로 맞부딪치는 의회의 입법적·정치적 견제의 족쇄에서 벗어나 행정의 확대, 효율, 신속 등을 보다 자율적으로 확보할 수 있는 행정입법의 성장은 매우 매력적인 일이며, 따라서 이에 대한 의회의 강력한 통제를 가능한 한 축소·약화시키고 싶은 경향을 갖는다.

따라서 대통령제 국가에서 의회의 행정입법 통제의 정도는 대통령(행정부)·의회관계에서 권력의 총체적 역학관계의 한 부분으로 나타난다. 다시 말하면 당해 국가의 법이론적 선택이나 논리 이전에 의회와 대통령간의 상대적 힘의 비율이 그 국가 의회의 행정입법 통제의 정도를 대체로 결정한다는 것이다. 또 역으로 보자면 행정입법의 의회적 통제의 정도가 발전하면 할수록 그만큼 의회의 행정부에 대한 견제가 강화된다고도 할 수 있다. 물론 여기에서 행정입법에 대한 의회의 지나친 통제는 의회·행정부 관계의 갈등심화와 권력분립의 침해문제를 불러일으킬 수도 있으며, 이 경우 최종적 판단은 중재자인 사법부에 귀속된다.

가장 엄격한 권력분립이 지켜지고 있는, 그리고 가장 비(非)절대적인 대통령제를 운용하고 있는 미국에는 기능적 측면에서 행정입법이 광범하게 받아들여지고 있지만, 동시에 의회통제가 입법적 거부(legislative veto)제도를 중심으로 강력히 시행되고 있다. 입법적 거부란 개별법에 따라 의회에 의하여 위임된 권한하에서 행정부 및 행정위원회가 제정한 규칙 또는 행정결정을 의회가 검토, 폐지할 수 있도록 되어 있는 제도인데, 1983년 위헌판결이 있기까지 의회의 강력한 행정입법 통제수단이었다(이종후 1989, 48-53; 여남구 1988, 36-69; 김유남 2000, 435, 444). 흥미로운 것은 이 제도의 도입시기(1932)가 행정부의 상대적 팽창이 급속도로 진행되던 대공황기였으며, 이 제도 도입의 결정은 행정부와 의회간의 협상의 산물이었다는 점이다. 즉 의회가 의회세출법을 통하여 후버(Hoover) 대통령에게 행정부 조직의 개편에 관한 광범한 권한을 부여하면서, 그 대가로 의회의 제정법(制定法)에 입법적 거부조항을 규정하였던 것이다(여남구 1988, 36-42; 이종후 1989, 48-49).

이원집정부제의 권력구조이지만, 여야가 권력을 공유하는 코아비타시

옹(Cohabitation)의 시기를 제외하고는 대통령제로 기능하는 프랑스의 경우를 살펴보면, 필자가 말하는 의회·대통령의 권력관계와 행정입법 통제 정도에 대한 흥미로운 예를 발견할 수 있다. 1958년 헌법 이전 내각제하의 프랑스 제4공화국에서는 행정입법은 기본적으로 법률의 행정수단으로만 제정될 수 있었다. 일정사항에 대해서는 행정권의 독자적인 행정입법권이 인정되었으나, 의회의 내각에 대한 총체적 위임에 의한 행정이라는 내각제의 기본 작동원리는 프랑스에서도 유효하였다. 그러나 제5공화국에서는 강력한 대통령제를 설립하게 되었고, 이 새로운 통치원리에 따라 행정부의 거의 독자적인 입법권이라고도 볼 수 있는 '독립명령'과 '법률명령'이 헌법에 명문화되었다(헌법 제37조). 그러므로 프랑스 대통령은 의회·대통령(행정부) 관계에서 미국과는 비교할 수 없을 정도의 우위를 차지하게 된 것이다. 그러나 프랑스의 법치주의 전통은 1799년부터 존재해 온 국사원(Conseil d'Etat)을 통해 나타나는데(Jacobi 1991, 100-114), 확대된 행정입법, 특히 독립명령도 여타의 정부행위와 마찬가지로 사법적 통제를 받게 하였고 법률명령의 경우에는 의회에 의한 승인유보를 통해 통제받는다.

사실 이 논문의 초점은 미국과 프랑스처럼 역사가 깊고 성숙한 민주주의체제의 토대 위에 있는 대통령제의 경우가 아니라, 한국을 포함하여 대통령제를 채택하고 있는 후발 민주주의국가의 의회·행정부 관계와 행정입법 통제문제이다. 제2차대전을 전후하여 대의민주주의 정치를 수입하여 의회와 사법부 및 행정부가 함께 시작된 후발 민주주의국가에서는 국가형성과 후발근대화의 과제 앞에서 집행부의 권력이 대체로 다른 권력기관을 압도하는 경향을 띠게 되었다. 더불어 그들 국가에서 반복되거나 장기간 유지된 권위주의체제는 국가목표를 달성하기 위한 효율을 앞세워 입법부나 사법부의 권한을 제도적·실질적으로 약화시키고 행정부의 강력한 지배를 정당화하여 왔다. 이에 따라 교과서적인 권력

의 분립과 상호견제란 공허한 수사에 그치고, 입법에서도 정부의 주도
권이 광범하게 인정됨으로써 의회는 행정부를 위한 들러리나 통법부의
기능에 그치는 경향이 있다.

오늘날 대통령제 권력구조에서 일반적으로 대통령에게 헌법상 부여
되는 입법에 관한 권한은 긴급입법권(decree), 입법거부권(veto), 정부의
입법안 제출권, 그리고 위임(행정)입법의 네 가지로 대략 나누어볼 수
있다. 나라에 따라 다양한 제도를 구비하고 있으나 중요한 것은 이러한
행정부 입법권한의 총합이 입법부를 압도할 때는 권력구조 내부의 갈등
이 심화되고 민주주의의 안정이 위협받는다는 것이다. 슈가트와 캐리의
광범한 비교정치적 조사에 의하면 대통령제의 구조적 파행성의 주원인
으로 지적되는 의회와 대통령간의 '양립적 민주 정통성'(dual democratic
legitimacy)과 그 갈등조정제도 부재의 문제는 입법에서 의회가 보다 강
력한 위상을 차지하고 있을 때 그 정도가 최소화된다고 한다(Shugart
and Carey 1992, 148-166). 즉 양립하는 두 민주적 권력기관의 갈등에서
대통령제의 원칙은 대통령과 협상해야 한다는 전제 위에서 궁극적으로
는 의회의 우위적 위상에 있다고 그들은 주장하였다.

한국의 경우를 살펴보자. 한국 대통령은 비상시에 법률의 효력을 갖
는 명령(decree)을 발할 수 있는 두 가지 권리(긴급재정·경제명령권과 긴급
명령권)를 헌법 제76조에 의하여 부여받고 있으며, 광범한 입법거부권
(헌법 제53조)과 법률안제출권(제52조)을 가지고 있다. 현행 헌법에 의한
한국 대통령의 긴급입법권은 그 발령요건이 위기상황 및 국회의 부재로
제한되어 있고, 그 명령 및 처분이 이루어졌을 때 지체 없이 국회에 보
고하여 승인을 얻어야 하며, 이때 승인을 얻지 못하면 바로 효력을 상
실하도록 되어 있으므로 일상적인 입법권과는 성격이 매우 다르다. 따
라서 대통령의 긴급입법권은 매우 드물게 공포되어 왔다. 한국 헌정사
중에서 전시를 제외하고는 단 세 번 이 권한이 사용되었는데, 제1공화

국과 제3공화국 시기 중 각각 한번, 현행 헌법 아래에서는 1993년 금융실명제 도입을 위하여 발령한 "금융실명거래 및 비밀보장에 관한 긴급 재정경제명령"이 유일하다(김종두 1999).

<표 6-1> 한국 국회의 법안처리현황: 제13~15대 (1988~2000)

국회별	정부제출			의원제출			통과법률 중 비율	
	제출	가결	가결률	제출	가결	가결률	정부제출	의원제출
제13대	368	321	87.2%	570	171	30.0%	65.2%	34.8%
제14대	581	537	92.4%	321	119	37.1%	81.9%	18.1%
제15대	807	659	81.7%	1,144	461	40.3%	58.8%	41.2%
계	1,756	1,517	86.4%	2,035	751	36.9%	66.9%	33.1%

* 자료출처: 국회경과보고서; 박종흡(1996, 60).

<표 6-2> 주요 국가별 법안통과 비교 (1978~82)

국가명	정부입법통과		의원입법통과		통과법률 총계
	건수	비율	건수	비율	
1. 대통령제					
브라질	172	30.7%	389	69.3%	561
이집트	683	87.9%	94	12.1%	777
미국	0	0.0%	1,818	100.0%	1,818
한국	431	81.6%	97	18.4%	528
한국°	1,517	66.9%	751	33.1%	2,268
2. 내각제					
영국	314	78.9%	84	21.1%	398
프랑스	384	80.3%	94	19.7%	478
호주	917	99.8%	2	0.2%	919
캐나다	144	88.3%	19	11.7%	163
스페인	323	89.5%	38	10.5%	361
이탈리아	858	69.8%	371	30.2%	1,229
이스라엘	358	82.3%	77	17.7%	435
일본	388	84.0%	74	16.0%	462

* 한국은 제13~15대국회(1988~2000)의 통계를 적용함.
** 자료출처: 국회경과보고서; IPU(1986, 912-920); 박종흡(1996, 59-60).

한국 대통령에게 있어서 거부권 행사는 매우 드문 일에 속하며, 반면에 <표 6-1>에서 보듯이 대통령은 법안제출권을 폭넓게 활용함으로써 1987년 민주화 이후에도 입법활동에서 국회를 압도해 왔다. 그런데 이러한 정부입법의 활성화경향은 <표 6-2>에서 보듯이 정부의 법안제출권이 없는 미국을 제외한 대개의 현대국가에서 공통적인 현상이다. 그리고 여기에서는 내각제와 대통령제간의 차별성도 눈에 띄지 않는다. 그러므로 우리는 일상 입법에서 한국에서의 의회·대통령(행정부) 관계의 특수성이 긴급명령권이나 거부권 혹은 법률안제출권의 수준과 관련이 있기보다는 헌법 제75조와 제95조에 의하여 행정부에 위임된 행정입법권의 의회적 통제의 강도 수준과 관련이 있음을 짐작할 수 있다.

3. 본론 2. 한국에서의 행정입법 통제의 현실

강한 국가의 전통을 갖고 있는 한국정부는 행정입법에 대한 의존이 상당한 수준이다. <표 6-3>에 정리한 한국 법령에 대한 2003년 3월의 통계를 참고하면, 행정입법의 하나인 법규명령의 수가 전체 법률 숫자의 약 2.5배가 넘는다. 법령 공포 측면에서 한국은 독일보다 비율이 훨씬 더 높다. 아래의 <그림 6-1>에서 나타나듯이 한국에서는 법률보다 법규명령 공포건수가 적어도 3배 이상, 많으면 약 9배(1998년의 경우)에 달한다. <그림 6-1>에서 흥미로운 점은 1987~88년의 민주화이행 이전과 이후를 비교해 볼 때, 법규명령과 법률간의 공포건수 비율에 큰 변화가 없다는 점이다. 이것은 민주화된 이후에도 대통령의 입법권이 의회의 입법권을 일상적으로 압도하였다는 증거이고, 또 의회의 법률입법 수준이 민주화라는 상황에서 발생하는 사회적 규칙의 높은 제(개)정 수요 증가를 따라잡지 못하였다는 점으로도 이해할 수가 있다.

<표 6-3> 법령현황통계 (2003년 3월 31일 현재)

	총계	헌법	법률	법규명령 계	대통령령	총리령	부령
수	3,647	1	1,029	2,617	1,374	23	1,220
비율 (%)	100	0.0	28.2	71.8	37.7	0.6	33.5

* 자료출처: 법제처 웹사이트 http://www.moleg.go.kr (접속일: 2003년 4월 30일).
** 이 통계에는 전체 행정입법 중 대통령령, 총리령 및 부령만 포함되었음.

행정입법 통제는 그 주체에 따라 크게 네 가지 차원으로 나누어 볼 수 있다. 행정부 자체, 사법부, 국회 및 국민에 의한 통제가 그것이다. 이 중에서 행정부의 통제에는 근본적 한계가 있다. 프랑스 국사원과 달리 나름의 자율성과 사법적 독립성을 갖추지 못한 한국 행정부의 법제처 등을 통한 내부통제는 마치 행정입법의 주체가 주체를 통제하는 식이어서, 진정으로 수용자인 국민의 입장에서 입법을 통제한다고 볼 수 없다(김형수 1999). 또 사법적 통제는 성격이 사후적이고 수동적이어서 그 한계가 뚜렷하다(박균성 1996; 김용섭 1999). 따라서 보다 적극적 의미를 갖는 국민에 의한 통제 현실을 간단히 둘러본 후 국민의 대표자로서 국회에 의한 통제를 주로 살펴보기로 한다.

먼저 국민에 의한 통제의 현실을 보자면 과거에는 행정입법에 관한 절차적 규칙을 다룬 "법령 등의 공포에 관한 법률" 외에는 아무런 제도적 장치가 없었으나, 행정부 스스로가 필요에 의해 1983년 "법령안 입법예고에 관한 규정"을 마련하여 법령의 제정·개정·폐지시에 민의를 반영토록 하는 입법예고제를 채택하였다. 그 후 정부의 민주화가 진행됨에 따라 "행정절차법"과 "법제업무 운영규정" 등으로 그 제도를 발전시켜 왔다. 그동안 입법예고 건수의 비중이 서서히 증가하였고, 이제는 특별히 긴급이나 보안을 요하는 경우를 제외하고는 예고대상 법령의 요지가 이 제도에 의하여 국민에게 사전 공지되고 있다. 최근에는 인터넷시대를 맞이하여 중요 행정입법의 요지가 웹상으로 공개되고 있다.

<그림 6-1> 연도별 입법공포 추이

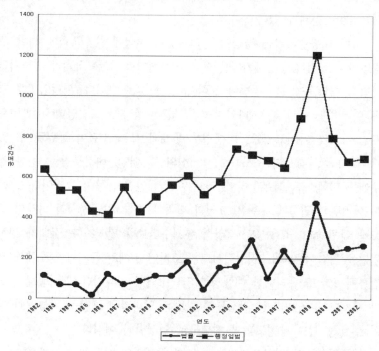

그러나 현행 입법예고제는 그 내용이 단지 법령안의 관보 게재만을 규정할 뿐, 보다 적극적인 국민의 참여를 유발할 수 있는 제도— 예를 들어 일본에서 시행중인 규제의 설정 또는 개폐와 관련한 의견제출 절차(Public Comment) — 는 부재한 상태이다(박영도 2000). 또 한국의 법제처는 정치·행정에 대한 직접적 국민참여 채널이 획기적으로 개선된 인터넷시대의 2003년에도, 웹상에서 국민에게 제(개)정 행정입법의 전문을 서비스하거나 검색서비스를 제공하지 않고 있다. 이는 오늘날 온라인 포탈사이트 운영 등을 통하여 적극적으로 국민의 반응을 수집하는 미국의 경우와는 천양지차라고 하겠다(최선희 2003). 더구나 한국은 아직도 선진국과 달리 이익단체 정치의 발전과 로비의 제도화를 이룩하지

못하고 있으므로, 행정입법에 대한 국민의 적극적 통제를 현실화하는
데는 많은 한계가 있다고 하겠다.

'절대' 대통령제라는 명칭이 나타내듯이 한국에서는 국회에 의한 행
정입법의 직접적인 통제가 과거에는 전무하였다. 물론 국회가 원하기만
하면 통제할 수 있는 방법이 전혀 없었던 것은 아니다. 행정입법에 관
한 여러 연구에서 흔히 나열하는 '간접'적 통제가 그것인데, 이론적으
로는 국회가 가지고 있는 대행정부 통제의 모든 수단이 동원될 수 있
다. 특히 국정감사와 조사, 예산의 심의 및 의결, 대정부질문, 심한 경
우에는 탄핵소추, 국무총리 및 국무위원 해임건의 등이 그것이다. 그러
나 이러한 간접통제 수단은 요건과 절차가 복잡하며, 정치적 파장의 강
도가 매우 높고 효율성도 직접적 통제수단보다 떨어진다. 국회가 행정
입법을 직접 심사하는 직접적이고 제도적인 통제가 존재할 경우에는 간
접통제 방식도 유의미한 대행정부 압력수단이 되겠지만, 직접통제 제도
가 부재할 경우 이러한 간접통제 방법은 당파성에 매몰될 가능성이 높
아 실효성 있는 행정입법 통제도구로 인정받기 어렵다.

과거 권위주의 정치체제에서는 국회가 행정입법에 대한 통제의 제도
화를 추진할 수 있는 여건이 전무했으나, 1987년 민주이행과 헌법개정,
민주적 선거에 의한 대통령 선출과 국회 구성 이후부터는 서서히 그 필
요성이 인정되게 되었다. 무엇보다도 근대화와 민주화의 진전은 법(과
규정)에 의한 제도적 통치의 확대를 가져왔다. 위의 <그림 6-1>에서
보듯이 법률과 행정입법의 공포건수가 김영삼정부 시절(1993~97)부터
훨씬 증가하기 시작하였고, 김대중정부(1998~2002)에 와서는 제도적 개
혁의 가속화에 따라 더욱 가파르게 늘어났다.

민선민간 정부에 들어서 입법이 폭발적으로 증가하게 된 요인은 우선
구조적으로 볼 때 그 동안 근대화와 더불어 나타나는 국가기능의 확대,
행정의 비대화 및 그 국민에 대한 영향의 확대 때문이다. 그 동안 권위

주의체제하에서 상대적으로 억제되었던 입법수요가 민주화의 진전과
더불어 터져나온 것이라고 할 수 있다. 또 김영삼정부 이래의 급격한
대외개방과 세계화의 진전— 예를 들면 OECD 가입과 WTO의 발전
등— 그리고 1997년 금융위기 이후의 전반적인 경제·사회 구조조정
등의 필요에 따른 입법수요도 크게 증가하였다고 볼 수 있다.

1987~88년 민주이행 이후 급속히 성장한 의회권력은 보다 기능화돼
가는 양상 속에서 이러한 상황의 변화에 발맞추어 입법주도권을 적극적
으로 행사하게 되었고, 그 결과 의회는 행정입법에 대해 적극적 통제를
모색하게 되었다. 더불어 민주이행 이후 대통령이 속한 정당이 의회의
과반의석을 차지하지 못하는 분점정부(divided government) 상황이 반복
적으로 나타남에 따라 대통령과 국회간의 제도적 대립양상이 굳어지게
되었다(김용호 2000; 조정관 2001). 이러한 대통령·국회 대립의 반복과
그 격화는 국회로 하여금 대행정부 통제에 보다 적극적으로 나서게 만
든 유인의 하나라고 할 수 있다. 여기에 김영삼정부부터 본격화된 정치
사회의 민주제도 발전노력이 더해져 1997년에는 정파간 합의에 의하여
국회가 적극적으로 행정입법에 개입할 수 있는 길이 한국 헌정사상 처
음으로 열리게 되었다.

1996년 말에 개정하여 1997년 1월에 도입한 새 국회법에서는 행정
입법 전체(대통령령, 총리령, 부령 같은 법규명령과 훈령, 예규, 고시 등 행정
규칙)를 제정·개정시 7일 이내에 국회로 송부하도록 함으로써 행정입법
의 국회통제를 위한 첫 번째 전제가 마련되었다(제98조 2항). 그러나 구
체적 검토의 절차와 검토로 발견된 문제의 처리 등이 미비한 조건하에
서 단순한 행정입법의 국회송부 제도는 그 실효를 거두기 어려웠다. 뿐
만 아니라 행정부 각 부서는 이 새 제도를 단지 추가적인 업무부담으로
받아들이고, 이 제도에 대해 소극적 혹은 부정적 태도를 견지하여 왔다.
행정입법의 국회송부가 지연되거나 미비될 때의 벌칙조항도 없고, 송부

된 행정입법이 어떠한 검토절차를 밟을지도 알 수 없으며, 검토 후 그 결과를 어떻게 처리할 것인지도 명시되지 않은 상태에서 이 국회송부 제도는 자연히 그 실효를 거두기 어려울 수밖에 없었다. <표 6-4>에서 보이듯이 1997년부터 1999년까지 3년 동안 제·개정된 총 행정입법(그 중에서도 대통령령, 총리령 및 부령만 포함) 중에서 국회에 제출된 비율은 단지 53~22%에 그쳤다. 더 심각한 것은 그 제도의 실시 첫해였던 1997년의 제출비율이 가장 높고, 그 다음 2년 동안에는 그것이 현저히 감소했다는 사실이다. 또한 국회에 제출된 행정입법마저 법정기일인 7일 이내를 훨씬 초과하여 제출되어서 행정입법 제·개정의 내용을 제때에 파악하는 것조차 어려운 경우가 많았다.

<표 6-4> 연도별 행정입법 국회제출현황

1997		1998		1999 (1~8월)	
제정+개정	제출(%)	제정+개정	제출(%)	제정+개정	제출 (%)
631	331 (52.5)	826	179 (21.7)	939	250 (26.6)

* 자료출처: 국회사무처법제예산실(1999, 4)
** 이 통계에는 전체 행정입법 중 대통령령, 총리령 및 부령만 포함되었음
*** 2000년 이후에는 국회 차원에서 전체 통계를 작성한 일이 없음

따라서 행정입법의 보다 효과적인 통제를 위한 제도개선안이 국회 내부의 합의를 얻어 국회제도운영개혁위원회(1998. 10~11)가 마련한 국회법 개정안에 포함되었고, 2000년 2월 통과한 새 국회법에 거의 원안대로 채택되었다. 새 국회법에서는 행정입법에 대한 통제가 보다 구체적으로 명시되었다. 개정 전에는 중앙행정기관의 장이 행정입법을 국회에 통보(송부)하기만 하면 되었으나, 개정 후에는 행정입법을 국회에 '제출'하여야 하고, 국회는 소관 위원회에서 대통령령, 총리령 및 부령에 대한 법률에 대한 위반 여부를 '검토'하여 당해 명령이 법률의 취지 또는 내용에 합치되지 않는다고 판단할 경우에는 소관 행정부서의 장에게 그

내용을 '통보할 수 있도록' 되었다. 새 국회법은 또 위원회가 어떻게 행정입법의 검토를 실행하여야 하는지에 관하여 그 절차를 구체적으로 명기하여, 전문위원이 검토하여 그 결과를 해당 위원회 위원에게 제공한다고 하였다. 한편 2002년 2월과 2003년 3월의 개정을 거친 현행 국회법은 그 동안의 시행착오를 반영하여 행정입법 통제를 좀더 현실화시키고 강화하는 내용을 담고 있다. 그리하여 현행법에는 행정입법 제출시한을 10일로 연장하되 그 기간 내에 제출하지 못할 경우에는 그 사유를 소관 상임위원회에 통지하도록(제98조 제2항) 하였다.

1999~2000년 국회는 적극적으로 행정입법에 대해 관심을 가지고 그 의회적 통제를 추진하였던 것으로 보인다. 이시기 국회의 출판물에는 행정입법에 관한 다양한 소개와 사례분석 연구가 선보였다(김형수 1999; 이승재 1999; 이지민 1999; 정성희 1999; 홍형선 1999; 장세훈 2000; 국회사무처법제예산실 1999; 국회사무처법제실 2000). 동시에 국회에서는 상임위원회에서의 행정입법 분석에 관해 6 지 기준— ① 법률의 위임근거 없는 국민의 권리제한·의무부과 여부, ② 법률의 취지 및 위임여부, 일탈 여부, ③ 포괄적 재위임 여부, ④ 법률의 제·개·폐에 따른 정비 여부, ⑤ 내용의 타당성·실효성, ⑥ 법령의 소관범위의 적합성 여부— 을 세우고 행정입법 중 일부를 골라서 분석하는 작업을 벌이기도 하였다(박봉국 2001; 국회사무처법제실 2000).

그러나 국회법 차원의 절차적 제도 측면에서 국회의 행정입법 통제를 위한 많은 진전이 있었음에도 불구하고 실제로는 그것이 제대로 실행되지 않고 있다는 점이 문제이다. 문제의 첫 번째 원인은 무엇보다도 국회의 정책보좌 인력이 너무나 빈약하기 때문이다.[1] 2003년 현재 대부분의 상임위원회에는 입법활동을 보좌하는 정책스탭으로 각각 수석전

---

1) 인력문제에 관한 필자의 분석은 2001년 6월과 2003년 6월에 각각 행해진 익명의 국회 정책스탭과의 인터뷰를 통하여 확인되었다.

문위원 1명, 전문위원 1명이 있으며, 그들을 보좌하는 인력으로는 입법
조사(심의)관이 3~7명이 있고, 법제사법위원회와 같이 경우에 따라
1~2명 정도의 소관 행정부서나 법원의 파견근무 인원, 혹은 계약직 근
무인원을 두는 경우도 있다. 이 정도의 인력으로는 국회 내의 입법활동
자체의 요구를 만족시키기에도 벅차기 때문에 소관 행정부서에서 보내
온 행정입법에 대한 분석과 검토는 거의 하지 못하는 실정이다. 두 번
째 원인으로는 사회 여론주도층 및 의원들의 무관심을 들 수 있다. 오
랫동안 국가주도의 입법에 길들여졌기 때문에 언론을 비롯한 여론 주도
층의 행정입법 문제에 대한 인식은 당연히 매우 낮은 수준이다. 따라서
재선을 주요 행동유인으로 갖는 국회의원들은 자신을 홍보할 수 있는
법안 입안에는 열의를 가지지만, 언론의 관심도 없고 사후점검의 성격
을 지니는 행정입법의 검토, 재검토의 필요에 대해서는 당연히 소극적
일 수밖에 없다. 그러므로 행정입법 통제에 대한 점증하던 국회의 관심
은 인력부족 등 현실적 어려움에 부딪치자 다시 감소하였고, 2001년
이후로는 행정입법 송부나 검토에 대한 전체적인 통계도 기록하지 않는
수준으로 하락하였다. 세 번째 원인으로는 행정부의 사보타지 측면을
다시 한번 들 수밖에 없다. 대통령을 정점으로 하는 행정부 입장에서는
국회의 간섭과 감독을 가능한 한 줄이고 업무의 자율성과 효율성을 극
대화하려는 경향을 갖는 것이 자연스러운 현상이다. 또 현행 국회법에
는 행정부가 행정입법의 송부를 게을리 했을 경우에 대한 명시적 제재
도 없다. 따라서 국회가 재촉하지 않는 한 행정부가 적극적이고 신속,
완전하게 전체 행정입법을 국회로 송부하는 등의 협조를 할 이유도 없
는 셈이다. 요약하자면 현재 한국 국회는 행정입법의 제도적 통제를 위
한 자원과 절차의 정립을 위한 첫 번째 시행착오 단계를 밟고 있는 중
이라고 볼 수 있다.

4. 결론: 국회의 효과적인 행정입법 통제를 위한 제언

한국에서 의회에 의한 행정입법 통제는 이제 걸음마 단계를 시작했다고 할 수 있다. 이 새로운 제도는 제대로 운영만 된다면, 그 동안 한국에서 강고하게 구축된 대통령의 절대적 권력의 폐해와 관료제의 비민주성을 극복하고 의회의 기능을 정상화·제고하며, 불균형한 행정부와 의회의 관계를 개선하는 데 큰 역할을 할 수 있을 것으로 기대된다. 필자는 본문을 통해 이 제도의 정치적 중요성을 국회 및 전문가 군에게 강조하고자 했다. 이 제도는 의회기능의 정상화라는 시대적 요청에 비추어볼 때 오늘날 흔히 강조되고 있는 의원입법 활성화(박찬표 2001) 못지않게 중요한 잠재력을 갖는 제도라는 인식의 확산이 필요하다.

그런데 국회가 이 제도를 잘 활용하여 행정입법을 효율적으로 통제하려면 몇 가지 기본조건이 시급히 필요하다고 보는데, 여기에서는 그 중세 가지 면을 집중하여 제시하고자 한다. 필자는 국회법을 보다 현실성 있게 개정하여 행정부로 하여금 국회의 행정입법 통제에 적극적으로 임하도록 하는 문제는 논외로 하고자 한다. 왜냐하면 현재 국회의 능력으로는 설사 행정부가 모든 행정입법을 국회로 신속하게 송부해 주더라도 적절히 처리할 수가 없기 때문이다.

그러므로 첫 번째로 구비해야 할 조건은 국회의 전문능력 강화이다. 행정부의 고도의 전문성에 일정 정도 대응할 수 있는 전문성을 국회가 확보하지 못한다면, 새로운 국회의 행정입법 통제는 실효성을 바라기 어렵고, 유명무실해지거나 오히려 국가기능을 방해만 하는 부적절한 것이 될 수도 있다. 보다 구체적인 전문성 강화의 방안으로는 ① 상임위원회별 전문위원의 수 및 예산의 증가, ② 법제실의 상임위 보조인력의 양적·질적 증가, ③ 사안에 따른 국회 밖의 연구인력 — 대학, 연구소 등 — 과의 네트워킹의 제도화 등을 들 수 있다. 현행 인력 및 예산체계는 2003년의 새 국회법 이전의 체계를 바탕으로 하고 있다. 따라서 입법조사 및 검토활동의 확대가 기대되는 행정입법 통제분야를 활성화하기 위해서는 과감한 국회 연구조사 인력의 확대가 필요하다는 것이다. 만일 행정입법 통제의 민주적 명분과 그것이 권력관계에서 갖는 중요도가 널리 인식된다면 이러한 인력확대를 위한 예산배정이 불가능하지는 않을 것으로 생각된다.

둘째, 국회와 행정부 각 부서간의 관계를 정치적 관계로부터 기능적인 방향으로 개선할 필요가 있다(함성득 1998; 박찬표 2001). 국회가 적극적으로 행정입법을 통제하기 위해서는 행정부 관료와의 보다 잦은 건설적인 자문, 청문 및 토론이 필수적이다. 예를 들자면 만일 국회 스스로 매년 되풀이되는 한탕주의적인 국정감사의 내용이나 절차를 보다 건설적으로 개선하고, 정치공세로 일관하는 본회의에서의 '대정부질문' 절차를 축소·생략하는 등 노력을 기울인다면 보다 기능적인 대행정부 관계정립에 큰 도움이 되리라고 본다.

셋째, 국회에서의 국민청원 절차를 대폭 개선하여 국민의 국회에 대한 접근을 소비자중심으로 확대·심화시킬 필요가 있다. 국회가 민감하게 느끼기 어려운 문제에 대하여 당사자인 국민의 청원을 폭넓게 받아 그 문제점을 확인하는 것은 행정입법에 대한 국회통제를 위해 매우 중요한 역할을 할 수 있을 것이다. 또 이러한 국민의 국회로의 초대 활성화는 의회권력과 기능의 강화와 공고화에도 중요한 역할을 할 것으로 기대된다. 이런 관점에서 필자는 우리도 미국처럼 인터넷상에 행정입법 온라인 포탈사이트를 개설하기를 제안한다. 이 사이트는 행정입법의 전문과 입법취지 설명을 제공하고, 키워드 검색을 가능하게 하며, 그 자리에서 국민이 의견을 바로 제출할 수 있도록 운영될 수 있다고 본다(최선희 2003). 이 사이트는 법제처와 공동으로 개설하여 운영할 수도 있다.

참고문헌

국회사무처법제예산실. 1999, 『법제현안: 행정입법분석사례』, 서울: 국회사무처 법제예산실, 제92호.

국회사무처법제실. 2000, 『법제현안: 행정입법 분석기준』, 서울: 국회사무처 법제실, 제109호.

김남진. 1996, 「행정입법의 현황과 문제점」, 《고시계》 제478호, 15-25.

김두현. 1998, 「각국 행정입법제도의 비교법적 연구」, 《한국체육대학교 논문집》 제21집, 233-247.

김민호. 1996, 「행정입법의 국민적 통제수단에 관한 고찰」, 《한세정책》 제21호, 102-109.

김용섭. 1999, 「행정입법과 그에 대한 통제」, 《경희대학교 경희법학》 제34권 2호, 127-149.

김용호. 2000, 「21세기 새로운 의회정치의 모색: 분점정부 운영방안」, 《의정연구》 제10호, 32-53.

김유남. 2000, 『의회정치론-비교의회연구』, 서울: 삼영사.

김종두. 1999, 「대통령의 긴급입법이란?」, 《국회보》 제393호, 84-87.

김형수. 1999, 「행정입법이란?」, 《국회보》 제394호, 66-69.

오스틴 래니 저, 권만학·김경민·김계동·박경산·신윤환·양승함·홍규덕·황주홍 역. 1994, 『현대정치학』, 서울: 을유문화사.

린쯔·바렌주엘라 저. 신명순·조정관 역. 1995, 『내각제와 대통령제』, 서울: 나남.

박균성. 1996, 「행정입법에 대한 사법적 통제」, 《고시계》 12월 제478호, 74-90.

박민영. 1999, 「영국의 행정입법에 관한 고찰」, 《청주대학교 법학논집》 제15집, 1-32.

박봉국. 2001, 『최신 국회법』, 서울: 박영사.

박영도. 2000, 「행정입법의 투명성·공정성 확보수단: 일본의 Public Comment 제도를 중심으로」, 《법제》 제510호, 3-22.

박종흡. 1996, 『의회의 입법과정』, 서울: 국회사무처 입법차장실.

박익상. 1992, 「우리나라 행정입법에 대한 국회통제방법」, 《입법조사월보》 제210호, 150-165.

박찬표. 2001, 「의회-행정부 관계의 유형과 변화: 약한 정책적 통제와 강한 정치적 통제의 부조화」,《의정연구》제12호, 71-97.

배욱. 2002, 「대통령과 국회관계 발전 방안: 정당강화를 위한 제도적 방안을 중심으로」,《2000年》제234호, 16-21.

양동훈. 1999, 「한국 대통령제의 개선과 대안들에 대한 재검토.」,《한국정치학회보》제33집3호, 91-109.

여남구. 1988, 「위임입법에 대한 의회의 직접통제에 관한 연구」, 서울대학교 대학원 법학과 석사학위논문.

윤영오. 1996, 「국회개혁에 관한 연구」,《한국정치학회보》제29집4호, 275-289.

이권우. 1997, 「입법과정에 있어서의 입법부와 행정부간의 협력」,《법제연구》제13호, 264-294.

이승재. 1999, 「행정입법 분석례」,《국회보》제388호, 100-103.

이종후. 1989, 「의회의 행정입법통제에 관한 고찰: 영, 미의 제도를 중심으로」,《입법조사월보》제181호, 39-54.

이지민. 1999, 「행정입법에 대한 국회의 통제」,《국회보》제388호, 106-109.

장세훈. 2000, 「행정입법 분석」,《국회보》제410호, 80-86.

장영수. 1998, 「국회입법권의 약화와 행정입법의 증가에 대한 비판적 고찰」,《안암법학》제8호, 25-66.

장태주. 1999, 「행정입법에 대한 의회의 관여: 독일의 법규명령을 중심으로」,《한양대학교 법학논총》제16집, 321-341.

정수부. 2000, 「행정입법절차에 관한 연구」,《법제연구》제19호, 267-309.

정성희. 1999, 「위임입법 이렇게 심사하고 있습니다」,《국회보》제393호, 80-83.

정주택. 1996, 「한국국회에서의 의원입법활동에 관한 실증적 고찰」,《한국행정논집》제8권 1호, 61-74.

조정관. 2001, 「한국대의제민주주의의 질적 고양을 위하여」,《의정연구》제11호, 6-33.

조태제. 1997, 「독일에서의 행정입법절차의 현황과 개혁」,《관동대학교 관대논문집》제25집, 449-475.

최선희. 2003, 「미국의 행정입법 온라인 포탈사이트 운영과 시사점」,《정보통신정책》제317호, 64-69.

홍준형. 1996, 「위임입법의 한계」,《고시계》제478호, 26-46.

홍형선. 1999, 「행정입법을 분석해보니」,《국회보》제387호, 116-117.

Carey, John M., and Shugart, Matthew Soberg, ed. 1998, *Executive Decree Authority*, Cambridge: Cambridge University Press.

Inter-Parliamentary Union(IPU). 1986, *Parliaments of the World: A Comparative Reference Compendium*, 2nd ed. New York: Facts on File Publications.

Jacobini, H. B. 1991, *An Introduction to Comparative Administrative Law*, New York: Ocena Publications Inc.

Shugart, Matthew Soberg, and Carey, John M. 1992, *Presidents and Assemblies: Constitutional Design and Electoral Dynamics*, Cambridge: Cambridge University Press.

Gerd Roellecke 저·김용섭 역. 1997, 「행정입법과 그 통제」, 《고황법학》 제2권, 87-103.

Warren, Kenneth F. 1996, *Administrative Law in the Political System*, 3rd ed. Upper Saddle River, NJ: Prentice Hall.

제7장 법안발의 제도와 국회 입법과정의 정치역학

최 정 원(연세대학교 동서문제연구원 연구교수)

1. 서 론

대의민주주의 국가에서 의회는 무엇보다 입법부이며, 따라서 국민의 정치적 의사를 대표하는 의회의 본질적 기능은 입법기능이다. 즉 입법기관인 의회가 국정의 중심에서 국민의 다양한 의사를 수렴하고 정책을 형성하며 입법과정에서 주도적 역할을 수행하는 것이 의회의 본질적 권한이자 사명이다. 그 동안 한국의 국회는 의회 자율성이 침해당하고 입법주도권을 상실함으로써 국회의 입법활동은 정부제출 법안을 수정·통과시키는 최소한의 소극적 활동에 그쳤다. 그러나 민주화 이후 국회는 의회정치에 대한 자성의 결과로 법제적 차원에서 국회개혁이 수차례 시도되었으며, 의정활동의 정상화와 더불어 국회 입법과정의 자율성과 의회기능 활성화에 관한 관심이 지속적으로 증가하고 있다.

입법과정이 활성화되기 위해서는 민주적이고 자율적인 입법활동을 담보하는 법·제도적 장치가 기본적으로 마련되어야 한다. 이 중 법안발의는 입법과정을 개시하는 행위로, 각 입법행위자들에 의해 형성된 법률안들이 하나의 통일된 법률로 구체화되는 의회과정과 이어지는 연결점일 뿐 아니라 입법행위자간의 역학관계가 가시적으로 표출되는 시작점이기도 하다. 따라서 법안발의 제도가 어떤 내용을 담고 있는가는 이후 전개되는 입법과정의 양태에 지대한 영향을 미치게 된다. 뿐만 아니라 입법과정이 활성화되기 위해서는 의회가 다른 입법행위자들과의 상호작용 속에서 대등한 영향력을 행사할 수 있어야 한다. 왜냐하면 헌법과 제도적 차원을 넘어 실제 입법과정은 국회를 둘러싼 입법 환경요인 아래 입법행위자간의 역학관계 속에서 이루어지기 때문이다. 이렇게 볼 때 입법과정에 대한 보다 적실한 이해를 위해서는 제도적 측면과 실제 입법과정의 정치역학적 측면을 병행하여 분석해 보아야 할 것이다.

이러한 맥락에서 이 글은 한국 국회의 입법과정을 법안발의 제도와 입법행위자간의 역학관계를 중심으로 분석하려고 한다. 보다 구체적으로는, 첫째, 입법과정의 이론적 배경으로서 국회 법안발의 제도의 내용과 정치역학적 요인으로서 입법행위자와 입법 환경요인에 관하여 살펴본다. 둘째, 입법 환경요인을 중심으로 역대 국회의 법안발의 실태를 추적해 봄으로써 입법과정에서 나타나는 입법행위자간의 정치역학을 파악한다. 셋째, 법안발의의 제도적 측면에서 국회 법안발의 실태를 분석해 본다. 넷째, 분석의 결과를 토대로 법안발의와 관련된 입법과정의 활성화방안을 제시해 본다.

2. 이론적 배경

1) 입법과정과 법안발의의 제도적 장치

(1) 입법과정과 법안발의의 중요성

의회는 사회의 다양한 이해가 국민의사 형성에 참여할 수 있도록 기회를 제공하며, 이들이 타협과 합의를 이루도록 공론의 장의 역할을 수행한다. 뿐만 아니라 의회는 수렴된 요구를 기초로 입법행위자간의 타협을 통해 독자적인 의원입법을 하거나, 정부제출안을 변형시키는 입법과정 속에서 정책기능과 함께 대표기능, 행정부 감독기능, 사회통합 기능 등을 수행한다. 이처럼 입법과정을 넓게 보면 법을 제정하고 행정부를 감독하고 국민을 대표하며 국민에게 알리는 현대 입법부의 모든 기능과 활동을 포함하지만(George B. Galloway 1955, 3), 여기에서는 민의를 수렴하여 의원이나 정부가 제안한 법률안들이 조정·타협을 통하여 하나의 통일된 법률로 창출되어 나가는 과정으로 입법과정을 한정하기로 한다.

입법과정에서 법안발의1)란 안을 갖추고 이유를 붙여 소정의 찬성자가 연서한 명부를 첨부하여 의회에 제출함으로써 의회에 대해 법안의 심의·의결을 요구하는 것을 말한다. 즉 "형식적으로 본다면 문서에 의해 확정된 법안의 의회로의 송부이며, 내용상으로는 그 법안을 의사규칙에 따라 심의·의결할 것을 신청하는 것"(Maunz/Gürig 1991, Art.76, S.1f.)이다. 법안발의가 중요한 의미를 갖는 것은 이것이 입법과정을 개시하는 기점이 되는 행위이기 때문이다. 법안이 누구에 의해 작성·발의되는가, 즉 입법행위의 주도자가 누구인가에 따라 법안이 갖는 목적과 의도가 달라질 수 있으며, 법안의 내용과 성격이 결정되기도 한다. 뿐만 아니라 법안발의는 입법행위자들의 역학관계 속에서 국회가 얼마나 주도적으로 입법과정을 이끌어 가고 있느냐를 판단하는 중요한 기준이 될 수 있다. 이러한 관점에서 볼 때 의원법안의 발의는 국회 입법과정의 자율성과 독자성 확보에 중요한 의미를 갖는다.

법안발의 과정은 입법행위자가 정부인지 또는 의회인지에 따라 정부

---

1) 헌법과 국회법에서 의안 등을 국회에 내는 것을 발의, 제출, 제안 또는 제의 등의 용어를 사용하고 있다. 발의란 의원이 의안을 낼 때, 제출은 정부 또는 위원회가 의안을 낼 때, 제의는 의장이 의안을 낼 때로 구별되며, 일반적으로 발의와 제출을 포함해서 제안이라고도 한다(국회사무처 2000a, 25).

제출안과 의원발의안으로 구분된다. 정부제출안의 경우 공식적으로 행정 각 소관부처에서 부처 내부의 결정과정 → 유관부처간 협의·조정 → 입법예고(20일 이상) → 당·정협의 → 원안확정 → 국무회의 상정 → 대통령의 재가에 의해 최종적으로 국회에 제출된다(국회사무처 2000a, 32-36). 반면 의원발의안은 의원 개인의 입법동기에 의하여 추진되기도 하지만, 많은 경우 의원 개인보다는 정당 내 정책결정에 따라, 또는 정당 지도부의 지시에 따라 입법이 이루어진다. 여당은 정부가 마련한 안을 의원명의로 발의하기도 하고, 야당은 정책의 실현을 위해 원내에서 정책대결을 벌이면서 그 수단으로 법안을 발의한다. 한편 각 상임위원회는 소관사항에 대하여 자주적인 심사권을 가지고 있으므로 그 소관에 관한 의안을 스스로 입안하여 제출할 수 있다(국회법 36조, 37조). 위원회에서 제안하는 법안은 위원회가 독자적으로 입안해 제출하는 위원회안과 원안의 내용을 수정하여 제출하는 위원회제출 대안으로 구분된다(국회사무처 2000a, 43-45).

의회 입법기능 활성화의 측면에서 본다면 의원발의 입법의 강화는 필수적이다. 왜냐하면 정부제출안은 정부가 정책을 실현하기 위하여 제안하는 것인 반면, 의원발의안은 주권자인 국민의 다양한 의견을 받아들여 국민의 대표가 제안하는 것이기 때문이다. 정부제출안은 실제로 법안의 발의가 정부 고위층이나 여당의 정책적 지시에 의해 이루어지는 경우가 허다하다. 법안이 제출되기 전에 이미 관계부처의 조정과 당정협의를 거쳐 정부의 입장이 조율된다. 이 과정에서 여당은 행정부의 입법과정에 참여할 수 있는 기회를 갖게 되고 실제로 여당의 정책기구, 대통령 비서실 등의 정치적 판단이 존중된다(김교만 1990, 280). 이에 비해 의원발의안은 발의 전에 관계단체나 관계부처와의 조정이 반드시 선행되는 것은 아니며, 민의의 대변이 우선된다. 또한 하나의 정책사안에 대하여 다양한 입장의 복수법안이 제안되는 것은 의원발의안이 아니면 불가능한 일이다. 따라서 의원발의안이 활성화되어야 비로소 다양한 국민의 의견이 의회에 다각적으로 반영될 수 있는 것이다. 즉 의원의 법안발의는 국민의 대표자로서의의원이 사회의 요구를 국가정책으로 실현하는 가장 확실한 수단이 된다는 점에서 의회 입법과정 및 정책기능의 핵심이라 할 수 있다.

(2) 법안발의의 제도적 장치

국회의 운영과 의회활동의 법적 근거인 국회법[2]은 1948년 제정된 이래 여러 번의 개정을 거쳤으며, 제6공화국에서도 그 동안의 의회정치에 대한 자성과 함께 국회개혁이 법제적 차원에서 시도되었다. 수차례에 걸쳐 새롭게 법제화된 개정국회법은 의회 자율성을 저해하는 독소조항을 삭제하고 의회민주주의를 담보할 수 있는 내용을 포함하고 있는데, 법안발의와 관련한 제도적 장치를 살펴보면 다음과 같다.[3]

우선 연중 국회 상시 개원체제로의 전환을 들 수 있다. 현행 헌법은 정기회의 회기를 100일, 임시회의 회기를 30일로 제한하고 있으나, 회수 및 일수에 대해서는 제한이 없으므로 회기일수를 초과하지 않는 범위 내에서 국회의 의결을 거쳐 자율적으로 연장할 수 있다(헌 47조 2항, 국 7조 1항). 또한 폐회중에도 최소한 월 2회의 상임위원회 정례회의를 개회하도록 규정함으로써(국 52·53) 국회 상시 운영체제를 제도화하고 있다. 따라서 의안은 국회의 회기중이나 폐회기간을 구분하지 않고 제안할 수 있게 되었으며, 폐회 또는 휴회 때 제안된 의안은 본회의 보고

---

2) 외국 의회의 경우에는 국회의 조직과 그 운영에 관한 사항을 헌법이 직접 규정하고 있는 외에 따로 국회법이라는 법률형식으로 규정하고 있는 경우는 드물며, 대부분의 국가에서는 의사규칙으로 규정하고 있고 내용 또한 상당히 광범위하다. 우리나라의 국회법은 외국에서 의사규칙이라고 불리는 의회의 자율규범과 유사한 성격을 지니고 있는 특수한 입법례라고 볼 수 있다.
3) 현행 국회법은 2003년 7월 18일 개정된 제27차 개정국회법이다.

를 생략하고 회부(국 81조 1항)될 수 있게 되어 법안발의가 지체되지 않도록 하였다. 또한 국회 상시 개원체제로 인하여 법률안의 연중심사도 가능하게 되었다. 그 동안 정기회 기간에 법률안이 과도하게 집중되어 졸속입법이 만연하였는데, 이를 방지하고 국회 입법활동을 충실히 하기 위해서는 법률안이 연중 균형 있게 제안·심사·처리되어야 할 것이다. 이렇게 볼 때 국회 상시 개원체제는 정책형성 측면뿐 아니라 행정부에 대한 견제 측면에서도 바람직하다.

두 번째로는 법안실명제 도입이다. 과거 국회법에서는 발의의원과 찬성의원을 객관적으로 구분하기가 어려워 책임정치의 문제가 꾸준히 제기되어 왔다. 그런데 2000년 2월 9일에 개정된 국회법 제79조 3, 4항은 의원이 법안을 발의할 경우, 발의법안에 발의의원과 찬성의원을 구분하고 해당 법안 제명의 부제로 발의의원의 성명을 기재하도록 하며, 발의의원이 2인 이상인 경우에는 대표발의의원 1인을 명시하도록 하였다. 또한 의원이 발의한 법률안 중 국회에서 의결된 제정법률안 또는 전문개정법률안을 공표 또는 홍보할 경우에는 해당 법률안의 부제를 함께 표기할 수 있도록 하였다. 법안실명제 도입은 의원들이 법안에 대한 책임감을 갖고 보다 적극적으로 법안발의 활동에 참여하도록 할 뿐 아니라 국민들로 하여금 이를 기초로 의원의 입법활동에 대한 객관적인 평가를 가능하게 함으로써 의회의 대표기능을 진작할 수 있을 것이다.

정부법안 제출계획의 통지 의무화도 새롭게 규정된 법안발의의 제도적 장치이다. 국회 상시 개원체제로 국회운영이 연간 기본일정에 따라 정례화될 수 있게 됨에 따라 개정국회법(2000. 2. 16) 제5조 3항은 정부도 연중 입법계획을 작성하여 매년 3월 31일까지 국회에 사전 통지하도록 하였다. 그럼으로써 국회는 정부의 제출계획에 따라 위원회와 본회의 운영의 세부 의사일정을 계획하고 관련법률에 대한 연구 및 여론 수렴 등 입법과정을 준비할 수 있게 되었다. 이와 같은 국회운영의 사전 계획성은 국회 입법활동의 효율성을 향상시키고 대행정부 통제기능을 강화할 수 있다.

마지막으로 국회 입법지원 제도 역시 법안발의의 제도적 장치로 기능한다. 1994년 8월 법제업무와 예산·결산분석 및 정책평가를 지원하기 위해 신설된 법제예산실이 2000년 1월 법제실로 분리, 확대 개편되면서 의원입법의 지원과 활성화를 담당하고 있다. 법제실은 국회의원이 법안발의를 위해 법제관에게 의뢰하는 법안 초안 작성과정에서부터 법안 입안지원, 법안 발의·심사과정에 이르는 전 과정에 걸쳐 의원발의 입법을 지원한다. 한편 1994년 2월부터 설립된 의원 연구단체 조직은 공식적인 의회기구는 아니지만 지속적이고 활발한 활동으로 의원입법의 활성화에 긍정적 역할을 하고 있다.

2) 법안발의의 정치역학적 요인

(1) 입법행위자 요인

입법과정에는 다양한 행위자가 관여하는데, 일반적으로 입법과정의 행위자를 의회, 정부, 행정기관, 사법부를 포함하는 공식적 참여자와 이익집단, 정당 및 개인을 포함하는 비공식적 참여자로 나눈다(Anderson 1984, 29-38). 한국의 경우 헌법 제40조에서 "입법권은 국회에 속한다"고 하여 국회입법의 원칙을 선언하고 있다. 이는 헌법질서 내에서 국회가 입법의 중심이고, 적어도 '법률'의 형식으로 행해지는 입법기능은 반드시 국회만이 행사할 수 있다는 의미이다(허영 1998, 836). 그러나 또 한편으로는 헌법 제52조에서 "국회의원과 정부는 법률안을 제출할 수 있다"고 하여 정부의 입법과정 참여를 제도적으로 보장하고 있어 실질적으로 법률안 제안권을 가진 입법행위자는 국회와 행정부로 이원화되어 있다. 이처럼 법안을 상정할 수 있는 권한이 의원과 정부 양쪽에 있기 때문에 입법권을 중심으로 의회·행정부간 역학관계가 형성된다.

행정부의 수반인 대통령은 국회 입법과정에 참여할 수 있도록 제도적으로 보장되어 있다.[4] 그러나 실제 대통령의 영향력은 제도적 차원을 훨씬 넘어서고 있다. 집권여당과 행정부의 모든 정책이 이루어지는 당정회의의 실질적인 책임자가 대통령이라는 점, 정책이 세분화되고 복잡해짐에 따라 의회를 경유하지 않는 위임입법의 범위가 점점 더 확대된다는 점 등은 막강한 대통령의 역할과 권한을 잘 나타내고 있다.

그러나 의회는 의원 법률안의 발의와 정부 정책의도에의 개입, 그리고 정책의 최종결정 등을 통해 입법과정의 가장 중요한 행위자가 된다. 특히 국회의원은 선거라는 정치과정을 의식하지 않을 수 없으므로, 행정부보다 국민의 요구에 더 민감할 수밖에 없다. 시민사회의 다양한 요구를 포함한 의원발의 입법이 형성되는 것도 이 때문이다.

이처럼 국회와 행정부는 국회 입법활동에서 양대 중심축을 형성하고 있다. 그런데 의회의 단일성을 지나치게 강조하여 전체로서의 의회와 행정부에만 초점을 맞출 경우 입법과정에서 나타나는 실제 행위자간의 역학관계와 상호작용을 간과할 가능성이 있다. 왜냐하면 의회정치의 현실은 '행정부 대 의회'의 구도보다는 오히려 여·야가 서로 대결하는 '정부·여당 대 야당'의 구도로 나타나기 때문이다. 게다가 국회법 제51조 1항에는 "위원회는 그 소관에 속하는 사항에 관하여 법률안 기타 의안을 제출할 수 있다"고 하여 위원회의 법률안 제안권을 인정하고 있으므로, 의회·행정부간 관계뿐 아니라 국회를 구성하는 하위차원의 입법행위자로서 여당과 야당, 그리고 위원회를 구분하여 그 역학관계를 파악할 필요가 있다.

---

4) 제도적 차원에서 대통령은 헌법 제48조의 법률안 제안권, 헌법 제49조의 법률안 거부권, 헌법 제58조의 국회에의 출석 발언권 등을 가지고 있다.

(2) 입법 환경요인: 정치권력의 집중/분산 정도

입법과정은 기본적으로 형성되어 있는 입법환경 속에서 행위자들간
의 선택이라는 절차를 밟게 되므로, 국회를 둘러싼 정치적 환경구조가
어떠한가에 따라 입법과정과 행위자간의 역학관계 및 역할수행이 달라
진다. 그런데 이러한 입법과정의 역학관계는 정치권력의 집중/분산 정
도라는 입법환경 요인에 따라 달라질 수 있으며, 정치권력의 집중/분산
정도는 정치체제의 성격 및 의회 내의 정당 간 권력관계와 밀접하게 관
련되어 있다(최정원 2002, 37).

정치체제의 성격은 입법과정의 기본구조를 규정한다는 점에서 결정
적인 환경요인이다.5) 일반적으로 정치권력이 집중되어 있는 권위주의
체제보다 정치권력이 분산되어 있는 민주주의체제에서 의회의 역할이
더 활발하다(Anderson 1984, 31). 권위주의체제는 행정수반에게 정치권력
이 극단적으로 집중되어 있는 체제이므로 입법과정에서도 의회의 대 행
정부 종속현상이 심화되리라 가정할 수 있다. 반면에 민주주의체제는
대통령중심제 국가의 경우 여전히 대통령에게 강력한 권한이 있으나,
입법과정에서 입법행위자간의 관계가 자율적이라 할 수 있다. 따라서
권력분립에 기초한 대통령중심제에서는 권위주의체제일수록 입법과정
의 주도권을 대통령 또는 정부가 장악할 가능성이 높은 반면, 민주주의
체제 하에서는 국회 및 정당의 역할이 강화될 가능성이 높다.

의회 내 정당간 권력관계 역시 입법과정의 중요한 환경요인으로 작용
한다.6) 같은 정치체제라 하더라도 의회 내 정당간 권력관계에서 나타나
는 정치권력의 집중/분산 정도는 입법행위자간의 역학관계에 영향을 미
친다. 일점반 정당제에서와 같이 거대여당이 형성되어 있는 경우 입법

---

5) 정책결정과정에서 정치체제 요인을 강조한 연구는 Key(1949, 1956); Lock-
hard(1959); Anderson(1984); 신명순(1999); 정영국(1988) 등을 참조
6) 정책결정과정에서 정당간 경쟁구도에 관한 논의는 Gray(1976); Lock-
hard(1959); Dror(1968) 등을 참조

과정의 양상은 의회의 대 행정부 견제로 나타나기 보다는 정부·여당 대 야당의 구도로 나타나게 되고, 여·야의 대립은 파행으로 치닫는다. 반면에 권위주의체제의 경우에도 강력한 저항적 야당세력이 구축되어 있는 국회에서는 입법과 관련한 정부·여당의 주도권 행사가 야당에 의해 견제되거나 차단당할 수 있다. 따라서 국회 내 여·야당간 권력관계가 여대야소 국회인지, 또는 실질적인 양당제나 다당제가 형성됨으로써 여·야간 대등한 경쟁이 가능한 국회인지에 따라 입법과정의 주도권이 크게 다를 수 있다.

특히 한국의 경우에는 정당의 영향력이 절대적이어서 국회의원이 그가 소속한 정당의 지시에 따라 발언하고 행동하는 정당 중심적 의회활동이 나타난다(정영국·최정원 2000, 113). 정당 내 권위주의적 구조로 인하여 의원의 입법활동 지침이 되는 당론이 사전에 정당간부에 의해 결정되며, 여당의 당론은 정당간부 및 대통령 또는 관계각료로 구성된 당정회의에서 결정됨으로써 정당의 입장이 곧 소속의원의 입장이 된다(김운태 외 1982, 334). 공식적·비공식적 '경기규칙'에도 불구하고 안정적 과반수의석을 확보하지 못한 대통령과 집권당이 거의 예외 없이 의석변화를 통해 여대야소 국회를 만들려고 시도하였던 점은(박종민 1998, 11) 정당 내 권위주의구조가 확고하게 구축되어 있어 당 지도부의 통제력이 강력할 경우 국회 내 정당간 권력관계가 입법과정에 결정적 영향을 미치는 요인임을 증명하는 사례이다. 이렇게 볼 때 국회 내 정당간 권력관계에서 권력이 한쪽으로 집중되어 있는 경우 입법과정의 자율성 및 동태성이 약해지게 되고, 정치권력이 분산된 경우에는 입법과정의 동태성이 강해진다고 추론할 수 있다.

3. 역대 국회 법안발의의 추이와 정치역학

1) 정치체제의 성격과 법안발의 실태

정치체제의 성격이 입법과정과 입법행위자의 역학관계에 어떤 영향
을 미쳤는지 살펴보기 위해 제9대 국회에서 제16대 국회까지를 권위주
의체제기와 민주주의체제기로 구분하여 법안발의 실태를 비교해 보면
<표 7-1>과 같다. 우선 법률안 제안건수를 살펴보면 정치체제의 성격
에 따른 의회와 행정부의 관계가 확연히 구분된다. 정부제출안의 경우
권위주의체제기에는 1,058건이었던 것이 민주주의체제기에는 2,109건
으로 약 2배 정도 증가한 반면, 의원발의안은 권위주의체제기의 572건
에서 민주주의체제기에는 2,935건으로 무려 5배가 넘게 증가하였다. 의
원발의안의 수치가 국회 자율성의 척도를 나타내는 주요지표임을 감안
할 때 의원발의안의 급격한증가 현상은 민주주의체제기에 들어오면서
국회 입법과정이 활성화되고 있다는 증거로 볼 수 있다. 특히 제13대
국회와 제15대 국회의 의원발의안 총건수의 변화는 주목할 만하다. 제
12대 국회까지의 의원발의안 건수의 증가량에 비하여 제13대 국회의
의원발의안 건수는 3배 가까이 증가하였다. 의원발의안 발의건수는 정
부제출안에 비해서도 압도적으로 많다. 이는 권위주의체제가 붕괴되고
민주주의체제로 전환되면서 과거 권위주의시기에는 입법화될 수 없었
던 많은 입법수요가 국회로 대량 투입되었고, 제13대 전반기의 여소야
대의 국회구도 속에서 야당주도의 법안 발의가 능동적이었기 때문이다
(신명순 1999, 396). 또한 제15대 국회의 의원발의안 발의건수는 제14대
국회에 비하여 3배 이상 급증하였다. 이는 1996년 총선결과 집권당인
신한국당과 야당간의 권력분포가 팽팽한 균형을 유지했던 제15대 국회
가7) IMF사태 등 사회변화에 따른 입법요구의 증가에 대응하여 활발한

입법활동을 전개하였고, 1997년 말의 여·야 정권교체 이후에는 정부법
안이 의원발의 법안으로 전환되어 국회에 많이 발의되었기 때문이다.
특히 이 시기에는 위원회 법안이 크게 증가하여[8] 국회 입법활동이 활
성화된 것이 주목된다. 이렇게 볼 때 이 시기 국회는 사회의 다양한 민
의를 수렴하여 정책으로 전환시킴으로써 입법기능뿐 아니라 국민의 대
표기능 및 사회통합 기능도 활발하게 수행했다는 것을 알 수 있다.

   법안발의의 정치역학은 법률안 제안 비중에서도 볼 수 있다. <표
7-1>에서 볼 수 있듯이 권위주의체제기에는 의원발의안 평균비율과
정부제출안 평균비율이 각각 35.1%, 64.9%로 행정부 우위현상이 뚜렷
하다. 이는 당시 국회의 대 행정부 종속성이 심각한 수준이었음을 보여
주는 것인데, 특히 제9대 국회의 24.3%, 제10대 국회의 3.9%로 나타
나는 의원발의안 비중은 국회기능이 극도로 마비돼 통법부 이상의 역할
을 하지 못했음을 극명하게 나타낸다. 반면 민주주의체제기에 오면 의
원발의안 평균비율이 58.2%로 정부제출안 평균비율 41.8%를 훨씬 앞
서는 상황이 벌어진다. 의원발의안의 이러한 증가현상은 정치체제가 민
주주의체제로 전환하면서 정부제출 법안을 심사·의결하는 소극적인 국
회 입법활동에서 벗어나 의원들이 직접 법률안을 성안·발의해 이를 통
과시키는 보다 적극적인 형태로 입법활동이 변한 결과라 할 수 있다.

---

7) 제15대 국회의 정당간 권력관계를 국회 의석수를 중심으로 살펴보면, 정권
   교체 이전(1996. 5~1998. 2)에는 여당인 신한국당(157석, 전체의석의 52.5%)
   과 야당인 국민회의(79석, 26.4%)와 자민련(46석, 15.4%)간에 균형을 유지하
   고 있었고, 정권교체 이후(1998. 9~2000. 5)에는 공동여당인 국민회의(101
   석, 33.8%), 자민련(52석, 17.4%)과 야당인 한나라당(140석, 46.8%)간에 균
   형을 유지하고 있었다(국회사무처 2000b, 125-138 참조).
8) 이 시기에 위원회 법안 제안건수가 증가한 것은(<표 7-2> 참조) 1998년 11
   월 정부가 규제개혁과 관련하여 소관 위원회별로 일괄입법 형식으로 제안한
   법안에 대하여 위원회가 이를 개별법률로 분리하여 171건을 위원회안으로 제
   안한 것과 법안심사 과정에서 당초 원안을 폐기하고 대체법안을 채택한 경우
   가 증가하였기 때문이다(국회사무처 법제실 2000, 10).

<표 7-1 > 역대 국회의 정부제출안과 의원발의안 비교

		제안건수			가결건수			가결률	
		의원발의	정부제출	합계	의원발의	정부제출	합계	의원발의	정부제출
권위주의체제기	9대	154(24.3)	479(75.7)	633	84(15.4)	460(84.6)	544(85.9)	54.6	96.0
	10대	5(3.9)	124(96.1)	129	3(3.0)	97(97.0)	100(77.5)	60.0	78.2
	11대	202(41.3)	287(58.7)	489	83(24.4)	257(75.6)	340(69.5)	41.1	89.6
	12대	211(55.7)	168(44.3)	379	66(29.7)	156(70.3)	222(58.6)	31.3	92.9
	소계	572(35.1)	1,058	1,630	236(19.6)	970(80.4)	1,206(73.9)	46.8	89.2
민주주의체제기	13대	570(60.8)	368(39.2)	938	171(34.8)	321(56.3)	492(52.5)	30.0	87.2
	14대	321(35.6)	581(64.4)	902	119(18.1)	537(81.9)	656(72.7)	37.1	92.4
	15대	1,144(58.6)	807(41.3)	1,951	461(41.2)	659(58.8)	1,120(57.4)	40.3	81.7
	16대	900(71.8)	353(28.2)	1,253	181(41.7)	253(58.3)	434(34.6)	20.1	71.7
	소계	2,935(58.2)	2,109(41.8)	5,044	932(34.5)	1,770(65.5)	2,702(53.6)	31.8	83.9
	합계	3,507(52.6)	3,167(47.4)	6,674	1,168(29.9)	2,740(70.1)	3,908(58.6)	33.3	86.5

출처: 국회사무처. 2000, 『의정자료집』, 517-518쪽; 국회사무처. 2000-2002, 『제212~
   232회 국회경과보고서』에서 발췌, 재작성.
* 제16대 국회의 경우, 2002년 5월 31일 현재까지의 수치임.
** 각 건수의 의원발의란과 정부제출란의 ( )는 각 총건수 대비율을 나타냄.
*** 처리건수의 합계란의 ( )는 법률안 처리율을 나타냄.
**** 가결건수의 합계란의 ( )는 법률안 가결률을 나타냄.

　그런데 권위주의체제기의 제12대 국회와 민주주의체제기의 제14대
국회는 같은 체제기의 다른 국회와는 상이한 변이를 보인다. 제12대 국
회의 의원발의안 비율은 55.7%로 정부제출안을 훨씬 능가하여 민주주
의체제기에 속하는 국회와 비슷한 양상을 보이는 반면, 제14대 국회의
의원발의안 비율은 불과 35.6%로 권위주의체제기의 국회와 비슷한 양
상을 보이기 때문이다. 이러한 변이는 단순히 정치체제의 성격변화만으
로는 입법과정을 설명할 수 없음을 시사하는 것으로 다음 절에서 구체
적으로 분석하고 있는 국회 내 정당, 특히 여·야간 권력관계라는 또 다

른 설명변수가 필요함을 뜻한다.

정치체제 성격변화에 따른 상이점은 발의된 법안의 가결추이에서도 나타난다. 권위주의체제기의 경우 의원발의안 가결비율은 평균 19.6% 이고, 정부제출안 가결비율은 평균 80.4%였다. 가결비율의 이러한 불균형현상은 이 시기의 국회가 '한계적 입법부'(Mezey 1979, 31-46)의 기능밖에 수행하지 못함으로써 입법과정의 주도권을 갖지 못했을 뿐 아니라 정부제출안에 대해서도 수정하거나 거부할 수 있는 역량이 극히 제한적이었음을 보여준다. 반면 민주주의체제기의 의원발의안 비율은 평균 34.5%, 정부제출안의 비율은 평균 65.5%로 나타나, 권위주의체제기에 비해 상당히 나아지긴 했으나 여전히 입법과정에서 정부의 주도권이 강하게 나타나고 있다. 법안 가결률에서도 정부의 주도권은 확인된다. 의원발의안의 가결률은 각 국회마다 다른 양상을 보여 특별한 통계적 의미를 추론하기 어려우나, 전체적으로는 평균 40%대의 낮은 가결률을 보이고 있는 반면, 정부제출안은 80% 이상의 가결률을 유지하고 있다. 일반적으로 의원발의안의 비중과 가결률이 높다는 것은 의회의 입법주도권이 강하고 대 행정부 자율성이 높은 것을 의미한다는 점에서(우병규 1978, 99-104) 법안발의의 면에서는 의회의 활성화경향이 나타나고 있지만, 가결 면에서는 국회가 입법과정에서 정부우위 현상을 극복하지 못했음을 알 수 있다.

다행인 점은 제14대 국회의 변이를 제외하면, 제13대 국회 이후 정부제출안의 가결률이 87.2%, 81.7%, 71.7%로 점차 낮아지고 있다는 점이다. 이러한 수치는 임기를 채우지 못하고 해산한 제10대 국회를 제외하면 제9대 국회 이후 제일 낮은 수치로 정치체제가 민주주의체제로 전환함에 따라 정부제출안에 대한 수정비율의 증가와 더불어 정부제출안 심사에 진전이 있음을 반영하는 것이다. 이렇게 볼 때 입법과정 전반에 있어서는 국회의 대 행정부 자율성이 여전히 약하지만, 법안발의

과정에서는 뚜렷한 의회 활성화를 보임으로써 민주주의체제기에 오면서 국회의 역할강화가 점진적으로 나타나고 있다고 하겠다.

2) 국회 내 권력관계의 변화와 법안발의의 주도권

중앙집권적 정당구조가 존속되고 있는 한국 국회에서는 국회 내 정당 간 권력관계의 변화에 따라 입법과정에 차이가 나타난다. 권위주의체제지만 강력한 선명야당을 주창한 신민당이 1985년 총선에서 궁극적으로 전체 의석의 40% 수준을 장악했던 제12대 국회는 지지율로만 보면 야당이 더 많아 당시의 정치사회적 변화 속에서 야당의 입지가 강화되었던 국회였다. 따라서 정부 주도권에 대한 국회의 견제력도 상대적으로 상당부분 회복되었다. 제12대 국회의 입법관련 통계수치가 민주주의체제기와 비슷한 수준이라는 점은 권위주의체제라도 강력한 야당이 존재하는 경우에는 입법과정 및 입법 주도권에서 정부·여당의 일방적인 독주가 허용되지 않음을 보여주는 것이다(정영국·최정원 2000, 123).

반대로 거대여당이 존재했던 제14대 국회의 경우는 민주주의체제기에서도 국회 내 여·야간의 권력관계가 현저한 불균형을 보일 때 권위주의체제기와 유사한 입법과정이 나타남을 보여준다. 이 시기의 국회는 의회정치 활성화 측면에서 긍정적으로 평가되는 국회법 개정이 있었음에도 불구하고 실제 입법과정은 헌법이나 국회법상의 규정만으로는 국회의 자율성을 확보할 수 없음을 여실히 보여주고 있다. 과거 권위주의체제에서처럼 중요 사안에 대한 여당의 원내전략이 대통령을 핵으로 하는 권력 중추부에 의하여 강하게 좌우됨으로써(박찬욱 1999, 66) 능동적 입법활동은 크게 위축되었다. 따라서 국회 내 정당간 권력관계가 대등한 민주주의체제기의 다른 국회와 달리, 제14대 국회의 입법관련 통계수치는 <표 7-1>에서 볼 수 있듯이 권위주의체제기와 유사한 변이현상을 보이고 있다.

국회 내 정당간 권력관계의 변화가 법안발의 실태에 어떠한 영향을 미쳤는지를 살펴보기 위하여 <표 7-2>에서 볼 수 있듯이 제9대 국회부터 제16대 국회까지 제안된 법률안을 보다 구체적으로 여당 발의안, 야당 발의안, 여·야 공동발의안, 위원회안으로 세분하였다. 우선 전체적으로 볼 때 의원발의안 총수에서는 여당 발의안은 총 724건(20.6%), 야당 발의안은 총 1,384건(39.5%)으로 오히려 야당의원이 훨씬 앞서고 있는 데 반하여, 가결률은 여당 발의안의 가결비율이 평균 21.7%인데 비하여 야당 발의안의 가결률은 겨우 평균 6.7%에 불과하여 여·야당간에 대조적인 양상을 보인다. 즉 야당의원이 여당의원에 비해 상대적으로 더 활발한 법안발의 활동을 했음에도 불구하고 실제 입법과정에서는 여당의원의 영향력과 주도력이 더 높았다.

야당 발의안 가결률이 이처럼 저조한 것은 입법활동에서 야당의원이 기본적으로 크게 소외되고 있음을 의미한다. 즉 한국 국회의 경우 여당의원은 야당의원과 의회 구성원이라는 동질성을 바탕으로 행정부 대 입법부의 관계 속에서 독립된 입법기능을 수행하기보다는 오히려 정부와 일체감을 가지면서 정부·여당 대 야당의 구도 속에서 입법활동을 하는 경향이 높다는 평가를 확인해 주는 것이다(신명순 1986, 26). 그러나 다른 한편으로는 여당은 단수이고 야당은 복수로서 동일 정책에 대해 각 정당에서 각각의 법률안을 발의할 수 있고, 그 대부분의 경우 발의안이 폐기되고 하나의 대안, 즉 위원회안으로 채택되기 때문이기도 하다. 1당우위 체제가 확립되어 야당이 정책결정에 아무런 영향을 주지 못하던 권위주의체제기의 제9대 국회부터 제11대 국회까지는 전자의 경우라 할 수 있고, 권위주의체제가 약화되고 국회 내 야당세력이 강화되는 제12대 국회 이후의 상황은, 비록 실제 가결률은 저조하지만 폐기된 법률안 대부분이 대안 폐기였음을 감안할 때 후자의 경우라고 할 수 있을 것이다.

<표 7-2> 역대 국회의 제안자별 법안발의 실태

		제안						가결					
		의원발의안					정부제출안	의원발의안					정부제출안
		여	야	여·야공동	위원회	합계		여	야	여·야공동	위원회	합계	
권위주의체제기	9대	33	76	4	41(20)	154	479	27	13	3	41(20)	84	460
	10대	4	1	0	0	5	124	3	0	0	0	3	97
	11대	42	117	4	39(26)	202	287	35	5	4	39(26)	83	257
	12대	56	124	2	29(25)	211	168	35	1	1	29(25)	66	156
	소계	135(23.6)	318(55.6)	10(1.7)	109(71)(19.1)	572	1,058	100(42.4)	19(8.1)	8(3.4)	109(46.2)	236	970
민주주의체제기	13대	109	338	15	108(88)	570	368	40	15	8	108(88)	171	321
	14대	76	144	31	70(37)	321	581	38	3	9	69(37)	119	537
	15대	276	349	182	337(172)	1,144	807	58	30	36	337(172)	461	659
	16대	128	235	424	103(69)	900	353	17	11	51	102(69)	181	253
	소계	589(20.1)	1,066	652(22.2)	618(366)(21.1)	2,935	2,109	153(16.4)	59(6.3)	104(11.2)	616(366)(66.1)	932	1,770
	합계	724(20.6)	1,384(39.5)	662(18.9)	727(20.7)	3,507	3,167	253(21.7)	78(6.7)	112(9.6)	725(62.1)	1,168	2,740

출처: 국회사무처. 2000, 『의정자료집』, 518, 532-36쪽; 국회 의안정보/처리의안, 계류
    의안 http://search.assembly.go.kr:8080/bill/ 참조, 재작성.
* 위원회 제출건수 옆 ( )의 수치는 위원회 대안의 수치임.
** 소계와 합계난의 ( )는 전체 의원발의안 총건수 대비 각 제안자 발의건수의 비율임.
*** 제16대 국회의 경우는 2002년 5월 31일 현재까지의 통계임.

두 번째로 권위주의체제기의 4개 국회를 합하여 단 10건밖에 되지
않던 여·야 공동발의안이 민주주의체제기에 무려 662건으로 급증하고
있는 것은 의회 자율성이라는 면에서 괄목할 만한 긍정적 변화이며, 국
회가 독자적이고 적극적인 입법활동을 한 지표이다. 그 동안의 국회활
동을 볼 때 여당과 야당은 서로 협조하거나 타협하기보다는 대립적인
의정활동을 하였다. 실제로 여당이 전체 의원의 3분의 2가 넘는 '안전

선'을 확보하고 있던 제9, 10대와 제13대 후반, 제14대 국회의 집권여
당은 국회 내 권력의 불균형관계 속에서 반대당과 타협할 필요를 느끼
지 않았다(박찬욱 1992, 83). 따라서 여당의 위압적 자세와 소외된 야당
의 대여 강경전략 속에서 '날치기 통과'와 '실력저지'가 반복되었다. 그
런데 집권여당이 원내 다수당의 위치를 단독으로 확보하지 못함으로써
각 야당이 나름대로 무시 못 할 원내 영향력을 행사할 수 있게 된 제13
대 초기 국회와 제15, 16대 국회에서 여당은 자당의 의사를 관철하기
위해 양보와 타협이 불가피하였다. 바로 이와 같은 배경하에서 입법에
대한 여·야간의 상호 의견조정이 점차적으로 나타난 것이다.

특히 제15, 16대에 여·야 공동발의안의 92.9%인 606건이 처리되었
다는 것은 다당제의 양상을 보이거나 실질적인 양당제가 형성되어 국회
내 정당간 권력관계가 균형점에 근접해 있는 경우 양보와 합의에 의한
타협의 정치가 증가한다는 것을 증명한다.

또 다른 변화는 위원회안이 국회주도의 대표적인 입법양식으로 부각
되고 있다는 점이다. 여당안 또는 야당안이 주로 한쪽 의원들의 찬성에
의한 것임에 비해 위원회안은 대부분이 이미 제출된 법안의 대안으로
제출되거나 각 상임위원회에서 여·야 의원간에 일차적인 합의가 이루
어진 것으로 간주할 수 있다. 따라서 <표 7-2>에서 볼 수 있듯이 민
주주의체제기의 위원회안이 총 618건으로 권위주의체제기의 위원회안
총수 109건에 비해 6배에 가깝게 증가했으며, 가결된 의원발의안 총수
의 66.1%라는 높은 비율을 보이는 점은 국회 입법과정에서 일단 여·야
당간의 입법협조가 어느 정도 이루어지고 있다고 평가할 수 있다(신명순
1986, 31). 정부규제 개혁과 관련하여 제15대 국회에 폭발적으로 제출
되었던 위원회안은 논외로 하더라도, 최근 대안이 아닌 독자적인 위원
회안의 비중이 증가하고 있다는 것은 입법과정에서 정부·여당안의 일
방적 관철이 지양되고 여·야간 타협에 의해 입법이 이루어지는 경향을

보여주는 것이다. 또 전체 위원회안의 84.9%가 민주주의체제기인 제13
대 국회 이후에 편중되어 있다는 점은 국회가 민주화의 진전과 함께 입
법발의 주도권을 상당 수준 회복하여 국회차원의 입법기능을 활발히 수
행하고 있음을 나타낸다. 한편 제14대 국회의 위원회 제출안 수치의 급
격한 감소는 국회 내 정당간 권력관계의 불균형을 보여준다.

이러한 사실을 통하여 국회 내 정당간 권력관계가 정치체제의 성격과
함께 법안발의에 영향력을 미치고 있음을 알 수 있다. 권위주의체제기
에 비해 민주주의체제기에 국회가 적극적인 정책제안 기능을 담당하고
있으며, 국회 내 정당간 권력관계가 불균형적이던 국회에 비해 정치권
력이 분산되어 국회 내 정당간 권력관계가 대등했던 국회의 경우 입법
자율성이 강화돼 국회차원의 법안발의 기능이 활발하게 전개됐다.

4. 제도적 측면에서 본 국회 법안발의 실태

1) 법안실명제의 효과

법안실명제란 의원이 발의하는 법률안에 대하여 발의의원과 찬성의
원을 구분하여 명시하도록 하고 법안의 부제로 발의의원의 성명을 기
재하도록 한 것이다. 또한 발의의원이 2인 이상일 경우에는 대표 발의
의원 1인을 명시하도록 하였으며, 의원이 발의한 법률안 중 국회에서
의결된 제정법률안이나 전문개정법률안을 공표하거나 홍보할 경우에
해당 법률안의 부제를 함께 표기할 수 있도록 하였다(국회사무처 2000c,
267-275). 이와 같은 내용의 법안실명제는 2000년 2월 16일 공포된 제
23차 개정국회법에서 의원의 책임정치 구현 및 의원입법 활성화를 목
적으로 도입되었다.

<표 7-3> 대표발의자의 발의안 현황

횟수	새천년민주당		한나라당		자민련		기타		합계
	지역구	비례대표	지역구	비례대표	지역구	비례대표	지역구	비례대표	
0	16	7	28	5	4	3	1	0	64
1	12	2	24	6	5	1	0	0	50
2	22	3	15	2	3	1	1	1	48
3	11	3	16	2	1	0	0	0	33
4	8	2	12	0	0	0	0	0	22
5	6	0	5	1	0	0	0	0	12
6	9	1	7	2	0	0	0	0	19
7	1	2	3	1	1	0	0	0	8
8	2	0	1	0	0	0	0	0	3
9	1	0	1	0	0	0	0	0	2
10	2	0	1	0	0	0	0	0	3
12	2	0	1	0	0	0	0	0	3
13	1	0	0	0	1	0	0	0	2
16	0	0	1	0	0	0	0	0	1
25	0	0	1	1	0	0	0	0	2
33	0	0	0	1	0	0	0	0	1
	93	20	116	21	15	5	2	1	273

출처: 국회사무처. 2000-2002, 『제212-232회 국회경과보고서』에서 발췌, 재작성.

법안실명제가 바람직한 입법제도로 정착되기에는 어느 정도 시간이 걸리겠지만, 법안발의에 관한 새 제도의 도입이라는 측면에서 법안실명제의 영향을 살펴보면, <표 7-3>과 같다. 실제로 법안실명제가 도입된 제16대 국회에서 2002년 5월 31일 현재 발의된 의원발의안은 총 797건9)이고, 이를 연평균 건수로 보면 398건이 발의된 것으로 제15대 국회의 연평균 건수인 286건을 훨씬 상회하는 수치이다. 즉 제16대 국회에 들어오면서 이전의 국회에 비해 법안발의 활동이 훨씬 왕성해지고 활성화되고 있음이 분명하다. 그러나 이러한 전반적인 경향과는 달리

9) 여기에서 발의법안 건수는 위원회안을 제외한 순수 의원발의 법안의 수를 나타낸다.

법안의 대표발의자를 구분하여 의원발의안의 현황을 살펴보면 개별 의원에 따라 현저한 차이가 나타난다.

<표 7-3>에서 볼 수 있듯이 제16대 국회의원 임기의 반이 지나는 동안 총 국회의원 273명 중 23.4%에 해당하는 64명의 의원이 아직 한 번도 법안을 대표 발의한 적이 없으며, 35.9%에 해당하는 98명의 의원이 2년 동안 불과 1~2차례 대표 발의했을 뿐이다. 이렇게 볼 때 국회의원의 과반수가 겨우 넘는 162명(59.3%)의 의원이 기껏해야 1~2번 대표발의를 했거나 전혀 하지 않은 것이다. 특히 지역구 활동에서 상대적으로 자유로운 비례대표 의원의 경우에도 총 47명 중 32%에 해당하는 16명의 의원이 대표발의를 한 적이 없다. 국회의 핵심역할이 국민의 의사를 대변하고 이를 기초로 정책을 입안하는 입법기능이라고 볼 때, 이러한 결과는 의원들이 본연의 역할을 충분히 수행했다고는 볼 수 없는 지표이다. 이처럼 개별 의원의 질적 수준이 큰 차이를 보인다는 점에서 제16대 국회에서 법안발의 활동의 양적 성장이 두드러지나 질적 향상이 필요함을 부인할 수 없다.

이와 같은 경향은 제15대 국회의 경우 1건의 의원발의 법안에 평균 9명의 의원이 발의자였던 것에 비하여(국회사무처 법제실 2000, 50), 제16대 국회의 경우에는 1건의 의원발의 법안에 평균 21명의 의원이 발의자가 되고 있는 점에서도 발견된다. 이에 대해 의원들이 활발한 입법활동을 하고 있다는 긍정적 평가도 가능하지만, 다른 한편으로는 1건의 의원 발의법안에 다수의 의원이 발의자가 됨으로써 대다수 의원이 별다른 노력 없이 실적주의적 입법활동을 하고 있다는 비판 역시 가능할 것이다. 왜냐하면 발의의원이 다수인 경우 법안의 실질적 형성과정은 발의의원 다수의 협의과정을 통하기보다는 대표 발의의원 1인이 주로 담당하기 때문이다. 이러한 경향은 오히려 책임정치를 역행하는 것이라 할 수 있다.

한편 비록 소수이기는 하나 10회 이상 대표 발의한 의원 12명을 포함하여 7회 이상 대표 발의한 의원은 25명으로 일부 의원은 활발한 입법활동을 하고 있는 것으로 나타났다. 그런데 이러한 소수의 경우도 선진국과 비교해 보면 매우 낮은 수치이다. 미국의 경우에는 지난 제103회 회기(1993~94) 동안 상원은 의원 1인당 연평균 14건, 하원은 7건의 법률안을 발의한 것으로 나타나고 있어(임종훈 1996, 58), 우리나라 제15대 국회의 의원 1인당 연평균 약 1건, 그리고 제16대 국회의 의원 1인당 연평균 1.5건과 큰 대조를 보이고 있다. 뿐만 아니라 선진국에서는 사회쟁점이 되는 법안이 발의자명으로 불림으로써 의원에게 입법동기가 부여되고 입법 활성화에 일조하고 있으나, 우리나라의 경우 실제로 발의의원의 이름을 붙인 법안이 언론 등에 공개적으로 사용된 예는 아직 파악되지 않는다. 이렇게 볼 때 법안실명제 시행이 제16대 국회의 법안발의에 미친 영향은 양적 성장 측면에서는 어느 정도 긍정적이지만 책임정치 및 질적 향상의 측면에서는 미흡하다고 할 수 있다.

2) 정부법안 제출계획 통지의무제의 시행

국회의 법안심의 활동을 제약하는 여러 요인 중 하나로 정부의 법안 제출이 정기국회기, 특히 10월과 11월 중에 집중적으로 이루어지고 있고, 그것도 심의일정에 대한 고려 없이 촉박하게 제출되고 있다는 점이 지적되곤 하였다(정영국 1999, 495). 그 결과 정부제출안의 심의는 매번 대부분 정부 원안대로 통과되거나 사소한 부분을 수정한 후 통과되는 졸속입법으로 나타났고, 회기 마지막 본회의에서 일괄상정 후 무더기로 통과되는 사례도 빈번하게 일어났다.

법률안 제안시기의 집중 정도는 <표 7-4>에서 볼 수 있듯이 권위주의체제기인 제9, 10, 11대 국회에서는 의원발의안과 정부제출안 모두

<표 7-4> 역대 국회의 정기회 및 임시회 법률안 제안상황

구분		의원발의	정부제출	총계
대별	회기별			
제9대	정기회	126(81.8)	428(89.3)	554(87.5)
	임시회	28(18.2)	51(10.6)	79(12.5)
제10대	정기회	5(100)	97(78.2)	102(79.1)
	임시회	0(0)	27(21.8)	27(21.0)
제11대	정기회	147(72.8)	207(72.1)	354(72.4)
	임시회	55(27.2)	80(27.9)	135(27.6)
제12대	정기회	135(64.0)	133(79.2)	268(70.7)
	임시회	76(36.0)	35(20.8)	111(29.3)
제13대	정기회	362(63.5)	301(81.8)	663(70.7)
	임시회	208(36.5)	67(18.2)	275(29.3)
제14대	정기회	210(65.4)	470(80.9)	680(75.4)
	임시회	111(34.6)	111(19.1)	222(24.6)
제15대	정기회	639(55.9)	584(72.3)	1223(62.7)
	임시회	505(44.1)	223(27.6)	728(37.3)
제16대	정기회	393(43.7)	258(73.1)	651(52.0)
	임시회	507(56.3)	95(26.9)	651(48.0)

출처: 국회사무처. 2000-2002, 『제 212~232회 국회 경과보고서』; 국회사무처. 2000, 『의
정자료집』, 530쪽 참조, 재작성.
* ( ) 안의 수치는 전체 제안법률안 건수 대비 비율임.

전체법안의 70% 이상 정기국회 회기중에 집중되어 있다. 정기국회 회
기가 국정감사, 예·결산심사와 맞물려 충분한 심사기간을 확보하지 못
함으로써 졸속심사와 입법의 부실화가 필연적으로 초래됨에도 불구하
고 이 시기에 집중되는 것은 정부제출안의 경우 되도록 법안의 심사기
간을 단축하여 국회통과를 용이하게 하고자 하는 의도가 강한 반면, 의
원발의안의 경우는 많은 경우 정부제출안에 대응한 입법추진이라는 데
연유한다(국회사무처 법제예산실 1999, 24).

민주주의체제기에 오면 의원발의안의 경우 정기국회로 상정되는 비
율이 제13대 국회의 63.5%, 제14대 국회의 65.4%, 제15대 국회의
55.9%, 제16대 국회의 43.7%로 나타나, 법안발의의 정기국회로의 집
중 정도가 낮아지고 제안시기가 연중 분산되고 있다. 특히 제16대 국회

의 경우는 전체 의원발의안의 56.4%인 507건이 임시회에 발의되어 오히려 정기국회로의 법안발의 건수를 능가하고 있다. 이와 같이 의원발의안 제안시기가 연중 고르게 분산될 수 있게 된 것은 민주주의체제기에 오면서 국회가 상시개원 체제로 전환됨으로써 입법발의가 연중 가능하게 되었으며, 의원들이 의원입법의 중요성을 인식하게 됨에 따라 독자적이고 능동적인 입법활동을 활발하게 전개했기 때문이다. 그러나 정부제출안은 민주주의체제기에도 70% 이상 정기국회 회기중에 집중 제안됨으로써 졸속심사, 변칙처리 등 무리한 입법과정의 문제를 여전히 보여주고 있다.[10]

이러한 문제점을 해소하기 위해 시행된 정부입법 제출계획 통지의무제는 첫째, 정부 전체 차원에서 정책우선 순위에 따라 입법추진 시기를 검토·조정하여 정부 입법계획을 수립하고 이를 효율적·체계적으로 추진함으로써 정부제출 법률안의 국회제출 시기의 편중을 방지하고, 둘째, 예산수반 법률안은 정기국회에, 일반 법률안은 임시국회에 분산 제출함으로써 법률안에 대한 충분한 심의기간을 확보, 입법의 효율성을 높이려는 목적을 갖고 있다.

그런데 제16대 국회부터 도입된 정부입법 제출계획 통지의무제를 살펴보면 비록 3번에 걸쳐 서면상의 통지의무는 지켜졌으나, 실제로 법안을 제출한 현황과 비교해 보면 이전의 관행과 차이가 없다. <표 7-5>는 제16대 국회의 정부 입법계획과 실제 정부제출안의 현황을 나타낸 것이다. 계획상의 수치를 살펴보면, 정기회보다는 오히려 임시회기의 법안제출 계획이 더 많다. 그 동안 정기국회중인 9~12월 사이에 법안

---

10) 제13대 국회 후반기에는 의안 79건에 대한 여당의 일방적인 강행통과가 있었고, 제14대 국회의 경우 1994년 정기국회에서 민자당에 의한 단독회의 소집과 예산안 기습통과가 있었다. 제15대 국회의 경우는 1996년 12월 말에 소집된 임시회에서 신한국당은 안기부법과 노동관계법을 단독으로 전격 처리하였으며, 1999년 1월에는 두 여당이 교육공무원법 개정안, 교원노조법안 등 66개 안건을 일괄상정, 강행 처리하였다(박찬욱 1999, 75-77).

<표 7-5>　2000~2002년 정부입법계획과 실제제출 현황

		1월	2월	3월	4월	5월	6월	7월	8월	9월	10월	11월	12월	합계
2000	계획	-	-	-	-	-	33	27	39	64	39	0	3	205
	실제						12	9	3	16	44	93	21	198
	집중도						6%	5%	2%	8%	22%	47%	11%	
2001	계획	1	1	2	17	12	15	9	37	48	27	0	0	169
	실제	3	1	2	4	0	14	4	2	10	24	63	7	134
	집중도	2%	1%	1%	3%	0	10%	3%	1%	7%	18%	47%	5%	
2002	계획	3	4	9	15	22	49	6	11	19(38)	3(38)	1(20)	1(2)	143
	실제	6	4	1	4	7	10	8	1	13	49	9	1	113
	집중도	5%	4%	1%	4%	6%	9%	7%	1%	12%	43%	8%	1%	

출처: 법제처. 『2000년도 정부입법계획』, 『2001년도 정부입법계획』, 『2002년도 정부입
법계획』. http://www.assembly.go.kr/index.html; 국회사무처. 2000-2002, 『제212~
232회 국회 경과보고서』 참조, 재작성.
* 제16대 국회가 개시되는 2000년 6월부터 분석함.
** (　) 안의 수치는 『2002년 정부입법계획 수정본』(9월 제출)의 수치임.

이 집중적으로 제안되었고, 월별로는 그 중에서도 11월에 가장 많이 제
안되었다는 비난을 인식한 때문인지, 입법계획상으로는 2000년도,
2001년도 11월에는 단 1건의 입법계획도 잡혀 있지 않다. 그러나 실제
제출된 정부법안을 보면 임시회기중에는 계획건수보다 훨씬 낮은 건수
가 제출되었고, 정기국회 시기인 9~11월중에는 당초의 입법계획과 달
리 과도하게 집중되어 있다. 2000년의 경우 정부제출안 총 198건 중
77%에 해당하는 153건이 9월에서 11월 사이에 집중되어 제출되었고,
특히 11월에만 전체 제출안의 47%가 집중되어 있다. 2001년의 경우에
도 마찬가지여서, 정부제출안 총 134건 중 72%가 9~11월의 3개월에
집중되어 있고, 2002년에는 총 113건 중 63%가 집중 제출되었다. 제
출법안의 집중 정도가 조금씩 낮아지고는 있으나, 당초의 입법계획과
실제 제출과는 여전히 현저한 차이를 보이고 있음을 볼 때, 정부의 입
법제출 실태는 새롭게 개정한 제출계획 통지의무제의 취지를 유명무실

하게 만들고 있고, 그 결과 정부제출안의 심층적인 심사의 부재현상이 지속되고 있다.

3) 국회 입법지원 제도의 확충

(1) 법제실의 입법지원

국회의 위상을 정책토론장으로 정립하고 입법전문성을 제고하기 위한 국회 입법지원 기구로 법제예산실이 제14대 국회 임기중인 1994년 8월 1일 신설되었다. 그런데 당시의 법제예산실은 법제업무와 예산결산 분석업무가 통합되어 있어 미분리에 따른 문제가 제기되었고, 이에 효율적인 업무강화를 위하여 2000년 1월 1일 법제예산실을 법제실과 예산정책국으로 분리 개편하고 이후 법제실이 의원입법을 지원하고 활성화하는 기능을 담당하게 되었다.

법제실 의원입법 지원현황은 <표 7-6>과 같다. 1994년 8월 법제예산실이 신설된 이후 2002년 말까지 의원입법에 대한 지원이 총 2,202건 접수되어 이 중 2,085건이 검토 후 회답되었고 회답된 2,085건 중 53.8%에 해당하는 1,121건이 의원법안으로 발의되었다. 그리고 그 중 32.7%에 달하는 367건이 가결되어 법제실의 입법지원이 활발하게 기능한 것으로 평가된다. 또한 최근 접수건수, 처리율과 가결률이 지속적으로 증가하고 있는 것도 법제실의 입법지원이 활발함을 확인해 준다.

역대 국회별로 입법지원 현황을 살펴보면, 제14대 국회의 경우 법제실의 회답건수는 100%를 나타내고 있으나, 접수건수 자체는 제15, 16대 국회에 비하여 매우 적은 수치다. 이는 법제실이 처음 신설되어 입법지원에 관한 의원의 인식이 아직 낮은 수준에 있었기 때문이기도 하나, 앞 절에서 살펴보았듯이 여대야소 국회라는 권력의 집중구도 속에서 의원의 법안발의 활동이 활발하지 않았기 때문이다. 반면 제15대 국

<표 7-6> 의원발의 법률안에 대한 법제실의 지원현황

		접수건수	회답건수(a)	제안건수(b)(b/a)	처리(c)	가결(d)(d/b)	(d/c)
14 대	1994	59	59	35 (59%)	15	7 (20%)	47%
	1995	54	54	40 (74%)	18	9 (23%)	50%
	1996	4	4	0	0	0	
	합계	117	117	75	33	16	
15 대	1996	213	203	117 (58%)	35	30 (26%)	86%
	1997	181	172	99 (58%)	37	31 (31%)	84%
	1998	223	212	98 (46%)	28	21 (21%)	75%
	1999	273	255	146 (57%)	61	55 (38%)	90%
	2000	9	9	2	2	2	
	합계	899	851	462	163	139	
16 대	2000	355	333	143 (43%)	26	22 (15%)	85%
	2001	527	501	276 (55%)	100	79 (29%)	79%
	2002	304	283	165 (58%)	122	111 (67%)	91%
	합계	1,186	1,117	584	248	212	
		2,202	2,085	1,121(53.8%)	444	367(32.7%)	83%

출처: 국회사무처 법제실 내부자료 참조.

회에 오면 899건이 법제실에 접수됨으로써 접수건수가 급격하게 늘었다. 이 중 법제실의 입안·검토를 거쳐 발의된 법안은 462건이고 가결된 법안은 139건으로 나타났는데, 이는 제15대 국회 의원발의안 1,144건의 40.4%, 가결안 461건의 30%에 해당하는 수치로 제15대 국회의 법안발의의 활성화에 따라 법제실의 지원도 활성화되었음을 나타내는 것이다.

제16대 국회의 경우에도 회기중이긴 하나 접수건수가 급증하는 추세에 있고, 갈수록 법제실의 입안·검토를 거쳐 발의되는 경향이 강해지고 있다. 특히 2002년의 경우에는 법제실을 거쳐 발의된 법안 165건 중 67%인 111건이 가결되고 있어 법안발의 과정에서 법제실이 필수적 경유기관으로 자리매김되고 있음을 알 수 있다.

입법지원 활성화경향은 법제실에 관한 설문조사에서도 나타나는데, 전체 응답자의 69.8%가 법률안 발의시 법제실을 경유한다고 답함으로

써 법제실을 의원법안 발의과정에서 유용한 경유기관으로 인식하고 있
다. 또 전체 응답자의 95.9%가 법제실 검토의견을 반영하며, 68.2%는
법제실의 법제 전문성을 긍정적으로 평가하고 있다(박상진 2001, 140).

<표 7-7> 역대 국회의원 연구단체 수

	제14대			제15대				제16대		
연도	1994	1995	1996	1996	1997	1998	1999	2000	2001	2002
등록단체수	18	22	22	34	37	44	45	42	47	49

출처: 국회의정연수원. 1999, 『국회의원 연구단체 1998년도 입법연구활동 보고서집』,
834쪽; 국회사무처 연수국. 2000, 『제16대 국회의원 연구단체 현황』, 『국회의원
연구단체』. http://www.assembly.go.kr/training 참조, 재작성.

(2) 의원 연구단체의 활성화

국민의 대표자인 국회의원은 의회라는 장에서 입법, 예·결산심사, 국
정감사 등 다양한 의정활동을 수행해야 하지만, 실제로는 이들의 의정
활동이 정당의 영향을 받지 않을 수 없고 활동무대도 소속된 상임위원
회에 제한된다. 국회 내 의원 연구단체는 이러한 현실적 제약을 극복하
고, 관심영역에서 적극적인 의정활동을 하기 위한 방안으로 대두되었다.
제14대 국회중인 1994년 2월 "국회의원 연구단체 지원규정"이 제정된
이후 의원 연구단체의 수는 꾸준히 증가하는 경향을 보이고 있다. <표
7-7>에서 보는 바와 같이 1994년에 18개 단체로 출발한 의원 연구단
체는 2002년 현재 49개로 늘어났다. 이는 제16대 국회의 경우 의원정
수가 제15대 국회에 비해 26인이 감소된 것을 감안하면 등록요건을 충
족하여 구성할 수 있는 최대숫자라 할 수 있을 것이다.[11]

가입의원 수를 살펴보면 제15대 국회의 경우 의원 299인 중 3개 단
체에 203명(68%), 2개 단체에 72명(24%), 1개 단체에 12명(4%)이 가입

11) 국회의원 연구단체 등록요건을 보면, 동일한 교섭단체 소속의원이 아닌 12
인 이상의 국회의원으로 구성하도록 하고 있으며, 한 의원이 3개 이상의 연구
단체에 가입하지 못하도록 하고 있다.

하였고 비가입 의원이 12명(4%)이었다. 또 제16대 국회에서도 의원 대
다수가 2개 단체 이상(89%)에 가입하고 있어 의원 연구단체에 대한 의
원들의 활동의욕이 매우 높게 나타나고 있다. 특히 이들은 국회가 개회
중임에도 회의가 개의되지 않는 기간이나 여·야간의 공식적 대화가 단
절된 기간에도 정책연구 활동, 법안 제·개정활동 및 세미나, 공청회 등
을 개최하고 정책연구 보고서 및 자료발간 등의 가시적 결과를 보이는
등 매우 활발한 활동을 전개하여 의회 활성화에 도움을 주고 있다(손준
철 2000). 의원 연구단체의 연구활동 실적을 구체적으로 살펴보면 <표
7-8>과 같다.

<표 7-8> 연구단체 연구활동 실적

구분	14대			15대				16대		
	1994	1995	1996	1996	1997	1998	1999	2000	2001	2002
법안, 결의안	2	9	-	36	35	47	66	68	72	78
정책연구 보고서	36	37	16	81	47	32	38	39	52	54
세미나, 공청회 등	64	79	23	110	90	96	130	122	153	152
간담회 등	31	63	23	102	201	232	381	222	245	283
조사활동 등	1	9	6	21	36	23	35	21	104	95

출처: http://www.assembly.go.kr/training; 국회사무처 연수국 내부자료 참조, 재작성.

제14대 국회의 경우에는 정책연구 보고서 채택의 수준에 머물던 의
원 연구단체 활동이 제15, 16대 국회로 오면, 세미나와 공청회 및 간담
회를 통하여 의견을 조율하고 필요시 조사활동을 하는 등 점차 활동에
적극성을 띠고 있다. 특히 법안발의와 관계되는 세미나·공청회 부분과
법안·결의안 부분에서도 활동의 적극성이 보인다. 국민의 의사와 요구
를 국회로 수렴하는 역할을 공청회와 세미나가 수행한다고 볼 때, 연간
100여 회가 훨씬 넘는 공청회 횟수는 국회의원 연구단체가 국민 대표
기능을 활발히 수행하고 있다고 평가할 수 있을 것이다. 뿐만 아니라
법안·결의안의 수가 매년 증가하여 제15대 국회 말인 1999년에는 66건,

제16대 국회에는 68건, 72건, 78건 등으로 점증하는 것도 매우 고무적인 현상이다. 이와 같은 활발한 정책활동은 여·야 공동발의안 증가현상에도 영향을 주었으리라 판단된다. 왜냐하면 여·야 의원이 공동으로 가입되어 있는 연구단체에서 활발히 수행하는 공청회 및 법안관련 활동의 결과는 여·야 공동발의안으로 귀착될 가능성이 크기 때문이다. 이렇게 볼 때 의원 연구단체의 활성화는 입법발의를 포함한 의원 입법활동 전반에 긍정적인 작용을 하는 것으로 볼 수 있다.

한편 비록 증가추세를 보이기는 하나 제14대 국회 의원 연구단체의 상대적인 활동실적 저조는 앞에서 설명하였듯이 국회 내 권력관계의 집중구도로 인한 것이라 판단된다.

5. 결 론

국회 입법과정을 법안발의 제도와 입법과정의 정치역학을 중심으로 분석해 본 결과, 정치체제의 성격 및 국회 내 정당간 권력관계라는 입법 환경요인이 법안발의를 비롯하여 입법과정 전반에 영향을 미친 것으로 나타났다. 주변적 역할에 국한되어 능동적인 입법활동이 위축되었던 과거 권위주의체제기의 국회에 비하여 민주주의체제기에는 국회가 보다 적극적인 입법발의 기능을 담당하고 있다. 국회 내 정당간 권력관계가 불균형적이었던 국회에서는 입법과정이 경직되고 법안발의도 위축되었던 반면, 정치권력이 분산되어 국회 내 정당간 권력관계가 균형적이었던 국회의 경우는 입법 자율성이 강화되어 국회차원의 법안발의 기능이 활발하게 전개되었다. 제도적 측면에서 보면, 법제실과 의원 연구단체의 활동은 국회 입법지원 제도가 법안발의를 포함하여 의원 입법활동 전반에 긍정적으로 작용하고 있는 반면, 법안실명제의 시행과 정부

법안제출 통지의무제는 아직 제 기능을 충분히 수행하지 못하고 있는 것으로 나타났다.

이렇게 볼 때 한국 국회의 입법과정은 민주화 이후의 법안발의 과정에서 뚜렷한 의회 활성화 경향을 보임으로써 국회의 역할이 점진적으로 강화되고는 있으나, 입법과정 전반에서는 정부우위 현상에서 볼 수 있듯이 국회의 대 행정부 자율성이 여전히 약한 것으로 나타났다. 따라서 활발한 입법발의 활동과 입법과정에서 국회의 자율성 강화를 위해서는 다음의 내용이 제고되어야 할 것이다.

우선 국회 내 정당간 권력관계의 균형이 필수적이다. 왜냐하면 한국 정치가 민주주의체제기로 들어선 이상 입법과정의 정치역학은 국회 내 정당간 권력관계에 의해 형성되는 권력의 집중/분산 정도에 영향을 받게 될 것이기 때문이다. 분석결과 국회 내 정당간 권력관계에 따라 입법활동과 입법행위자간 역학관계가 다르게 나타났으며, 여소야대 국회 및 여·야 균형국회와 같이 국회 내 정당간 권력관계가 대등하게 형성되었을 때 국회의 자율성이 강화되고 입법기능이 활성화됐다. 따라서 법안발의 기능을 포함한 의원입법 기능이 강화되기 위해서는 환경요인으로 국회 내 정당간 권력관계의 균형이 기본적으로 형성되어야 한다.

둘째, 법안발의의 제도화뿐 아니라 효율적 운영의 정착이 병행되어야 한다. 지금까지 수차례의 국회법 개정에 의해 법안발의 제도를 포함하여 국회 입법활동의 강화를 위한 법제적 장치가 이미 많이 실시되었다. 그러나 지난 3년간 시행된 법안실명제의 무의미한 결과나 유명무실한 정부법안 제출계획을 볼 때, 국회의 발전적인 입법활동을 위해서는 제도의 마련뿐 아니라 제도화된 입법장치를 얼마나 효율적으로 운영하고 관행화하는가도 중요하다. 따라서 현재 국회 입법활동의 강화를 위해서는 새로운 법·제도적 권한의 설정뿐 아니라 이미 확보되어 있는 국회권한의 효율적 작동에 집중해야 한다.

정부법안 제출계획 통지의무제가 그 취지대로 운영되기 위해서는 해당연도가 아니라 1년간의 계획을 제출해야 한다. 왜냐하면 현재의 정부법안 제출계획은 해당연도의 입법계획을 3월 31일까지 제출하도록 되어 있어 매년 1월, 2월의 공백기간이 존재하기 때문이다. 의사일정을 고려해 정부제출 법안의 제출 상한선을 두어 초과된 법안은 제출 자체가 그 다음 회기로 자동적으로 넘어가도록 하는 방안도 강구해 볼 수 있다. 또한 1년에 두 번의 정기회를 열어 예산심의 회기와 입법심의 회기를 구분하고 있는 프랑스의 예와 같이 한국도 정기국회에서는 예산심의 및 예산관계 법률안을 제안하고 일반법률안은 임시국회에 제안하는 방안을 고려해 볼 수 있다(국회 사무처 법제실 2000, 51).

셋째, 법안 발의요건 조항을 폐지하여 의원의 법안발의가 보다 자유로워져야 한다. 국회법 제79조는 국회의원의 경우 의원 10인 이상의 찬성이 있어야 법안을 발의할 수 있도록 제한하고 있다. 이는 선심성 법안 등 의원의 자의적인 법안발의를 막고 입법활동의 효율성을 제고한다는 점에서 일견 타당해 보이나, 필연적으로 입법통제의 강화 가져오지 않을 수 없다. 특히 찬성자 수에 미달하는 소수당 의원의 법안발의나 소수의견을 대표하는 법안발의가 사실상 불가능해짐으로써 법안발의부터 입법활동을 제약하는 결과를 초래한다. 또 이러한 제한조항은 소수의견을 존중하고 보장해야 하는 민주주의의 근본이념과도 상반된다. 미국과 영국의 경우 의원은 제한 없이 누구나 독자적으로 법률안을 발의할 수 있다. 법률안 발의요건으로 일정수의 찬성을 요구하고 있는 일부 국가의 경우에도 의석수 대비 비율이 한국보다 낮다.[12] 따라서 의

---

12) 의원법안 발의시 요구하는 찬성의원 수는 독일 연방의회(662석)의 경우 26인 이상, 일본 중의원(511석) 20인 이상, 참의원(252석) 10인 이상, 폴란드(460석) 10인 이상, 아일랜드 상원(60석) 3인 이상, 하원(166석) 7인 이상이다. ASGP, Constitutional and Parliamentary Information Procedure for Passing Legislation, 1982, p.109에서 발췌, 재작성. 동아일보사,『동아연감』, 1996, 351-410.

원입법 활성화를 위해서는 국회의원 각자가 하나의 독립적인 국민대표
기관이라는 헌법상의 지위에 부합하도록 의원법안 발의요건을 폐지할
필요가 있다.

넷째, 국회의원은 민의수렴에 더욱 적극적이어야 한다. 의원발의안은
일반적으로 정부법안보다 가결률이 낮지만, 가결되지 못한다 하더라도
다수국민의 생활과 관련된 법안이 많다. 따라서 국회에서 정부·여당 및
야당간의 협의의 대상이 되는 것이 적지 않을 뿐 아니라, 심의를 통하
여 특정한 문제에 대해 의원 및 다수국민의 관심을 불러일으키는 것이
많고, 그 경우 정부에 입법을 위한 조사와 준비를 촉구하는 계기가 되
기도 한다(박영도 1996, 39). 의원발의안의 중요성이 바로 여기에 있는
만큼, 국회는 국민의 대표로서 끊임없이 국민의 의사가 무엇인가를 확
인해야 한다. 부분적이고 구체적인 정책대안의 제시는 전문성 높은 행
정부가 담당한다 하더라도, 법안발의를 위한 민의수렴의 주도적 역할은
국민 대표자들의 집합인 의회에서 맡아야 하는 것이다(임성호 1998, 5).
그러나 민의의 창구라고 볼 수 있는 역대 국회의 청원처리 결과를 살펴
보면,[13] 입법사항 관련 청원건수가 지속적으로 증가함으로써 국민의 입
법의견이 국회로 강하게 전달되고 있음에도 불구하고, 처리율은 지속적
으로 하락함으로써 이러한 민의수렴이 의원발의 입법으로 전환되는 점
이 미흡함을 알 수 있다. 다양한 이익과 관련된 민의가 의원발의 입법
에 적극 반영되어 법안으로 발의될 수 있기 위해서는 국회로 수렴되는
청원·진정을 내실 있게 심사하여 시민사회의 입법요구가 국회로 적극

---

13) 역대 국회의 청원 처리결과를 보면, 전체 청원건수 대비 입법사항 관련 청원
건수 및 비율이 제13대 국회는 175/550건으로 31.8%, 제14대 국회는 261/
535건으로 48.8%, 제15대 국회는 356/595건으로 59.8%, 제16대 국회는 현
재(2001. 3. 31)까지 106/206건으로 51.5%로 증가추세에 있는 반면, 처리율
은 제13대 국회의 71%, 제14대 국회의 43%, 제15대 국회의 33%, 제16대
국회 현재까지 19%를 기록하고 있어 점점 감소하는 추세이다(국회사무처
2000b 청원부분 참조).

수용될 수 있도록 하고 이를 의원입법으로 연결시켜야 할 것이다.

　다섯째, 입법활동에 대한 사회적 관심과 감시가 필요하다. 한국의 경우 국회의원 입법활동에 대한 사회적 관심과 감시는 매우 낮은 수준이다. 언론보도의 중점은 국정감사나 대정부질문에서의 폭로발언 등 일반정책에 대한 문제제기에 치우쳐 있고 입법활동을 소홀히 취급하는 경향이 있다. 국민들도 국회의원의 평가에서 입법활동보다는 지역개발이나 민원해결을 중시하고 있다. 그러나 국회의 가장 기본적이고 중요한 기능이 입법활동인 만큼 국회의원의 입법활동에 대한 평가가 보다 강화되어야 하다. 아울러 입법활동을 평가할 수 있는 지표를 일반시민들에게 자료로 공개하고, 시민단체의 감시의 방향에 법안발의 활동을 중점적으로 포함시키는 것이 국회 입법활동의 활성화에 기여할 것이다.

참고문헌

국회. 『의안정보/ 처리의안, 계류의안』, http://search.assembly.go.kr:8080/bill/.
국회사무처 법제실. 2000. 2, 「제15대국회 의원입법 결산」, 《법제현안》 통권 제97호.
국회사무처 법제예산실. 1999, 「제15대 국회 의원입법 현황분석」, 《법제현안》 통권 제86호.
국회사무처 연수국. 2000, 『제16대국회 국회의원연구단체 현황』.
_____. 2000a, 『국회의안편람』, 서울: 대한민국 국회사무처.
_____. 2000b, 『의정자료집』, 서울: 대한민국 국회사무처.
_____. 2000c, 『국회법해설집』, 서울: 대한민국 국회사무처.
_____. 각년도, 『국회경과보고서』, 서울: 대한민국 국회사무처.
국회의정연수원. 1999, 『국회의원연구단체 '98년도 입법연구활동보고서집』.
김교만. 1990 여름, 「정치세력의 정책형성과 결정과정」, 《사상과 정책》 제27호.
김운태 외. 1982, 『한국정치론』, 서울: 박영사.

동아일보사. 1996, 『동아연감』, 서울: 동아일보사.

박상진. 2001. 3, 「2000년도 법제실 업무평가 설문조사 결과분석」,《국회
　　보》.

박영도. 1996,「의원입법활성화를 위한 제도적 과제와 제언」,《법제연구》제
　　10호.

박종민. 1998,「행정부의 입법부 지배: 변화와 지속」,《의정연구》제4권 제2
　　호(통권 제7호).

박찬욱. 1992,「한국의회내 정당간 갈등과 교착상태: 그 요인, 경과 및 결말」,
　　한배호·박찬욱.『한국의 정치갈등:그 유형과 해소방식』, 서울: 법문사.

＿＿＿. 1999,「한국 의회정치의 특성」, 한국정치학회 편,『한국의회정치론』
　　건국대학교출판부.

손준철. 2000. 11,「의정활동의 새로운 영역-의원연구단체」,《국회보》.

신명순. 1986,「한국 국회의 입법활동에 관한 실증적 분석: 입법활동에서 나
　　타나는 특징을 중심으로」,《의정연구》제19집.

＿＿＿. 1999,「한국국회의 의정활동」, 한국정치학회 편,『한국의회정치론』,
　　서울: 건국대학교출판부.

우병규. 1978,「한국의 입법체제에 관한 연구: 국회의원의 대표역할과 그 행
　　태를 중심으로」, 서울대학교 박사학위 논문.

임성호. 1999,「국회 의제설정의 기능과 주도권」, 한국정치학회 편,『한국의
　　회정치론』, 건국대학교출판부.

임종훈. 1996,「우리나라 의원입법의 현황과 실태」,《법제연구》제10호.

정영국. 1999,「민주정치 정착을 위한 국회운영제도의 개혁」, 한국정치학회
　　편,『한국의회정치론』건국대학교출판부.

＿＿＿. 1988,「의회의 기능수행과 정치체계의 영향」, 윤형섭·신명순 외,『
　　한국정치과정론』, 서울: 법문사.

정영국·최정원. 2000,「한국 국회의 복지정책 입법추이의 변화와 특징」,《의
　　정연구》제6권 제1호(통권 제9호).

최정원. 2002,「한국 국회 입법과정의 변화와 특징」, 정갑영 외.『동아시아의
　　정치와 경제』. 서울: 나남출판.

허 영. 1998,『한국헌법론』, 서울: 박영사.

Anderson, James E. 1984, *Public Policy-Making*, 3rd ed. New York: CBS
　　College Publishing.

ASGP. 1982, *Constitutional and Parliamentary Information Procedure for Passing*

Legislation

Dror, Yehezkel. 1968, *Public Policymaking Reexamined*, San Francisco: Chandler Publishing.

Galloway, George B. 1955, *The Legislative Process in Congress*, New York: Thomas, Crawell co.

Gray, Virginia. 1976. May, "Models of Comparative State Politics: A Comparison of Cross-Sectional and Time Series Analysis." *American Journal of Political Science*, Vol.20.

Key, V.O., Jr. 1949, *Southern Politics in State and Nation*, New York: Vintage Books.

_____. 1956, *American State Politics: An Introduction*, New York: Knopf.

Lockhard, Duane. 1959, *New England State Politics*, Princeton: Princeton University Press.

Mezey, Michael L. 1979, *Comparative Legislatures*, Durham, N.C.: Duke University Press.

Maunz/Gürig, Theodor. 1991, *Grundgesetz Kommentar*, Bd. II., München, Art.76, S.1f.

제8장 본회의 활성화를 위한 제도: 개정국회법의 전원위원회 제도 및 대정부질문 제도를 중심으로

손 병 권(중앙대학교 국제관계학과 교수)

1. 서 론

현재 미국과 서유럽 제국(諸國)을 포함한 대부분의 자유민주주의 국가는 국민의 대표를 통해 정치공동체의 의사를 정책결정과정에 반영하는 대의민주주의를 표방하고 있다. 광대한 영토에 기반을 둔 근대국가의 속성상 직접민주주의 제도는 국가별로 대단히 제한적으로 시행되고 있을 뿐이며, 거의 대부분의 자유민주주의 국가는 간접민주주의로서 대의정치를 구현하고 있다. 그리고 대의정치는 대체로 의회를 통한 법률제정과 행정부 감시 등의 기능을 중심으로 실현되고 있으므로 곧 의회민주주의 형태로 나타나며, 의회민주주의의 원활한 작동을 위해 의회제도를 개선하려는 노력은 우리나라뿐 아니라 미국과 서구 민주주의국가의 상시적 과제 가운데 하나라고 할 수 있다.

의회의 일차적 기능이 입법과정이므로 입법과정을 중심으로 의회의 내부적 기능분화를 살펴보면, 의회의 내부구성은 크게 상임위원회와 본회의를 중심으로 이원적으로 조직되어 있다고 볼 수 있다. 이 말은 결코 상임위원회나 본회의가 실질적으로 법안을 작성하고 입법을 주도한다는 사실을 의미하는 것이 아니라, 일단 법안이 의회 내에서 소개되어

입법과정이 진행되기 시작하면 그 과정은 대체로 이들 두 기관을 중심
으로 이루어다는 점을 지적하는 것이다. 주지하다시피 미국과 같이 엄
격한 권력분립형 대통령제 국가의 의회는 의회의 자체적인 정책개발 능
력과 행정부 견제기능이 강조되어 상임위원회의 실질적 입법기능이 강
한 것이 사실이다. 그러나 영국이나 일본 같은 내각제 국가에서 법률안
의 입안과 작성은 내각이나 내각 내의 부속기관 혹은 집권당이 주도하
고 있는 형편이다.[1] 그러나 어떤 형태의 의회에서든 일단 의회 내에 소
개된 법안은 상임위원회나 본회의를 중심으로 논의된다.

의회 내의 상임위원회와 본회의는 입법과정의 흐름에서 유기적인 관
련을 지니고 있으나 서로 다른 기능을 하고 있는 것이 사실이다. 상임
위원회는 특정분야에 대해 전문적 식견을 지닌 의원을 중심으로 법안을
집중적으로 심의하고 최종 작성하여 본회의에 상정하는 역할을 수행하
고 있다. 본회의는 이렇게 상정된 법안을 토론하며 수정안을 심사하고
최종적으로 법안을 의결하는 기능을 보유하고 있다. 상임위원회 제도가
소수 의원의 전문성을 이용하여 특정분야 법안작성의 효율성을 높이기
위해서 고안되었다면, 본회의는 소수 의원이 작성한 법안을 전체 의원
이 토론해 상임위원회 단계에서 간과된 내용을 다시 검토하고, 이를 통
해 보다 양질의 법안을 만들어 내는 기능을 한다고 보아야 할 것이다.

입법부와 행정부가 엄격히 분리된 대통령제 국가인 미국에서는 의회
의 독립성을 높여서 행정부를 견제하기 위해 상임위원회의 실질적인 정

1) 각국의 입법과정을 비교의회론적 각도에서 분석한 대표적인 저서 혹은 편집
서로는 Lees and Shaw eds. 1979; Loewenberg and Patterson 1979; Mezey
1979 등이 있다. 위의 글 가운데 일부는 노튼(Philip Norton)의 1990년 편집
서에 재수록되었는데, 이 가운데 특히 미지(Michael Mezey)의 "Classifying
Legislatures"와 쇼(Malcolm Shaw)의 "Committees in Legislatures"가 주목할
만하다. 국내문헌으로 각국의 입법과정을 비교적 소상히 적은 것으로는 임종
휘 외 1998이 있고, 박찬표 1996과 김형준 2001은 한국 국회의 상임위원회
를 외국의 그것과 비교분석한 글이다.

책결정 능력이 강한 것으로 평가되고, 영국 같은 내각제 국가에서는 상임위원회의 숫자도 적고 그때그때마다 의제별로 이용하고 있어 상대적으로 본회의의 토론의 기능이 중요시된다(Mezey 1990; Shaw 1990; 김민전 1999). 영국 같은 내각제 국가는 권력구조의 속성상 내각과 의회가 융화된 현상을 보여 내각이나 집권당 주도로 입법과정이 이루어지므로 다양한 상임위원회간의 엄격한 기능분화가 관찰되지 않는다. 그러나 미국 같은 권력분립형 대통령제 국가에서는 행정부의 정책독주를 견제하기 위해 일찍부터 상임위원회 제도가 발달해 이를 중심으로 의회의 정책전문성이 제고되어 독자적으로 법안을 개발·작성함으로써 의회가 행정부로부터 독립을 추구하였던 것이다(Cooper 1970).

우리나라의 경우는 대통령제 권력구조를 채택하면서도 미국과 달리 엄격한 의미에서 입법부와 행정부의 권력분립이 확립되어 있지 않으며, 미국과 비교해 볼 때 국회의 자체적인 입법기능이 상대적으로 미약한 것이 사실이다. 예컨대 제15대 국회의 경우 접수된 법률안에 대한 처리비율과 가결비율에서 정부제출 법률안이 각각 95%와 82%로 의원발의 법률안의 69%와 40%를 앞서고 있다는 사실에서 알 수 있듯이(국회사무처 2000, 512) 입법부보다는 행정부가 법률안의 작성을 주도하는 경향이 강하다. 아울러 대통령이 여당(집권당) 총재를 겸직하고 있고 여당의 원 입후보자의 공천권 행사에 깊이 관여하고 있어 행정부와 입법부간의 철저한 권력분립보다는 행정부의 입법부 침투현상이 두드러진다. 그리고 미국 같은 나라에서는 공식화되어 있지 않고 오히려 내각제 국가의 일반적 관행인 당정회의 등이 있어 행정부와 여당이 함께 의회 내에서 입법전략뿐 아니라 국정 전반에 대해 협의하는 모습을 보여주고 있다.

위에서 지적한 대로 (행정부와 입법부의 융화현상은 아니라 할지라도) 행정부의 입법부 침투현상은 권력분립에 입각한 대통령제 국가에서 일반적으로 기대되는 상임위원회 중심의 의회 독자적인 입법기능을 저해하는 가장 큰 요소 가운데 하나가 되고 있다. 상임위원회가 법안개발과 법안심의를 위해 행정부에서 독립해 의회의 독자적 권력의 핵심이 되어야 함에도 불구하고 행정부 주도의 법안작성과 맞물려 우리 국회의 상임위원회는 충분한 입법기능을 발휘할 여건을 구비하고 있지 못하고 있다. 예컨대 상임위원회 위원과 위원장을 2년마다 교체하는 제도는 상임위원회의 정책전문성 제고의 장애물로 지적되고 있어 이의 개선이 요청되고 있는 형편이다(박찬표 1996; 박찬욱 2000, 84; 임성호 2001, 16). 또한 법안이 본회의에서 수정되는 일이 드물다는 현실에서 볼 때 상임위원회의 결정이 의회 전체의 결정과 거의 동일시되어 정당 지도부로 하여금 상임위원회에 대한 통제를 강화하게 하는 결과를 낳고 있다는 지적도 있다(김민전 1999, 인터넷페이지 10). 뿐만 아니라 국회의원의 상임위원회 활동은 야당에 의한 여당 및 정부에 대한 감시·비판기능에 치중된 측면이 강하고, 의정경험이 부족한 소장의원을 중심으로 이루어지고 있어(손병권 1998) 정책전문성 각도에서 볼 때 문제가 아닐 수 없다. 2000년 개정국회법을 통해 상설소위원회 설치 등의 규정이 생기고 상임위원회 심사제도 등이 개선됐으나, 아직 소위원회 활성화를 위한 제도는 큰 효과가 없는 것으로 나타나고 있다(임성호 2001, 14). 우리 국회가 본회의 보다는 상임위원회 중심주의를 채택하고 있음에도 상임위원회의 독자적인 입법기능을 뒷받침할 수 있는 제도적 기반이 여전히 미약하다는 사실은 우리 국회의 자체적 입법능력의 부실화를 드러내는 것이다.

상임위원회 입법활동이 취약함과 동시에 우리 국회에서는 영국과 같은 내각제국가에서 발견되는 본회의 활성화도 크게 눈에 띄지 않는다. 여론에 노출된 본회의 활동은 대체로 대정부질문 등 행정부에 대한 감시, 감독 혹은 여야간의 정치적 대결 등에 머물렀을 뿐, 상임위원회에서 넘어온 법안을 깊이 있게 토론·심의하고 수정하는 등의 입법활동은 아니었다. 입법활동과 관련하여 우리 국회의 본회의는 법안의 일괄처리가 빈번한 일이 되어 상임위원회와 대비해 볼 때 본회의의 주요한 기능인 토론, 심의, 수정안의 제출 등이 제대로 시행되지 않고 있다(김민전 1999, 인터넷페이지 10; 박찬욱 1995, 21). 단순한 '수적 다수의 의견'(numerical majority)보다 토론을 통해서 형성된 '식견을 갖춘 다수의 의견'(informed majority)이 우리 국회에 더욱 절실히 요구된다는 점은 제16대 국회 개원 이후 여야간의 대결현상만 보아도 알 수 있을 것이다. 토론과 수정을 통한 보다 양질의 법안을 생산하기 위해서나 국회의 대결구도를 불식하고 내실 있는 국회 본연의 입법기능을 충실히 수행하기 위해서도 본회의의 기능은 한층 제고될 필요가 있다고 본다.

한편 미국 의회와 달리 우리 국회의 본회의가 지니는 중요한 기능 가운데 하나는 대정부질문 제도를 통해 국회나 야당이 행정부를 견제·비판하고 이를 대중에게 노출시키는 기능이다. 어떤 의미에서는 비교의회론적 각도에서 볼 때 대통령제하에서 우리 국회의 특징을 잘 나타내주는 현상 가운데 하나가 바로 본회의의 대정부질문 제도를 통한 국회나 야당의 행정부 비판기능이라고 할 수 있다. 국회의원의 상임위원회 참가빈도를 보아도 야당의원이 보다 적극적이라는 사실에서 알 수 있듯이 입법기능 못지않게 우리 국회의 주요기능은 행정부 견제기능이라고 보이며, 본회의의 대정부질문 제도는 이러한 우리 국회의 특징을 잘 반영하고 있다고 보인다.

전체적으로 상임위원회와 본회의를 통해서 본 우리 국회는 입법기능만큼이나 행정부 감시기능이 강하고, 야당과 여당의 정치적 갈등이 정책대결만큼이나 일반화된 관례인 것을 특징으로 한다. 이러한 현실을 반영하기라도 하듯 입법과정의 원활한 운용은 정당 총재간의 정치적 결단이나 타협, 거래에 의해 성사되거나 이들의 권한을 위임받은 총무단 회의를 통해 대체로 이루어지는 형편이다. 다시 말해 우리 국회는 엄격한 권력분립형 대통령제 국가인 미국 의회에서 발견되는 상임위원회의

법안작성이나 정책개발 능력이 미약하며, 내각제 국가인 영국 등에서
보이는 본회의의 법안 토론·심의·수정기능도 미약하다. 우리 국회가 지
니는 이러한 문제는 대의정치의 핵심인 의회민주주의의 커다란 결점이
아닐 수 없으며, 절대적 지위를 차지해 왔던 당 지도부의 권한과 오랜
인치의 관행이 낳은 현실이라고 보인다.

이러한 배경에서 볼 때 한국의 의회정치가 안고 있는 문제점을 해결
하기 위한 국회 입법과정과 제도의 개혁은 정치권의 상시적인 숙제였다
고 볼 수 있다. 국회의 실질적인 정책 심의능력 제고를 위한 주장은 여
야를 막론하고 제기되어 왔으며, 그 최근의 결실은 2000년에 개정된
국회법으로 나타났다. 본 논문은 2000년에 제정된 국회법 내용 가운데
본회의 활성화 방안으로 등장된 전원위원회 제도와 대정부질문 제도를
중심으로 논의를 전개하고자 한다.[2] 이미 위에서 간단히 언급하였듯이
한국 국회 본회의는 입법기능과 동시에 행정부에 견제기능을 보유하고
있는데, 개정국회법에서 새로 도입된 전원위원회 제도는 본회의의 입법
기능을 제고하기 위한 것이며, 대정부질문 제도의 개선은 결국 국회의
행정부에 대한 비판·견제기능을 강화하기 위한 것이라고 볼 수 있다.

---

2) 현행 국회법은 2000년 2월 9일 제210대 임시국회 제5차 본회의에서 국정감
사 및 조사에 관한 법률과 국회에서의 증언, 감정 등에 관한 법률과 함께 의
결되어 동년 2월 16일 법률 6,266호로 공포되었다(국회운영위원회 수석전문
위원실 2000, 4). 새로운 국회법은 1998년 4월 24일 제191대 임시국회 제2
차 본회의에서 구성된 정치개혁입법특별위원회 산하 국회관계법 심사소위원
회에서 주로 심의되었다. 2000년 2월 16일 공포된 개정국회법은 1988년 6월
15일 전문이 개정된 이후 1998년 3월 18일까지 8차례 개정된 국회법을 다시
일부 개정한 것이다. 2000년 국회법 개정이유에 관해 국회운영위원회 수석전
문위원실은 "상시 일하고 생산적이며 능률적인 국회상을 구현하고, 국회가 국
정심의의 중심기관으로서 제 역할을 다하며, 정부에 대한 국정감사, 통제기능
의 실효성 확보 및 국회의 의정활동의 공개를 통한 국민에 대한 책임성 제고
를 위한 것"(국회운영위원회 수석전문위원실 2000, 21)이라고 밝히고 있다.
개정국회법의 주요내용에 관해서는 국회운영위원회 수석전문위원실 2000,
21-15를 참조하기 바라며, 개정국회법의 시행현황과 평가에 관해서는 임성호
2001을 참조하기 바란다.

전원위원회 제도와 대정부질문을 중심으로 본 본회의 활성화노력은 내
각제적 요소가 가미된 우리의 대통령중심 권력구조에서 본회의의 입법
기능을 보다 강화하고 국회에 의한 행정부의 견제라는 목적과 관련되어
논의되어야 할 것이다. 이러한 논문의 목적에 따라 이 글은 다음과 같
이 진행될 것이다. 다음 제2절에서는 미국 하원의 전원위원회 제도의
성격과 그 운용에 대한 간단한 설명이 제공될 것이다. 제3절에서는 개
정국회법에서 전원위원회 제도의 내용 및 문제점과 개선방향 등이 제시
될 것이다. 이 절에서는 전원위원회 제도 도입취지가 제시되고 개정국
회법상의 모호한 부분 등이 좀더 명확해져야 한다는 점 등이 지적될 것
이다. 제4절에서는 우리 국회의 대정부질문 제도에 대한 분석에 앞서
영국 하원의 대정부질문 제도를 간단히 살펴보게 될 것이다. 이 절에서
는 영국 하원의 대정부질문의 종류와 그 기능에 대해 간단히 서술할 것
이다. 이어서 제5절에서는 개정국회법에서 대정부질문 제도의 개선내용
과 긴급현안 질문제도의 확대실시의 취지 및 그 보안점 등이 지적될 것
이다. 마지막으로 본 논문은 제6절에서 국회의 활성화를 위해서는 의원
개개인의 자율성이 신장될 수 있는 여건이 마련되어야 한다는 주장으로
마무리될 것이다.

2. 미국 하원의 전원위원회 제도[3]

의회의 실질적인 정책결정 능력이 강하다고 알려져 있는 미국은 권력
구조상 엄격한 권력분립과 견제와 균형의 원칙에 충실한 대통령제를 채
택하고 있다. 헌법상 규정된 입법부와 행정부의 권한을 보아도 양 부처

---

3) 본 장에서 충분히 다루어지지 않은 영국과 미국의 전원위원회제도에 대한
상세한 서술과 설명은 홍준형 외 2000, IV "외국의 전원위원회 운영실태" 인
터넷 페이지 18-27을 참조하기 바람.

간의 견제와 균형은 다양한 기제에 의해 뒷받침되고 있다. 먼저 입법부인 의회는 대통령의 인사권에 대해 상원의 인준절차를 통해 행정부를 견제할 수 있다. 뿐만 아니라 상원은 대통령이 체결한 조약을 비준할 수 있어 대통령의 외교정책 수행을 견제할 수 있다. 하원은 '재정권의 힘'(power of the purse)을 통해 조세에 관한 법안을 작성할 권한이 있어 예산을 필요로 하는 행정부 각 부서를 견제할 수 있다. 실제로 유명무실해지기는 하였으나 헌법상 보장된 전쟁선포권 역시 우리와 달리 의회의 권한에 속한다. 한편 입법부에 대한 행정부의 견제능력은 무엇보다도 의회의 고유권한인 입법권에 대한 대통령의 거부권행사 형태로 나타나는데, 대통령은 의회가 통과시킨 법안에 대해 거부권을 행사하여 자신이 원하지 않는 법안을 폐기시킬 수 있다. 경우에 따라 대통령은 단지 의회가 통과시키려는 법안에 대해 거부권을 행사하겠다고 위협만 함으로써 최종적인 법안의 내용에 영향력을 행사하기도 한다.

이와 같이 권력분립과 견제와 균형에 충실한 대통령제 국가인 미국의 경우 의회의 중추적 기관은 상임위원회라 할 수 있다. 영국 같은 내각제 국가의 경우 상임위원회의 정책결정 권한이 미약하고, 상대적으로 토론의 장소인 본회의가 활성화되어 있는 것과는 대조적으로 미국의회의 경우 실질적인 정책결정능력을 보유한 상임위원회의 권한이 강하다. 하원의 경우 1970년대 중반 의회개혁 이후 전자기록 투표제도가 도입되면서 본회의가 활성화된 것도 사실이지만(Smith 1989, 28-35), 미국 의회의 입법과정은 상임위원회의 전문지식을 존중하는 방향으로 진행되고 있고, 윌슨이 백여 년 전에 지적했듯이 상임위원회야말로 '일하는 의회'(Congress at work)의 중심에 있는 것으로 평가된다(Wilson 1885).

오늘날 미국 의회에서는 상임위원회가 중시됨에도 불구하고 초기에는 상임위원회 제도를 제퍼슨적인 평등주의적 이념에 위반되는 것으로 경원시했으며, 오히려 의원 전체가 모여 법안에 대해서 토론하고 심의

하는 전원위원회 제도를 선호하였다.[4] 하원의 상임위원회 제도 발달을
역사적으로 추적한 쿠퍼에 의하면(Cooper 1970), 초기 하원의 경우 상임
위원회와 같은 조직을 통해 소수 의원들에게 나라 전체에 관계되는 법
안을 맡겨 논의하게 한다는 것은 미합중국 전체의 총체적인 대표기구인
의회의 심의기능에 위배된다고 보았던 것이다.

실상에 있어서 미국 하원의 경우 상임위원회의 기원은 집행부의 정보
독점에 대한 의회의 불만에서 시작되었다. 이런 불만이 본격적으로 제
기되어 1797년에서 1809년간에 회계, 우편, 공공 지, 컬럼비아 특별구
등에 관한 문제를 다루는 4개의 새로운 상임위원회가 신설되기 시작하
면서 서서히 상임위원회 제도가 정착되기 전까지, 미국 하원은 독자적
인 정보개발 능력이 부족하여 국사와 관련된 정보를 주로 행정부에 의
존해 왔다(Cooper 1970, 11). 이 당시만 해도 하원 내에는 의원간에 제퍼
슨적인 평등관념이 매우 강하게 지배하고 있어 국사에 관한 논의는 의
원 전체가 모인 전원위원회에서 다루어야지, 몇몇 특정한 사람이 모인
위원회를 중심으로 전개되어서는 안 된다는 규범이 강력하였다. 따라서
상임위원회가 등장하기 이전까지 전원위원회는 입법의 원칙을 설정하
고 법안을 심의하는 일차적 장소였으며, 의원이 개별사실을 개인적으로
직접 조사할 수 없을 경우에만 임시위원회 등의 소규모 위원회가 창설
되어 운영되었다.[5]

---

4) 홍준형 등에 의하면 미국의 전원위원회 제도는 초대 의회부터 하원의 예산
   관련제도의 하나로 창설되어 시행되어 왔다(홍준형 외 2000, 인터넷페이지
   22). 따라서 미국의 전원위원회 제도는 역사적으로 상임위원회 제도에 선행하
   여 발달했다고 볼 수 있다. 참고로 홍준형 등에 의하면 영국 의회의 전원위원
   회 제도는 왕이 임명한 의장 대신 전원위원장을 임명하고 그의 사회하에 회
   의가 진행되게 하여 왕권에서 독립된 의회의 자율성을 높이기 위한 방법의
   하나로 시행되었다(홍준형 외 2000, 인터넷페이지 19).
5) 상임위원회가 본격적으로 등장하기 이전의 초기 하원은 현대의 상임위원회
   중심의 하원과 대조적으로 국민의 대표가 모두 모여 법안을 토론하고 국사를
   논의하는 심의의 장소로 간주되었지, 결코 소규모 상임위원회를 중심으로 분

현재 미국 하원에는 초기 하원의 이러한 전통이 여전히 남아 있어 상임위원회의 법안이 본회의로 상정된 이후 본회의의 주요법안 심의와 표결은 전원위원회를 중심으로 이루어진다.6) 전원위원회를 본회의와 구별하여 논하는 것이 무의미할 정도로 연방의사력(Union Calendar)의 일정에 속하는 주요법안(주로 연방정부의 재정지출이나 조세 등과 관련된 법안)은 본회의에 상정되면 전원위원회에 회부되는 것이 일반적이다(허영호 2000, 115; 홍준형 외 2000, 인터넷페이지 22). 현재 미국 하원 전원위원회 제도의 구성 및 운용을 살펴보면 다음과 같다.7)

미국 하원의 경우 전원위원회의 의사정족수는 100명이다. 이는 본회의의 의사정족수가 218명(하원 전체의원 435명의 과반수)인 것에 비교하면 훨씬 적은 숫자이다. 이렇듯 재정과 관련된 대부분 주요한 법안에 관해서 미국 하원은 전원위원회라는 제도를 빌어 적은 수의 인원으로 토론 및 수정안의 표결절차를 거치고 있음을 알 수 있다. 주요 법안과 관련된 본회의의 의사절차는 대체로 3단계를 거치고 있다. 첫 번째 단계는 미국하원에 고유한 규칙의 채택단계이며, 두 번째 단계는 하원 본회의를 전원위원회로 변경하는 단계이며, 세 번째 단계는 전원위원회에

권화된 기관은 아니었다. 즉 초기 하원의 경우 오늘날과 같이 상임위원회의 결정을 중요시하는 소수주의보다는 전체 의원에 의한 다수지배의 이념이 확립되어 있었고, 합리적 토론, 지식 계발, 올바른 정책의 확립, 국민에 대한 교육의 기능을 담당하는 전원위원회가 짧은 기간이나마 입법과정의 중심에 있었다(Cooper 1970, 20).

6) 미국하원의 전원위원회는 개념상 본회의와 구분되고 절차상 상임위원회의 법안작성 단계와 본회의의 심의·표결단계의 중간에 위치하고 있으나, 통상 '다른 형태의 본회의'(Oleszek 1989, 147) 혹은 '본회장 안에서 열리는 위원회'(홍준형 외 2000, 인터넷페이지 12)로 불리며, 본회의의 일부로 간주되어도 무방하다. 사법안을 심의하는 전원위원회도 있으나 통상 전원위원회는 '공법안을 심의하는 전원위원회'(the Committee of the Whole House on the State of the Union)를 지칭한다(Oleszek 1989, 147; 허영호 2000, 113과 fn.3).

7) 미국 하원 전원위원회의 운용에 관한 본고의 간략한 내용은 Oleszek 1989, 허영호 2000, 홍준형 외 2000을 참고하여 작성하였다.

서 대체토론(general debate)을 실시하는 단계이고, 네 번째 단계는 전원
위원회 내에서의 수정단계이며, 마지막 다섯 번째 단계는 수정된 법안
을 다시 본회의에서 최종 표결하는 단계이다. 보통 법안의 심의와 토론
및 수정안 제출을 목적으로 하는 전원위원회의 위원장은 하원의장이 아
니라 하원의장이 지명하는 다수당 출신의 의원이 된다. 그리고 전원위
원회에서는 먼저 한 시간에 걸쳐 법안에 대한 찬반토론이 있은 후 법안
각 항목별로 수정안이 제출되고 이 수정안에 대해서 약 5분간의 찬반
토론이 있은 후 표결이 진행된다. 따라서 표결은 법안 항목별로 수정안
이 많은 만큼 긴 시간을 소모하게 된다.[8]

미국 하원의 경우 전원위원회 최초의 작업은 대체토론인데, 이는 특
정법안의 전반적인 내용에 대해 일반의원의 인지도와 이해도를 높이는
기능을 수행하고, 의회의 입법과정이 타협이나 로그롤링(log-rolling)뿐
아니라 의원 전원에 의한 집합적인 정책결정이라는 사실을 상기시키는
상징적인 요구도 충족시켜 주는 것이다. 대체토론에서 찬반의 토론자는
그 법안을 작성한 해당 상임위원회에서 선발되는 것이 보통이며 각 정
당은 보통 의안처리 간사(floor manager)를 선임하여 대체토론에 나서게
한다. 대체토론 이후 수정절차는 이미 법안에 있는 내용과 관련하여 다
른 조항을 삽입 혹은 삭제하는 방식으로 진행된다. 수정안에 대한 토론
은 무제한적으로 진행되지 않고 5분 규칙(five minute rule)에 의해 각각
5분간 찬반토론을 거친 후 법안 항목별로 진행되고, 각 항목에 따라 표
결이 이어진다.[9] 이러한 수정표결이 종결된 이후 전원위원회 위원장이

---

8) 우리의 개정국회법에 나타난 전원위원회와 미국 하원의 전원위원회의 법안
   수정방식의 차이점 가운데 중요한 것은 미국은 수정안 제출과 표결이 축조심
   사 형태로 진행되는 데 비해, 우리 국회는 원안에 대한 수정안이 일괄적으로
   통합되어 제출되리라는 점이다(홍준형 외 2000, 인터넷페이지 39).
9) 수정안의 종류에는 크게 수정안(amendment)과 대체수정안(substitute)이 존
   재하는데 수정안과 대체수정안의 차이점은 대체 수정안이 법안의 일부나 전
   체에 대해 새로운 용어를 사용하여 변경을 시도한다는 데 있다(Oleszek 1989,

하원의장에게 의사봉을 인계함으로써 전원위원회는 해체되고 본회의가
소집되어 수정안에 대한 본회의의 최종표결로 들어간다. 보통 특별히
전원위원회에서의 표결이 매우 근소했거나 수정절차가 논쟁적이지 않
은 이상 본회의에서 특정법안에 대한 표결은 일괄적으로 진행되며, 각
항목의 수정안 결정내용을 다시 표결하지는 않는다.

　위에서 정리한 대로 미국 하원의 전원위원회 제도는 상임위원회 제도
가 등장하기 이전 건국 초기의 하원에서 법안에 대한 하원 전체의 토의
를 위해서 이용되었다. 이후 전원위원회 제도는 상임위원회 제도가 도
입·발달된 이후에도 정부재정이나 조세와 관련된 법안과 관련되어서
소집되고 다수의원의 참여하에 수정안이 제출된다. 미국 하원의 본회의
와 전원위원회의 차이점에 관해 알레스젝(Walter J. Oleszek)이 요약한
내용을 적으면 다음과 같다.

<표 8-1> 미국하원에 있어서 본회의와 전원위원회의 차이점

	본회의	전원위원회
사회	하원의장	하원의장이 지명하는 위원장
의사정족수	218명 이상	100명
수정안에 대한 시간제한	1시간	5분
토론종결방식	선결문제동의	토론종결동의, 만장일치동의
기록투표요구조건	44명 이상(1/5 이상)	25명 이상
상임위원회에 법안 재회부 가능여부	가능	불가능

출처: Oleszek. 1989, 148.

158). 수정안과 대체수정안은 대체로 두 단계에 걸쳐 허용된다. 특정법안에
수정은 1단계에서 원래 법안에 대한 1차 수정안이나 이 1차 수정안에 대한
대체수정안이 가능하고, 2단계에서는 1차 수정안에 대한 수정안과 대체수정
안에 대한 수정안이 가능하다. 따라서 이론상 4개의 수정안이 동시에 가능하
다(Oleszek 1989, 159; 홍준형 외 2000, 인터넷페이지 37-38).

3. 개정국회법에서 전원위원회 제도의 내용, 문제점 및 개선방향

제헌국회 이래 12년간 지속되었다가 사라진 전원위원회 제도를 2000년 개정국회법에서 다시 도입한 것은 상임위원회 중심주의하에서 위상이 약화된 본회의를 활성화하기 위한 것이었다. 전원위원회 제도는 제헌국회의 국회법에 도입되어 5차례 정도 개최된 적이 있으나 1960년 국회법 개정에서 폐지되었다(국회운영위원회 수석전문위원실 2000, 69; 홍준형 외 2000, 인터넷페이지 11). 2000년의 개정국회법을 통한 전원위원회 제도 도입은 의원에 의한 수정안 제출을 보다 용이하게 하는 데 공헌하리라고 기대된다.

개정국회법에 규정된 바 전원위원회를 통해서 심의될 수 있는 법안은 정부조직에 관한 법률안과 조세 또는 국민에게 부담을 주는 법률안 등 주요의안으로 되어 있다(국회법 제63조 2의 제1항). 아울러 동 조항은 재적의원 1/4 이상의 요구에 의해 전원위원회를 소집할 수 있으나, 국회의장이 교섭단체 대표위원의 동의를 얻어 전원위원회를 개최하지 않을 수도 있다고 규정하고 있다. 그리고 동조 제4항에서는 의사정족수를 재적위원 1/5로 규정하였으며 의결은 재적위원 1/4 이상의 출석과 출석위원 과반수의 찬성으로 가능하도록 규정하였다. 본회의와 전원위원회의 의사진행상의 차이점을 열거하면 다음 <표 8-2>와 같다.

이미 지적하였듯이 전원위원회 제도는 상임위원회 중심주의와 본회의에서 법안의 일괄처리 관행으로 인해 본회의 내에서 법안심의가 충분히 이루어지지 못한다는 반성에서 도입되었으나, 개정국회법 규정만을 살펴보았을 때나 우리 국회의 관행상 몇 가지 문제점이 예상된다.

첫째, 개정국회법의 규정에 의하면 "정부조직에 관한 법률안, 조세 또는 국민에게 부담을 주는 법률안 등"에 관해서 재적의원 1/4 이상의

<표 8-2> 개정국회법상의 본회의와 전원위원회의 차이점

	본회의	전원위원회
사회자	국회의장	전원위원회 위원장
의사정족수	재적의원 1/2이상	재적위원 1/5이상
의결정족수	출석의원 과반수	재적위원 1/4 이상 출석과 출석의원 과반수의 찬성
발언시간	15분	5분

요구가 있을 경우 전원위원회가 소집될 수 있다. 그러나 문제는 국회
운영위원회 수석전문위원실이 지적하고 있듯이 전원위원회가 소집될
수 있는 법안의 범위가 매우 광범위하다는 점이다(국회운영위원회 수석전
문위원실 2000, 71-72). 해석하기에 따라서는 거의 모든 법안이 "국민에
게 부담을 주는 법률안"에 해당할 수도 있다. 미국의 경우도 통상 연방
의사력(Union Calendar)에 따라 처리되는 법안, 즉 조세 등 금전과 관련
된 법안이나 예산할당이나 예산집행에 대한 권한부여에 관련된 법안은
하원 규칙에 의해 전원위원회를 거쳐 토론과 수정의 절차를 밟게 되어
있다(Oleszek 1989, 147, 292-293). 그러나 우리나라의 경우 개정국회법에
규정된 바에 따르면 전원위원회의 개최가능 영역이 대단히 광범위하기
때문에, 우리 국회의 관행상 이토록 광범위한 범위에 해당하는 법안이
얼마나 효과적으로 전원위원회에서 논의될 수 있을지 지극히 의문스럽
다. 전원위원회의 실질적인 법안 수정 및 심의기능을 강화시키기 위해
서는 별개의 국회 규칙 등을 통해서 전원위원회가 처리할 수 있는 법안
의 범위를 좀더 좁히고 구체화할 필요가 있다고 보인다.

둘째, 전원위원회 개회조건은 재적의원 1/4의 요구로 규정되어 있는
데(국회법 제62조 2의 제1항), 이 규정에 따르면 의원 69명 이상의 요구
가 있어야 전원위원회가 개회된다. 이 '69명' 요구조건의 규정이 과연
전원위원회의 개회 자체를 어렵게 하는 걸림돌이 되는지를 생각해 볼

필요가 있다.[10] 전원위원회의 취지가 본회의 법안심의의 형식화를 막고 토론과 수정이 필요한 법안에 대해 국회의 심의기능을 강화해 보자는 것인데, 본회의 수정안 제출자가 30인 이상의 찬성자의 동의를 얻어야 한다는 국회법 제95조 제1항의 규정과 비교해 보면 '69'명이라는 요구 조건은 상대적으로 많은 것이 아닌가 하는 생각이 든다. 이는 홍준형 등이 지적했듯이 전원위원회 개회를 주요의안에 국한시키려는 취지로 도 풀이될 수 있다(홍준형 외 2000, 인터넷페이지, 28). 그러나 개정국회법 에서 전원위원회 제도를 다시 도입한 취지를 놓고 볼 때, 본회의 수정 안의 제출요건보다 많은 수의 의원의 협조를 요구하는 전원위원회 개회 요건은 이 제도의 도입취지와 배치된다는 생각이 든다.[11]

셋째, 개정국회법 제63조 2에서 보면 전원위원회에 회부 가능한 법안 을 '자동적으로' 전원위원회에서 수정·심의한다는 규정이 없다. 미국 하원은 하원 규칙에 의해 재원의 조달과 재원의 할당에 관한 법안이 전 원위원회에서 심의되도록 규정하고 있으나, 우리의 개정국회법은 국회 의장이 교섭단체 대표의원의 동의하에 전원위원회를 개회하지 않을 수 도 있다고 규정하고 있다. 이러한 규정은 실질적으로 어려운 전원위원 회 개회 요구조건이 충족된다 하더라도 전원위원회가 개회되지 않을 수 있는 통로를 열어 놓은 것으로, 부정적으로 해석하자면 의원들이 전원

---

10) 홍준형 등에 의하면 "전원위원회를 특별히 중요한 안건의 심사에만 국한하 여 개회"하도록 하기 때문에 개회요건이 비교적 엄격한 것임이 시사되고 있 다. 홍준형 등에 의하면 전원위원회 개회에 필요한 정족수는 "임시회 소집요 구, 국정조사 요구 등과 같은 수준으로서 각종 발의 정족수 중에서 가장 엄격 한 수준"으로 통한다(홍준형 2000, 인터넷페이지 28).

11) 1948년의 국회법은 전원위원회 개회요건을 "의원 10인 이상의 발의에 의한 국회의결"로 규정하고 있어(국회운영위원회 수석전문위원실 2000, 69) 현행 국회법과 큰 대조를 이루고 있다. 해석하기 나름이지만 발의 자체의 요건은 현재의 개정국회법이 보다 엄격하다는 인상이지만, 1948년의 국회법에서는 국회 의결이라는 부가조항으로 있으므로 당시 국회법하에서의 전원위원회 개 회요건이 반드시 현행 국회법보다 용이한 것은 아니라고 볼 수도 있다.

위원회를 통해 법안을 수정하고자 하여도 국회의장이 각 교섭단체의 대표와 협의하여 이를 무시할 수도 있음을 의미하는 것이다. 이러한 예외조항 역시 위에 지적한 두 가지 문제점과 아울러 전원위원회 개회 자체를 어렵게 만드는 것이다.

마지막으로 전원위원회에서의 수정안의 제출과 표결절차에 관해 개정국회법은 상세히 언급하지 않고 있다. 다만 수정안은 전원위원장이 제출자가 된다고 규정하고 있는데(국회법 제63조 2, 제2항), 이 말이 의미하는 바가 전원위원장이 본회의에 대해 전원위원회에서 최종적으로 표결·채택된 수정안의 제출자가 된다는 뜻인지, 아니면 전원위원회의 모든 수정안은 전원위원회 위원장을 통해서 제출된다는 뜻인지가 명확치 않다. 필자의 판단에 의하면 이 규정은 우리 국회의 전원위원회 제도가 축조심사를 허용하지 않을 것이라는 전제하에 전자를 의미하는 듯하다. 어떤 경우이든 개정국회법에는 전원위원회에서 개별의원이 어떻게 수정안을 제출해야 할지 규정되어 있지 않다. 본회의에서의 수정안 제출과 같이 찬성자 연서의 조건이 있는지 등이 명확하게 규정되어야 할 것이다. 아울러 전원위원회에서 제안되는 수정안에 대한 표결절차에 대한 언급이 개정국회법에는 제시되어 있지 않다. 전원위원회에서 제기되는 수정안의 표결순서가 본회의와 동일한 순서로 진행될 것인지 여부가 불분명한데, 이런 문제에 관한 상세한 규정이 의원에 의해 숙지되지 않은 상황에서 전원위원회 제도의 효과는 기대하기 힘들 것으로 보인다.[12]

<hr/>

12) 개정국회법상 전원위원회제도의 문제점은 법규정상의 문제도 있으나, 사실은 개정국회법이 원론적 규정 이상은 언급하고 있지 않고 있다는 문제도 있다. 국회법 규정상의 이러한 모호한 부분에 대한 여러 가지 가능한 해석이 오히려 혼돈을 주고 있다는 인상이 강하다. 이 가운데 홍준형 등이 지적하고 있는 것은 전원위원회에서 본회의로 회부되는 수정안의 성격에 관한 것인데(홍준형 외 2000, 43-45), 이 문제는 의회행정과 관련하여 매우 복잡한 성격을 띠고 있는 듯하다. 예컨대 과연 전원위원회의 수정안이, 원안을 포함한다고 인정받는 상임위원회의 수정안을 포함하고 있는 것으로 보아 전원위원회 수정안이 본회의에서 의결되면 더 이상의 심의가 필요 없는 것인지, 아니면 이 이후에

전체적으로 볼 때 우리 국회에서 전원위원회 제도는 상임위원회 중심
주의와 본회의 일괄처리 등의 관행에 대한 보완책으로 상당히 많은 숫
자인 69명 이상 의원들의 특정 법안에 대한 토론과 수정이 필요하다고
요구하고, 동시에 이를 국회 지도부가 개회 가능하다고 판단할 경우 실
시하게 한다는 취지의 제도로 파악된다.[13] 그러나 위에서 지적한 대로
몇 가지 중요한 문제점이 지적될 수 있고 제16대 국회에서 아직까지
시행되지 않고 있다는 점을 고려할 때[14] 개정국회법을 변경시키지 않
는다는 전제하에서 전원위원회 제도의 원활한 운영을 위해서는 세부적
인 규칙의 정리와 이에 대한 홍보가 시급하다고 할 것이다.

4. 영국 하원의 대정부질문 제도

대정부질문 제도(parliamentary questions)는 영국과 같은 내각제 권력구
조를 지니고 있는 나라에서 국정상 중요한 문제를 제기하거나 집행부
일반 혹은 집행부의 특정부서나 특정 각료에 대해 압력을 가하는 중요
한 수단으로 기능한다(Dubs, 36-45). 질의와 토론을 중시하는 영국 의회
에서 대정부질문은 반대당이 집권당 내각에 대해 압력을 행사할 수 있

도 상임위원회 수정안은 별개로 표결되어야 하는지 등의 문제가 등장한다. 참
고로 말하자면 이런 문제에 관해 홍준형 등은 "전원위원회 수정안에는 위원
회 수정안이 포함되지 않으며 본회의에서 전원위원회의 수정안의 가결 또는
부결 후에는 위원회 수정안을 표결하는 것이 바람직"하다고 보고 있다(홍준형
외 2000, 45). 그러나 이 문제는 여전히 논란의 여지가 있는 것으로 판단된다.
13) 필자의 견해에 의하면 그 필요성이 매우 절실하다고 여겨지지 않으면 전원
위원회가 실시되지 않는 경우가 더 일반적이리라는 부정적 판단도 있을 수
있다. 이러한 부정적 진단에 의하면 의원들이 전원위원회 제도를 통해 자유롭
게 수정안을 제출하기는 대단히 어려울 것으로 보인다.
14) 이 글의 초고가 작성된 이후 2003년 3월 28, 29일에 이라크 파병문제를 둘
러싸고 여야의원 71명의 요구로 제16대 국회 최초의 전원위원회가 소집됐다.

는 중요한 기회이며, 전국적인 관심사가 정치권에 수렴되는 중요한 기제이기도 하다. 본 절에서는 영국의 대정부질문 제도가 어떠한 방식으로 진행되며 어떠한 기능을 수행하는지 간단하게 살펴봄으로써 우리의 대정부질문 제도 개선안에 대한 준거로 삼고자 한다.

내각제 권력구조를 채택하고 있는 영국에서 대정부질문 제도는 크게 서면답변을 요구하는 서면질문(written questions)과 구두답변을 요구하는 구두질문(oral questions)으로 구분된다. 먼저 서면질문은 통상 집행부로부터 사실관계에 대한 답변을 얻기 위한 수단으로 이용되는 것이 관례이다. 서면질문은 집행부의 관료나 각료에게 특정한 국정문제에 대해 주의를 환기시키는 기능을 수행하며, 이러한 서면질문에 대한 답변은 통상 1주일을 넘지 않는다. 일반적으로 서면질문에 대한 답변은 해당부처의 관료에 의해 작성되어 책임각료의 검토 이후 제시된다. 경우에 따라 서면답변은 특정각료가 특정문제에 대한 정보를 제공하기 위해 이용되는 경우도 있으며, 이 경우 그 각료는 집권당 의원으로 하여금 서면질문을 제출하도록 유도한다(Dubs, 39).

각료의 구두답변을 요구하는 구두질문은 특정이슈에 대해 집행부에 대해 압력을 가하는 효과적인 수단으로 사용되고 있다(Dubs, 40). 서면질문과 마찬가지로 구두질문 역시 용어의 사용 등은 제한되고 있으나, 서면질문과 달리 구두질문이 정치적으로 유용한 점은 보충질문(supplementaries)을 할 수 있도록 허용되어 있다는 점이다. 따라서 구두질문을 할 경우 의원은 각료의 답변을 미리 예상하여 최대한의 기지와 순발력을 발휘하여 보충질문을 가하며, 마찬가지로 각료 역시 자신의 답변에 대한 의원의 보충질문을 예상하여 답변하며, 동시에 보충질문에 대한 답변을 미리 준비하고 있어야 한다. 구두질문에서 보충질문은 일차 구두질문의 주제를 벗어나서는 안 된다. 영국 하원의 경우 구두질문은 집권당과 기타 정당간에 국가정책을 둘러싼 공방을 전개하며, 언변과 기지 및 순발력이 교환되는 토론장소의 기능을 적절히 수행하게 된다.

구두질문은 보통 각료의 답변 2주일 전에 제시되며, 각료는 4주에 한 번 꼴로 답변에 임하게 된다. 각료가 답변할 수 있는 정도 이상의 분량으로 구두질문이 제출되는 것이 일반적이기 때문에, 철회되지 않은 구두질문의 경우 서면으로 대신 답변되기도 한다. 질문기회에 대한 공정성을 기하기 위하기 위해 '셔플'(shuffle)이라 불리는 무작위 방법에 의해 구두질문의 순서가 결정되며, 개별의원은 특정기간의 의사일정표(order paper) 내에서 8개 이상의 질문을 던질 수 없고, 동일한 날에 두 개 이상의 질문을 할 수 없게 되어 있다.

구두질문은 의원이나 각료 모두에게 정치적으로 매우 중요한 공방의 계기가 되는데, 이는 기본적으로 구두질문을 둘러싼 여론의 주목에 기인한다. 각 지역구의 유권자들은 자신들이 선택한 의원이 대정부질문에서 부각되기를 원하며, 부각 여부를 지역 혹은 전국적인 언론매체를 통해서 확인하게 된다. 따라서 의원은 유권자들에게 강한 인상을 심어 주도록 대정부질문에서 각광받기를 원하며, 이를 위해 대정부질문에 심혈을 기울이게 된다. 한편 대정부질문의 답변에 임하는 집권내각의 각료 역시 답변을 원만하게 마침으로써 내각 내에서 자신의 입지를 공고히 하고 차후의 정치적 전망을 확대해 나가기를 원하게 된다.

5. 대정부질문 제도의 내용, 문제점 및 개선방향

우리나라의 권력구조는 대통령을 국가원수 및 행정부의 수반으로 규정함으로써 대통령제를 채택하고 있으나, 미국과 달리 실제 운영상에서는 내각제 요소가 다수 가미되어 있음은 서론에서 밝힌 바와 같다. 본절에서 논의될 본회의의 대정부질문 제도 역시 미국과 같이 엄격한 권력분립에 입각한 나라의 의회에서는 찾아볼 수 없는 관행이며, 오히려 본회의에서 여야의 토론이 활성화된 영국 같은 내각제 국가에서 자주 목격되는 현상이다. 물론 대통령제를 채택하고 있는 미국의 경우도 상임위원회 수준에서 행정부의 장관을 포함한 관료를 증인으로 채택하여 청문회를 개최하는 일은 빈번하나, 본회의에 행정부의 장관이 출석하여 답변하는 경우는 없다. 대통령제 국가인 미국의 경우 행정부 수반으로서 대통령의 의회 출석은 국정연설에 그치고 있을 뿐이다.

따라서 대정부질문 제도는 입법부와 행정부의 권력분립이 완전하지 않고 내각제적 요소가 강한 한국형 대통령제라는 현실에서 국회나 야당이 행정부를 견제하기 위해 사용할 수 있는 매우 중요한 제도이다. 요컨대 대정부질문 제도는 우리나라와 같이 행정부 주도로 법안이 작성되고 본회의의 법안처리가 사실상 일괄처리의 관행 등에 의해 효과적으로 이루어지지 못하고 있는 상황에서 국회가 행정부를 견제할 수 있는 독특하고 중요한 관행이라고 생각된다. 다음에서는 개정국회법 대정부질문 제도의 내용변화와 보완점을 살펴보기로 한다.

개정국회법은 기존의 대정부질문 제도를 보완하여 일문일답식 대정부질문 제도를 도입하고 긴급현안 질문제도를 확대했다. 개정 전의 국회법에 의하면 대정부질문은 한 의원당 20분을 초과하지 못하고, 보충질문은 "의원의 질문과 정부의 답변이 끝난 후 필요한 경우" 의장의 허가에 의해 5분 이내로 할 수 있도록 되어 있었다. 이러한 대정부질문 방식에 대해 "토론이 아닌 연설식의 일괄질의, 일괄답변식으로 진행됨으로써 국정 전반에 관한 효과적인 질의, 답변이 이루어지지 못하고 있다"는 비판이 있었으며(국회운영위원회 수석전문위원실 2000, 104), 이러한 문제를 해결하기 위해서 개정국회법은 모두(冒頭)질문 제도와 일문일답 방식의 질문제도를 병행하는 방식으로 개정되었다.[15] 개정국회법 제

---

15) 기존의 대정부질문에서는 행정부의 정책을 비판·감독하는 기능보다 의원이

122조 2의 규정을 보면 의원은 서면을 통해 미리 정부에 송부된 질문 요약서에 의거하여 모두질문을 마치고 (정부의 답변을 들은 후) 일문일답 식 보충질문을 (답변시간을 포함하여) 15분 이내에 할 수 있다.

일문일답식 대정부 보충질문 제도의 도입과 아울러 개정국회법은 제 122조 3항에서 긴급현안 질문제도를 확대 실시하고 있다. 개정 전의 국회법은 "대정부질문에서 제기되지 않는 사안으로 긴급히 발생한 중요 특정 현안문제 또는 사건"에 대해서 의원 20인 이상의 찬성으로 긴급질문을 할 수 있다고 하였으나, 개정국회법은 단지 "현안이 되고 있는 중요한 사항"에 대해서 긴급현안 질문을 할 수 있다고 규정하여, 긴급현안 질문의 대상이 되는 '긴급현안'의 범위를 확대시켰다. 즉 개정 국회법에서는 "대정부질문이 전제가 되어야 하고…… 대정부질문이 있었다 하더라도 대정부질문에서 제기된 사안에 대해서는 긴급현안 질문의 대상이 될 수 없다"고 해석되었던 구 국회법의 규정을 개정하여 대정부질문의 내용과 관계없이 긴급현안 질문을 할 수 있게 하였다(국회운영위원회 수석전문위원실 2000, 106). 아울러 긴급현안 질문의 제한시간도 120분으로 연장하여(122조 3의 제5항) 보다 많은 수의 의원이 참여할 수 있도록 하였다.

그러나 일문일답식 대정부질문 제도의 도입과 긴급현안 질문제도의 개선이 기대만큼 성과를 거두었는지에 대해 만족스러운 평가가 나오는 것은 아니다. 예컨대 임성호는 제16대 이후 새로운 대정부질문 제도방식이 과연 보다 개선된 행정부와 입법부간의 토론문화를 정착시켰는가에 대해서 다소 부정적인 평가를 내리고 있다(임성호 2001, 11). 대정부질문 제도의 중요성과 개정국회법에 등장한 대정부질문 제도의 개선내

소속정당의 입장을 변호하고 초점 없는 질문을 하는가 하면 정부의 답변에도 성실성이 없다는 지적이 제기되었다(박찬욱 1995, 23). 이러한 현상은 부분적인 개선에도 불구하고 제16대 국회에서도 이어지고 있는 것이 현실이다(임성호 2001, 11).

용에도 불구하고 기대만큼 커다란 성과가 나타나지 못했다는 사실은 앞으로 대정부질문 제도가 실질적 기능을 수행하기 위해 개선될 여지가 있음을 의미하는데, 긴급현안 질문제도의 확대실시를 포함하여 개정국회법의 대정부질문 제도의 문제점과 보완사항을 지적하자면 다음과 같은 것들이 거론될 수 있을 것이다.

첫째, 먼저 대정부질문 제도에서 정부에 대해 질문한 내용이 정부의 구체적 조치를 요구하는 것이고 이에 대해 정부의 답변이 있었다면, 이러한 답변이 실제 정부정책을 통해서 충실히 수행되었는지를 점검하는 장치가 도입될 필요가 있다. 일문일답식 질문제도의 도입이 정부의 무성의한 답변을 봉쇄하기 위해 등장한 것이지만, 여기에 그치지 않고 일문일답형 질문에 대한 정부의 답변이 차후에 성실히 이루어졌는지를 검증할 수 있는 제도가 마련되어야 할 것이라고 보인다. 이럴 경우에만 비로소 소위 정부의 도덕적 해악(moral hazard)의 문제가 방지되고 책임감이 제고될 수 있으리라고 판단된다.

둘째, 내각제적 요소를 많이 갖추고 있는 대통령제를 채택하고 있는 우리나라에서 정부의 실정을 비판하고 주요현안에 대한 일반 시민의 인지도를 높이는 대정부질문은 대단히 중요하다. 그러나 개정국회법에서 일문일답형 질문 및 답변을 포함한 시간이 15분으로 제한되어 있다는 사실은 일문일답식 질문의 효과에 대해서 우려를 불러낼 만하다. 보충질문은 모두질문에 대한 답변을 듣고 부족한 부분을 질문하거나 모호한 답변을 추궁하여 결국 정부 각 장관의 성실성, 준비도, 국정운영 능력을 노출시키는 기능도 하게 되는데, 과연 답변을 포함하여 15분에 제한되어 있는 보충질문이 이러한 기능을 충실히 수행할 수 있을지 의문이다. 경우에 따라서는 15분의 시간제한이 엄격히 준수되면 정부측의 답변자에 의한 시간소모 전략이 가능할 수도 있을 것이다. 이런 부작용을 제한할 수 있는 방법이 고안되어야 할 것으로 보이며, 일문일답식 보충

'질문'의 시간만 좀더 연장하는 방법도 생각해 볼 수 있을 것이다.

마지막으로 대정부질문이나 긴급현안 질문의 경우 일반적으로 일정, 시간배분 등에서(국회법 제122조 2의 제3항, 제4항, 제122조 3의 제5항), 그리고 긴급현안 질문의 경우 그 실시 여부 등에 있어(국회법 제122조 3의 제3항) 의장의 권한이 상당히 부각된다는 인상이 강한데, 만약 의장이 국회의 대표로서 그 역할을 수행하지 않고 특정 정당의 편을 들 경우 부작용이 예상된다. 이런 문제가 빈번히 당파적 이유에서 등장하는 것이라면 이러한 부작용을 막기 위해 국회의장의 당적이탈 문제도 제기될 수 있을 것. 같다.[16]

이러한 개선을 위한 제안에도 불구하고 대정부질문 제도의 원활한 운용을 위해서는 무엇보다도 먼저 정부에 대한 의원들의 비판이 파괴적인 '흠잡기'나 인격에 대한 공격이 되기보다는 실정에 대해 책임을 물음으로써 국민에 대한 정부의 책임감을 증가시키겠다는 동기에서 출발하여야 할 것으로 보인다. 아울러 정부 각 부서 대표자의 답변이 추후에 실천되었는지를 검증하는 절차가 반드시 필요하리라고 판단된다.

6. 결론에 대신하여

현재 내각제의 요소가 가미되어 있는 우리나라의 대통령제 권력구조 하에서 전원위원회 제도는 본회의의 토론, 수정 등을 통한 입법기능 강화를 목적으로 하고 있고, 대정부질문 제도는 행정국가의 면모가 강한 우리나라에서 행정부에 대한 국회 및 야당의 감시, 견제 및 행정부 정책의 문제점을 대중에게 노출시키는 기능을 하고 있다. 전원위원회 제

---

16) 이 글의 초고가 작성된 이후 2002년 2월 28일 이만섭 국회의장 재직시 국회법 개정안의 통과로 국회의장은 당적을 갖지 않게 되었다.

도 도입과 대정부질문 제도의 개선을 통한 본회의의 활성화란 사실상
국회 전체의 활성화 혹은 국회의원 개개인의 입법능력 제고와 무관하게
독자적으로 가능한 것은 아니다. 달리 표현하면 정당지배하에서 자율성
이 제약받고 있는 의원의 운신의 폭이 넓어져야 함을 의미하는 것이다.
요컨대 국회 본회의의 활성화란 국회 자율성의 향상이라는 넓은 틀에서
실현될 수 있으며, 국회 자율성의 향상은 의원 개개인의 자율성 향상이
전제되어야 하는 것이다. 예컨대 전원위원회를 통해서 수정안을 준비하
고 제출하는 등의 일은 결국 개별의원이 상임위원회를 통과하여 본회의
에 상정된 법안을 충분히 검토하고 수정할 필요가 있다고 판단할 수 있
을 만큼 시간적 여유와 당론으로부터의 자유를 전제하는 것이고, 대정
부질문이나 혹은 일문일답식 질의의 내실화도 현안문제에 대한 의원의
전문지식이 전제가 되어야만 가능한 것이다.

  수많은 국회 제도개혁의 노력에도 불구하고 그 결실이 크게 만족할
만한 수준이 되지 못했다는 사실은 국회를 활성화하기 위한 제도보완에
걸맞게 국회의 구성원인 의원 개개인이 실질적으로 입법활동과 정책개
발 활동에 집중할 수 있는 여건이 제공되어 있지 못함을 의미하는 것일
수도 있다. 아무리 제도화의 수준이 높아진다 하여도 실제적인 운영은
제도화의 수준과 별개로 진행된 것이 우리 국회의 현실이었다(김민전
1999, 인터넷페이지 2). 여야간의 정치적 대결 때문에 의원의 투표행위가
제한되거나 당론에 따라 장외투쟁에 동원되어야 하는 상황에서 개별의
원이 법안의 심의를 위해 시간을 투자하기란 좀처럼 용이한 일이 아니
다. 따라서 이러한 상황에서는 본회의 활성화를 위해서 의원이 본회의
에 인적·물적 자원을 투자할 수 있게끔 국회 내외의 제반 여건이 구비
되어야 한다. 아울러 중요한 것은 의원 개개인의 질의나 수정안 제출에
소요되는 절차상·시간상의 제규정을 전반적으로 완화할 필요가 있다는
점이다. 전원위원회 제도나 대정부질문 제도와 관련된 국회법 제규정에

스며 있는 정당 및 국회 지도부의 권한규정과 다양한 요구조건은 의원
들로 하여금 개정국회법상의 개선내용을 향유할 생각을 갖지 못하게 하
는 요소로 작용할 수도 있는 것이다. 개선된 제도를 향유하기 위한 절
차적인 장애가 높으면 높은 만큼 이러한 장애를 극복하기 위한 집합행
동의 문제라는 딜레마는 더욱 클 것이다. 따라서 의사진행상의 질서유
지와 효율성 향상의 필요성과 새로 도입된 제도의 실질적인 활용의 필
요성 사이에 신축성 있는 운영의 묘가 요구된다고 하겠다.

참고문헌

국회사무처 의사국. 2000, 『국회의안편람』, 서울: 국회사무처.
국회사무처. 2000, 『의정자료집』, 서울: 국회사무처.
국회운영위원회 수석전문위원실. 2000, 『개정국회법소개』, 서울: 국회운영위
　　원회 수석전문위원실.
김민전. 1999, 「민주주의 공고화를 위한 국회개혁」, 《계간사상》 여름, 서울:
　　사회과학원(본고에서는 http://prome.snu.ac.kr/~koponist/symposium/국
　　회제도개혁.htm에서 인용).
김형준. 「국회 상임위원회 전문성에 관한 비교고찰」, 한국정치학회 2001년도
　　하계학술회의 발표논문.
박찬욱. 1995, 「한국 의회정치의 특성」, 《의정연구》 제1권 제1호, 14-38.
박찬욱. 2000, 「IMF이후 한국 정치개혁의 과제와 국회의 역할」, 『IMF체제
　　이후의 한국정치의 비전과 전략』, 서울: 국회사무처.
박찬표. 1996, 「한미일 3국 의회의 전문성 축적구조에 대한 비교연구」, 《한국
　　정치학회보》 제30집 제4호.
손병권. 1998, 「의원의 의정활동: 의원의 상임위원회 활동 참여에 대한 평가
　　와 처방」, 『국회개원 50주년기념 특별학술회의 주제발표집』.
임성호. 1998, 「한국의회민주주의와 국회제도 개혁방안」, 《의정연구》 제4권
　　제2호, 112-137.
임성호. 「국회토의 활성화를 위한 제도의 모색: 개정국회법의 시행현황과 평
　　가」, 2001/4/27, 한국 의회발전연구소 창립 20주년 학술세미나 발표논

문, 1-18.

임종휘 외. 1998, 『입법과정론』, 서울: 박영사.

허영호, 「미국하원의 전원위원회 제도」, 《국회보》 403(2000년 5월): 112-120.

홍준형 외. 2000, 「제16대 국회 운영방안에 관한 연구-개정국회법을 중심으로」, 2000년도 국회 연구용역과제 연구보고서(본고에서는 http://www.assembly.re.kr/html/intro3_5_4.htm에서 인용-).

Cole, Michael. 1999, "Accountability and Quasi-Government: The Role of Parliamentary Questions, "*Journal of Legislative Studies* 5(1): 77-101.

Cooper, Joseph. 1970, *The Origins of Standing Committees and the Development of the Modern House*, Rice University Studies 56(3): 1-167.

Dubs, Alf, Lobbying. 1989, *An Insider's Guide to the Parliamentary Process*, London: Pluto Press.

Lees, John D. and Malcolm Shaw eds. 1979, *Committees in Legislatures: A Comparative Analysis*, Durnham: Duke University Press.

Loewenberg, Gerhard and Samuel C. Patterson. 1979, *Comparing Legislature*, Boston: Little, Brown and Company.

Mezey, Michael. 1979, *Comparative Legislatures*, Durnham: Duke University Press.

Mezey, Michael. 1990, *Classifying Legislatures*, in Legislatures ed. Philip Norton, Oxford: Oxford University Press.

Norton, Philip, ed. 1990, *Legislatures*, Oxford: Oxford University Press.

Oleszek, Walter J. 1989, *Congressional Procedures and the Policy Process*, CQ Press: Washington, D.C.

Polsby, Nelson. 1990, *Legislatures*, in Legislatures ed. Philip Norton, Oxford: Oxford University Press.

Shaw, Malcolm. 1990, *Committees in Legislatures*, in Legislatures ed. Philip Norton, Oxford: Oxford University Press.

Smith, S. Steven. 1989, *Call to Order: Floor Politics in the House and Senate*, Brookings Institution: Washington, D.C.

Wilson, Woodrow. *Congressional Government,* 1885, New York: Houghton Mifflin.

제9장 국회 표결제도와 표결연합의 정치역학: 교차투표와 정당투표를 중심으로*

박 찬 표(한국방송광고공사 연구위원)

1. 표결의 함의와 표결연구의 중요성

표결은 의회 운영이나 기능과 관련하여 중요한 함의를 지니고 있다. 먼저 표결은 국민의 대표자인 의원이 자신이 대표하는 이해(interests)나 의사를 국가정책이나 입법으로 연결하는 최종적 행위이며, 국민은 이를 통해 자신이 선출한 의원이 구체적으로 "누구의 이해를 대표"하는가를 확인할 수 있다.

둘째, 표결에는 대의민주주의 '대표성'의 본질에 관한 문제가 내포되어 있다. 표결이 의원 개인의 양심과 판단에 기초해서 이루어져야 하는지, 선거구(유권자)의 이해에 따라야 하는지, 아니면 정당의 당론에 따라야 하는지는 의회와 의원의 대표성의 본질에 관련된 문제이다.

셋째, 표결은 의회가 집합적으로 그 원의 의사를 결정하는 메커니즘으로서, 각국의 표결제도나 표결의 양태는 그 정치체제의 특징을 보여주는 지표가 된다. 표결이 만장일치로 이루어지는지 아니면 직접적인

---

* 이글은 졸저『한국의회정치와 민주주의』(서울, 오름, 2002)에 실린「표결제도와 표결행태: 자유투표와 정당투표」를 일부 수정·보완한 것이다.

표의 대결로 이루어지는지, 표결이 여야간 대결로 이루어지는지 아니면
여러 당간의 신축적 연합으로 이루어지는지, 아니면 개별의원간의 이합
집산의 결과로 이루어지는지 여부 등은 그 정치체제의 의사결정 양식을
보여주는 중요한 척도이다.

넷째, 표결결과는 원내의 표결연합 및 의회표결 균열(legislative voting
cleavages)의 성격을 드러나게 한다. 이를 통해 우리는, 시민사회의 여러
균열이 최종적으로 정치체제 내에 어떻게 반영되는지를 알 수 있으며,
정치·이념·경제·환경·성 등 다양한 이슈를 둘러싼 원내 정치역학의 양
상을 파악할 수 있다.

다섯째, 표결결과는 정당의 힘을 구체적으로 보여준다. 정당의 힘을
나타내는 가장 중요한 지표는 원내 의석수이지만, 정당의 단합도나 정
당의 기율에 따라 정당이 발휘할 수 있는 힘은 크게 차이가 난다. 표결
은 정당의 단합도나 정당기율을 측정하는 가장 중요한 소재이다.

여섯째, 표결과정은 정치세력 간의 대결의 장이기도 하지만, 갈등하
는 사회의 이해가 최종적으로 타협을 이루는 과정이기도 하다. 따라서
표결의 결과나 그 과정을 통해 각국 의회가 어느 정도 사회갈등의 통합
을 이루어 내는지를 파악할 수 있으며, 의사결정이 합의적인지 다수결
적인지 여부를 판단할 수 있다.

이상에서 보듯이 표결제도나 표결의 양태는 대의제민주주의의 운영
및 작동과 관련하여 중요한 의미를 담고 있다. 특히 정당의 세력비가
표결결과를 예측케 해 주는 유럽과 달리, 안건에 따라 다양한 표결연합
이 나타나는 미국 의회에서 표결은 의회연구의 핵심주제가 된다.

이에 비해 우리 국회의 표결제도나 표결양태에 대한 연구는 거의 전
무하다. 가장 큰 이유는 자료의 부족이다. 제16대 국회 들어 전자투표
가 활성화되었지만 그나마 전체 표결의 11.7%에 그치고 있다. 즉 전체
표결의 11.7%에 대해서만 개별의원별 표결내용을 알 수 있기 때문에

체계적인 연구가 어려운 것이다.

그러나 더 큰 문제는 표결에 대해 우리의 시각이 극히 단순화되어 있다는 점이다. 즉 정당투표를 비판하면서 자유투표(교차투표)를 대안으로 제시하는 논의만이 무성하다.[1] 실례로 제16대 국회에 새로이 진출한 '개혁'성향 의원들이 한결같이 내세운 것이 자유투표였다. 자유투표는 대의제민주주의 핵심가치의 하나인 '책임정치'와 배치되며, 현대의 대의민주주의에서 정당이 행하는 중심적 기능을 부정하는 심각한 문제점을 안고 있음에도 불구하고 마치 '자유투표론'이 하나의 교리처럼 논의를 지배하고 있는 것이다.

이러한 우리의 현실을 비판적으로 성찰하기 위해, 이 글에서는 우선 자유투표와 정당투표를 둘러싼 논의를 대표성의 본질과 관련하여 규범적 차원에서 정리하고자 한다(2절). 이어 표결제도나 표결행태를 분석적 차원에서 다루는데, 우선 비교의회론적 시각에서 표결에 영향을 미치는 변수 및 표결유형을 살펴보고(3절), 이를 바탕으로 우리 국회의 표결제도와 표결실태를 분석한 뒤에(4절), 결론에서 문제점에 대한 개선방안을 제시한다. 특히 우리 정치현실에서 자유투표와 정당투표에 대한 바람직한 인식의 틀을 제시하고자 한다.

---

1) 정당투표(party voting)란 의원이 소속정당의 당론에 구속되어 그에 따라 투표하는 것이며, 자유투표(free voting)란 당론에 구속되지 않고 개인의 '양심과 신념'에 따라 자유롭게 투표하는 것을 말한다. 자유투표 결과 원내표결은 당연히 정당균열을 교차하면서 이루어지게 되므로 이를 교차투표(cross-voting)라고 한다.

2. 자유투표와 정당투표에 대한 규범적 접근

1) 대표이론의 측면에서 본 자유투표와 정당투표

(1) 자유투표와 수탁자 모델

대의제 민주주의에서 대표의 의미는 크게 두 측면에서 접근할 수 있다. 먼저 대표자의 구성(composition)에 초점을 두는 접근으로, 대표기구는 국민의 다양한 구성을 있는 그대로 반영하는 거울 또는 소우주가 되어야 한다는 소우주(microcosm)모델이 이에 해당한다. 이와 달리 대표자가 실제로 의회에서 무엇을 하느냐, 즉 대표자의 행동(action)에 초점을 두는 접근이 있는데, 수탁자(trustees)모델, 파견인(delegates)모델 등이 이에 해당한다(Pitkin 1967, Judge 1999).

이 중 자유투표를 정당화하는 이론적 근거가 되는 것이 수탁자모델이며, 대표적 사상가는 E. 버크(Burke)이다. 버크에 의하면 의원은 지역선거구 대표로 선출되어 의회에서 출신선거구의 이해를 실현하려고 한다. 그러나 의원들이 협애하고 분파적인 지역선거구민의 이해에 구속될 경우 오히려 원래 목표를 좌절시키게 된다. 선거구민의 의견, 즉 여론은 부족하고 잘못된 정보에 기초할 수 있으며 불안정한 것이기 때문에, 의원의 임무는 그들의 의견을 따르는 것이 아니라 '그들의 의견에 반하면서까지 그들의 이익을 증진시키는 것'이 되어야 한다. 그리고 자신의 이익과 국가이익의 실현방법을 알지 못하는 유권자로서는, 국가이익의 증진을 통해 자신들의 이익을 증진시켜 줄 능력과 재능을 지녔다고 판단되는 자를 자신의 대표로 선출한 뒤에, 그들에게 재량권을 부여하여야 한다. 결국, 의원은 비록 지역선거구민의 대표로 선출되었지만 의회에서는 국민의 대표로서 국가의 이익을 위해 결정을 내려야 하고, 이를 위해 선거구나 유권자의 이해와 지시로부터 벗어나 오직 자신의 양심과

판단에 따라야 한다는 것이다.[2)]

버크에 있어서 선거란 유권자가 자신의 정책선호를 표현하고 이것이 대표자의 행위를 야기하고 간섭하는(proactive) 메커니즘이 아니라, 재능과 능력을 지녔다고 생각되는 자에게 선거구와 국가의 이익을 판단하고 결정할 권한을 신탁(trust)하고, 그가 선거구의 이해를 얼마나 효과적으로 보호하고 대변했는가를 사후적으로 평가하는 반응적(reactive) 과정으로 규정된다(Judge 1999, 47-52).

한편 수탁자모델은 민주주의를 '다수의 전제'(tyranny of the majority)로 위험시하던 시기의 산물이었다. 버크와 달리 1인1표의 보통선거권을 확실히 주창했던 J. S. 밀이 대표개념에서는 여전히 버크와 같이 수탁자이론을 옹호한 것은 이런 이유에서였다. 밀은 민주주의를 주창하면서도 계몽되지 못한 대중이 자신의 단기적·계급적 이익을 위해 장기적인 일반이익을 희생시킴으로써 민주주의가 '거짓 민주주의'(false democracy) 즉 '다수의 전제'로 현실화될 것을 두려워하였다. 이에 대한 해결방안은 "유권자가 자신보다 현명한 자를 대표로 선택하여 그들의 의견에 따르는 것," 즉 신탁통치(trusteeship)였다. 파견(delegation)으로서의 대표개념은 오류일 뿐 아니라 위해한 것이며, 대표에게는 자유로운 재량권이 주어져야 한다는 것이다(Judge 1999, 54-57).

결국 수탁자모델은 대중에 대한 귀족주의적·엘리트주의적 관점에 기초한 것으로, 대중의 정치참여가 실현되기 이전인 19세기 말까지 존속한 자유주의적 선거권 제한체제(régime censitaire)와 간부정당(cadre party)을 그 현실적 근거로 하였고, 다른 한편 그것을 정당화하는 논리로 기능했다.

---

2) 버크는 유명한 브리스톨(Bristol) 연설을 통해 "당신이 그를 선택한 이상, 그는 브리스톨의 의원이 아니라 국회의 의원이다"고 설파하고 있다.

따라서 보통선거권 확립에 따른 대중 민주주의 도래와 함께 수탁자모델은 그 현실적 근거를 침식당하게 된다. 교육받고 계몽된 시민의 등장은 수탁자모델의 근거를 붕괴시키는 요인이 되었으며, 특히 대중정당과 정당정부의 등장에 따라 수탁자이론은 그 현실적 기반과 함께 현실에 대한 설득력을 상실하게 되었다.

(2) 정당투표와 정당대표 모델

정당투표는 '정당대표' 모델에 의해 정당화된다. 따라서 정당투표의 논리적·규범적 근거를 이해하기 위해서는 정당대표 모델에 대한 이해가 필요하다. 정당대표 모델의 핵심은 원내정당의 기율이 어떻게 정당화되느냐에 있다. 즉 선출된 대표자들이 선거구민의 이해와 요구에 반해, 그리고 자신의 양심과 판단에 반해 당의 정책에 찬성하도록 당지도부에 의해 강요될 경우, 이것이 어떻게 정당화될 수 있느냐이다. 정당대표 이론에서 제시하는 그 정당성의 근거는 '선거를 통한 명령'(electoral mandate)이다. 이에 따르면, 선거에서 경쟁하는 정당은 정강정책이라는 일련의 응집되고 일관된 정책프로그램을 유권자에게 제시하며, 유권자는 이러한 정책프로그램간의 차별성을 근거로 특정 정당을 선택하게 된다. 따라서 선거에서 승리한 집권당은 자신의 정책프로그램을 실천으로 옮길 정치적 책임을 지고 있으며, 다음 선거에서 그 약속의 실현 여부에 대한 유권자의 심판을 받게 된다.

이처럼 정당대표 모델이 전제로 하는 것은 개별 유권자와 대표자간의 일 대 일 관계가 아니라 집합적 관계이다. 유권자는 개인이 아니라 특정 사회집단의 일원으로 존재하며, 정당은 경쟁하는 사회집단이 자신의 요구를 국가정책으로 실현시키기 위한 수단으로 자리매김 된다. 유권자는 집합적으로 특정정당의 지지자가 되고, 대표자는 정당의 후보로서 선거에서 유권자와 대면하며, 대표자는 정당의 후보로서 선택된다. 따

라서 개별의원은 소속정당이 선거에서 제시한 정책프로그램을 실현할
집합적 책임을 지게 되며, 원내정당의 기율은 이를 위해 필요할 뿐 아
니라 규범적으로 정당화된다. 당내 기율을 부과하는 원내 지도부의 행
위는 "정당의 프로그램을 통해 매개되는 유권자의 선거선택"에 의해
합리화되는 것이다. 정당이 원내에서 단합된 표결블록을 유지하는 것은
책임정부 또는 책임정당정부(responsible party government)의 기본조건
이 된다(Judge 1999, 70-75; Katz 1987; Mair 1997, 94-95).

(3) 자유투표와 정당투표 모델의 변질과 현실적 의미

현실정치에서 의원들은 자유투표 모델과 정당투표 모델이 제시하는
개인적 양심과 판단이나 정당의 당론 외에도 선거구의 이해나 이익집단
의 의사 등을 대변하고 있다. 즉 오늘날 정치현실에서 대표기능은 국가
이익의 대표, 정당의 대표, 선거구 이익의 대표, 시민사회 내 조직이익
의 대표 등 다차원적 수준에서 복합적으로 실현되고 있다. 따라서 의원
의 대표기능도 수탁자나 정당인이라는 단일차원이 아니라 다차원적 측
면에서 이해하는 것이 현실적이다. 이러한 현실정치 상황에서 자유투표
와 정당투표는 각각 어떻게 기능하고 어떠한 의미를 가지고 있는가를
살펴보기로 한다.

먼저 자유투표의 경우를 보자. 자유투표의 근거가 되는 '수탁자로서
의 대표'개념은 그 시대적 배경이 상이함에도 불구하고 아직까지 규범
적 수준에서 의원의 바람직한 행동지침으로 받아들여지고 있다. 예컨대
정당의 기율이 가장 강력한 영국의 경우에도 버크의 수탁자이념은 여전
히 의원의 행위를 지도하는 지침으로 의미를 가지고 있다.[3] 하지만 오
늘날 자신을 전적으로 국가이익을 위한 수탁자로 인식하는 의원은 없을

---

3) 버크협회(Edmund Burke Society)는 브리스톨 연설 사본을 회기 초 모든 의
원에게 송부하고 있다.

것이다.

이러한 현실에서 자유투표는 당론에 반하는 표결을 할 경우 또는 자신의 행동이 선거구 여론이나 이익집단의 요구 등과 갈등을 일으킬 때 이를 합리화하고 자신의 행동을 정당화하는 수단으로 종종 이용된다. 즉 수탁자로서의 대표개념은 의원의 생각이 지역구 여론, 당의 정책, 이해집단의 요구 등과 상충될 경우 자신의 행동을 정당화하는 수단으로 동원된다(Judge 1999, 60-61).

정당차원에서 파악할 때 정당이 주도적으로 의원들에게 자유투표를 허용하는 대표적 사례가 양심이슈이다. 그러나 양심이슈에 대한 자유투표 역시 개인의 양심과 판단에 대한 존중보다는 정당의 전략적 차원에서 이용되고 있다는 비판이 설득력을 지닌다. 즉 자유투표는 당 소속 의원 사이에 심각한 이견이 존재할 때 행해지는데, 이러한 당내 이견은 곧 당의 지지자와 유권자 내에 분열이 존재하며, 따라서 해당 이슈를 둘러싸고 유권자의 지지를 동원하는 데 상당한 불확실성이 존재함을 의미한다. 이러한 상황에서 자유투표는 당 지도부가 문제를 회피하는 실용주의적 수단으로 이용된다는 것이다. 또한 유권자 다수가 원하는데 당 소속의원 다수가 반대하는 안건을 처리하거나 유권자에게 인기가 없는 결정을 내릴 때 이를 합리화하는 수단으로 자유투표가 동원된다는 비판도 제기된다(Judge 1999, 61).

자유투표의 의미가 현실정치에서 이렇게 변형되어 나타나듯이, 정당투표 역시 '책임정당정치'의 수단이라는 그 본래의 의미대로 운영되고 있지 못하다. 정당투표는 수탁자모델이 제시하는 엘리트주의적 간접민주주의 개념에 대항하여 인민의 정치적 의사를 보다 직접적으로 정치과정에 반영시킴으로써 국가정책에 대한 인민의 통제를 실현하는 인민주권(popular sovereignty)의 수단으로 제시되고 정당화되었다. 이때 전제가 되는 것이 '대중정당'이다(Mair 1997, 95). 즉 대규모 당원을 기반으로 유권자(당지지자)와 밀접한 결속체제를 갖추고 있는 대중정당은 특정 사회계층이나 계급이 자신들의 이념이나 이해를 실현하기 위한 수단으로 상정되며, 정당투표는 이러한 당의 기능을 실현하기 위한 필수불가결의 요건으로 제시된다.

그러나 정당체제나 정당구조가 고전적 대중정당 모델에서 크게 변화된 현대정치에서 책임정당정치나 정당투표의 의미 역시 크게 변질되어 나타나고 있다. 먼저 당원의 감소, 지지기반의 이탈, 부동층의 증가, 지지자와 정당 결속체제의 해체 등으로 인해 현대정당은 특정 지지계층을 겨냥한 '대중정당'에서 '포괄정당'(catch-all party)으로 변화되었다. 이는 정당간 이념·정책의 차별성에 희석을 가져왔고, 그 결과 정당이 선거에서 제시하는 것은 비전에 대한 일반적인 언급 아래 비슷한 정책의 조합이 되었다. 유권자 역시 이전과 같은 특정 사회집단으로서의 집합적 일체감을 상실하게 되면서, 정책이나 프로그램보다는 다른 요인(통치능력, 업적, 리더십 이미지)을 더 중요한 투표의 준거로 생각하게 되었다. 선거공약은 더 이상 집권 이후 행할 정책에 대한 가이드가 되지 못하고 있으며, 선거는 정책이나 프로그램보다는 정치지도자를 선택하는 과정이 된다. 정당이나 의원은, 지지집단의 파견인(delegates)으로서 그들의 의사를 얼마나 충실히 대변하고 이행하는가 하는 대표능력에 의해 평가받는 것이 아니라, 집권 이후의 정책형성·수행능력에 의해 평가받는 일종의 기업가(entrepreneur)와 같은 존재가 된다(Mair 1997, 109, 106).

이러한 포괄정당 체제하에서 책임정치는 대중정당 체제의 그것과는 다른 메커니즘을 통해 실현된다. 즉 포괄정당 체제에서 인민적 통제는 '선거를 통한 명령'을 통해 사전적으로 확보되는 것이 아니라, 선거에 의한 사후적 평가와 책임추궁을 통해 확보된다(Judge 1999, 72-74; Mair 1997, 95-96). 이런 메커니즘에서 정당투표란 유권자에 의한 사후적 평가와 책임추궁을 가능케 하는 조건으로서 의미를 갖는다. 즉 정당이 응집력 있는 정치세력으로 존재할 때 비로소 유권자들은 책임추궁을 할 대상을 가질 수 있게 되는 것이다. 즉 정당이 정치적 책임성을 담보하는 정치단위로 존재하기 위해서 정당의 단합성이 유지되어야 하는 것이다.

이처럼 포괄정당 체제에서 국가에 대한 인민적 통제는 간접적이고 사후적인 것으로서, 대중정당에 기초한 책임정당 정부모델이 제시하는 것보다 약화된다. 그러나 책임정부 모델에 대한 보다 근본적 위협은 정당이 시민사회와 분리되어 준국가기구(semi-state agency)로 변질되는 소위 '카르텔 정당'(cartel party)의 등장으로 인해 초래된다. 정당에 대한 전반적 지지이탈 및 투표참여율 하락 등으로 인해 정당과 시민사회의 연계는 더욱 약화되는 반면, 정당은 국고보조금 등을 통해 그 존립을 국가에 점점 더 의존하게 된다. 정당간 이념적 간격의 축소는 연립정부 참여 폭의 확대를 가져왔으며, 정치엘리트들은 엘리트간 권력공유 메커니즘의 개발을 통해 정당간 권력투쟁의 위험을 축소시키면서 공직과 공적 재원을 공유하는 일종의 권력카르텔을 형성하게 된다.

따라서 카르텔정당 체제하에서 선거는 더 이상 대안적 정치집단간의 권력교체를 둘러싼 경쟁이 아니게 된다. 선거를 통한 권력교체의 정도는 엘리트 카르텔 내부에 권력공유의 메커니즘이 형성됨으로써 현저히 약화된다. 정도의 차이는 있지만 대중정당과 포괄정당 체제하에서 '권력에 대한 인민적 통제'를 실현하는 메커니즘으로 기능했던 선거는 정치엘리트들이 충원되고 정당성을 부여받으며 이들이 수행하는 정책에 대한 인민의 반응(feedback)을 수렴하는 정치과정의 일부로 그 의미가 축소된다(Mair 1997, 109-115).

이는 결국 정당의 단합이나 정당투표가 책임정당정치를 실현하는 수단이라는 그 본래적 의미를 상실하는 것으로 귀결된다. 정당의 기율이나 정당투표는 정치엘리트들이 국가기구나 공직 등의 전리품을 둘러싸

고 벌이는 권력경쟁의 수단이 되거나 당에 대한 정당 지도부의 지배를
뒷받침하는 수단, 또는 전리품을 목표로 하는 정치엘리트들의 자발적
동의의 결과물이 될 뿐이다.

문제를 더 악화시키는 것은 동구나 제3세계 신생 민주국가에서 나타
나는 변형된 카르텔정당 체제이다. 이들 신생 민주국가의 경우 시민사
회의 이해를 분할해서 반영하는 서구식 대중정당의 출현과 성장이 억제
되고, 정당의 조직과 기능은 명사정당 단계에서 카르텔정당으로의 직접
적인 전환이 두드러진다. 특히 이러한 카르텔정당은 시민사회의 균열과
이익을 정치사회 및 국가에 반영하는 것이 아니라, 정치사회를 분할 장
악한 채 스스로 정치균열을 창출하여 시민사회에 하향 부과하고 이를
통해서 시민사회를 식민화한다(김수진 1998, 6). 이런 경우 정당의 기
율이나 정당투표는 시민사회와 괴리된 소수 과두엘리트의 정당지배 수
단이거나 이들간의 권력경쟁의 수단이 될 뿐이다.

2) 헌법론의 입장에서 본 자유투표와 정당투표

의회주의의 원리에 따를 때 국회의원은 국민 전체의 대표자로서 국민
과는 자유위임 또는 무기속위임(無羈束委任)의 관계에 있다. 따라서 국
회의원은 특정개인이나 선거구민 또는 특정 이익집단이나 정당 등 어느
누구의 지시나 명령에도 구속되지 않고 의원 스스로의 독자적 판단에
따라 행동한다. 독일 기본법, 덴마크 헌법은 이를 명문으로 규정하고
있으며,4) 우리 헌법도 제7조 1항, 제46조 2항, 제45조 등을 볼 때,5) 국

---

4) "그들(연방의회 의원)은 국민 전체의 대표자이고 명령과 지시에 구속되지 않
으며 자신의 양심에만 따른다"(독일기본법 제38조 1항 2문). "의원은 유권자
에 의한 어떠한 지시에도 구속되지 않고 오직 자신의 양심에만 따른다"(덴마
크 헌법 56조).

5) "공무원은 국민 전체에 대한 봉사자이며, 국민에 대하여 책임을 진다"(제7조
1항), "국회의원은 국가이익을 우선하여 양심에 따라 직무를 행한다"(제46조

회의원의 국민 전체 대표성과 자유위임 관계가 인정되고 있음을 알 수
있다(김문현 1992, 37).

그러나 현대민주주의에서 의회정치의 실제는 이에 부합되지 않는 것
이 현실이다. 현대국가에서 정당국가적 발전에 의해 국회의원은 특정정
당의 당원으로서 사실상 소속정당의 규율과 지시, 통제에 구속되고 그
정당의 의사를 대변하고 있다. 우리 헌법 제8조의 정당규정은 이러한
정당국가적 발전을 수용한 것이라 할 수 있고6), 또 국회법은 20인 이상
소속의원을 가진 정당을 하나의 교섭단체로 하여(국 33) 교섭단체를 중
심으로 본회의나 위원회를 운영하도록 함으로써 사실상 정당을 중심으
로 의회정치가 운영되도록 하고 있다(김문현 1992, 36-37).

따라서 이러한 정당국가적 헌법현실과 대의제 민주주의론에 기초한
헌법규범간에는 대립과 긴장이 불가피하게 야기될 수밖에 없으며, 국
회의원의 국민 전체 대표성과 정당 대표성을 어떻게 이해하고 양자간
의 조화를 어떻게 모색할 것인가가 중요한 문제가 된다. 이러한 문제
는 의회정치 운영의 여러 부문에서 제기되고 있는데,7) 그 중 한 분야
가 바로 국회에서의 표결행위에 대한 당론 구속의 정도이다. 즉 국민

제2항), "국회의원은 국회에서 직무상 행한 발언과 표결에 관하여 국회 외에
서 책임을 지지 아니한다"(제45조).
6) ① 정당의 설립은 자유이며, 복수정당제는 보장된다. ② 정당은 그 목적·조
직과 활동이 민주적이어야 하며, 국민의 정치적 의사형성에 참여하는 데 필요
한 조직을 가져야 한다. ③ 정당은 법률이 정하는 바에 의하여 국가의 보호를
받으며, 국가는 법률이 정하는 바에 의하여 정당운영에 필요한 자금을 보조할
수 있다. ④ 정당의 목적이나 활동이 민주적 기본질서에 위배될 때에는 정부
는 헌법재판소에 그 해산을 제소할 수 있고, 정당은 헌법재판소의 심판에 의
하여 해산된다.
7) 국회의원의 탈당에 따른 의원직 상실 여부, 소속정당의 위헌 해산시의 신분
상실 여부, 당의 정책이나 당론에 대한 강제의 허용 정도 등이 그것이다. 자
유위임 관계와 정당국가적 경향간의 이러한 긴장 및 그로부터 제기되는 제반
문제에 대해서는 허영 1988, 253-254; 김중권 1990, 71-75; 강경근 1992 등
을 참조.

의 대표로서 자유위임의 관계에 있는 의원의 '표결행위의 자유'의 문제와 정당정치의 현실에서 나타나는 '표결에 대한 당론의 구속'간의 긴장이 그것이다.

일찍이 이 문제는 정당에 의한 의원 구속을 강하게 내포하는 구속명부식 비례대표제를 택한 바이마르헌법을 계기로 제기되었는데, 이에 대해서는 ① 당론구속의 부정, ② 당론구속의 한정적 긍정, ③ 당론구속의 전면적 긍정이라는 3가지 견해가 대립되었다. 이 세 견해 중 현재 일반적인 다수의견으로 받아들여지는 것은 '당론구속의 한정적 긍정론'이다(前田英昭 1994, 28-19). 이는 곧 현대의 대의민주주의는 정당정치를 통하여 이루어지며, 정당정치는 정당의 일체성과 이를 위한 당론구속을 전제로 하여 성립됨을 인정하는 것이다. 또한 의원이 정당의 일원으로서 의석을 획득한 이상 당론에 따라 행동함은 당연한 것이며, 이는 '명령적 위임'을 금하는 헌법의 취지에 반하는 것이 아니라는 해석이다. 그러나 당론구속은 한정적으로 인정된다. 헌법의 규범적 구조를 중시하면서 정당국가적 현실을 국회의원의 전체 국민 대표성을 침해하지 않는 범위 내에서 인정하는 것이다. 따라서 의원의 당론위반은 당에서의 제명을 포함한 제재조치의 대상은 되지만, 그 제재는 당내문제로서 법적으로 의석의 박탈까지 미치는 것은 아니라고 해석된다(김문현 1992, 36-37; 前田英昭 1994, 28-29).

3. 표결제도와 표결유형에 대한 분석적 접근

1) 표결제도

각국 의회의 표결제도는 의원 개인의 투표내용 공개 정도를 기준으로 비공개투표(비밀투표), 반공개투표(또는 익명투표), 공개투표(또는 기록투표)로 구분된다(Saalfeld 1995). 먼저 비공개투표란 개별의원의 입장이 공개되지도 기록되지도 않는 것으로, 투표용지를 이용하는 무기명투표가 이에 해당한다. 반공개투표는 의원의 입장이 완전히 비공개되는 것은 아니지만 공개적으로 기록되지 않는 것으로, 이의 유무를 묻는 방법, 발성투표(voice), 거수투표, 기립표결, 무기명 투표지나 표식이 있는 구슬, 패 등을 이용한 표결, 독일 의회의 분열표결[8] 등이 이에 해당한다. 이에 반해 기록표결은 개별의원의 찬반 여부가 공개될 뿐 아니라 공개적으로 의사록에 기록되는 것으로, 분열표결(division), 호명투표(rollcall), 기명투표, 전자투표 등이 이에 해당한다.

표결제도의 차이는 표결행태에 중요한 영향을 미친다. 먼저 비밀투표는 개별의원의 의사가 공개되지 않기 때문에 의원에게 보다 많은 선택의 자유를 부여하며, 따라서 정당단합도를 낮추는 결과를 초래한다. 대표적인 예가 전후의 이탈리아인데, 비밀투표 제도가 당 노선에 대한 광범위한 이탈을 촉진한 요인으로 평가된다. 이와 달리 기록표결은 정당 지도부가 의원들의 표결내용을 감독하고 통제하는 수단으로 이용될 수 있다(Bowler, Farrell, Katz 1999, 11). 영국의 경우 한 의회기에 1천 번 이상의 분열투표가 행해지고 있다. 한편 기록표결의 경우 의원은 이탈자로 이름이 오르는 것을 회피하기 위해 자신의 선거구에 중요한 이해가 걸린 중요한 이슈에 대해서도 당의 다수의사를 따르는 경향을 보일 수 있다. 이러한 요인으로 인해 기록표결은 정당단합도를 높이는 요인으로 평가된다.

표결제도의 이러한 효과 때문에 그 선택의 문제는 정당의 원내전략에서 중요한 의미를 지닌다. 기록표결은 원내 다수세력에 의해 이탈표

---

8) 독일의 분열투표는 Hammelsprung(양떼를 몰아 모으기)이라 하는데, 영국 등과 달리 의원의 개인적 입장이 공개적으로 기록되지 않는다(김광웅· 김학수 · 박찬욱 1991, 77).

방지수단으로 이용된다. 따라서 기록표결은 다수당이나 연립여당의 마진이 적을수록, 정당체제의 파편화가 진행될수록 증가하는 양상을 보인다. 다른 한편 기록표결은 소수당이 자신의 견해를 공개적으로 표출하여 국민에게 호소하기 위한 수단으로, 또는 시간 소모적 절차를 통해 정부의 의사를 지연시키기 위한 수단으로 이용되기도 한다.9) 따라서 기록표결의 횟수는 정당경쟁도 및 원내의사결정 양식과 밀접히 관련된다. 즉 기록표결은 집권당과 야당의 관계가 다수결주의적 요소에 의해 특징지어지는 의회에서 빈번하게 나타나며, 그 회수는 다수결 결정의 빈도, 여야갈등의 정도를 나타내는 지표가 된다(Saalfeld 1995).

각국 의회는 소수파에 의한 의사절차의 남용을 막기 위해 기록표결의 요건을 의사규칙 등에서 규정하고 있는데, 대표적으로 영국이나 아일랜드의 경우 의원 1인이 기록표결을 요구할 수 있는 반면, 노르웨이는 의원 과반수, 스페인과 포르투갈은 각각 의원 20%와 10% 이상으로 요건을 강화하고 있다.10) 기록표결 요건은 기록표결 횟수와 밀접한 관계를 가진다. 한편 전자투표제의 도입은 기록표결의 시간지연 수단의 의미를 소멸시키는 효과를 가져왔고, 이로 인해 기록표결 횟수의 증가를 초래한 요인으로 지목된다.

---

9) 대표적인 사례로 독일 녹색당은 1986년 1월 연방도로법에 대해 209건의 수정안을 제출하면서 51회의 기록표결을 요구하였고, 이에 대해 연방의회 장로평의회(운영위원회)는 이를 일괄 처리하여 단 1회의 기록표결을 실시하기로 결정하였다(Saalfeld 1995, 548).

10) 각국 의회의 기록표결 요건은 다음과 같다(Saalfeld 1995, 549). 의원 과반수(노르웨이, 포르투갈), 의원 20% 이상(스페인), 의원 10% 이상(포르투갈), 의원 5% 이상(독일, 그리스), 의원 30인 이상(스위스 하원), 의원 20인 이상(오스트리아, 핀란드, 이탈리아), 의원 17인 이상(덴마크), 의원 12인 이상(벨기에), 의원 10인 이상(스위스 상원), 의원 5인 이상(룩셈부르크), 의원 1인 이상(아이슬란드, 아일랜드, 네덜란드, 스웨덴, 영국), 원내교섭단체(프랑스, 독일, 이탈리아, 스페인), 행정부 또는 행정부 장관(프랑스, 아이슬란드), 의회 위원회(프랑스), 헌법에 규정된 안건(프랑스, 노르웨이), 의사규칙에 규정된 안건(핀란드, 이태리, 노르웨이, 스페인, 스웨덴).

기록표결 제도는 유권자가 자신의 대표자의 행태를 감시하는 수단으로 중요한 의미를 가지며, 이런 점에서 간접민주주의에서 나타나는 대리인문제(agency problem)를 해결하는 수단이 된다. 1970년대 미 의회의 개혁과정은 이를 뚜렷이 보여준다. 70년대 의회개혁의 중요한 목표 중의 하나는 시민들이 의회를 통제할 수 있는 메커니즘을 갖추기 위해 의회의 진행과정과 결과를 보다 더 많이 시민들에게 공개하는 것이었다. 이를 위해 1970년 "의회 재조직법"은 호명투표 외에 분열투표의 경우에도 개별의원의 찬반의사가 기록되도록 하고, 위원회 투표에서도 개별의원의 찬반 여부가 기록되도록 했다. 그리고 1973년 기록투표의 신속성을 높이고 개별의원의 입장이 보다 잘 드러나도록 하기 위해 전자투표제를 도입하였다. 이는 위원회와 본회의에서 특정 법안에 대한 의원찬반을 시민들이 확인할 수 있도록 하기 위한 조치였다.11)

2) 표결행태에 영향을 미치는 변수

표결연구에서 중요한 주제의 하나는 정당단합도 및 정당간 갈등의 정도를 측정하고, 이에 영향을 미치는 변수를 분석하는 것이다. 정당의 단합도는 정당 단합점수(party unity score), 라이스 지수(Rice index of cohesion) 등으로 계량화되며, 정당간 갈등의 정도는 정당투표 점수(party vote score)로 계량화된다.12) 각국 의회의 정당 단합점수나 정당

---

11) 미 상원은 아직 전자투표제를 도입하지 않고 있다. 상원은 다수결주의보다는 소수자 보호와 만장일치의 의사결정을 추구하는 전통이 있기 때문이다.

12) 미 의회의 경우 민주당 의원의 과반수와 공화당 의원의 과반수가 반대되는 방향으로 입장을 취하면 이를 '정당투표'라고 한다. 이에 반해 유럽(영국) 의회의 경우는 여당의원의 90% 이상이 야당의원의 90% 이상과 반대되는 표결을 하였을 경우 정당투표가 행해졌다고 평가된다. 전체 기록표결 중에서 이 기준에 맞는 표결의 비율이 곧 정당투표 점수(party vote score)가 된다. 한편 정당의 단합도는 정당 단합점수(party unity score)로 나타나는데, 이는 정당투표가 발생할 경우 각 당 노선에 동조하는 의원의 비율을 구한 것이다. 한편

투표 점수를 비교할 때 두드러진 특징은 유럽지역 의회의 높은 점수와 미 의회의 낮은 점수이다.

이러한 차이는 다음과 같은 제도적·문화적·사회적 변수에 의해 설명된다(Collie 1985, 479-480; Jensen 2000, 211-213). 첫째, 국가의 권력구조, 즉 정부형태이다. 의회중심제의 경우 내각을 지지하는 여당의 일체성 확보가 내각의 존립을 위해 구조적으로 요청된다. 의회중심제는 호명투표를 정부의 신임문제에 결부시킴으로써 정당 응집력의 합리적 동기를 확보할 수 있으며, 개별의원의 경우에도 정부 붕괴시에 집권당의원으로서 얻는 자신의 몫이 상실되므로 당론에 따를 합리적 동기를 가지게 된다. 따라서 의회중심제에서는 일반적으로 강한 정당 응집력과 정당기율을 볼 수 있으며, 정당투표가 일반적으로 나타난다. 그러나 대통령제의 경우 의회의 다수파 형성이 행정부의 존속을 좌우하는 것은 아니며, 정부 제출법안에 대한 표결의 결과가 정권의 존속을 위협하는 것도 아니다. 따라서 집권당 의원이 정부정책에 대해 반대투표를 하는 것이 가능하며, 내각제와 같은 강력한 정당기율은 불필요하게 된다.

두 번째 변수는 정치문화이다. 일반적으로 집합적·집단적 대표개념이 지배적인 경우 의원은 기능적 대표나 당·사회계급·직업집단의 대표로 인식되므로 당의 응집력이 강하다. 이에 반해 개인주의적·자유주의적 대표개념이 지배적인 곳에서는 당의 응집력이 약하다.

세 번째 변수는 사회구조적 조건이다. 사회·경제적 계급균열이 선명하고 자본세력과 노동세력을 대표하는 보수·진보의 대립구도가 형

유럽의 경우에는 정당단합도를 측정하는 다른 지수로 Rice지수가 자주 사용되는데, 이는 100× | 2p-1 | 로 정의된다(p는 어떤 안건에 대한 한 정당 내의 찬성비율임). 예를 들어 정당소속 의원의 50%가 각각 찬성과 반대로 갈렸을 경우 정당 단합점수는 50이지만 Rice지수는 0이 된다(Hurley 1989, 116; 김광웅·김학수·박찬욱 1991, 73-74).

성되어 있는 경우 정당정치는 계급적 입장을 강하게 반영하는 계급정당간의 대립으로 나타나게 되고, 이에 따라 정당의 응집력 및 정당기율이 강하게 된다. 양극화된 유권자와 양극화된 정당체제는 정당간의 이념적 거리를 넓혀 의원이 당을 이탈하거나 당을 넘나들지 못하게 하는 억제요인으로 작용하는 것이다. 선거경쟁이 선거구나 지역의 이슈를 벗어나 전국적 이슈를 중심으로 전개될수록, 즉 선거정치의 전국화가 이루어질수록 당 응집력은 높아진다(Bowler, Farrell and Katz 1999, 6, 12).

네 번째는 정당의 구조이다. 대규모 당원과 원외조직, 적극적으로 당활동에 참여하는 당원을 가진 대중정당의 경우 높은 정당단합도를 보여준다. 특히 후보 선발과정이 중앙당조직에 의해 통제될수록 원내정당의 단합도는 증가하게 된다.

다섯 번째는 선거제도이다. 소선거구제의 경우 공천과정에 지방적 영향력이 행사될 수 있으므로 당의 응집력은 감소하게 된다. 이에 반해 중앙당이 명부작성 권한을 갖게 되는 비례대표제의 경우 당의 단합도는 증가하게 된다.

이상의 제도적·사회구조적·정치문화적 요인은 대체로 유럽 정당의 높은 정당단합도와 미국 정당의 낮은 단합도를 설명해 주고 있다. 유럽의 경우 의회 중심제, 집단주의적 대표개념, 계급균열을 반영하는 정당체제, 강력한 사민당의 존재, 비례대표제 등의 요인이 높은 정당단합도와 정당기율을 가져온 것이다. 이에 반해 미국의 경우 대통령중심제, 개인주의적 대표개념, 이념적 균열이 약한 사회구조와 사민당의 부재, 소선거구제 등의 요인이 낮은 정당단합도를 가져온 요인으로 분석된다.

표결행태에 영향을 미치는 그 외의 요인으로는 의회 업무량을 들 수 있다. 업무량의 증가는 원내의 분업과 전문화를 가져와 상임위와 당 정책전문가의 역할증대를 초래하고, 이에 따라 의원은 관련 위원회 및 당 전문가에게 보다 의존하게 되며, 특별한 상황이 아니고는 당의 노선에 따르게 된다는 것이다.

한편 정당단합도가 낮은 미 의회의 경우 의원의 투표행태는 정당의 집합행태보다는 의원 개별행태의 측면에서 많이 분석된다. 이에 따르면 표결에는 정당의 노선 외에 선거구의 이해, 개인적 태도와 인식 등이 중요한 영향을 미친다. 선거구의 특징을 비교할 때 전형적 선거구, 안전 선거구 출신일수록 선거구의 영향을 덜 받게 되며, 다선일수록 당에 대한 자율성이 증가하는 것으로 나타나고 있다.

각국의 표결행태를 살펴볼 때 특징적인 것은 시대에 따라, 그리고 정책분야에 따라 정당단합도나 정당간 갈등의 정도가 차이를 보인다는 점이다. 예컨대 미국의 경우 정당투표는 60년대까지 감소하다 70년대 중반 이후 뚜렷한 증가세를 보이고 있으며, 영국의 경우 70년대 이후 정당단합도는 하락하고 있다. 다른 한편 정치, 외교국방, 경제, 사회, 복지 등 정책영역과 안건의 성격에 따라서 정당단합도나 정당간 갈등의 정도는 차이를 보이며, 상이한 표결균열을 보이고 있다. 이에 따라 시기별·영역별 표결행태와 표결균열의 차이를 확인하고 그 변수를 밝히는 것이 표결연구의 주요한 주제가 되고 있다(Collie 1985).

3) 표결유형

각국 의회에서 나타나는 표결양상은 몇 가지 유형으로 구분될 수 있다. 표결에 미치는 정당의 영향력에 초점을 둘 경우 자유투표, 정당투표로 구분할 수 있고, 그 결과에 초점을 둘 때 교차투표, 정당투표로 구분할 수 있다. 한편 표결에서 나타나는 승리연합의 규모에 따라 과반, 절대다수, 만장일치 표결의 3유형으로 구분될 수 있는데, 이는 원내갈

등의 해소 정도를 보여주는 지표로 이용될 수 있다. 즉 만장일치 표결
의 비중이 높을수록 갈등해소와 타협에 의한 합의의 정도가 높은 것으
로 해석될 수 있다(Beyme 1998).

여기에서는 뢰벤버그와 패터슨이 제시한 개인주의적 투표, 여야 대결
투표, 정당연합 투표의 구분에 따라 표결유형의 특징과 구체적 사례를
살펴보기로 한다(Loewenberg & Patterson 1979, 212-225).

(1) 개인주의적 투표

개인주의적 투표는 여러 중첩하는 하위 정책체계가 있고, 단일한 사
회경제적 균열이 존재하지 않으며, 행정부의 존속이 의회 표결결과에
의해 좌우되지 않고, 정당기율이나 이념적 기속이 상대적으로 약하며,
의원 개인과 선거구간의 연계가 강한 나라에서 발견된다. 대표적 예가
미국이다.

미 의회에서는 소속정당 외에 개인적 정책선호, 지역구의 이해관계,
이익집단의 요구, 이념적 차이 등 다양한 요인이 표결행위 및 표결연합
형성에 영향을 미치고 있다. 이러한 요인 중 어느 하나도 압도적이지
못하고 각기 의안별로 다른 무게의 영향력을 행사한다. 따라서 의안에
따라 교차투표와 정당투표가 혼합적으로 나타나며, 표결의 집합적 결과
인 의회 표결연합에서도 보편적 연합(universalistic coalition), 정당연합
(partisan coalition), 이념적 연합(ideological coalition)이라는 3유형이 발
견된다(Hurley 1989, 113).[13]

미 의회에서 정당의 응집력은 70년대 초까지 지속적으로 감소해 오

---

13) 정당연합은 정당이 표결에 광범한 영향을 미치는 경우로 정당간 이견이 크
고 당내 단합이 높은 사안에서 나타난다. 이와 대조적인 것이 이념적 연합이
다. 이는 공화당 의원과 민주당 남부의원 연합 대 민주당 비남부의원의 대립
에 의해 공화당과 민주당간 교차투표가 발생하는 경우로, 미국사회의 이념적
균열이 의회 내에 반영되는 대표적인 경우이다.

다, 70년대 중반 이후 상승하는 추세를 보이고 있다. 총투표 중 정당투표 발생비율 즉 정당투표 비율을 보면, 1890~1910년까지 89%에 달했지만 1940~68년 사이에는 50% 이하로 감소되었고, 그 이후 다시 40.4% 이하로 떨어졌다. 그러나 60년대 말~70년대 초를 저점으로 상승하기 시작하여 80년대 중반 이후에는 50~60%대를 유지하고 있다. 제104대 의회 1기인 1995년은 하원 73%, 상원 69%로 최고 절정을 기록하였다(<그림 9-1>).

<그림 9-1> 미 의회의 정당투표 비율

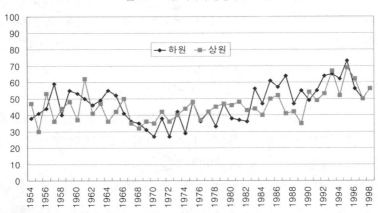

자료: Ornstein, Mann and Malbin. 1996, 208; Stanley and Niemi. 2000, 211.

한편 정당 단합점수는 1890~1910년까지 90%를 유지하다 1954~86년 기간에 70%선으로 떨어졌지만(Hurley 1989, 117), 이후 상승하여 80%선을 상회하게 되었고, 90년대 후반에는 90%에 이르고 있다. 98년도의 경우 민주당은 95%(하원), 90%(상원), 공화당은 89%(하원), 88%(상원)를 각각 기록하였다(<그림 9-2>).

정당투표와 정당단합도의 저하 및 재상승은 원내·외적 요인의 복합적 결과로 해석된다. 1차대전 후 1970년대까지 이어진 정당 응집력의 하락은 당내에 이념적 성격을 달리하는 지역그룹의 증가 때문으로 풀이된다. 즉 보수적인 민주당 남부그룹의 등장으로 이들과 공화당간에 하원에서 보수동맹이 형성된 것이 정당단합도의 저하를 초래한 것이다. 한편 2차대전 후 하원의 정당조직의 쇠퇴, 의회 내 권력의 분권화, 원내지도부권력의 약화 등도 정당단합도의 저하를 초래한 요인으로 지적된다(Hurley 1989, 118).

<그림 9-2> 미 의회의 정당 단합점수

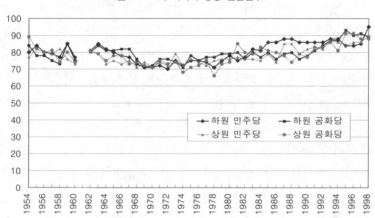

자료: Ornstein, Mann and Malbin. 1996, 209-210; Stanley and Niemi. 2000, 212.

이와 반대로, 1980년대 정당투표의 증가, 정당 단합점수의 증가, 양당간 갈등의 증가 등을 초래한 원인으로는 남부 민주당 선거구의 성격변화에 따른 민주당 내 남부와 북부간의 선거이해와 정책선호의 수렴, 이에 따른 당내이견 감소가 가장 큰 요인으로 지목된다. 또한 의장 권한강화, 의원총회 권한강화 등 원내정당 역할강화도 정당 응집력의 강화를 가져온 요인으로 평가된다.

미국에서 낮은 정당단합도가 미치는 효과에 대해서는 상반된 평가가 존재한다. 먼저 긍정적 입장에서는 그것이 의원의 자율성 및 행정부에 대한 의회의 자율성과 독자적 정책능력을 가져왔다고 평가한다. 예컨 대 메지는 의회가 행정부 제안을 수정·거부할 수 있는 능력을 정책형 성 능력으로 보고 이 점에서 미 의회를 능동형(active)의회로 규정한다 (Mezey 1979). 또 와인바움은 공공정책의 실질적 내용을 형성하는 데 기여하는 결정능력을 중요한 기준으로 영국 의회가 하위(subordinate)형 인 데 반해 미 의회는 경쟁적 우위(competitive dominant)형 의회로 규정 한다(Weinbaum 1975). 폴스비 역시 의회의 대행정부 자율성 및 높은 정책기능에 주목하여 미 의회를 변환능력 보유형(transformative) 의회로 규정한다(Polsby 1975). 한편 낮은 정당단합도 및 자유투표와 교차투표 의 관행은 권력간 견제와 균형이라는 헌법적 규범의 실현을 뒷받침하 는 요소로서, 나아가 분점정부가 초래하는 문제(입법부와 행정부 간 대 립으로 인한 교착 등)를 완화할 수 있는 요소로 긍정적으로 평가된다.

그러나 비판적으로 바라보는 측에서는 낮은 정당단합도가 책임정치 의 부재를 초래한다고 비판한다. 권력간의 견제와 균형이라는 분절화된 권력구조하에서 약한 정당은 정부가 대중의 선호에 반응하여 정책을 효 율적으로 입법화하는 것을 가로막고 있을 뿐 아니라 정부에 대한 유권 자의 책임추궁을 어렵게 하고 있다는 것이다. 따라서 이들은 책임정당 정치를 대안으로 제시하면서 정당의 응집력이 강화되어야 한다고 주장 한다(Schattschneider 1942; APSA Committees on Political Parties 1950; Ranney 1962).

한편 1980년대 이후 정당의 단합도 및 당파성 증가가 미친 영향에 대해서도 상반된 시각이 존재한다(Fleisher and Bond 2000). 먼저 비판 적으로 보는 입장에서는 1980년부터 98년까지 10번의 선거 중 9번의 선거가 분점정부를 초래할 정도로 분점정부가 일상화된 상황에서 정당 의 응집력 증가로 인해 분점정부의 문제점이 더 악화됨으로써 '교착과 대치'가 일상화되고 있다고 비판한다. 각 정당은 다음 선거에서 유리한 위치를 차지하기 위해 의회와 행정부 중 한 부분에 대한 통제를 이용하여 다른 편의 정책 주도를 저지하는 등 분점정부와 강화된 당파성이 결합하여 정부를 좌초시키고 있다는 것이다.

그러나 이에 대한 반론도 강력하다. 정당의 당파성 강화가 선거구 주민과 유권자들의 요구를 희생시키면서 이루어진 것이 아니므로 민주주의가 지향하는 반응성, 대표성, 책임성의 측면에서 볼 때 문제가 없다는 지적이다. 각 당의 지지기반인 지역선거구의 이해가 보다 더 많이 수렴되면서 이를 대표하는 각 당 의원의 정당단합도가 증가한 것이지, 선거구 이해와 무관하게 정당 지도부가 당의 정책을 의원들에게 강요한 결과가 아니라는 것이다.

미 의회에서 표결에 영향을 미치는 가장 중요한 두 변수로는 정당과 선거구 이해를 들 수 있다. 이 중 후자를 강조하는 입장은 원내에서 다양한 지역구의 이해를 반영하는 개별의원의 선호분포가 입법 여부를 결정한다고 주장한다. 입법에 성공하기 위해서는 의회제도가 요구하는 절대다수(pivotal points)에 이르는 의원 개개인의 선호가 합치되어야 하는데,[14] 정당이 응집력을 확보할 만큼 강하지도 못하기 때문에 다수당이 소수당에 비해 큰 이점을 갖지 못한다는 것이다(Krehbiel 1998).

이와 달리 정당의 중요성을 강조하는 입장에서는 정당이 여전히 가장 중요한 원내균열 라인이며 의원 개인의 투표행태를 예측할 수 있는 가장 중요한 지표라고 주장한다. 그러나 이들도 원내에서 정당지도자의 지도력은 사안별로 당원들의 지지에 의해 제약됨을 인정한다. 즉 다수당은 의사절차의 유리함을 이용하여 입법에 있어 유리한 위치를 점하지만, 그 영향력은 다수당 의원들간에 동질적인 선호가 존재하는 안건에

---

14) 미 의회의 의사규칙을 보면 하원에서는 다수파에게 우월적 지위를 부여하지만, 상원에서는 필리버스터를 허용하고 있으며(이는 60/100의 지지가 있어야 극복 가능), 또 대통령에게 거부권을 부여하고 있다(이는 양원 모두 2/3의 지지를 확보해야 극복 가능).

한정된다는 점에서 '조건부 정당정부'(conditional party government)로 평가된다(Aldrich and Rohde 2000). 또 정당은 원내에서 표결연합으로 존재하지만, 다수당의 경우라도 입법절차상의 이점을 이용하는 '절차적 동맹'으로 존재한다는 것이다(Cox and McCubbins 1993).

(2) 여야대립의 정당투표

의회중심제 국가에서 전형적으로 나타나는 유형으로, 단결된 여당이 다수세력이 응집된 반대당과 대결하는 형태이다. 표결은 단일의안이나 법안에 대한 찬반의 의미를 넘어 행정부에 대한 의회의 신임으로 여겨지므로 정당의 단합이 강조된다. 표결에 임하는 결정이 이루어지는 장소는 원내가 아니라 당 간부회의이다.

이러한 유형은 여당이 행정부를 지지할 정치적 유인이 존재하거나 행정부가 원내 여당 지도부에 영향력을 미칠 수 있는 국가에서 나타나며, 또한 의원이 선거구보다는 정당에 기속되어 있는 국가에서 발견된다. 또한 정당 내 이념적 일치도가 높고, 정당간 이념적 격차가 크며, 지배적인 사회경제적 균열과 좌우간 이념 대립이 존재하는 사회에서 볼 수 있다.

영국, 캐나다, 독일, 이탈리아 등에서 전형적으로 나타나며, 대표적인 예는 영국이다. 영국은 서구 의회 중 원내정당의 단합도와 기율이 가장 강하다고 알려져 있다. 영국의 경우 집권당 의원 중 1/4 정도가 입각해 있다. 따라서 표결결과는 입각한 의원(Frontbench MPs)이 아닌 평의원(Backbench MPs)들이 각료직을 차지한 당 지도부의 규율을 어느 정도 받아들이는가에 달려 있는데, 이는 기본적으로 의회중심제의 권력구조로 설명된다. 당노선에 설령 이견이 있어도 신임투표에서 패배해 총선거가 실시될 경우 야당이 될 가능성을 두려워하기 때문에 당노선을 받아들이는 것이다. 또한 노동·자본으로 양분된 정치대표 체계도 정당기율을 강화시키는 요인이 된다(Rose 1986, 11).

영국의 경우 어느 당 의원의 90% 이상이 다른 당 의원의 90% 이상과 반대되는 표결을 했을 경우 정당투표가 행해졌다고 하며, 당내에서 의원 10%가 당 다수파에 반대하여 투표할 경우 정당단합이 붕괴되었다고 평가된다(Loewenberg and Patterson 1979, 215; Norton 2000, 48). 영국 정당의 단합점수를 보면 1945년부터 79년 기간에 보수당은 98~100%, 노동당은 94~100%에 이른다.[15]

정당기율의 강화는 선거권 확대와 이에 따른 대중정당 출현에 따른 것이었다. 선거권 확대 이전에 의원은 선거구의 개별적 대표로 인식되어 개별적으로 투표했으며 정당기율이 약했다. 예컨대 1836년의 경우 보수당의 정당단합 투표비율은 56%였고 1860년에는 31%에 불과했다. 그러나 1867년 선거법 개정 이후 의원들은 선거구의 대표가 아니라 집단적인 정당의 대표가 되었고, 이에 따라 정당단합 투표비율도 급격히 높아졌다. 보수당의 경우 1899년에 91%로 증대했고, 20세기에 들어 거의 100%에 육박하게 되었다(Rose 1986, 10).

정당단합도는 1950년에 절정을 이루었지만 70년대 이후 하락하였다. <표 9-1>에서 보듯이 당내에서 지도부 노선에 반대하는 이탈투표의 발생빈도가 70년대 이후 급증하였고 이탈규모도 증가하였다. 그 결과 1900~70년 사이에 집권당은 하원에서 2년 만에 한 번 정도 패배한 데 그쳤지만, 1970~74년 보수당정부에서는 당내 이탈표로 정부가 과반수 획득에 실패한 경우가 6번이나 발생하였고, 이 중 3번은 가장 강력한 당론구속 사안(three-line whips)에서 발생하였다. 1974~79년 노동당정부에서도 당내 이탈표로 정부가 패배한 경우가 23번이나 발생하였다(Norton 1985a, 23-28; Rose 1986, 28).

---

15) 노동당의 경우에도 원내 과반수의석을 확보하지 못한 제1당으로 집권하던 1974~79년 기간을 제외하면 정당 단합점수는 99~100%에 이른다(Rose 1986, 29).

<표 9-1> 영국 의회 분열표결시 이탈투표 건수 및 비율

의회기	이탈투표 발생 건수		이탈투표 발생 비율 (%)
	노동당	보수당	
1945~50	79	27	7.0
1950~51	5	2	2.5
1951~55	17	11	3.0
1955~59	10	12	2.0
1959~64	26	120	13.5
1964~66	1	1	0.5
1966~70	109	41	9.5
1970~74	34	204	20.0
1974	8	21	23.0
1974~79	309	240	28.0
1979~83	161	158	19.0
1983~87	83	202	22.0
1987~92	137	199	19.0
1992~97	143	170	10.5

자료: Norton. 2000, 49.

이러한 영국 의회의 변화는 보다 정책 지향적인 의원들의 진입, EU 문제를 비롯하여 새로운 이슈의 등장에 따른 당내 이견의 증가와 분파의 등장, 이에 따른 의원들의 표결행태 변화 등의 결과로 해석된다 (Schwarz 1980; Melnish and Cowley 1995). 이러한 변화는 의원의 자율성 증대 및 내각에 대한 의회의 영향력 증대를 가져왔다고 평가되고 있다(Norton 1985a). 70년대 이탈표의 속출로 인한 정부패배의 경험 및 그에 따른 평의원의 당론이탈 잠재성으로 인해 내각은 패배의 위험을 감수하기보다는 당내 반대자들의 견해를 심의과정에서 수용하는 태도를 취하게 된 것이다.[16]

하지만 이것이 근본적 변화를 의미하는 것은 아니다. 정당기율이 쇠

---

16) 1946~66년간에는 정부법안의 7%만이 의회에서 수정되었음에 반해, 1974~78년 노동당내각에서는 법안 중 41%가 정부의사에 반해 수정되었음(Röse 1986, 28)은 그 한 지표일 것이다.

퇴한 것은 사실이지만, 조직적인 반대표가 확산된 것은 아니며 아직 하
원 표결에서 100% 찬성이 규범으로 유지되고 있기 때문이다. 이 점에
서 전후 의원들의 표결행태는 변화되었지만 당규율의 '철제 새장'이 붕
괴된 것은 아니라고 평가된다(Rose 1986, 29).

영국 의회에서 주목해야 할 것은 높은 정당의 단합도가 외부적 제재
보다는 당노선에 대한 자발적 동의에서 연유한다는 것이다. 영국 의원
이 당의 기율을 존중하는 것은 원내 경력에 대한 유인이나 위반시의 제
재, 당노선에 충성해야 한다는 의무감 등에 의한 것이라기보다는 당 지
도부 정책에 대한 자발적 동의에서 나오는 것이며, 당노선에 대한 동의
가 있기 때문에 외부적 힘이나 추종의 메커니즘이 거의 필요하지 않다
는 것이다(Crowe 1983; Jensen 2000).

(3) 다당간의 신축적 표결연합

어느 정당도 원내 과반수를 차지하지 못할 때 다수정당이 연립정부를
구성하는 다당제에서 나타나는 표결유형이다. 정당연합에 의해 행정부
가 구성되지만, 연립정당이 반드시 표결에서 승자연합을 구성하지는 못
하며 안건에 따라 상이한 표결연합이 이루어지기도 한다. 스위스, 네덜
란드, 벨기에, 덴마크를 비롯하여 핀란드, 스웨덴, 노르웨이 등 북구의
여러 나라가 대표적인 예이다.

이들 국가에서 구체적 표결연합의 양상은 사회균열의 성격에 의해
결정된다. 덴마크, 스웨덴 등과 같이 문화적으로 동질적인 사회의 경
우 표결이 좌우 기준에 따라 이루어지는 데 반해,[17] 문화적·종교적·
언어적 균열이 존재하는 분절사회(segmented societies)의 경우 표결은
좌우대립 이외의 다른 연합형태로도 나타난다. 예컨대 네덜란드의 경

---

17) 덴마크의 경우 3개 정당으로 구성된 부르주아블록과 2개 정당으로 구성된
    사회주의블록이 대결하는 체제로, 1953~70년 사이에 정당대립이 일어난 표
    결의 90%가 이념적 좌우 기준에 따른 대립을 보여주었다.

우 계급균열 외에 종교적 균열을 반영한 표결연합이 나타나며, 핀란드의 경우 사회주의 대 비(非)사회주의 균열이 지배적이지만 도시·농촌간 균열 및 종족·문화적 균열이 표결에서 나타나기도 한다. 스웨덴의 경우도 경제문제에서는 좌우균열이 지배적이지만, 복지·분권화·외교 등의 영역에서는 다른 수준의 연합이 표결에서 표출된다. 이와 같이 다당체제하에서 영역에 따라 신축적인 표결연합이 나타나는 특징을 보이고 있다.

한편 각 정당 차원에서 볼 때 당의 단합도는 높게 나타난다. 정당단합도를 나타내는 라이스지수를 보면, 덴마크 99.9(94~95년), 노르웨이 97.5(93~94년), 스웨덴 96.6(94~95년), 핀란드 88.6(95~96년), 스위스 86(1991~94)을 기록하고 있으며(Jensen 2000, 217, 236), 특히 이념적 차이를 내포하는 사안의 경우 정당단합도는 높게 나타난다. 이러한 높은 정당단합도는 의회중심제의 권력구조, 집단주의적 대표개념, 계급적 균열을 반영하는 정당체제, 강력한 사민당의 존재, 대선거구 비례대표제 등의 요인에 의한 것으로 설명된다.

그러나 이들 국가의 높은 정당단합도가 표결을 둘러싼 정당간의 대립이 반드시 높음을 의미하는 것은 아니다. 정당간 협력이 빈번하고 또 이러한 협력이 연립여당 사이에 한정된 것도 아니기 때문에 유동적인 원내 표결연합이 이루어지고 있다. 결국 사회의 다양한 균열은 다당체제를 통해 정치대표체제 내에 반영되며, 원내의 신축적 표결연합이 다수 정당간의 합의적 의사결정을 가져옴으로써 사회통합을 달성하는 수단으로 기능하고 있는 것이다.

한편 이들 국가에서 나타나는 높은 정당단합도 역시 이반시의 제재 등 외적 규제나 의무감보다는 내적 동의에서 기본적으로 연유한다는 점에 주목해야 한다. 의원은 당이 대표기능의 중심이라는 신념을 가지고 있으며, 정당규범의 내면화를 통해 정당투표를 하고 있는 것이다. 즉

높은 정당단합도는 당기율(discipline)보다는 당의 높은 응집력(cohesion)
에서 연유하는 것이다(Jensen 2000, 210).

4. 국회의 표결제도와 표결행태

지난 13대 국회까지 우리 국회는 기록표결제를 택하지 않았다. 표결
방법으로 기립표결, 기명투표, 무기명투표, 이의 유무를 묻는 방법 등이
이용되었는데,[18] 기명투표를 할 경우에도 찬반 의원명을 회의록에 기록
하지 않고 다만 투표자 성명만을 기재토록 되어 있었다. 때문에 국민의
대표인 의원의 원내활동을 판단할 근거를 남기지 않게 된다는 문제점이
지적되어 왔다(국회제도개선위원회 1994b, 32). 제14, 15대 국회에서
이루어진 국회제도 개선과정에서 이러한 문제점이 지적되어 기록표결
제가 도입되었다.[19]

전자투표의 도입은 향후 국회 표결행태에 큰 영향을 미칠 것이다.
우선 전자투표는 의원 개개인의 입장이 공개되고 기록되기 때문에 정
당이 소속의원의 표결을 통제하는 수단이 될 수 있고, 따라서 이탈표
의 감소 및 당론에 대한 구속강화를 가져올 수 있다.[20]

---

18) 주로 본회의에서의 표결은 의장이 의원으로 하여금 구두로 이의를 표시하도
   록 하여, 이의가 없다고 인정할 때 가결을 선포하는 방법과 이의가 있을 때
   기립하게 하여 가부를 결정하는 방법이 사용되어 왔다.
19) 1994년 6월 통과된 개정국회법은 기존의 표결방법 외에 전자투표와 호명투
   표제를 도입하고, 기명투표, 전자투표 및 호명투표를 실시하는 경우에는 투표
   참가자의 성명 및 찬반의원의 성명까지 회의록에 기록토록 하였고, 2000년 2
   월 개정국회법은 이를 보다 강화하여 전자투표를 일반적인 표결방법으로 채
   택한 바 있다(국 112).
20) 전자표결의 이러한 의미를 보여준 사례가 2000년 2월 8일 선거법 개정안
   표결방법을 둘러싼 여야의 대립이었다. 당시 한나라당측에서는 공동여당인 민
   주당과 자민련 내의 이탈표 발생을 노려 무기명 비밀투표를 요구했지만, 민주
   당과 자민련에 의해 저지되고 전자투표가 실시된 바 있다.

그러나 전자투표를 통해 개별 입법에 대한 의원의 찬반 여부가 기록
되고 공개되면, 일반 유권자나 시민단체 등이 의원의 의정활동을 정책
중심으로 평가하고 이를 다음 선거에서 후보자 선택의 기준으로 삼을
수 있는 시스템이 가능하게 될 것이다. 전자투표는 정치의 책임성
(accountability)을 담보하는 핵심적 장치가 될 수 있는 것이다. 전자투
표의 핵심은 그것이 전자적 방식을 사용한다는 기술적 측면이 아니라,
개별의원의 투표결과가 기록된다는 책임성의 측면에 있다는 점이 강조
되어야 하며, 전자투표가 의회정치 개혁의 중요한 계기가 될 수 있는
것도 바로 이 때문이다.21)

우리 국회의 표결행태를 연구할 때 직면하는 가장 큰 문제는 사례의
부족이었다. 전자투표제 도입 이전까지 의원의 개별 표결내용은 아예
알 수 없었고, 전자투표 제도를 도입한 제15대 국회의 경우에도 그 사
례는 10여 건이 못 되었다. 이러한 문제는 제16대 국회 들어 크게 개선
되어 제237회 국회(2003. 3. 24~3. 31)까지 총 76회의 전자투표가 실
시되었다. 그러나 개별의원의 표결에 영향을 미치는 다양한 변수를 고
려할 때 아직 충분한 사례는 못 된다고 할 수 있다. 비교분석의 취약점
으로 지적되는 '과다변인, 과소사례'(레이프하트 1992)에 해당하는 것
이다. 따라서 표결행태에 대한 본격적 연구를 향후의 과제로 남기면서,
본고에서는 본격적 분석에 앞선 하나의 시론을 제시하고자 한다.

먼저 <표 9-2>는 본회의에서 처리된 법안건수를 표결방법별로 구분
한 것이다. 이에 따르면 제15대국회까지는 법안의 92~96% 정도가 이
의 유무를 묻는 방법에 의해 처리되었으며, 제16대 국회 들어 전자투표
가 활성화된 이후에도 법안의 86.9%는 이의 유무를 묻는 방법에 의해
처리되고 있다.

---

21) 따라서 제16대 국회 들어 종종 '전자투표 장치'가 고장났다는 단순한 이유로
   기립에 의한 표결로 안건을 처리하는 것은 심각한 문제가 아닐 수 없다.

<표 9-2> 본회의 처리 법안의 표결방법별 구분

	총 처리 법안	이의유무 (%)	기립표결	전자투표
11대	348 (8*)	330 (94.8)	18 (8*)	
12대	222	209 (94.1)	13	
13대	492	454 (92.3)	38	
14대	656	606 (92.4)	50 (51**)	-
15대	1,120	1,077 (96.2)	36	7 (8**)
16대	596	518 (86.9)	8	70

자료: 각대 국회 경과보고서.
비고: *는 부결된 건임. **는 투표 회수임.
제16대 국회는 제237회 국회(2003. 3. 24~3. 31)까지의 통계임

이처럼 우리 국회 표결의 대다수가 이의 유무를 묻는 방법에 의해 처리된다는 것은 내용적으로 안건의 대다수가 만장일치로 통과된다는 것을 의미한다. 만장일치 표결은 모든 국가의 의회에서 가장 일반적으로 나타나는 표결유형이다. 예컨대 여야대결의 표결양상을 보이는 영국 의회의 경우도 안건의 3/4은 분열표결 없이 만장일치로 통과되며, 독일의 경우도 표결의 60% 정도는 만장일치로 통과된다. 물론 만장일치 표결은 논쟁적이지 않거나 중요성이 작은 안건의 처리에 주로 이용되지만 그렇지 않은 경우도 있기 때문에, 만장일치 표결의 비중은 의회가 사회적 갈등을 협상과 타협을 통해 해소하고 있음을 보여주는 지표가 된다. 독일의 경우 만장일치 표결은 원내에 진출한 정당의 수가 증가하여 정당 파편화가 높을수록, 특히 반체제 또는 소수파세력이 원내에 진출하여 갈등이 증가할수록 감소함을 보여준다.[22]

외국과 비교할 때 우리 국회의 만장일치 표결의 비중은 아주 높다. 그

---

22) 만장일치 표결의 비중은 공산당이 원내에 진출한 제1대 국회에서 19.3%에 불과하였으나, 공산당이 배제된 제2대 국회(1953~57)부터는 60% 선으로 증가하였고, 대연정 시기에 70%에 이르렀다. 이후 녹색당이 원내에 진출한 제10대 국회(1983~87) 이후 20% 이하로 하락하였다(Beyme 1998, 84-86).

<표 9-3> 주요표결에서 나타난 정당 단합점수 (추정치)

안 건	정당 단합점수
이동근 의원 석방결의안 (1993. 5. 8)	민자당 97. 5~96. 3
박철언, 김종인 의원 석방결의안 (1993. 10. 24)	민자당 89. 3~94. 1
김양배 농수산부장관 해임건의안 (1994. 2. 19)	민자당 100
최형우 내무장관 해임건의안 (1994. 10. 28)	민자당 97. 7
최락도 의원 석방요구결의안 (1995. 9. 19)	민자당 95. 7
서상목 의원 체포동의안 (1999. 4. 7)	공동여당(국민회의, 자민련) 87. 2
박지원 문관부장관 해임건의안 (1999. 10. 22)	공동여당(민주당,자민련) 98
박태준 총리 임명동의안 (2000. 1. 13)	한나라당 84
국회의장 선거 (2000. 6. 5)	국민회의 100, 자민련 100, 한나라당 99. 2
이한동 총리 임명동의안 (2000. 6. 29)	국민회의 100, 자민련 100, 한나라당 97. 7
인권법안 (2001. 4. 30)	한나라당 100, 공동여당 100

자료: 신문에 보도된 이탈표 추정치를 이용하여 계산.

러나 이를 근거로 우리 국회의 갈등해소 능력이 높다고 하는 것은 오류가 될 것이다. 우리 국회에서 이의 유무를 묻는 표결방식은 여야가 극한 대립하는 안건을 변칙 통과(날치기)시키는 수단으로 악용되어 왔고, 이는 민주화 이후에도 매 국회에서 빠짐없이 되풀이되고 있기 때문이다. 다른 한편 본회의에서는 여러 법률안을 일괄 상정한 끝에 질의와 토론을 생략하고 "이의 없습니까"식의 가부만을 물어 무더기 통과시켜 온 것이 그 동안의 관행이었다. 이렇게 볼 때 높은 만장일치 표결비중은 본회의 심의·표결과정의 부실함을 보여주는 증거로도 해석될 수 있다.

그러면 우리 국회의 표결에서 나타나는 정당의 단합도나 정당대립의 정도는 어느 정도인가. <표 9-3>과 <표 9-4>는 이를 파악하기 위해 기립표결이나 전자투표 중 정당투표가 행해진 사례를 기초로 정당단합

<표 9-4> 전자투표에서 나타난 정당 단합점수

정당 / 안 건	한나라당	민주당	자민련
공직선거 및 선거부정방지법 중 개정법률안에 대한 수정안(이부영 의원 외 60인 발의) (2000. 2. 8)	100	99	96.7
공직선거 및 선거부정방지법 중 개정법률안에 대한 수정안(변정일 의원 외 69인 발의) (2000. 2. 8)	100	99	95.7
정치자금에 관한 법률 중 개정법률안에 대한 수정안 (2000. 2. 9)	100	98.2	97.3
정부조직법률 중 개정법률안에 대한 수정안(2000. 12. 27)	100	100	100
정부조직법 중 개정법률안 (2000. 12. 27)	98.2	100	100
영화진흥법 중 개정법률안(대안)에 대한 수정안(2001. 12. 27)	56.7	92.3	100
산지관리법안(2002. 11. 8)	87,2	95.7	100
의사일정 변경 동의의 건(2003. 2. 26)	100	*	100
남북정상회담 관련 대북 뒷거래 의혹사건 등의 진상규명을 위한 특별검사 임명 등에 관한 법률안에 대한 수정안(2003. 2. 26)	99.3	*	100

자료: 「국회본회의회의록」을 이용하여 계산.
비고: * 민주당은 전원 퇴장.

도를 계산한 것이다. 우선 이탈표가 발생한 것으로 보도된 주요 표결사례에 대한 추정치를 중심으로 볼 때, 과거 정당단합도는 89~100에 이르며 대개 95 수준을 유지하여 왔다. 제15대 국회부터 실시된 전자투표 중에서 정당투표가 행해진 사례를 살펴보아도 몇몇 특이사례를 제외하면 각 당의 정당 단합점수는 거의 100에 육박하고 있다.

정당단합도가 이렇게 높을 뿐 아니라 당론에 따른 구속을 해제하고 자유투표가 행해진 예도 극히 드물다. 14대 국회의 경우 자유투표가 행해진 것은 1993년 12월 16일 이회창 총리 임명동의안 처리에서 민주당측에서 찬반 여부를 의원 각자의 자유의사에 맡긴 경우, 1994년 12월 WTO 동의안 처리를 둘러싸고 외무통일위에서 민주당이 자유투표를 실시한 경우23) 등이 있고, 제15대 국회에서는 1998년 8월 3일 국회의장 선출을 자유투표로 한 사례 등이 있다. 제16대 국회의 경우, 2002년 7월 31일 장상 국무총리 임명동의안 표결, 2003년 4월 2일 이라크전 파병동의안 표결 등에서 자유투표가 사실상 행해졌다.

여야간 이견으로 표대결이 이루어질 경우 의원총회, 상임위원회별 표단속, 당 총무단에 의한 표단속, 표결에서의 찬반 여부를 지시하는 고지문 등 여러 경로를 통해 표결에 대한 당의 방침이 주지되고, 의원들은 당 방침에 대한 이반 없이 이에 따르는 것이 일반적인 행태이다. 그렇지 않고 당노선에 이반할 경우 강력한 제재가 뒤따른다. 당론 이반을 이유로 출당된 이미경, 이수인 의원이 대표적 사례이다.24)

한편 의회의 3가지 표결유형인 '개인주의적 투표', '여야대립의 정당투표', '다당연합 투표' 중에서 우리 국회는 전형적인 '여야대립의 정당투표'에 해당한다. 과거 권위주의정권하에서 표결은 여야간의 극한적 대립의 장이었고, 비록 민주화 이후 물리적 대결의 정도는 약화되었지만 여야대결의 정당투표 형태는 변하지 않고 있다. 즉 야당공조로 표현되는 '야당연합 대 여당'의 표대결이 과거의 지배적인 표결행태였고, 15대 국회 후반에서는 '공동여당 대 야당'의 표대결이 지배적이었다.25)

우리 국회의 높은 정당단합도와 여야대립의 표결유형은 어떻게 설명

---

23) 하지만 본회의에서는 다시 전원 반대라는 당론에 따른 정당투표가 행해졌다.

24) 이미경 의원과 이수인 의원은 1999년 4월 29일 당의 방침(불출석)을 어기고 환경노동위에 출석하여 "노사정위원회 설치 및 운영 등에 관한 법" 제정안에 찬성표를 던졌으며, 이미경 의원은 1999년 9월 28일 국회 본회의의 동티모르 파병동의안 표결에서 당론에 반해 찬성표를 던졌다. 한나라당은 이를 이유로 1999년 10월 두 의원을 출당시켰다.

25) 그 예외로는 1995년 12월 19일 5·18특별법에 대한 표결에서 '신한국당·새정치국민회의·민주련 대 자민련'이라는 구도하에 일종의 정당연합 투표가 행해진 바 있고, 2000년 2월 8일 선거법 처리시에 민주당의 1인2표제와 한나라당의 1인1표제를 두고 '자민련·한나라당 대 민주당'의 대립구도가 나타난 바 있지만, 극히 예외적인 경우에 불과하다.

될 수 있는가. 우선 주목해야 할 것은 앞에서 살펴본 유럽과 미국의 차이를 설명한 변수로는 한국의 사례를 설명할 수 없다는 것이다. 즉 한국은 대통령제, 소선거구제이며, 이념적으로 동질적인 사회로서 사회주의정당이 부재하고 우파정당만 존재하고 있다. 이러한 변수는 미국에서 낮은 정당단합도를 결과한 요인으로 해석되었지만, 한국은 그렇지 못한 것이다.

따라서 한국의 높은 정당단합도는 제도의 형식이 아닌 '실질'의 차이나 '다른 변수의 개입'을 통해 설명되어야 할 것이다. 우선 우리는 대통령제를 택하고 있지만, '권력의 분립과 견제'가 실현되기보다는 오히려 대통령으로의 권력집중이 실현되고 있으며, 대통령은 집권당 총재를 겸하고 있다. 이러한 권력구조는 사실상 행정부에 대한 의회의 종속을 초래하고, 행정부 정책의 신속한 입법화를 위한 집권당 정당기율의 강화를 가져오는 구조적 요인이 되고 있다.

한편 소선거구제는 의원으로 하여금 선거구의 압력에 취약하도록 하여 정당기율을 약화시킨다고 하지만, 우리의 지역주의 정당체제는 그 효과를 무력화시키고 있다. 특정정당이 특정지역에서 패권적 지위를 누리는 지역주의 정당체제는 '공천이 곧 당선'이라는 인식을 만들었고, 이것이 공천권을 쥔 당 지도부에 대한 의원의 예속을 초래한 것이다.

높은 정당기율의 가장 중요한 원인은 무엇보다도 당내민주주의의 부재에서 찾을 수 있다. 공천권은 물론이고 자금과 조직이 중앙에 집중되어 있는 구조에서 지역구의원은 선거구 관리나 선거운동에 필요한 재정적·조직적 지원을 중앙당에 의존하지 않을 수 없고, 이것이 정당기율의 강화를 초래한 것이다(박찬욱 1991, 133, 147). 원내에서도 서구 의회의 경우 동료간의 관계는 대체로 수평적인 데 반해, 우리 국회의 원내활동은 상하의 수직적 질서를 바탕으로 운영되고 있으며(김종림·박찬욱 1985), 이것이 원내정당의 강한 기율의 바탕이 되고 있다.

강력한 정당기율의 또 다른 원인은 의회 내 위원회의 자율성 결여에서 온다. 위원회제도의 발달은 의원이 소속정당으로부터 받는 압력을 부분적으로 상쇄시키는 효과가 있게 된다. 또한 동일 위원회 내 의원간에 공통적 이해와 관심사가 개발되면 정당간의 갈등이 완화되게 된다(Lees & Shaw 1984). 그러나 우리 국회의 경우 위원회는 강력한 정당 중심의 운영에 따라 분권화된 의사결정 주체로서의 순기능을 발휘하지 못하고 있다(김준한 1991; 박찬욱 1991, 134).

우리 국회의 높은 정당단합도는, 그것이 당노선에 대한 자발적 동의보다는 유인과 제재라는 외부적 요인에 기인한다는 점에서 유럽 등에서 발견되는 비슷한 현상과 내용적으로 구별되어야 한다. 이를 초래한 기본적인 원인으로 지역주의 정당체제를 들 수 있다. 냉전과 분단의 영향으로 이념적 분화가 억제되고 권위주의체제하의 민주·반민주 대립구도가 민주화로 인해 해소된 상황에서 한국의 정당체제는 지역정당 체제로 구조화되었다. 지역정당 체제는 계층이나 계급, 이념, 세대, 성, 환경 등 여러 다른 사회적 균열을 절단함으로써 정치대표 체제의 왜곡을 초래하였을 뿐 아니라, 이러한 균열이 동일 정당 내부에 투영될 수밖에 없도록 함으로써 당의 이념적·정책적 정체성 확립을 불가능하게 하고 있다. 이러한 이유로 당노선에 대한 자발적 동의의 기반이 취약한 것이며, 이런 상황에서 당의 단합을 유지하기 위해서는 공천권, 재정, 조직 등에서 정당권력의 집중화가 필요하고, 당의 단합은 지도부에 의한 외적 제재에 주로 의존하게 되는 것이다.

5. 결론: 대안의 모색

우리 국회는 표결에서 높은 정당단합도를 보여 왔다. 그러나 이는 자발적 동의에서 나오는 정당의 응집력에 연유하기보다는 외적 제재나 강제에서 나오는 정당기율의 결과로 파악된다. 따라서 높은 정당단합도는 '책임정당 정치'를 실현하는 수단이거나, 아니면 사회의 다양한 균열을 정당을 통해 정치대표 체제 내에 반영하고 다수 정당간의 신축적 표결연합을 통해 사회통합을 이루어 내는 수단이 되지 못하였다. 특히 지역정당 체제하에서 각 정당은 지역균열을 위로부터 동원하여 시민사회를 식민화하여 분할 지배하는 카르텔정당의 특징을 강하게 띠어 왔다.

이런 상황에서 정당의 기율이나 정당투표는 시민사회와 괴리된 소수 과두엘리트의 당 지배수단으로, 그리고 이들간의 권력경쟁의 수단으로 비판받아 왔다. 반대로 정당기율에 대항하는 자유투표는 당내민주화의 수단으로, 그리고 의회정치의 선진화나 정상화를 위한 개혁방안의 하나로 제시되어 왔다. 그 결과 제16대 국회 들어 정치개혁의 일환으로 이루어진 개정국회법(2002. 3. 7)은 "의원은 국민의 대표자로서 소속정당의 의사에 기속되지 아니하고 양심에 따라 투표한다"(제114조의 2)고 자유투표를 명문화하게 되었다. 특히 참여정부 등장 이후 대통령의 당총재직 겸임금지, 당정분리 등에 따라 당에 대한 대통령의 통제력은 현저히 약화되었고, 그 결과 2003년 4월 '이라크전 파병동의안 처리'과정에서 자유투표가 실현되는 새로운 양상이 나타났으며, 이는 의회정치의 새로운 희망을 보여준 사례로 평가되기도 했다.

그러나 자유투표(교차투표)가 궁극적 대안이 될 수는 없다. 자유투표는 정당이 중심이 되는 현대의 대의민주주의에서 정당투표를 보완한다는 점에서 그 의미를 찾아야 한다. 정당을 통한 책임정치(즉 책임정당 정치)의 실현은 자유민주주의의 초기 엘리트주의적 한계를 극복하면서 대의정치 과정에 인민의 뜻이 보다 직접적으로 반영되도록 한, 즉 보다 많은 민주주의를 가능케 한 진보로 평가된다(Manin 1997, 195-196). 그리고 정당투표는 책임정당 정치의 필수적인 한 요소이다.

정당투표의 이러한 원래적 의미를 간과한 채 자유투표만 강조하는 것은 '정당정치'와 '책임정치'를 형해화할 위험을 내포한다. 교차투표가 일상화된 미국의 경우도 정당은 여전히 가장 중요한 원내 균열라인으로 기능하고 있다. 이런 점에서 우리 국회의 의사결정구조와 관련된 최우선의 과제는 자유투표 도입에 앞서 정당투표의 원래 의미를 살리는 것이 되어야 한다.

이를 위해서는 무엇보다도 이념과 정책에 기반을 둔 정당체제의 확립이 필요하다. 현재 우리 정당은 남북문제, 이념문제 등 가장 중요한 균열라인을 둘러싸고도 당내에서 심각한 이견 및 갈등을 드러내고 있다. 복지, 노동 등의 영역에서도 당내갈등은 심각하다. 지역정당 체제가 초래한 이러한 문제점을 방치한 채 자유투표만을 주창하는 것은 문제의 본질을 외면하는 것에 불과하다. 예컨대 여야의 개혁파 의원들이 국가보안법 개정문제를 자유투표를 통해 해결하려고 논의한 것이 그 좋은 예이다(한겨레신문 2001년 10월 27일).

교차투표가 현 시점에서 진정 의미를 가지려면 국가보안법 문제 같은 핵심적 이슈영역을 중심으로 정당을 뛰어넘는 표결연합이 형성되고, 그것이 현재의 지역정당 체제를 이념과 정책에 기반을 둔 정당체제로 개편하는 계기가 되어야 한다. 현재의 한국 정당체제하에서 자유투표는 이를 통한 원내 표결연합의 변화가 정당체제의 변화, 나아가 유권자·정당 결속체제의 변화까지를 초래하는 수단으로서 그 의미가 확장되어야 한다. 이러한 정당체제의 개편을 통해 정당의 이념적·정책적 동질성과 정체성이 확립될 때 정당투표는 그 본래의 의미를 되찾게 될 것이며, 이것이 원내 표결과정과 관련된 개혁의 제1차적 과제인 것이다.

냉전·분단체제의 산물로서 보수정당만이 존재하는 현재의 정당체제로는 남북화해와 평화, 노동, 복지, 환경 등 새로운 가치나 소수세력의 이해를 정치대표 체제 내로 담기 어렵다. 우리 국회가 대표기능과 사회통합 기능을 제대로 수행하기 위해서는 이러한 새로운 가치와 이해를 대표하는 정당이 원내에 진출하여야 한다. 이러한 정당체제 재편을 전재로 원내 표결연합의 유형 역시 기존의 '여야대립의 정당투표'라는 경직된 표결연합 형태에서 사안별로 정당간에 보다 유연한 정책연합이 이루어지는 '다당간 신축적 표결연합'의 형태로 바뀌는 것이 바람직하다. 이를 통해 전통적인 좌우나 보수·진보의 균열라인에 의한 표결연합만이 아니라 새로운 영역에서 신축적인 표결연합이 이루어짐으로써 이들의 이해가 실현될 수 있어야 한다.

또한 정당의 민주화를 통해 '정당기율'의 민주적 정당성을 높여야 한다. 서구 의회에서 정당의 기율이 문제시되지 않는 것은 상향식 의사결정구조를 갖추고 있기 때문이다. 당의 정책과 노선을 결정하는 과정에 당원 및 의원의 의견이 충분히 반영될 경우 이를 따르는 것은 민주주의 원칙에 위반되지 않는 것이다. 이상과 같이 정당체제의 개편 및 당내민주화가 이루어질 때 정당투표는 책임정치를 실현하는 수단으로 그 의미를 회복하게 될 것이다.

이상과 같은 정당투표의 의미회복을 전제로 정당에 대한 의회정치의 지나친 예속을 막기 위한 수단으로 자유투표의 부분적 활용이 고려될 필요가 있다. 즉 자유투표는 당내 소수의견의 분출이나 노선을 둘러싼 당내이견의 분출, 당 지도부의 노선에 대한 평의원들의 비판, 행정부에 대한 의회견제 등의 수단으로 그 의미를 가지게 될 것이다.

부분적인 자유투표(교차투표)의 정착은 대통령제가 안고 있는 딜레마를 해소하는 하나의 장치가 된다. 주지하듯이 대통령제는 운영과정에서 두 가지 딜레마에 봉착한다. 첫째, 대통령 소속정당이 원내에서 다수의 석을 차지할 경우 행정부에 의한 의회 지배현상이 나타나게 되어 권력간의 분립과 견제가 실현되기 어렵게 될 수 있다. 둘째, 대통령 소속정당이 원내 소수당일 경우 행정부와 의회를 각각 분점한 정당간의 대결과 교착으로 인해 국정위기가 초래될 수 있다. '여소야대'로 표현되는 이러한 분점정부(divided government)상황은 대통령제의 모국인 미국에서도 문제로 인식되고 있으며, 남미 대통령제의 중대한 약점이자 민주화 이후 한국의 정치위기를 낳는 근원이기도 하다.

교차투표는 이러한 대통령제의 두 가지 딜레마를 해결하는 메커니즘이 될 수 있다. 먼저 여대야소 상황의 경우 정당 지도부에 대한 의원의 자율성은 곧 의회의 대 행정부 견제를 실현하는 수단이 될 수 있다. 반면 여소야대 상황에서 교차투표는 의회와 행정부간의 지나친 대결로 인한 교착을 막을 수 있는 기제가 된다.

그러나 흔히 오해하듯이 자유투표(교차투표)는 의회제도의 문제가 아니다. 그것은 의원의 표결행태에 관한 문제로, 정당이 민주화되고 원내권력이 민주화될 때 그 결과물로 나타나는 것이다. 따라서 우선 공천과정의 민주화, 선거운동 자원 및 재정의 분권화 등을 통해 당 지도부의 권력독점이 지양되어야 한다. 또한 의회 내 주요직위 및 위원회 배정권을 당 지도부가 장악하고 있는 현재의 중앙집권적 권력구조가 보다 분권화·민주화되어야 하며, 의회 내에서 상임위원회의 자율성을 높이는 한편, 정당의 경계를 뛰어넘어 공통의 이해와 관심사를 기반으로 하는 원내정책 연구모임 등을 활성화해야 한다.

정당으로서는 정당투표에서 제외되는 '제외례' 및 사안에 따른 자유투표를 활용하는 한편, 당론에 따른 표결을 요구하는 경우에도 사안에 따라 당론구속의 정도를 달리 함으로써 부분적인 자율성의 여지를 허용할 필요가 있다. 당론을 정하는 경우에는 철저한 민주적 토론이 이루어져야 하며, 당론위반에 대한 제재 역시 영국(의회노동당대회의 결정에 따라)[26], 독일(당중재재판소의 재판결과에 따라)[27]의 예와 같이 민주

---

26) 노동당의 경우 당규율의 중대한 위반행위는 의회대책위원회에 의해 의회노동당대회에 보고하며 대회의 결정에 의해 그 처분이 결정되도록 하고 있다.
27) 독일정당은 정당법 제14조의 규정에 근거하여 정당의 중재재판소를 설치하

적 절차를 통해 이루어져야 할 것이다.

참고문헌

강경근. 1992, 「의원의 당적변경과 자유위임의 관계」, 《월간고시》 1992. 11.
국회사무처 의사국. 1994, 『달라진 국회법 새로운 국회운영』, 1994. 8.
국회사무처. 2000, 『의정자료집』.
국회사무처. 『제11대국회 경과보고서』, 『제12대국회 경과보고서』, 『제13대국회 경과보고서』, 『제14대국회 경과보고서』, 『제15대국회 경과보고서』.
국회운영위원회 수석전문위원실. 2002, 『개정국회법』.
국회제도개선위원회. 1994a, 『국회제도개선에 관한 건의』.
국회제도개선위원회. 1994b, 『부록: 1. 세부토의 주제별 검토자료』.
국회제도운영개혁위원회. 1998, 『국회제도 및 운영에 관한 개혁안 건의』.
김광웅·김학주·박찬욱. 1991, 『한국의 의회정치: 이론과 현상인식』, 서울: 박영사.
김문현. 1992, 「국회의원의 정당대표성」, 《고시계》 1992.5.
김종림·박찬욱. 1985, 「불문율 행위와 의회과정: 제11대 연구」, 박동서 편. 『의회와 입법과정』, 서울: 법문사.
김준한. 1991, 「국회 위원회 표결처리안건 분석」, 《한국정치학회보》 25, 1.
김중권. 1990, 『헌법과 정당』, 서울: 법문사.
레이프하트, 아렌트. 1992, 「비교정치연구의 비교분석방법」, 김웅진, 박찬욱, 신윤환 편역. 『비교정치론 강의 1』, 한울.
박찬욱. 1991, 「한국 의회 내 정당 간 갈등과 유착상태: 그 요인, 경과 및 결말」, 《서울대 사회과학과 정책연구》 12, 3.
박찬표. 2002, 『한국의회정치와 민주주의: 비교의회론의 시각』, 서울: 오름.
박찬표. 2003, 「한국 '정당민주화론'의 반성적 성찰: '정당민주화'인가 '탈정당'인가」, 《서강대 사회과학연구》 11.
이정복. 1990, 「영·일과 미국에 있어 의원과 정당간의 관계」, 인산 김영국 박사 화갑기념논문집 간행위원회 편. 『정치학의 전통과 한국정치』, 서울:

여 처분을 그 재판의 결과에 일임하고 있으며, 당중재재판소는 3심제로서 부당한 제재를 못하도록 배려하고 있다(前田英昭 1994, 33-34).

박영사.

前田英昭. 1994,「黨議拘束と表決の自由」,『議會政治研究』29.

Aldrich, John H. and David W. Rohde. 2000, "The Consequences of Party Organization in the House: The Role of the Majority and Minority Parties in Conditional Party Government," Bond, Jon R. and Richard Fleisher eds. *Polarized Politics: Congress and the President in a Partisan Era,* Washington D.C.: CQ Press.

APSA Committee on Political Parties. 1950, *Toward a More Responsible Two-Party System,* New York: Holt, Rinehart.

Bowler, Shaun, David M. Farrell, and Richard S. Katz. 1999, "Party Cohesion, Party Discipline, and Parliaments," Shaun Bowler, David M. Farrell, and Richard S. Katz. eds. *Party Discipline and Parliamentary Government,* Colombus: Ohio State Universtiy Press.

Collie, Melissa P. 1985, "Voting behavior in Legislature," Gerhard Loewenberg, Samuel C. Patterson, and Malcolm E. Jewell, *Handbook of Legislative Research,* Harvard University Press.

1993, *Congress A to Z,* Washington, D.C.: Congressional Quarterly Inc.

Cox, Gary W., and Mathew D. McCubbins. 1993, *Legislative Leviathan: Party Government in the House. Berkeley,* University of California Press.

Crowe, Edward. 1983, "Consensus and Sturcture in Legislative Norms: Party Discipline in the House of Commons," *Journal of Politics*, Vol. 45. pp.907-931.

Fleisher, Richard and Jon R. Bond. 2000, "Congress and President in a Partisan Era," Bond, Jon R. and Richard Fleisher eds. *Polarized Politics: Congress and the President in a Partisan Era,* Washington D.C.: CQ Press.

Hurley, Patricia A. 1989, "Parties and Coalitions in Congress," Christopher J. Deering. ed. *Congressional Politics,* Chicago: The Dorsey Press.

Jensen, Torben K. 2000, "Party Cohesion," Peter Esaiasson, Knut Heidar. *Beyond Westminster and Congress: The Nordic Experience,* Columbus: Ohio State University Press.

Judge, David. 1999, *Representation: Theory and practice in Britain,* New York: Routledge.

Katz, Richard. S. ed. 1987, *Party Government: European and American Experience*, New York: de Gruyter.

Krehbiel, Keith. 1998, *Pivotal Politics: A Theory of U.S. Lawmaking*, Chicago: University of Chicago Press.

Lees, John D. and Malcolm Shaw, eds. 1984, *Committees in Legislatures*, Durham: Duke University Press.

Loewenberg, G. and Samuel C. Patterson. 1979, *Comparing Legislatures*, Boston: Little, Brown and Company.

Manin, Bernard. 1997, *The Principles of representative government*, Cambridge: Cambridge University Press.

Melnish and Cowley. 1995, "Wither the New Role in Policy Making? Conservative MPs in Standing Committees 1979 to 1992," *The Journal of Legislative Studies* 1(4), pp. 54-75.

Mezey, Michael L. 1979, *Comparative Legislatures*, Durham: Duke University Press.

Norton, P. 1988, "Opposition to Government". Michael Ryle and Peter G. Richards. eds. *The Commons Under Scrutiny*, London: Routledge.

Norton, Philip. 1985, "Behavioural Changes: Backbench Independence in the 1980s," Philip Norton. ed. *Parliament in the 1980s*, Oxford: Basil Balckwell.

Norton, Philip. 2000, "The United Kingdom: Exerting influence form wiehin," Heidar, Knut and Ruud Koole. eds. *Parliamentary Party Groups in European Democracies: Pokitical Parties behind closed doors*, New York: Routledge.

Ornstein, Norman J., Thomas E. Mann and Michael J. Malbin. 1992, *Vital Statistics on Congress, 1991-1992*, Washington, D.C.: Congressional Quarterly Inc.

Pitkin, Hanna Fenichel. 1967, *The Concept of Representation*, Berkeley: University of California Press.

Polsby, Nelson. 1975, "Legislatures". Fred I. Greenstein, Nelson Polsby. eds. *Handbook of Political Science* Vol. 5. Mass.: Addison-Wesley.

Rose, Richard. 1986, "British MPs: More Bark than Bite ?" Ezra N. Suleiman. ed. *Parliaments and Parliamentarians in Democratic Politics*, New York: Holmer & Meier Publishers Inc.

Saalfeld, Thomas. 1995, "On Dogs and Whips: Recorded Votes," Herbert Döring. ed. *Parliaments and Majority Rule in Western Europe*, New York: St. Martin's Press.

Schattschneider, E.E. 1942, *Party Government*, New York: Farrar and Rinehart.

Weinbaum, M. G. 1975, "Classification and Change in Legislative Systems," G. R. Boynton, C. L. Kim. eds. *Legislative Systems in Developing Countries*, Durham: Duke University Press.

제10장 고위공직후보자 인사청문회 제도의 현황과 의의*

정 상 화(연세대학교 동서문제연구원 연구교수)

1. 서 론

한국은 1987년 민주화 이후 권위주의적 발전국가(authoritarian devel-opmental state)의 정치행태가 현저히 약화되었다. 과거 박정희 및 전두환정권에서는 정치권력의 의지가 곧 국가목표로 설정되었으며, 이를 정책적으로 수행하기 위하여 행정부는 과다 성장하고 입법부와 사법부는 주변부 통치기관으로 전락한 바 있다. 정치권력의 사회에 대한 획일적인 통제(control)와 침투(penetration)를 특징으로 하는 권위주의정권에서는 정책의 혼선을 초래할 가능성 때문에 통치기관 상호간의 견제와 균형(check and balance)을 허용하지 않았다. 행정부의 수장인 대통령의 권한이 다른 통치기관을 압도하였다. 그러나 민주화 이후 입법부와 사법부는 그 독립성과 역할에서 꾸준한 변화를 보여 왔다. 비록 민주화 이후 여소야대라는 내부 역학구도에 힘입은 것은 사실이나 입법부는 정책결정과정에서 과거의 단순한 '통법부' 역할에서 벗어나 행정부에 대한 감시와 견제의 기능을 나름대로 도모하고 있다. 또 각종 위헌결정에

---

* 이 글은 《세계정치연구》 제1권 제2호(2002)에 실린 필자의 「한국 고위공직자 인사청문회 제도의 정치적 의의」를 그후 개최된 인사청문회와 동 제도의 변화를 감안하여 다시 쓴 것이다.

서 보듯이 과거와 달리 사법부도 점차 독자적인 정책판단과 검토의 기능을 수행하고 있다.

그러나 그 동안의 민주적 성취에도 불구하고 한국에서 고위공직자 임명은 여전히 정치적·사회적 논란이 되어 왔다. 예를 들어 한국에서는 김대중정부를 포함하여 과거 정부의 통치기간 동안 때로 적절한 국정수행이 곤란할 정도로 장관이 자주 교체되어 왔다. 이러한 현상은 장관의 임명이 행정적 합목적성이 아니라 임명권자인 대통령 개인의 정치적 이해관계에 따른 지위적 가치분배의 성격을 지녔기 때문인 것으로 판단된다. 비록 장관의 임명이 행정부의 수반인 대통령의 고유권한이라 하더라도 고위공직자를 임명할 경우 통치영역 내에서 고위급인사에 대해서는 일정한 검증제도를 도입하는 것이 정치권력의 남용을 위하여 필요하다. 한국은 2000년 국무총리, 대법관, 헌법재판소 소장 및 재판관에 대한 인사청문회를 도입하였다. 이 인사청문회는 준비기간의 부족, 의원의 전문성 부족, 후보자의 무성의한 자세 때문에 많은 논란이 있었지만 한국의 정치발전을 진일보시킨 것으로 평가할 수 있다.

본 연구는 대의민주주의(representative democracy) 제도를 근간으로 하여 현재 민주주의의 공고화과정을 겪고 있는 한국의 고위공직자 인사청문회 제도를 소개하고 그 정치적 의의와 개선방향을 논하는 것을 목적으로 한다. 이를 위하여 우선 다음 절에서는 이 분야에 대한 기존의 연구현황을 살펴 본 후, 제3절에서는 현행 한국 고위공직자 인사청문회 제도의 현황과 실제운용에서 발견된 문제점을 진단할 것이다. 다음으로 제4절에서는 고위공직자 인사청문회 제도의 정치적 의의를 정책적 합목적성 및 민주주의원리의 제고를 기준으로 하여 논할 것이다. 끝으로 마지막 절에서는 이러한 논의를 간략히 요약한 후 이를 바탕으로 현재 운용되고 있는 고위공직자 인사청문회 제도의 개선방향에 대한 정책적 대안을 제의하고자 한다.

2. 고위공직자 인사청문회 제도에 관한 기존 연구

국가제도 정비기간인 1787년에 이미 고위공직자에 대한 의회의 인준 절차를 마련한 미국과 달리, 한국은 2000년 2월 제15대 국회 제33차 국회법 개정에서 비로소 고위공직자 임명동의안이나 선출안을 심사하기 위한 인사청문 특별위원회를 설치하고 심사과정에서 반드시 인사청문회를 개최하도록 규정하였다. 이러한 현실상황에서 한국의 인사청문회에 관한 학문적 연구는 본격적으로 이루어지지 못하였다.

한국에서 인사청문회에 관한 연구는 비록 제한적이지만 크게 세 가지로 분류할 수 있다. 첫째는 대통령의 인사권 전횡과 그 폐해에 관한 연구로 그 수는 많으나 대부분 본격적인 학술연구라고 하기 곤란한 것들이다. 김당·문정우(1996), 김용삼(1998), 김충식(1994), 박경효(1995), 박천오(1995; 1993), 양재찬(1996), 오석홍(1994), 윤영호(1997), 이철(1993), 이종원(1998) 등이 동 분야에 대한 분석이다.

다음 부류의 연구는 외국, 특히 미국의 인사청문회에 대한 사례연구 혹은 이를 중요하게 다룬 것들로서 박찬균(1994)과 최연호·박종희(2000)의 연구가 대표적이다. 이들 연구는 미국의 사례를 중심으로 그 장점을 분석하고 한국에서 고위공직자 임명에 대한 국회의 동의와 선출제도의 개선방안을 모색하였다.

끝으로 강제상·정주석(2001), 박동서(1993) 및 박재창(1996)의 연구는 본격적으로 한국 고위공직자 임명제도의 문제점을 분석한 후 이의 해결을 위하여 인사청문회 제도를 도입할 것을 주장하고 있다. 이들은 한국의 고위공직자 임명제도는 대통령의 자의성을 허용하는 것으로, 필요할 경우 다른 권력기관이 이를 적절히 견제할 장치가 존재하지 않는다고 진단한다. 따라서 이를 보완하기 위하여 의회가 실시하는 인사청문회 제도의 도입이 필요하다고 주장한다.

　기존 연구에서 가장 빈번하게 지적되는 한국 고위공직자 인사문제는 대통령의 전횡이었다. 헌법 제94조는 행정 각부의 장을 국무총리의 제청으로 대통령이 임명하도록 규정하고 있다. 그러나 실제 장관의 임명은 후보자 선정부터 자격심사, 최종임명에 이르기까지 청와대가 주관해 왔다. 이런 이유로 정권교체나 개각이 있을 경우 학연 및 지연에 의한 편중인사, 정실인사라는 비판이 끊임없이 제기돼 왔다(최연호·박종희 2000, 122). 전문성을 결한 정치적 고려에 의한 비적격자의 임명은 잦은 장관직 교체와 이에 따른 국정수행 파행으로 이어진다. 따라서 정책수행의 일관성을 유지하고 행정서비스의 향상을 위해선 인사과정의 객관성과 투명성을 제고하여야 한다는 것이 기존 연구의 주요 결론이다.

　이와 같이 대부분의 기존 연구에서는 고위공직자 인사청문회 제도의 도입을 주로 정책의 효율적 수행(policy efficiency)이라는 측면에서 접근하고 있다. 그러나 고위공직자 인사문제는 비단 정책적 효율성뿐 아니라 정치체제의 능력(political system capacity)제고라는 보다 장기적 성격의 정치적 효율성(political efficiency)과 밀접한 관계를 갖는다. 고위공직자의 인사는 권력의 분립과 상호견제라는 비교적 기술적인 가치 이외에도 통치행위에 대한 정통성(legitimacy)의 부여, 정책수행자에 대한 국민 대표성의 보장, 사회구성원의 정치통합 등 민주주의 덕목과 직접적으로 연관이 있다. 따라서 본 연구에서는 정책적 효율성뿐 아니라 정치적 효율성을 고려하여 민주주의의 공고화과정을 겪고 있는 한국에서 고위공직자 인사청문회 제도의 의의를 논의하고자 한다.

3. 고위공직자 인사청문회 제도의 현황과 평가

　많은 대통령제 민주주의국가에서는 입법부의 인사청문회(hearing)를 제도화하여 고위공직자 인사과정에서 나타날 수 있는 폐해를 줄이고 있다. 인사청문회 제도를 활성화하고 있는 대표적 국가인 미국에서는 건국 초기부터 강력한 대통령의 권력남용에 대한 견제가 정치적인 주요 관심사였다. 영국 국왕의 막강한 행정권의 횡포를 기억하고 있던 주민 대표자들은 행정부, 입법부, 사법부가 서로 견제하고 균형을 이루는 정치제도로 대통령제를 출범시켰다(미국해외공보처 1990, 53). 대통령제를 뒷받침하는 주요 제도의 하나인 인사청문회 제도는 입법부로 하여금 대통령을 견제하도록 하는 기능을 갖고 있다. 미국 대통령은 300만 명이 넘는 정부관료 중 약 3천 명에 대하여 임명권을 갖는다. 이 중 연방 판사, 대사, 각 행정부처의 4번째까지의 상위직, 군 고위직 등이 상원 인사청문회의 인준을 필요로 한다.

미국 인준청문회는 신원조사 및 당사자 면담, 주요 의회지도자와의 협의, 지명 및 인준동의안 제출, 본회의 보고 및 상임위원회 회부, 상임위원회 예비조사, 인준청문회 개최, 상임위원회의 인준동의안 의결 및 본회의 보고, 본회의 의결 및 의결결과 통지의 순으로 진행된다(최연호·박종희 2000, 128-129 참조). 물론 미국의 의회에서도 후보자를 심사할 경우 전문성만을 보는 것은 아니며 정치적인 요인 및 기타 실제적인 요인도 고려된다(Rieselbach 1973, 309).

Shugart and Carey(1992, 119)는 한국을 미국, 필리핀, 나이지리아 등과 더불어 대통령이 각료의 임명에서 의회의 동의를 필요로 하나 해고나 파면에서는 독자적 권한을 갖는 국가로 분류하고 있지만, 한국은 제도상 행정 각부의 장을 포함하여 국무위원의 경우 국무총리의 제청으로 대통령이 임명하고 국회의 동의를 필요로 하지 않는다(헌법 87조 및 94조). 현재 한국에서는 임명동의안이나 국회에서 선출하는 고위직 심사과정에 인사청문회를 반드시 실시하도록 되어 있는데, 이는 국회법 제46조 3항(인사청문특별위원회)과 제65조 2항(인사청문회)에 의거한 것

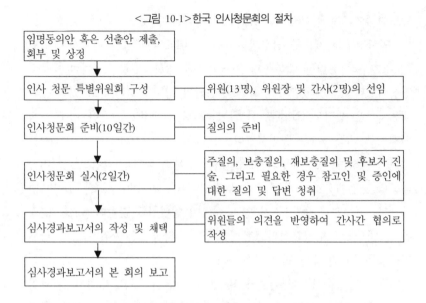

<그림 10-1>한국 인사청문회의 절차

으로 제16대 국회부터 적용되고 있다.[1]

　한국에서 인사청문회는, 국회의 동의를 필요로 하는 경우 후보자에 대한 임명동의안이나 혹은 선출안이 국회에 제출되면 자동적으로 인사청문특별위원회가 구성된다(<그림 10-1> 참조). 동 위원회의 구성을 위해서 13명의 위원이 선임이 되는데, 위원은 각 정당의 의원수 비율에 의하여 배분되며 정당대표의 요청으로 국회의장이 선임하거나 개선(改選)한다. 위원회는 1인의 위원장[2]과 각 정당별로 1인의 간사를 선임한 후 10일간의 인사청문회 준비기간을 갖는다. 인사청문회는 2일간 실시되는데 주질의, 보충질의, 재보충질의 및 후보자의 진술, 그리고 필요한

---

1) 김대중 대통령의 선거공약 중 하나였던 고위공직자 인사청문회는 시민단체의 압력 등으로 점차 정치적 부담이 커져 감으로써 그 도입을 준비하여 취임 2년여 만에 마침내 실행하게 된 것이다. 동 법은 2002년 3월 7일 확대·개정(법률 제6660호)되었다.
2) 국무총리 임명동의안은 새천년민주당 김덕규 위원, 대법관 임명동의안은 새천년민주당 이협 위원, 그리고 헌법재판소장 임명동의안 및 헌법재판소 재판관 선출안은 한나라당 박희태 위원이 각각 위원장을 맡았다.

경우 참고인 및 증인에 대한 질의와 답변을 청취한다. 인사청문위원회를 마친 후에는 위원들의 의견을 반영하여 간사들이 협의한 후 심사 경과보고서를 작성한다. 이어 채택된 심사 경과보고서를 본회의에 보고하면 인사청문특별위원회는 그 활동을 종료하게 된다.

청문회는 '어떤 사안에 대한 결정을 하기에 앞서 그 결정의 기초가 되는 정보나 자료를 수집하기 위하여 이해관계인의 의견진술이나 증거가 되는 사실을 청취하는 것'(최연호·박종희 2000, 123)을 말한다. 이 중 국회에서 수행되는 인사청문회는 대통령이 임명하고자 하는 고위공직자의 자격을 검증하기 위한 제도라고 할 수 있다. 현행 헌법에서 국회의 임명동의가 필요한 고위공직자는 국무총리(헌법 제86조), 감사원장(헌법 제98조), 대법관 및 대법원장(헌법 제104조), 헌법재판소장(헌법 제111조), 중앙선거관리위원회 위원장(헌법 제114조), 그리고 국회에서 선출하는 헌법재판소 재판관(3명) 및 중앙선거관리위원회 위원(3명)이다. 한편 제65조 2항의 개정에 따라 비록 법적 구속력은 없지만, 대통령이 다른 법률에 의거하여 국회에 국가정보원장, 국세청장, 검찰총장 및 경찰청장의 인사청문회를 요청할 수 있다. 본 장에서는 2000년부터 2003년 5월 현재까지 실시된 인사청문회를 간략히 요약하고 그 성과를 평가하고자 한다.

1) 2000년: 국무총리(이한동), 대법관(이규홍 등 6인), 헌법재판소장(윤영철) 및 헌법재판관(권성, 김효종)

한국 최초의 고위공직자 인사청문회는 2000년 6월 26~27일에 실시된 국무총리 인사청문회였다. 당시 인사청문회는 제15대 국회가 종료되기 직전에 실시되었으며 그 준비를 위한 여야간 협상부터 정치적 갈등을 노정하였다. 주요쟁점은 인사특별위원회 상설화 여부, 위원 수, 위원

장 선출방법, 위원회 활동기간, 청문회 기간, 위원의 허위사실 발언에
대한 주의의무 규정 등이었다(정호영 2000; 최용훈 2000 참조).

2000년 6월 26~27일 이틀에 걸쳐 실시된 국무총리 인사청문회에
대한 주요 시민단체와 언론의 평가는 대체로 부정적이었다. 문제점으로
지적된 사항은 질의 의원의 준비부족과 무성의 혹은 아부성의 우호적
질의, 후보자의 불성실한 답변태도, 이 밖에 행정부의 자료제출 비협조
등이었다. 그러나 이러한 평가는 인사청문회에 대해 사전 기대가 컸던
점, 이한동 후보가 이미 많은 정보가 알려진 지명도가 높은 인물이었다
는 점, 그리고 다른 모든 신설 제도와 마찬가지로 한국의 인사청문회도
그 완성도를 높이기 위해서는 일정한 학습과정(learning process)을 필요
로 한다는 점을 감안하고 받아들여야 한다. 다만 초선의원 중심으로 특
별위원회를 구성한 것에서 나타나는, 각 정당의 인사청문회에 대한 경
시와 소극성은 동 청문회의 활성화를 위해 아쉬운 대목으로 남는다.

이어 본회의에서 29일 실시된 임명동의안 표결에서는 139 대 130으
로 찬성표와 반대표가 나와, 민주당, 자민련, 민국당, 한국신당 등 여당
과 친여 야당의 의원수를 합친 수와 찬성표가 같았고 한나라당의 의원
수와 반대표의 수도 같아 각 진영에서 하나의 이탈표도 나오지 않은 것
으로 추정되었다.

한국에서 견제와 균형이라는 민주주의의 덕목이 아쉬운 또 다른 통치
영역 분야는 사법부의 최고기관이라 할 수 있는 헌법재판소와 대법원의
구성이다. 형식상 이들 사법기관은 행정부에서 독립되어 있으나, 그 실
제 인사는 행정부의 수반인 대통령에 의하여 크게 영향을 받아 왔다.
비록 국회의 동의를 필요로 하지만 대법원장은 대통령이 임명하며, 대
법관도 대법원장의 제청으로 국회의 동의를 얻어 대통령이 임명한다(헌
법 제104조). 의회가 탄핵소추를 결의할 경우 그 탄핵을 심판하는 헌법
재판소장도 국회의 동의를 얻어 재판관 중에서 대통령이 임명한다(헌법

제111조). 더욱이 법관이나 헌법재판소의 재판관은 탄핵 또는 금고 이상의 형의 선고에 의하지 않고는 파면되지 않도록 그 신분이 보장되어 있다(헌법 제106조 및 제112조).

따라서 대통령의 인사권한이 강한 대통령 정치체제에서 대통령의 고위법관 임명권에 대한 견제기제는 민주주의 정착을 위하여 매우 중요하다. 또 임기 동안 실질적으로 신분이 보장되어 있는 대법관이나 헌법재판관의 임명은 그 자질과 도덕성에 대한 검증의 절차가 반드시 필요하다.[3] 현대 민주정치에서 사법부는 단순한 법률적 판단의 기능이 아니라 헌법과 사회의 기본규범에 대한 해석의 기능을 수행한다.[4] 따라서 국민의 대표기관인 입법부에서 대통령의 자의적 인사권 행사를 견제하고 고위법관의 자격을 검증하는 것은 민주주의 정신에 전적으로 부합되는 것이다.

2000년 7월 6~7일에 대법관 임명동의안을 심사하기 위한 과정의 일환으로 인사청문회가 실시되었다. 청문회 기간이 2일로 제한됨으로써 6명의 후보[5]를 이틀에 걸쳐 검증할 수밖에 없어 깊이 있는 질의가 오가지 못할 것으로 예상되었다. 청문회 이후의 전체적인 평가도 예상과 마찬가지로 그다지 긍정적이지 못하였으며, 의원들의 사전준와 전문성 부족에 따른 일반적이고 피상적인 질의, 후보자들의 보신을 위한 소극적인 답변자세가 문제가 되었다.

---

3) 실제로 한국에서 법관에 대한 탄핵소추는 한 번도 없었다. 이는 무엇보다 한국의 정치경험상, 그 동안 법질서보다는 권위적 정치지도자의 정치적 판단과 그 집행기관에 의하여 국정이 운용됨으로써 국정에 있어 사법부의 위상이 그다지 높지 않았고, 동 부가 통치행위의 한 축이라는 사회적 인식이 부족하였기 때문으로 판단된다.
4) 미국의 연방대법원은 외국 외교관이 관련된 사건이나 주(州)가 소송의 일방이 되어 있는 사건을 제외하고는 하급법원에서 상소되어 온 사건에 대해서만 심리한다. 이러한 사건의 대부분은 법률의 해석이나 법안통과시 입법부의 입법취지 해석에 관한 것이다.
5) 여섯 후보는 이규홍, 이강국, 손지열, 박재윤, 강신욱, 배기원이었다.

2000년 9월 5~6일에는 헌법재판소장 및 두 헌법재판관6)에 대한 인
사청문회가 개최되었다. 동 인사청문회의 문제점으로 질의자인 의원들
의 정보 및 전문지식 부족과 사법부에 대한 관심부족, 인사 후보자들의
헌법재판소 재판관으로서의 전문성 결여, 그리고 도덕성의 문제7)가 제
기되어 앞의 두 청문회와 마찬가지로 부정적 평가가 주를 이루었다.

요약하면 2002년 실시된 세 인사청문회 제도는 많은 제도상·운용상
의 문제점을 노정하였다. 이러한 문제점은 대부분 정부 및 의원의 인사
청문회에 대한 인식과 관련이 있는 것으로 판단된다. 사전준비 및 본
청문회 기간이 충분히 주어지지 않고, 더욱이 그 운용이 경직되어 있는
점, 정부의 청문회 활동에 대한 적극적 협조의 결여, 그리고 여야를 막
론하고 인사청문위원회의 인적 구성과 당 차원의 대비에 큰 비중을 두
지 않는 점 등은 국회가 동 제도를 민주주의의 외양을 갖추기 위한 수
단으로 간주하고 그 정치적 및 정책적 중요성을 폄하한 것으로밖에 볼
수 없다.

2) 2002년: 중앙선거관리위원(김영신, 김헌무) 및 국무총리(장상, 장대환, 김석수)

2002년 2월 27일 국회는 민주당 추천 선거관리위원(김영신)과 한나
라당 추천 선거관리위원(김헌무)을 심사하기 위한 청문회를 가졌다. 동
청문회는 2000년 6월 인사청문회법 제정(2002년 3월 내용을 보완하여
개정) 이후 처음 실시된 선관위 청문회였다. 청문회는 형식적으로 진

---

6) 이들은 각각 윤영철, 권성 및 김효종이었다.
7) 윤영철 후보는 헌법재판소의 위상과 역할에 대하여 깊은 이해가 없었음을
   실토하였으며 삼성그룹의 불법적인 재산증여가 문제가 되었을 당시 기업 내
   부 변호사인 고액연봉의 상임법률 고문직을 맡고 있었던 전력이 문제가 되었
   다. 권성, 김효종 후보자는 헌법이론의 전문가가 아니라는 점이 지적되었다
   (www.peoplepower21.org/.../news_comments.php?news_num=13).

행되어 심사를 위하여 보장된 2일을 소비하지 않고 단 4시간에 끝났다. 의원들의 사전준비 노력은 보이지 않았으며, 질의내용도 경력, 재산 등 이미 공개된 사실을 확인하는 정도였다.

선거관리위원의 인사청문회가 졸속으로 진행될 수밖에 없는 이유가 있다. 우선 선거관리위원은 정당이나 의원들이 관심을 갖는 정치적 혹은 정책적 역할을 갖고 있지 않다. 이 밖에도 여야 정당이 먼저 추천한 뒤 청문회를 가짐으로써 추천위원들이 일정부분 사전에 검증되었다는 점, 그리고 여야가 암묵적으로 서로 타협하였을 가능성이 높다는 점도 지적할 수 있다. 따라서 선거관리위원에 대한 인사청문회는 앞으로도 계속 형식적으로 진행될 확률이 높다.

2002년 국무총리 지명자 인사청문회가 세 차례(장상 7월 29~30일, 장대환 8월 26~27일, 김석수 10월 1~2일) 실시되었다. 앞의 두 총리 지명자는 인사청문회 다음날 열린 임명동의안 투표에서 국회의 동의를 얻는 데 실패하였으며, 김석수 지명자는 10월 5일 동의를 얻는 데 성공하였다. 임명동의안은 재적의원 과반수 출석과 출석의원 과반수 찬성을 얻어야 의결된다.

김대중정부의 마지막 총리 인선은 인사청문회가 정당의 당파적 이익을 위한 정쟁에서 자유로울 수 없음을 보여주었다. 장상 총리 지명자에 대한 인사청문회는 2002년 3월 법규정이 마련된 이후 최초의 총리후보 인사청문회였다. 청문회에서는 지명자의 도덕성, 재산증식과정의 문제 및 국정수행 능력이 집중 논의되었다. 국회 표결에서는 상당수 의원이 교차투표를 하였다. 국회의원이 소신투표를 하였다고 볼 수도 있으나, 정권 말기에 나타나는 정당규율 이완이 주요원인이었다.[8]

---

8) 2002년 2월 개정된 국회법 제114조 제2항은 "국민의 대표자로서 의원은 소속정당의 의사에 귀속되지 아니하고 양심에 따라 투표한다"고 규정하고 있다. 그러나 국회의 표결은 여전히 의원의 개인적 판단보다 당의 방침에 좌우되고 있다. 정당 지도부가 공천권과 상임위원회 배정권을 갖고 있는 한 이러한 표

장대환 국무총리 지명자에 대한 인사청문회는 동 제도의 문제점과 가능성을 모두 보여주었다. 문제점으로는 우선 정당 및 의원들의 무성의를 들 수 있다. 민주당과 한나라당은 대통령선거를 앞두고 각각 당내 후보 선출과 '병풍' 대응 및 이미 총리 후보를 한번 낙마시켰다는 도취감에 젖어 청문회에 적극적인 관심을 두지 않았다.[9] 다음으로 제출이 요청된 자료는 모두 386건이었으나 수집된 자료는 그 반도 되지 못하였다. 관련 기관의 비협조적인 태도도 문제였으나, 1주일도 되지 않는 제출기한(19일 위원회를 구성하였으며 26일 청문회 시작)도 문제였다. 마지막으로 정당은 여전히 청문회를 자신들의 정치적 이익을 실현하기 위한 수단으로 인식하고 있었다. 의원들은 후보가 총리자격이 있는가를 심사하기보다 청문회의 논박을 통하여 소속정당이 12월의 대선에서 유리한 위치를 차지할 수 있을지에 더 관심을 두었다.

이러한 문제점에도 불구하고 임명동의안이 연속으로 부결되었다는 것은 그 자체로 하나의 성과였다. 청와대에서 주장하는 국정수행의 공백은 사실 모든 의원에게 부담이 될 수 있었다. 인사청문회의 취지 중 하나가 과거 막강한 집행부 수장인 대통령의 권한을 입법부를 통하여 견제하는 것이었다. 앞으로 대통령은 국무총리 인선에 주의를 기울이지 않을 수 없게 되었다. 또한 장상 후보와 장대환 후보의 인준 실패에는 여론의 영향도 컸다. TV를 통하여 중계된 인사청문회는 여론조사를 통한 후보자에 대한 국민의 심판으로 연결되었다. 임명권자인 대통령이나 고위공직에 취임할 가능성이 있는 인사들은 앞으로 신중을 기할 수밖에 없을 것이다.

김석수 지명자는 국회표결에서 무난히 인준을 받았다. 앞의 두 후보

결행태는 계속될 것이다.
9) 인사청문 요청안이 국회에 제출되고 이틀 내에 인사청문특별위원회를 구성하도록 한 규정이 의원에 의하여 준수되지 못하였다. 요청안은 8월 13일에 제출되었으나 위원회는 19일에 구성되었다.

에 비하여 결점이 두드러지지 않았다는 점도 있지만, 의원들의 날카로운 질문과 추궁도 눈에 띄지 않았다. 결국 임기 말까지 약 세 달여를 책임지는 단기총리의 인준을 또다시 거부하는 것은 야당에게도 정치적 부담이 되었던 것이다. 의원들이 대선과 국정감사 대비에 더 관심을 두었다는 점도 임명동의안의 통과에 영향을 주었다고 볼 수 있다.

3) 2003년: 대법관(고현철), 국무총리(고건), 경찰청장(최기문), 국세청장(이용섭), 검찰총장(송광수) 및 국가정보원장(고영구)

2003년 2월 13일 인사청문특별위원회는 대법관 후보(고현철)에 대한 청문회를 가졌다. 청문회는 후보자 자질검증을 위한 진지한 질의 및 답변보다 정치적 공방으로 이루어졌다. 사법제도 개혁과 사형제도 존폐 등 대법관으로서 지녀야 할 사법적 소신을 묻는 질의도 있었으나, 여야 의원들은 대북 비밀지원과 관련한 후보자의 의견을 묻는 등 당 정책의 간접선전에 더 주력하였다. 후보자도 말썽의 소지를 만들지 않기 위해 민감한 질의에 대해서는 모호한 답변으로 일관하였다. 질의를 하는 의원이나 후보자나 모두 인사청문회를 임명을 위한 형식적 요건으로 간주하는 자세를 보였다.

국회는 2003년 2월 20~21일 국무총리 후보자(고건)의 인사청문회를 실시하였다. 신정부가 출범(2월 25일)하기 전이었으나, 동년 1월 22일에 국회에서 통과된 대통령직 인수법[10]을 근거로 개최된 것이다. 여야 의원의 정치적 의도가 있는 질문이 대폭 줄어들어 청문회는 커다란 잡음 없이 진행되었다. 이러한 의원들의 청문회를 대하는 자세변화가 그동안 4차례의 총리 인사청문회를 거치면서 의원들의 질의문화가 향상

---

10) 대통령 당선자가 지명하는 총리 후보자에 대한 인사청문회 개최를 규정하였으며, 국회 본회의 표결은 대통령 취임식 이후에 실시된다.

된 데 기인한다고 해석하기는 아직 이르다. 신정부의 조각을 지연시키는 데 따른 여론의 부담, 야당에 대한 대통령 당선자의 적극적 협조요청, 후보자의 경우 이미 총리를 지냄으로써 자질이 검증되었으며 정치적 색채가 뚜렷하지 않은 점, 대구지하철 사건으로 민심이 흉흉한 점, 여야 지도부의 강력한 리더십 결여 등이 모두 청문회에 영향을 미친 것으로 판단된다. 후보자에 대한 국회 본회의의 인준표결은 예정보다 하루 늦은 2월 26일 실시되었다. 표결에서는 교차투표가 허용되었던 것으로 알려졌으며 후보자는 무난히 출석 과반수 이상 의원의 동의를 얻었다. 정치인들이 정치적 이해관계에서 자유로울 수는 없지만, 행정실무를 담당하는 고위공직자에 대한 인사청문회를 정치적 목적으로 지나치게 이용하는 의원의 자세는 재고할 필요가 있다. 후보자가 인준표결을 통과한 가장 큰 이유 중의 하나는 표결이 하루 늦춰진 데서 알 수 있듯이 여야의 암묵적 합의에 따른 성격이 짙다. 야당은 대북 송금의혹을 다룰 특별검사법을 인준표결에 바로 앞서 실시할 것을 제안하였으며 여당은 이를 받아들였던 것이다.

　2003년 1월 22일 국회에서 통과된 국회 개정인사청문회법(65조 2항)과 2월 4일 개정된 국가정보원법, 검찰청법, 국가공무원법 및 경찰법에 근거하여 소위 4대 권력기관(국가정보원, 검찰청, 국세청, 경찰청)의 장에 대한 인사청문회가 3월 18일부터 개최되었다. 이들 청문회는 해당 상임위원회에서 실시되며 본회의에서 인준표결을 실시하지 않는다. 상임위원회의 인사청문 경과보고서는 국회의장에게 제출되며, 동 보고서가 본회의에서 통과되면 의장은 이를 임명권자인 대통령에게 송부한다. 따라서 청문회는 사실상 국회의 후보자에 대한 의견표시의 성격을 강하게 지닌다. 헌법에 보장된 대통령의 임명권을 제한할 수도 있는 이러한 제도는 이들 기관이 늘 정치적 중립의 논란에 휩쓸려 왔다는 사실을 그 배경으로 하고 있다.11)

3월 18일 경찰청장 후보자(최기문)에 대한 인사청문회(행정자치위원회)를 필두로, 3월 20일 국세청장 후보자(이용섭) 청문회(재정경제위원회), 3월 28일 검찰총장 후보자(송광수) 청문회(법제사법위원회), 그리고 4월 22일 국가정보원장(국정원) 후보자(고영구) 청문회(정보위원회)가 각각 개최되었다. 앞의 세 청문회는 별 다른 논란이 없이 진행되었으나, 국정원장 후보자에 대한 청문회는 심각한 정치적 갈등을 겪었다.

경찰청장, 검찰총장 및 국세청장 후보자에 대한 인사청문회는 도덕성이나 자질문제보다 정책적 판단을 묻는 질의가 주를 이루었다. 그러나 전체적으로 볼 때 모두 진지함을 결여한 청문회였다. 그 원인으로는 우선 민주화의 진척과 통치기관의 객관성 및 투명성의 향상을 들 수 있다. 즉 과거와 달리 대통령이 자의적으로 이들 기관을 동원하여 정치적 목적을 달성하기 곤란하게 됨으로써 의원들의 입장에서 적극적으로 기관장의 임명에 간섭할 동기가 약화되었다. 또 이들의 청문회는 국회 본회의의 임명동의를 필요로 하지 않는 단순한 검증의 차원으로 그 역할이 제한되었다는 점을 들 수 있다. 그리고 청문회가 인사청문특별위원회가 아닌 해당 상임위원회에서 실시되었던 것도 청문회 부실의 한 원인이었다. 상임위원회 실시 그 자체가 문제될 것은 없지만, 해당분야에서 상당기간 서로 접촉함으로써 기관과 위원회, 그리고 위원회 내에서는 여야의원들의 긴장감이 떨어졌다. 이 밖에도 청문회를 몇 차례 겪으면서 후보자의 대응자세가 세련되었다는 점을 지적할 수 있다. 후보자들은 모두 겸손한 자세로 원론적 답변에 치중하여 논란의 소지를 미리

---

11) 이러한 인사청문회는 여야 합동의 국회 정치개혁특별위원회에서 합의한 결과로 그 효용은 운용의 묘에 달려 있다. 권력기관이 대통령의 사적인 정치적 목적을 위하여 동원되는 것은 지양하여야 하지만, 국민투표로 통치의 권한을 위임받은 대통령이 소신 있는 정책을 펼치지 못하는 것도 경계하여야 한다. 문제는 이 둘의 경계가 불분명한 경우가 있을 수 있다는 점이다. 따라서 동 제도의 장점을 살리기 위해서는 의회정치 발전에 대한 여야의 장기적 안목과 국민의 감시가 필요하다.

없앴다. 끝으로 의원의 무성의도 청문회의 부실을 초래하였다. 차관급이지만 주요 권력기관이기 때문에 그 장에 대한 청문회를 실시하여야 한다고 주장한 의원들이 보인 무성의는 청문회 도입취지를 스스로 무시하는 행위였다. 특히 TV로 생중계되었던 경찰청장 후보자에 대한 인사청문회에서 후보자에게 답변시간마저 제대로 주지 않고 화면에 서로 공평하게 얼굴을 비치는 데 더 신경을 썼던 의원들의 자세는 변명의 여지가 없는 행위였다.

위의 세 기관장에 대한 청문회와 달리 국정원장 후보자에 대한 인사청문은 후보자가 확정되면서 이미 정치적 논란을 초래하였다. 야당은 후보자의 이념적 성향을 문제삼아 반대의사를 강력히 표명하였으며, 여당은 당 차원의 방침을 정하지는 않았으나 신구 주류의 당파경쟁이 위원회에서 재현되는 분열상을 보였다. 이미 정치적 공방이 예상되었던 청문회에서는 의원들이 자신들의 인식을 확인하는 데 더 열중함으로써 후보자에게 답변의 기회도 충분히 주지 않았다. 정보위원회는 후보자에 대한 거부의사를 담은 경과보고서를 채택하였으나 대통령은 후보자의 임명을 확정하였다. 야당은 이에 맞서 국가정보원장 사퇴권고 결의안을 국회에 제출하였으며 국가정보원의 폐지 및 해외정보처 신설을 추진하기로 하였다.

인사청문회에서 후보자의 이념성향과 업무능력을 점검하는 것은 청문회의 취지에 전적으로 부합된다. 그러나 국가정보원장 후보자에 대한 인사청문회가 지나치게 정치적 이해관계에 휘말리는 것은 바람직하지 않다. 노무현정부의 대북정책에 반대하고 있던 야당은 동 인사청문회를 신정부에 대한 정치공세의 기회로 판단한 것으로 보인다. 한나라당은 '이념'공세를 통하여 대북 포용정책과 한미관계의 소원에 대하여 불만을 품고 있는 보수층의 지지를 확보하고 신정부의 정치적 역량을 약화시킴으로써 내년 총선을 앞두고 당의 정치적 입지를 확고히 할 목적이

있었던 것으로 판단된다. 대통령이 표방한 국가정보원 개혁에 대한 일
부 여당의원들의 불만도 청문회의 '정치화'에 기여하였다. 일부 호남의
원들은 개혁에 수반될 인사에서 자신들의 출신지역 직원들이 소외되리
라는 의혹을 강하게 가지고 있었다. 이러한 의혹은 그후 주로 호남출신
의원들로 구성된 구주류와 신주류의 갈등으로 확대되었다.

청문회 도입취지가 대통령의 인사권을 견제하기 위한 것인데, 국회의
의견을 무시한 대통령의 인사도 문제점으로 지적할 수 있다. 임명권자
의 판단을 평가하기는 곤란하지만 이미 예견된 정치적 갈등을 사전에
무마하고자 하는 노력이 보이지 않았다는 점은 문제이다. 대통령의 인
사 강행으로 입법부의 권위가 손상되는 것은 정치발전을 위하여 바람직
하지 않다.

일부 언론에서는 이러한 현상이 인사청문회를 단지 통과의례로 만드
는, 따라서 청문회의 의의를 훼손하는 것으로 해석하고 있다. 그러나
인사청문회는 많은 장점을 가지고 있다. 제도의 보완을 통하여 도입취
지(rationale of institutionalization)를 살린다면, 인사청문회는 한국 민주
주의의 발전에 앞으로 긍정적으로 기능할 것이다. 새로운 제도가 긍정
적 기능을 수행할 수 있도록 정착되려면 관계자들의 노력과 어느 정도
의 시간이 필요하다.

4. 고위공직자 인사청문회 제도와 민주주의

고위공직자 인사청문회가 긍정적 기능만을 갖는 것은 아니다. 인사청
문회는 직위의 교체기에 나타날 수 있는 일시적인 국정의 지연, 이해당
사자간의 뒷거래 가능성, 국정담당자들이 보신에 치우쳐 개혁적이거나
소신 있는 행동을 취하지 않으려 하는 보수성의 강화, 지나친 사생활의

노출에 따른 개인권리의 침해 등 부정적인 면도 있다. 그러나 전체적으로 긍정적 효과가 더 큰 제도임에는 틀림이 없다.

한국의 경우 과거 대통령에 정치적 권한이 집중됨으로써 많은 인사파행을 겪은 경험이 있다. 또 정치적 고려로 임명되어 그 정책수행 능력이 검증되지 않은 공직자의 임명이 정책적 일관성을 크게 저해한 사례가 있다. 이러한 이유로 김영삼정부와 김대중정부에서 인사의 잡음이 끊이지 않았다(김당·문정우 1996; 오석홍 1994; 이종원 1998 참조). 본 장에서는 이러한 한국에서의 고위공직자 인사문제를 개선하기 위한 정책의 일환으로 도입된 고위공직자 인사청문회 제도의 정치적 의의를 정책적 효율성과 정치적 효율성으로 구분하여 논의하고자 한다.

1) 정책적 효율성

민주화 이후 한국정치에서 가장 논란이 된 이슈 중 하나는 인사문제였다. 이러한 문제점을 극명하게 보여주는 최근 고위공직자 인사의 예로 비록 국회의 임명동의가 필요 없는 국무위원직이지만 건설교통부장관의 경질을 들 수 있다. 2001년 5월 취임한 오장섭 장관은 미연방항공국의 한국항공안전 2등급 판정의 파문으로 인해, 그 뒤를 이은 김용채 장관은 DJP공조가 깨지면서 조기 사임하였다. 그리고 그 뒤를 이은 안정남 장관은 언론사 세무조사 및 재산증식 의혹으로 사퇴하였다. 건설교통부의 경우 2001년 들어 무려 5명의 장관이 경질되었고 이러한 개인적·지역적 연고와 정치적 타협 및 논공행상에 의한 인사로는 고위공직에 전문성과 도덕성을 갖춘 인물을 발탁할 수 없다는 것은 자명한 사실이다.

고위공직자 인사청문회가 기여할 수 있는 정책적 효율성은 여러 가지가 있겠지만, 그 중 중요한 것으로는 전문성과 정책수행 의지를 갖춘 공직자의 임명, 행정의 일관성 유지, 부정부패의 방지, 임명에 대한 정당성의 부여 등을 들 수 있다(최연호·박종희 2000; 강제상·정주석 1997-1998 참조). 우선 입법부의 인사청문회는 임명권자인 대통령으로 하여금 전문성과 기타 고위공직자로서 자질을 갖춘 인사를 선발하도록 압박하는 효과가 있다. 공개적으로 진행되는 청문회에서 추천인사가 문제될 경우 대통령은 상당한 정치적 희생을 치르게 된다. 따라서 대통령은 인사에 더욱 신중을 기하게 된다.

또 정책의 일관성을 도모할 수 있다. 이는 자질이 있는 인물이 공직을 맡을 경우 그렇지 못한 인물보다 더 오래 그리고 효과적으로 직무를 수행할 수 있기 때문이다. 이 밖에도 고위공직자가 국민 대표기관인 국회에서 검증절차를 거침으로써 국정혼란의 속죄양으로 ˙고위공직자가 대통령에 의하여 일방적으로 파면되거나 또는 사퇴하도록 압력을 받는 관행이 줄어드는 효과도 있다.

다음으로 고위공직자 후보에 오른 인물은 신상에 관한 정보와 자료가 노출됨으로써 과거의 행적이 모두 드러나게 된다. 따라서 인사청문회는 공직사회 부정부패 예방에 크게 기여할 수 있다. 끝으로 고위공직자 인사청문회는 임명권자인 대통령에 대한 보호효과도 있다. 고위공직자 후보의 인선에서 독자적으로 결정을 내려야 하는 대통령으로서는 국정상의 문제가 발생하였을 경우 여론이나 야당의 공격에 대응할 별 수단이 없다. 이런 이유로 그 책임자를 교체함으로써 자신에 대한 정치적 공세를 피하고자 하는 동기를 가질 수 있다. 인사청문회는 입법기관에 의한 검증기회를 부여함으로써 불가피한 상황에서 국정상의 문제가 발생하였을 경우 책임의 소재를 갖는 고위공직자를 보호할 근거를 대통령에게 제공하게 된다.

고위공직자 인사청문회로 인한 정책적 효율성의 제고는 이미 기존 연구에서 많이 소개되어 왔다. 그러나 이러한 이유로 고위공직자 인사청문회의 가치를 낮게 평가할 수는 없다. 위에서 나열한 고위공직자 인사

청문회 효과는 서로 밀접한 관계를 갖는 것으로, 이 밖에도 공공서비스
의 향상 등 많은 부수적인 간접효과를 가져올 것으로 판단된다.

2) 정치적 효율성

대통령제 국가에서 통치기제의 운용에서 가장 중요한 요소는 견제와
균형이다. 중대한 국정의 실패가 있을 경우 내각이 선거에 의해 다시
국민의 심판을 받는 의원내각제와 달리, 대통령제에서는 대통령의 임기
가 보장되기 때문에 생기는 강력한 대통령의 독단적 국정운용을 견제할
필요성이 있다. 헌법(제7조)에 의하면 공무원은 국민 전체에 대한 봉사
자이며 국민에 대해 책임을 진다고 규정돼 있다. 그러나 신분이 보장된
직업관료가 아닌 정무직 공무원의 경우 실제로는 대통령이 독점적 인사
권을 가지고 있다. 그러나 이러한 막강한 대통령 권한의 견제라는 다분
히 기술적이고 소극적인 측면 외에도, 고위공직자 인사청문회는 주권자
인 국민의 정치권리 향상, 정치체제 및 국정활동의 정통성 제고, 그리
고 구성원들의 정치통합이라는 적극적 기능을 수행한다.

미국뿐 아니라 한국의 헌법도 입법부, 행정부, 사법부간의 견제와 균
형을 위한 규정을 마련하고 있다. 국회는 국무총리 또는 국무위원의 해
임을 대통령에게 건의할 수 있으며(제63조), 나아가 대통령, 국무총리,
국무위원, 행정 각부의 장, 헌법재판소 재판관, 법관, 중앙선거관리위원
회 위원, 감사원장, 감사위원, 기타 법률이 정한 공무원에 대하여 탄핵
소추를 의결할 수 있다(제65조). 또 대법원장과 대법관의 임명은 국회
의 동의를 필요로 한다(제104조). 그리고 사법부의 헌법재판소는 탄핵
을 심판하며(제111조), 법관과 헌법재판소 재판관의 임기는 실질적으로
보장되어 있다(제106조 및 제116조). 이러한 헌법체제를 삼권분립의 모
델이 되고 있는 미국과 비교할 때 가장 차이가 나는 점은 한국의 입법

부가 미국의 입법부에 비하여 상대적으로 그 권한이 제한되어 있다는 점이다. 미국의 경우 입법부는 연방 사법제도 내 판사의 숫자를 결정하며 연방대법원을 제외한 연방법원을 신설하거나 폐지할 수 있다. 또 대통령뿐 아니라 범법행위를 한 연방판사 등 고위공직자에 대하여 하원은 탄핵발의권을, 그리고 상원은 그 재판권을 갖는다.

따라서 한국의 입법부가 행정부 및 사법부의 고위공직자 인사청문회를 주관하는 것은 과거 국민의 대표기관이던 입법부의 위상을 본연의 위치로 자리매김하는 것이지 그 위상을 높이는 것은 아니라고 할 수 있다. 또 견제와 균형의 원칙이 반드시 삼부간의 갈등과 대립을 조장하거나 초래하는 것은 아니다. 오히려 최소한도의 조직간 대화와 유기성을 보장함으로써 법의 제정과 집행, 그리고 해석을 맡은 기관의 국정활동을 생산적으로 조율할 수 있도록 한다. 특히 행정부의 독주로 인해 그동안 연계성이 별로 없던 입법부와 사법부가 서로간에 연결의 통로를 마련하였다는 점은 매우 고무적인 일이라고 할 수 있다(임성호 2000).

다음으로 고위공직자 인사청문회는 국민의 정당한 정치참여 권리를 향상시키는 효과가 있다. 일반시민들도 참고인 혹은 진술인으로 직접 정치 충원과정에 참여할 수 있으며, 설혹 직접 참여가 이루어지지 않더라도 국회라는 대의기관에 의한 간접통제의 효과도 있다. 이러한 입법부의 활동이 일방적으로 입법부의 권한을 높이는 것은 아니다. 전술한 바와 같이 고위공직자 인사청문회는 행정부와 사법부의 정책 효율성 제고에 기여할 수 있다. 사실 그 동안 형식적인 고위공직자 임명동의를 제외하고 한국의 사법부는 오히려 실제적으로 입법부를 견제할 수 있는 권한을 더 많이 가지고 있었다. 사법부는 특히 1980년대 후반의 민주화 이후 정치인 혹은 선거 등 정치와 관련된 판결의 권한을 통하여 입법부에 대한 자신들의 견제기능을 발휘하여 왔으며, 이를 통하여 입법기관의 발전에 나름대로 기여하여 왔다. 입법부의 사법부 고위공직자에 대한 인사청문회는 입법부로 하여금 사법부의 발전에 기여할 수 있는 기회를 순환적으로 제공하는 것이다.

고위공직자 인사청문회는 고위공직자 충원과정에 대한 민주적 정당성을 확보하고 그 과정에 대한 국민의 신뢰를 제고함으로써 정치체제에 정통성을 부여하는 기능을 한다. 그 동안 한국에서는 고위공직자 임명이 정치권 내에서만 이루어짐으로써 국민이 고위공직자 충원에 대하여 일체감을 갖기 곤란하였다. 그러나 인사청문회가 공개적으로 이루어짐으로써 시민단체 활동이나 방송매체를 통하여, 혹은 직접 참관의 체험을 통하여 고위공직자 충원에 대하여 의견과 판단을 가질 기회를 갖게 되었다. 그러나 인사청문회가 앞으로도 계속 저질성 논란에 휘말린다면 오히려 정통성이 약화될 가능성도 있음을 주의할 필요가 있다.

끝으로 고위공직자 인사청문회는 위의 정통성 제고와 밀접한 관계를 가진 정치통합 기능을 수행한다. 한국에서는 정치권에 대한 국민의 불신과 냉소가 널리 확산되어 있다. 물론 민주정치가 오랜 기간 제도화되어 있는 서구사회에서도 정치권에 대한 국민의 불만이 고조되는 경향이 있으나, 한국의 경우 권위주의체제가 붕괴된 이후 민주주의가 공고화되는 과정에서 기대와 현실의 괴리에서 오는 정치적 표류를 겪음으로써 국민들의 탈정치적(depolitical)·반정치적(antipolitical) 태도가 증가하고 있는 실정이다. 따라서 고위공직자 인사청문회가 제대로 그 기능을 수행한다면 한국은 정치통합이라는 매우 가치 있는 정치적 자본(political capital)을 얻게 될 것이다.

5. 결론 및 정책제안

한국이 채택하고 있는 대통령제는 권력분립(separation of power) 원

칙에 입각한 정치기제이다. 즉 정치권력이 행정부, 입법부 및 사법부간
에 효율적이고 균형적으로 분배되어 있어야 한다. 이러한 원리를 실천
하기 위하여 대부분의 대통령제 국가는 각 부간의 인적 자원을 엄격히
분리하고 상호견제와 균형을 위한 제도적 장치를 마련해 놓고 있다
(Ranney 1993, 343-344). 국회가 대통령이 임명한 행정부나 사법부의
고위공직자에 대한 임명동의권을 갖는 것은 대통령과 사법부를 견제하
기 위해서다. 대통령은 행정권의 행사 혹은 의회에서 통과된 법률에 대
한 거부권이나 대법원 판사에 대한 임명권을 가짐으로써 의회와 사법부
를 견제하며, 대법원은 각종 통치행위에 대한 사법심사권을 행사함으로
써 대통령과 입법부를 견제한다.[12]

그러나 대통령제는 견제와 균형을 위하여 고안된 제도이므로 새로운
정책을 수행하는 것보다 그것을 저지하는 것이 훨씬 용이한 제도이다.
한국은 행정의 효율을 위하여 국무총리제를 도입함으로써 내각제 요소
가 가미된 대통령제를 채택하고 있고, 그 결과 인적 자원의 중복금지라
는 원리가 허물어져 입법부 의원이 행정부에 입각할 수 있게 되었다.
원래 의원내각제는 입법부의 다수당 당수가 수상이 됨으로써 정책결정
부터 집행까지 일관성을 유지할 수 있는 책임정치를 구현한다는 데 있
다. 그러나 1987년의 민주화 이후 대통령의 집권당이 입법부에서 과반
수의석을 확보하지 못하는 여소야대 현상이 일반화된 한국에서 국무총
리의 정치적 역할은 한계를 가질 수밖에 없다. 더욱이 한국의 공식제도
와 정치관행은 상응성을 결여하여 대통령이 국무총리의 의사와 상관없
이 국무위원의 임명에 전권을 행사하고 있는 실정이다.

2000년 이후 실시된 고위공직자 인사청문회는 경험부족으로 인한 문

---

12) 그러나 실제 권력행사에서는 적지 않은 부분에 걸쳐 각 권력기관간의 역할
중복이 발생한다. 의회의 조사활동, 사법부의 법률해석, 행정부의 입법권, 각
종 규칙제정 및 법률해석은 엄격한 의미에서 서로간의 영역을 침범하는 행위
이다.

제 외에도 많은 제도상·운용상의 문제점을 보여주었다. 그러나 위에서 논의한 바와 같이 고위공직자 인사청문회는 단점보다는 정책적·정치적으로 장점이 많은 제도임에 틀림없다. 더욱이 한국은 건전한 민주주의 운용을 위한 정치제도화가 정착되고 있는 과정이기 때문에, 정치제도가 민주적 가치의 증진에 기여할 정도로 합리적으로 운용되기까지는 어느 정도 공고화의 과정을 거쳐야 할 것이다. 기존 논의에서 드러난 문제점을 고려하여 한국의 고위공직자 인사청문회 제도의 개선 방안을 제시하면 다음과 같다.

첫째, 제도의 문제로 현행 제도에 의하면 인사청문특별위원회의 심사기간은 위원회에 안건이 회부된 날로부터 12일 이내에 종료되어야 한다. 위원회에 10일의 준비기간을 주는 이러한 시간적 제약은 조사와 심의의 질을 저하시킬 가능성이 매우 높다. 따라서 시간적 제약을 탄력적으로 운영할 필요가 있다. 준비기간을 최대 2주일 정도로 늘리고, 회의기간은 현행대로 2일을 주되 자료나 증거의 확보를 위하여 필요할 경우 1일 실시한 후 3~5일 이내에 다시 하루 실시하는 것이 바람직하다. 또 위원회의 심사기간은 안건별이 아닌 후보자별로 회의기간을 적용해야 한다.

둘째, 인사청문특별위원회의 조사권한에 관한 것으로 현재 정부기관이 위원회의 자료요청에 협조하지 않더라도 이에 대하여 제도적 제약을 가할 수 없는 실정이다. 위원회가 요구한 관련자료가 심각할 정도로 거부[13]되었다면 문제가 있는 것이다. 따라서 미국처럼 위원회의 조사활동에 권한을 부여하여 각 정부부처로 하여금 자료확보에 적극 협조하도록

---

13) 2000년 국무총리 인사청문회의 경우 한나라당의 주장에 의하면 정부에 요구한 133건의 질의 및 자료제출 중 49건이 거부됐으며 대부분의 자료가 청문회 직전에 도착했다고 한다(www.chosun.com/w21data/html/news/200006/20000 6270472). 2002년 두 번째 국무총리 인사청문회의 경우 정부 및 사회기관에 제출을 요구한 자료는 386건이었으나, 실제 제출된 자료는 그 절반이 못 되는 것으로 알려져 있다.

하여야 한다.

셋째, 청문회 대상을 확대할 필요가 있다. 우선 장관직에 대한 인사청문회 가능성을 모색해야 한다. 장관직의 인사청문이 고려되지 않는 이유는 그것이 행정부 수장인 대통령의 고유권한(헌법 제87조)이며 행정의 공백기가 길어진다는 이유이다. 그러나 잦은 장관의 교체에서 보듯이 현재 한국에서는 부적격자의 임명이 오히려 행정공백과 정책 일관성의 부재를 초래하고 있는 상황이다. 직업관료에 대한 효과적인 통제와 행정효율성을 증대하기 위해서도 검증된 장관이 취임하여 최소한 일정한 정도의 재직기간을 갖는 것이 바람직하다.

또 국회에서 선출되지 않는 각각 6명의 헌법재판관과 중앙선거관리위원도 포함할 필요가 있다. 임기가 보장되는 헌법재판관과 중앙선거관리위원의 자격을 국민 대표기관인 입법부가 심사하는 것은 대의민주주의의 정신에 합당한 것이다. 나아가 헌법재판관과 중앙선거관리위원 중 일부만 입법부의 인사청문회를 거치고 일부는 그렇지 않다면 조직 내의 위화감이 발생할 가능성도 있다. 헌법적 문제(헌법 제111조 및 제114조)가 있다면 위 장관직의 경우와 마찬가지로 인사에 관한 입법부의 의견을 대통령과 사법부에 개진하는 형식을 취할 수도 있다.

넷째, 위와 같은 제도상의 문제점을 개선하는 것도 중요하지만 무엇보다 입법부 행위자들의 인사청문특별위원회의 활동에 대한 인식과 자세의 문제가 개선되어야 한다. 기존의 인사청문회를 보면, 초선의원 중심으로 인사청문특별위원회를 구성하는 등 정당이 위원회를 경시하는 경향을 보이고 있다. 이러한 상황에서 위원들의 성의 있는 활동을 기대하기는 곤란하다. 따라서 피추천자의 업무와 관련된 국회 상임위원회의 위원장과 간사는 인사청문특별위원회에 당연직 위원으로 참석할 필요가 있다.

또 인사청문특별위원회 위원으로 선발되는 국회의원은 자세를 가다

듬을 필요가 있다. 의원의 자질이 지난 인사청문회에서도 문제가 되었다. 현재 의원에게 주어지는 유인동기는 TV, 신문 등 방송언론 매체를 통하여 자신의 활동이 유권자들에게 노출되거나 다음 선거에서 시민단체에 의하여 자신의 의원자질이 거론될 것이라는 정도이다. 위계적 정당구조를 갖는 한국에서 이러한 정도의 유인동기로는 의원이 당의 방침과 상관없이 소신 있는 행동을 취하기 곤란하다. 따라서 의원에 대해 그 질의의 성의와 무성의에 대한 보상과 처벌을 보다 직접적으로 행할 필요가 있다. 시민단체나 민간 전문가가 주도하는 평가체제를 통해 의원의 위원회활동을 평가하여 발표하고 자질이 의심되는 의원은 인사청문회 위원의 자격이 미달되는 회피의원으로 공개 지목할 필요가 있다. 또 의원은 명확한 답변이 나오도록 질문을 준비해야 하며, '봐주기식' 혹은 '시간 때우기식' 질문이나 '흠집내기식' 질문은 지양해야 한다.

끝으로 정파적 이해관계가 없는 민간 전문가를 인사청문특별위원회에 참석하도록 하여 시민참여를 제도화할 필요가 있다. 이는 국민들에게 직접적인 정치참여의 기회를 제공함으로써 체제의 정통성과 정치통합을 증진하는 효과가 있다. 또 민간 전문가의 참여는 위계적 정치구조를 갖고 있는 한국의 현실에서 개별의원이 지도부에 대하여 갖는 한계를 극복하는 수단이 될 수 있다. 여당의원이 정당 지도부를 의식하여 호의적 질문에 치중하거나, 야당의원이 당의 방침이나 자신의 정치적 인기를 위하여 후보자의 자질보다는 결점을 집중적으로 부각하는 질의의 불균형은 지양되어야 한다. 따라서 청문회가 갖는 긍정적 효과를 살리고 부정적 효과를 없애기 위해서는 구체적으로 일정한 수의 민간 전문가와 전·현직 해당부처 관료가 직접 위원으로 혹은 발언권을 가진 참관인 자격으로 참가하는 것이 바람직하다.

한국의 민주화 이후 통치·비통치 및 통치영역 내에서 민주주의의 합리성을 제고하는 일련의 변화가 있었으나, 아직은 한국의 정치구조와 정치문화에 적합한 민주적 정치제도와 정치관행이 정립하는 과정에 있다. 이러한 시점에서 도입된 고위공직자에 대한 입법부의 인사청문회는 정치발전을 위하여 매우 의미가 있는 제도이다. 비록 기존에 실시된 인사청문회가 적지 않은 제도상·운용상의 문제점을 드러냈으나, 앞으로 제도보완과 관련자의 인식제고를 통하여 이를 해결하여 나간다면 고위공직자 인사청문회는 한국 민주주의의 발전에 크게 기여할 것이다.

참고문헌

Ranney, Austin. 1993, *Governing: An Introduction to Political Science,* Englewood Cliffs, N.J.: Prentice-Hall, 권만학 외 공역. 1994, 『현대 정치학』, 서울: 을유문화사.

Rieselbach, Leroy N. 1973, *Congressional Politics,* N.Y.: McGraw Hill.

Shugart, Matthew S. and John M. Carey. 1992, *Presidential and Assemblies: Constitutional Design and Electoral Dynamics,* N.Y.: Cambridge University Press.

강제상·정주석. 1997-1998, 「장관임용과정에 있어서 의회의 참여방안에 관한 연구: 인사청문회제 도입을 중심으로」, 한국의회발전연구회 지원연구 논문.

국회사무처. 2000a, 「제212회 국회: 국무총리(이한동) 임명동의에 관한 인사청문 특별위원회회의록」.

_____. 2000b, 「제212회 국회: 인사청문특별위원회 회의록」.

_____. 2000c, 「제213회 국회: 인사청문특별위원회 회의록」.

_____. 2000d, 「제214회 국회: 인사청문특별위원회 회의록」.

_____. 2000e, 「제215회 국회: 인사청문특별위원회 회의록」.

김당·문정우. 1996, 「YS 파행인사, 국정이 샌다」, 《시사저널》 11월 28일.

김용삼. 1998, 「문민정부 개각사 대해부」, 《월간조선》 1월호.

김충식. 1994, 「'감의인사'로 개혁실종」, 《신동아》 6월호.

미국해외공보처. 1990, 『미국정부개관』.

박경효. 1995, 「김영삼정부의 장·차관(급) 충원정책: 국정지도력, 전문성, 그리고 대표성」, 《한국행정학회보》 29:2.

박동서. 1993, 「인사청문회제도의 필요성」, 《자유공론》 4월.

박재창. 1996, 「고위공직자 인사, 무엇이 문제인가: 인사청문회 도입 시급하다」, 《시사월간 WIN》 2:12.

박찬균. 1994, 「국회의 고위공직자임명동의·선출제도 개선을 둘러싼 쟁점과 외국의 예」, 《현안분석》 95.

박천오. 1995, 「기존 장관임면 관행의 정책·행장상 폐단과 시정방안」, 《한국행정학회보》 29:4.

_____. 1993, 「한국에서의 정치적 피임명자와 고위직업관료의 정책성향과 상호관계」, 《한국행정학회보》 27:4.

양재찬. 1996, 「말도 많고 탈도 많은 재경원 인사」, 《월간중앙 WIN》 2:4.

오석홍. 1994, 「YS인사, 만사인가 망사인가」, 《신동아》 10월호.

윤영호. 1997, 「잦은 교체와 정책실기로 총체적 경제난 방조」, 《신동아》 4월호.

이종원. 1998, 「5년전/5년뒤 DJ와 YS의 닮은 꼴 210가지」, 《주간조선》 2월 26일.

이철. 1993, 「김영삼의 정실인사가 개혁의 걸림돌이다」, 《월간조선》 5월호.

인사청문특별위원회. 2000, 「국무총리(이한동) 임명동의의 건 심사경과 보고서」.

_____. 2000a, 「대법관(이규홍, 이강국, 손지열, 박재윤, 강신욱, 배기원) 임명동의안 심사경과 보고서」.

_____. 2000b, 「헌법재판소장(윤영철) 임명동의안 심사경과 보고」.

_____. 2000c, 「헌법재판소 재판관(권성) 선출안 심사경과 보고」.

_____. 2000d, 「헌법재판소 재판관(김효종) 선출안 심사경과보고」.

임성호. 2000, 「인사청문회의 의의와 발전방향」, 《국회보》 7월.

정호영. 2000, 「인사청문회법 제정경과」, 국회운영위원회 보고서.

최연호·박종희. 2000, 「인사청문회법의 입법방향에 관한 고찰」, 《의정연구》 6: 2.

최용훈. 2000, 「국무총리 인사청문회를 마치고」, 《국회보》 7월.

www.chosun.com/w21data/html/news/200006/20006270472(검색일: 2001. 10. 2).

www.peoplepower21.org/.../news_comments.php?news_num=13(검색일: 2001.

10. 4).
www.peoplepower21.org/.../news_comments.php?news_num=68(검색일: 2001.
10. 4).

Hearing of High Governmental Officials and Its Implications for Korean
Political Development

제11장 국회 국정감사 기능 개선방안: 예방적 성격의 국정감사를 중심으로

신 유 섭(한양대학교 아태지역연구센터 연구교수)

1. 서 론

미국에서 헌법을 만든 사람들이 가장 우려한 점은 권한이 어느 한 사람 또는 집단에 집중됨으로써 영국 등 유럽의 전제군주제하에서 경험한 억압과 고통을 다시 경험하게 되는 상황이 발생하는 것이었다. 이러한 우려 속에서 만들어진 최초의 성문헌법인 미국의 헌법에 명시된 원칙은 입법, 사법, 행정의 삼권분립과 이 셋간의 견제와 균형이었다. 그러나 이러한 삼권분립 원칙하에서 실제로 탄생한 정치제도는 세 개의 정부기구간에 권한을 공유하는 것이었고, 이러한 의도되지 않은 결과로 인하여 오히려 정부권한의 집중이 더 잘 예방되는 효과가 나타나게 되었다. 의회가 행사하는 국정조사(investigation) 및 감사(oversight) 역시 의회가 본연의 입법권 외에 행정부의 권한을 나누어 행사하는 행위라고 할 수 있다. 국회는 행정부의 권한행사를 감시하고 잘못이 있을 경우 시정을 요구함으로써 행정부를 견제하고 행정권과 균형을 이루는 역할을 수행한다.

이와 함께 국정감사와 조사는 의원들이 본연의 업무인 입법활동을 효율적으로 수행하기 위해 자료를 수집하는 과정이기도 하고, 의혹이 제기된 사안에 대한 진실을 밝혀냄으로써 국민의 알권리를 보장하고 의회에서 소수당이 다수당의 전횡을 견제할 수 있는 수단이 되기도 한다.[1]

미국의 경우 국정감사와 조사는 성격상 모두 의회의 행정부에 대한 조사(investigation)에 바탕을 두고 있다는 점에서 뚜렷하게 구분하지 않고 논의하는 경향이 있다. 우리나라의 경우 형식적 측면에서 매년 정기국회 기간중 20일 동안 정기적으로 실시하는 일반 국정감사와 문제가 되는 특정사안에 대해 비정기적으로 실시하는 특별 국정감사 및 국정조사가 구분되어 논의돼 왔다.

국정감사는 이러한 형식적 측면만이 아니라 그 효과가 갖는 성격의 측면에서도 구분될 수 있다. 본 논문은 국정감사를 형식이 아닌 성격에 따라 예방(豫防)적 성격의 국정감사와 경보(警報)적 성격의 국정감사로 구분하고, 이 중 특히 예방적 국정감사를 활성화할 수 있는 방안에 대해 생각해 보는 것을 목적으로 하고 있다.

2. 예방적 성격의 국정감사와 경보적 성격의 국정감사

국정감사는 그 효과가 갖는 의미의 측면에서 중요한 차이를 갖는다. 즉 국정감사는 어떤 문제가 실제 존재하기 전에 문제발생 자체를 방지하기 위해 국정 전반에 대해 포괄적이고 체계적으로 실시하는 예방적 성격을 가질 수도 있고, 이미 알려진 문제 또는 상당히 의심이 가는 문제에 대해 진상을 밝히고 치유하는 성격을 가질 수도 있다.

---

1) 국정감사의 의미에 관해서는 허영(1990) 참조.

전자의 경우에 해당하는 국정감사는 국정운영에 문제가 있는지 없는지를 문제가 발생하기 전에 살피는 것이라는 점에서 경찰의 치안 감시 활동(police patrol)과 비슷한 성격을 갖는다.[2] 경찰의 치안순찰이 범죄 발생을 억제할 수 있듯이, 예방적 국정감사를 통해 정부가 적절하지 않게 예산을 집행하거나 그들의 업무와 관련하여 정확하지 않은 정보를 제시할 가능성을 줄이는 등 행정관료의 행태에 변화를 가져올 수 있다.[3] 물론 국정감사가 정부의 모든 활동을 대상으로 할 수는 없다. 하지만 불완전한 국정감사가 이루어진다 할지라도 효과는 있다. 행정관료는 그들의 어떤 활동이 감사의 대상이 될지를 정확하게 예측할 수 없기 때문에, 국정감사를 통해 잘못이 발견될 것을 우려하여 잘못된 행동을 자제하게 될 것이기 때문이다. 실례로 1972년 10월 유신으로 국정감사가 중단된 이후 16년 만에 다시 실시된 1988년의 국정감사에서는 그간 의회의 견제 없이 자의적으로 이루어져 온 행정부의 과실과 비리가 다수 밝혀졌다.

반면 후자의 경우에 해당하는 국정감사는 이미 문제가 있는 것으로 밝혀진 특정사안에 대해서 실시된다는 점에서 화재경보(fire alarm)와 비슷한 성격을 갖는다. 이러한 국정감사는 밝혀진 문제에 대해 실시된다는 점에서 반드시 필요한 것이다. 하지만 이미 문제가 발생하여 우리 사회에 그것의 해악이 작용한 다음에 이루어진다는 점에서 예방을 통해 해악을 방지하는 것보다 의미가 적다고 할 수 있다.

이러한 성격의 차이를 놓고 볼 때 예방적 성격의 국정감사 활동이 경보적 성격의 국정감사 활동보다 더 큰 의미를 갖는다고 할 수 있다. 정부의 활동을 의회가 감시·감독한다는 측면에서 모든 국정감사 활동은

---

2) police patrol oversight와 fire alarm oversight에 대한 논의는 McCubbins and Schwartz(1984) 참조.
3) Bendor et al.(1984) 참조.

동일하다고 할 수 있으나 성격상 사후단속식의 국정감사보다는 예방적 국정감사가 현재보다 더 활성화되는 것이 바람직하다고 할 수 있다. 경보적 국정감사가 많이 이루어지는 것은 정부의 활동에 그만큼 문제가 많음을 나타내기도 하고, 의회에 의한 행정부 감시가 효과적으로 이루어지지 못하고 있음을 나타낸다고 볼 수도 있다.

3. 6공화국 이후의 국정감사

우리나라의 국정감사는 1988년 6공화국 헌법개정을 통해 다시 부활했다. 이때부터 2000년까지 행해진 국정감사 내용을 보면 경보적 국정감사가 보다 빈번하게 이루어져 왔음을 알 수 있다. 예로 김대중정부가 들어선 1998년 이후 행해져 온 국정감사의 경우 이미 알려진 문제점을 지적하고 이에 대한 대책을 묻거나 제시하는 내용의 국정감사가, 문제가 될 가능성이 있는 측면을 지적하고 그와 관련된 대책이나 효율적인 국정 운영 등을 논의하는 국정감사보다 훨씬 많았다.[4] 1998년 행해진 국정감사에서 다루어진 내용을 예로 들면 청년층 실업대책이나 IMF 이후의 실업실태와 대책, 기후변화협약에 따른 대책, 동강이나 새만금과 관련된 환경문제, IMT2000 사업자 선정문제 등 정기 국정감사이지만 실제로는 이미 사회적으로 중요한 문제로 간주되고 있는 안건을 다루는 국정조사와 같은 성격의 국정감사가 대부분을 차지하고 있음을 알 수 있다. 반면 행정업무에 대한 의원들의 자체적인 관찰을 통해 이루어졌거나 앞으로 우리 사회에 심각한 영향을 미칠 수 있는 잠재적인 문제와

---

4) 국회사무처 예산정책국 발간 1999, 2000, 2001, 2002년도 국정감사자료집 참조.

관련하여 제기되었다고 볼 수 있는 감사의 내용은 적었다. 또한 그러한 성격으로 볼 수 있는 감사의 경우도 산재통계의 개선, 현행 실업통계의 개선, 정부출연기관에 대한 감사, 슈퍼컴퓨터 운영의 민영화 검토, 전화번호의 효율적 관리문제 등 내용상 제한적인 것이 대부분이었다. 성격상 이미 밝혀졌거나 의혹이 제기된 문제에 대해 실시되게 되어 있는 국정조사의 경우는 모두 경보적인 성격을 띠게 된다는 점을 고려한다면 우리의 국정 감사 및 조사는 대부분 경보적 성격을 띠고 진행된다고 말 수 있다.[5]

이와 같이 예방적 성격의 국정감사보다 경보적 성격의 국정감사가 많이 이루어지는 데 대해서는 여러 가지 설명이 가능하다. 첫째, 의원들은 예방적 성격의 국정감사를 행하고자 하는 동기를 덜 갖는 경향이 있다.[6] 예방적 국정감사는 성격상 결국에는 문제가 없는 것으로 밝혀지는 사안이나 정부부서에 대해서도 행해질 수 있고, 그만큼 의원들은 그들 자신의 업적으로 인정받을 수 없는 일에 많은 시간을 소모하게 될 가능성이 있다. 예방적 성격의 감사활동이 들이는 시간이나 자원에 비해 효과가 보장되지 않을 수 있는 데 비해, 경보적 성격의 감사활동은 이미 어떤 문제가 가시화되었거나 그 문제의 가능성에 대해서 일반시민이나 의원의 지역구민 또는 선거자금을 지원해 줄 수 있는 후원자나 단체의 관심이 커진 상태에서 이루어진다는 점에서 의원은 자신이 투자하는 시간과 자원에 대해 보다 확실한 효과를 기대할 수 있다. 따라서 의원들로서는 기회비용(opportunity cost)의 측면에서 보다 효율적인 경보적 감사활동에 더 관심을 기울이게 될 가능성이 높다.

둘째, 예방적 국정감사 활동은 포괄적으로 모든 분야에 대해 이루어

5) 이 점은 정도의 차이는 있지만 미국의 경우도 마찬가지이다. 따라서 이를 근거로 우리 정치의 후진성을 논하는 것은 적합하지 않다.
6) Bendor et al.(1984) 참조.

져야 한다는 점에서 시간과 노력이 많이 들게 된다. 그렇기 때문에 의원들에게는 선택적으로 수행할 수 있고, 따라서 상대적으로 시간과 노력이 적게 드는 경보적 국적감사나 조사보다 덜 매력적일 수 있다.

셋째, 국정감사 활동을 하는데 있어 의원들은 자신의 정치적 목표인 다음 선거에서의 승리나 정치인으로서의 명성, 소속정당 및 의회 내에서의 영향력 증가 등 여러 가지 이해관계를 고려하게 된다. 그러나 예방적 국정감사 활동에 포함되어야 하는 사안 중에는 이러한 의원 개인의 목표에 반드시 부합되지 않는 것이 많이 있을 수 있다. 예를 들어 의원 출신지역구의 이해관계상 별로 중요하지 않거나 안건 자체가 현 사회에 당장 중요한 영향을 미칠 수 있는 것이 아니라서 지역구민이나 일반 유권자들의 관심을 끌기 어려운 사안도 포괄적으로 감사를 하는 과정에 포함되게 될 가능성이 있다. 따라서 의원들은 그러한 예방적 국정감사 활동보다는 자신의 지역구 성격상 중요한 문제이거나 자신의 명성을 높일 수 있는 사안을 선택적으로 감사할 수 있는 경보적 감사활동을 더 선호하게 될 가능성이 크다.

4. 예방적 국정감사 활동을 제한하는 요인

예방적 국정감사가 반드시 경보적 국정감사보다 바람직하고, 따라서 경보적 국정감사를 줄이고 예방적 국정감사를 늘리라는 지적은 적합하지 않다. 경보적 국정감사를 줄이는 것은 드러난 문제를 덮고 지나가는 것과 마찬가지이기 때문이다. 그러나 앞에서 언급했듯이 국정감사의 의의는 이미 사회적으로 중요한 해악을 끼치는 문제에 대해 책임을 추궁하고 해결책을 강구하는 데만 있는 것이 아니라, 그러한 문제가 발생할 가능성을 미연에 방지하거나 아니면 그러한 문제가 사회적으로 심각한 영향을 미칠 정도로 악화되기 전에 발견하고 치유책을 강구하는 데도 있기 때문에, 이제까지 상대적으로 덜 강조되어 온 예방적 국정감사를 강화할 수 있는 방안에 대한 고려가 필요하다. 이를 위해서는 우선 현재 우리 국회의 국정감사 수행과 관련되어 의원들에게 예방적 국정감사를 실시하고자 하는 동기가 적게 주어진다는 점 외에도 실질적으로 예방적 국정감사를 실시하는 데 어떠한 문제가 존재하는지 살펴볼 필요가 있다.

국정 전반에 관한 예방적 감사 실시를 일차적으로 제한하는 요인은 의원 개개인이 사용할 수 있는 시간과 자원이 부족하다는 점과 관련되어 있다.[7] 현 국정감사 관련법률에 의하면 정기 국정감사는 매년 20일 동안 개최되게 되어 있다. 국정감사가 각 위원회별로 나뉘어 실시된다 하더라도, 현실적으로 20일 동안 국정 전반에 걸쳐 의미 있는 감사가 이루어지기를 기대하는 것은 무리이다. 그나마 20일간의 국정감사 기간이 다 채워지는 경우도 드물다. 예로 1990년이나 92년에는 공식적인 감사기간이 각각 9일과 10일에 불과했고, 20일의 기간이 지켜진 경우에도 공휴일로 인해 실제 감사기간은 이틀에서 5일 정도 짧았다. 단지 국정감사를 실제로 시행하는 기간만 짧은 것이 아니라 국정감사 계획이 확정된 후 실제로 감사가 실시되기까지 의원들이 감사를 준비하기 위해 사용할 수 있는 기간도 1990년의 하루에서 1988년의 21일 정도로 짧았고, 대부분 10일 안팎의 준비기간을 거친 후 국정감사가 시작됐다.[8] 이와 같은 짧은 국정감사 기간과 준비기간을 고려할 때 국정의 전반적

---

7) 이 점은 우리만의 문제가 아니다. 의원들이 비교적 입법활동에 충실한 것으로 알려진 미국의 경우도 이와 같은 문제점이 지적되고 있다. Lindsay(1990) 참조.
8) 1989-2001년『국정감사통계자료집』참고.

인 분야를 포괄적이고 체계적으로 고려해야 하는 예방적 국정감사가 정기 국정감사 기간에 의미 있게 실시되는 것은 어렵다고 할 수 있다.

의원 한 사람이 담당하는 국정감사 대상기관의 수가 많은 것도 포괄적이고 체계적인 예방적 국정감사 실시에 장애가 될 수 있다. 우리의 국회는 1988년 국정감사가 다시 실시된 이후 매년 정기감사 기간에 보통 300개 안팎의 기관에 대해 감사를 실시해 왔다. 16개 내지 19개의 상임위원회가 15일에서 20일 동안 감사를 실시하는 점을 고려할 때 각 상임위원회는 1일당 하나의 기관에 대해, 그리고 감사기간중 대략 15개에서 20개의 기관에 대해 감사를 실시한다고 할 수 있다. 이러한 점을 고려할 때 국회의원은 스스로 미리 준비해 놓지 않는 한 감사대상 기관 하나당 하루 또는 그보다 짧은 준비기간을 가지고 감사에 임하게 된다고 할 수 있다.

예방적 국정감사를 실시하는 데 장애가 될 수 있는 다른 요인으로는 자료부족 또는 감사에 필요한 자료를 획득하는 것과 관련된 어려움을 들 수 있다. 1994년 참여연대에 의해 국회의원을 상대로 실시된 조사에서 국회의원들은 일괄질의와 일괄답변이라는 회의 진행방식 및 짧은 감사일정과 함께 피감기관의 부실한 자료제출과 증인선정의 어려움을 효율적인 국정감사를 막는 대표적인 문제점으로 지적했다.[9] 국정감사의 문제점을 피감기관과 관련된 것으로만 한정한 질문에 대해서는 국회의원 대다수가 부실한 자료제출과 부실한 답변을 가장 큰 문제점으로 지적한 것으로 나타났다. 피감기관의 자료제출 시기도 대부분이 감사 하루에서 3일 전 사이에 자료를 제출한 것으로 조사되어 짧은 감사 준비기간으로 인한 문제점이 피감기관의 자료제출 지연으로 인해 더 심화되는 것으로 나타나고 있다.

---

9) 조희연(1994) 참조.

예방적 국정감사를 포괄적이고 체계적으로 실시하는 것을 어렵게 만
드는 요인은 국회의원 본인에게서도 찾아볼 수 있다. 경보적 국정감사
와 같이 이미 밝혀진 문제에 대한 감사가 아니라, 포괄적이고 체계적인
분석을 통해 문제를 발견하는 예방적 국정감사를 위해서는 우선 그러한
감사를 담당하는 국회의원이 피감기관이 수행하는 업무에 대해 전문지
식을 가지고 있어야 한다. 그러나 우리나라의 국회의원의 경우 의정활
동을 통해 이러한 전문성을 쌓아 가려는 자세와 노력이 미약한 것으로
평가받고 있다.10)

국회의원들은 본회의에서 매년 수많은 법안을 다루게 되는데, 그러한
법안 전부에 대해 전문성을 키워 간다는 것은 불가능하다. 국회의원이
입법가로서 전문성을 키워 갈 수 있는 곳은 그들이 속해서 활동하는 상
임위원회 및 소위원회라고 할 수 있다. 그러나 16대와 15대 국회에서
관찰된 국회의원의 위원회활동을 볼 때, 우리의 국회의원들은 국회에서
의 입법활동을 통해 전문성을 증진시켜 가려는 자세와 노력이 결여되어
있는 것을 알 수 있다. 16대 국회 초반에 재선(再選) 이상의 일반의원
중에서 15대 국회와 동일한 위원회에 계속 참여한 의원은 153명의 반
에 못 미치는 67명에 불과했다. 또한 <표 11-1>에서와 같이 16대 국
회 전반에 상임위원회 위원장을 맡고 있던 19명의 의원 중 8명만이 해
당 위원회 내의 소속정당 국회의원 중 선수(選數)가 가장 높은 의원이
었다. 이들 19명의 위원장 중 13명은 16대 국회에서 해당 위원회에 처
음 참여한 의원들로서 위원회에서 활동한 기간이 가장 짧은 의원들이었
다. 초선인 여성특위 위원장과 15대 의원이 아니었던 두 명을 제외한
16명의 위원장 중 10명은 제15대 국회에서는 다른 위원회에서 활동한
사람이었다. 제16대 국회 전반의 19개 상임위원회 및 특별위원회의 위

---

10) 신유섭(2001) 참조.

<표 11-1> 제16대 전·후반 국회 상임위원회 위원장들과 선수(選數)

위원회	전반 위원장	選數	후반 위원장	選數
국회운영	정균환 (행정자치)a	4선 (1)b	정균환 (국회운영)c	4선 (1)d
법제사법	박헌기 (법제사법)	3선 (1)	김기춘 (정보, 농해수)	2선 (2)
정무	박주천 (재정경제)	3선 (1)	이강두 (정무)	3선 (1)
재정경제	최돈웅	3선 (4)	나오연 (재정경제)	3선 (2)
통일외교통상	박명환 (재정경제)	3선 (7)	서정화 (재정경제)	5선 (1)
국방	천용택 (국방)	2선 (5)	장영달 (국방)	3선 (2)
행정자치	이용삼 (건설교통)	3선 (2)	박종우 (행정자치)	2선 (3)
교육	이규택 (운영, 법사)	3선 (1)	윤영탁 (예산결산)	3선 (1)
과학기술정보통신	이상의 (과기정통)	4선 (2)	김형오 (과기정통)	3선 (4)
문화관광	최재승 (문광)	3선 (1)	배기선 (법사, 예결)	2선 (3)
농림해양수산	함석재 (법사, 윤리)	3선(1)	이양희 (건교, 예결)	2선 (4)
산업자원	박광태 (산업자원)	3선 (3)	박상규 (국방)	2선 (1)
보건복지	전용원 (산업자원)	3선 (2)	박종웅 (문화관광)	3선 (1)
환경노동	유용태 (과기정통)	2선 (3)	송훈석 (건설교통)	2선 (1)
건설교통	김영일 (건설교통)	3선 (1)	신영국 (산자, 예결)	3선 (1)
정보	김명섭 (보건복지)	3선 (3)	김덕규 (교육, 예결)	4선 (1)
예산결산	장재식 (재정경제)	3선 (3)	홍재형 (재정경제)	1선 (8)
윤리	송광호	2선 (1)	이재선 (운영, 행자)	2선 (1)
여성	이연숙	1선 (3)	임진출 (윤리)	2선 (2)

* 國會手帖 (1999, 2000, 2001)과 www.assembly.go.kr 전화문의를 통해 자료를 얻었다.
a. 괄호 안은 15대 국회에서 활동한 위원회이다.
b. 괄호 안은 위원회 내에서의 정당별 選數 순위이다. 낮을수록 選數가 높음을 나타낸다.
c. 괄호 안은 16대 국회 전반부에 활동한 위원회이다.
d. 괄호 안은 위원회 내에서의 정당별 選數 순위이다. 낮을수록 選數가 높음을 나타낸다.

원장 중 연임한 사람은 한 사람도 없었다. 제15대 의회에서 각 상임위원회 위원장을 지낸 사람 중 낙선한 7명과 예결위원회를 제외한 12명의 국회의원은 다시 당선되었음에도 불구하고 위원장직을 그만두었다. 이 중 5명은 다른 위원회로 옮겼다.

이와 같은 상황은 16대 국회 후반부에도 계속되었다. 16대 국회 후반부에 새로 구성된 위원회조직에 의하면 전체 의원 중 158명을 제외한 다른 의원은 그들이 전반부에 활동하던 위원회를 떠나 다른 위원회에 참여하였다. 각 위원회 내의 같은 정당 소속 의원 중 선수가 가장 높은 의원이 위원장이 된 경우는 10개로 전반부에 비해 약간 상승하였다. 그러나 전반부에 이어 연임된 위원장은 1명에 불과하고, 전반부에는 다른 위원회에서 활동했기 때문에 해당 위원회에서 활동한 기간은 소속정당 의원 중 가장 짧은 의원이 위원장이 된 경우는 13개로 16대 전반부에 위원장을 했던 의원 중 15대에 다른 위원회에서 활동한 경우인 10개 보다 증가했다. 위원장이 되기 전 같은 위원회에서 활동한 의원은 전반부와 후반부에 모두 6명으로 같지만, 전반부의 경우 3명의 초선의원 또는 15대에 활동하지 않은 의원이 있었음을 고려한다면, 자신이 활동하던 위원회에서 위원장이 된 의원의 비율은 40%에서 31.6%로 하락하였다.

이와 같이 위원회 내에서의 선수가 위원장을 뽑는 데 거의 고려되지 않는 현상은 한국 국회에서 의원이 의정활동을 통해 쌓아가게 되는 전문성에 대한 인식이 잘 이루어지지 않고 있음을 나타내 주고 있다. 미국 하원에서는 대부분의 경우 우리의 5선이나 그 이상에 해당하는 기간 동안 의회에 근무한 의원이 비로소 자신의 재임기간 대부분을 보낸 위원회의 위원장을 맞고 자신의 경력으로 자랑스럽게 제시하는 것과는 대조적인 현상이다. 세 번 이상 위원장을 역임하여 위원장직은 맡지 않게 되었더라도 위원회 활동을 대부분 그대로 계속하는 것과도 대조적이다. 우리의 경우 5선의 한 국회의원은 약 16년의 임기 동안 13개의 상임위원회에 참여함으로써 한 위원회당 활동기간이 평균 1년 3개월 정도에 그친 경우도 있다.

실제로 의원을 대상으로 한 조사에서 국정감사에 필요한 충분한 전문지식을 가지고 있는가 하는 질문에 대부분(51.9%)이 "그저 그렇다"는 유보적 입장을 표하고 "그렇지 않다"고 응답한 의원도 20.8%에 이르는 등 의원 스스로 국정감사를 시행할 준비가 충분히 되어 있지 않다는 점을 인식하고 있는 것으로 나타나고 있다.[11] 예방적 국정감사는 의원이 한 분야에서 오랫동안 활동하여 전문성을 키워 갈수록 효율적으로 치러질 수 있는 가능성이 커져 간다. 의원이 수시로 소속 위원회를 변경한다면 각 위원회가 관할하는 안건에 대한 전문성을 키워 갈 가능성이 그만큼 줄어든다. 행정가 못지않은 전문성을 갖지 못한다면 행정업무에 대해 가능한 문제점을 미리 예견하고 지적하기가 어려울 것이다.

국정감사와 관련된 제도적 측면의 문제점 및 국회의원의 전문성을 증진시키려는 노력의 결여와 함께 한국에서 예방적 국정감사를 효율적으로 실시하는 데 제약으로 생각해 볼 수 있는 것은 의원의 그러한 활동을 지원해 줄 수 있는 보좌인력이 충분하지 않다는 점이다. 현재 국회의원은 공식적으로 4급 상당 보좌관 2명, 5급 상당 비서관 1명, 그리고 6·7·9급 상당의 비서 1명의 보좌인력을 지원받는다. 의원 자신이 사비로 추가인원을 고용하지 않는 한 이 보좌인력을 가지고 지역구 관리 등 일상업무를 처리하는 것도 어려울 수 있다. 94년 참여연대에 의해 실시된 조사에서는 모든 의원이 보좌인력이 부족하거나(48%) 매우 부족하다고(52%) 느끼고 있는 것으로 나타났고, 임시로 유급인력을 사용하고 있는 의원도 반 정도(48.5%)에 이르는 것으로 나타났다.[12] 그 동안 보좌인력과 관련된 변화가 없었다는 점을 고려할 때 보좌인력에 대한 이러한 인식은 달라지지 않았을 것이라고 볼 수 있다. 의원이 충분한 보좌인력을 활용할 수 없을 때 의원은 재선에 필요한 지역구활동이나 선택적으로 행할 수 있는 경보적 국정감사 활동 등에 우선적으로 보좌인

---

11) 오무근(1990) 참조.
12) 조희연(1994) 참조.

력을 활용하게 될 가능성이 크다. 반면 시간과 자원이 많이 들면서 뚜렷한 성과가 보장되지도 않는 예방적 국정감사 활동은 상대적으로 경시할 가능성이 높다.

보좌인력과 함께 의원의 입법활동을 보좌해 주는 기구의 역할도 예방적 국정감사를 효율적으로 시행하는 데 필요하다. 현재 국회에서 이러한 역할을 수행하는 기관으로는 국회사무처 소속의 법제실과 예산정책국, 상임위원회 및 특별위원회의 입법활동을 지원하는 역할을 하는 전문위원과 입법심의관, 그리고 국회도서관 산하 입법전자정보실이 있다. 이 중 법제실, 예산정책국, 입법전자정보실의 경우 의원의 요청에 따라 지원작업을 한다는 점에서 예방적 국정감사의 효율적 실행을 위해 이들을 활용하려는 의원의 의지 및 예방적 국정감사를 실시하려는 자세가 선행되어야 할 문제라고 할 수 있다. 이에 비해 의원의 보좌관이 아닌 각 상임위원회에 속하는 전문위원이나 입법심의관 및 입법조사관은 다음 선거에서의 승리와 같은 정치적 이해를 고려하지 않고 해당 위원회의 관할하에 있는 사안에 대해 능동적인 조사활동을 지속적으로 벌일 수 있고 그 결과를 의원들에게 통보해 주는 역할을 수행할 수 있다는 점에서 예방적 국정감사의 활성화와 관련되어 중요한 역할을 수행할 수 있다. 현재 우리 국회에서 예방적 국정감사가 잘 이루어지지 않고 있는 것은 이러한 위원회 소속 보좌관제도가 활성화되어 있지 않다는 점과 관련시켜서 생각해 볼 수도 있다.

5. 예방적 국정감사 활성화방안

예방적 국정감사를 활성화하는 것은 무엇보다도 의원의 자세변화를 통해서 달성될 수 있다. 아무리 제도적 여건이 갖추어지더라도 의원이 예방적 국정감사의 중요성을 인식하지 않고 자신의 정치적 이해관계에 더 도움이 되는 경보적 국정감사에만 신경을 쓰는 한 예방적 국정감사는 효과적으로 이루어지기 어려울 것이다. 이와 관련된 의원의 자세변화는 단지 예방적 국정감사의 중요성 자체를 인식하는 것만이 아니라, 의원이 입법가로서 전문성 증진을 중시하고 노력하는 것을 의미한다. 의원의 빈번한 위원회 이동에서 관찰되듯이 입법가로서 전문성이 중시되지 않는 상황에서 효과적인 예방적 국정감사의 가능성은 줄어든다고 할 수 있다.

의원의 전문성 증진은 기본적으로 의원 스스로의 노력을 통해 이루어질 일이지만, 제도적으로 이를 장려할 수 있는 방법을 생각해 볼 수도 있다. 예로 미국에서와 같이 선수가 의회 및 각 위원회 내에서 지도적지위를 배정하는 데 중요한 기준으로 작용하도록 하는 것을 들 수 있다.13) 물론 선임자를 우선 고려하는 규범 자체는 단지 그렇게 하자고 결정해서 이루어지기보다는 의회가 제도적으로 정착되어 가는 과정에서 점차 이루어져 갈 문제이다. 또한 유권자들이 선거에서 의원에 대해 책임 있는 투표결정을 내려 선수가 높은 의원일수록 의정활동을 잘 수행하는 의원일 가능성이 높다는 점을 전제로 하기도 한다. 따라서 의원의 업무수행에 대한 평가 외의 요인이 더 강하게 선거결과에 영향을 미치며, 의회가 하나의 독립된 기구로서 완전히 자리 잡지 못하고 있는 우리나라에서 실시하기에는 아직 이르다고 할 수도 있다. 그러나 이러한 요건이 성숙되어 감과 함께 위원회 배정이나 위원장 임명에 위원회 내의 선임자를 우선적으로 배려하는 규범이 자리를 잡을 경우 현재와 같이 빈번하게 위원회를 옮겨 다니는 일은 미국의 경우에서처럼 줄어들

---

13) 신유섭(2001) 참조.

게 될 것이고, 이럴 경우 의원이 특정분야의 사안을 의원으로 일하는
기간 동안 지속적으로 다루게 됨으로써 전문성이 증진됨과 함께 해당
분야에 대해 예방적 국정감사를 보다 쉽게 보다 많이 실시하게 될 가능
성도 증가하게 될 것으로 기대된다.

전문성 증진을 통해 예방적 국정감사의 가능성을 증가시키기 위한
방법으로는 의원들 사이에 관심이 있는 정책의 포괄적인 분석과 이해
를 목적으로 하는 연구모임(forum)을 활성화하는 것도 생각해 볼 수 있
다. 특정 정책분야에 관심이 있는 의원들이 모여 그 정책에 관해 연구
해 가는 과정은 곧 그 정책분야에 대해 예방적 국정감사를 실시해 가는
과정이 될 수도 있다. 예로 미국의 애스핀(Les Aspin) 하원의원은 1985
년 미국의 국방정책을 포괄적으로 연구하는 것을 목적으로 하는 정책패
널(the policy panel)을 만들어 미국의 전략정책, 레이건행정부 국방정책
의 결과, 레이캬비크(Reykjavik) 정상회담의 내용, 국방성의 발사실험
정책 등을 분석했다.[14] 현재 우리나라의 경우 의원들간에 조직된 공식
적인 연구단체로 국회에 등록되어 있는 것은 정치·행정, 통일·외교·안
보, 재정·경제, 정보통신·과학기술, 농림·해양수산, 사회·복지, 교육·문
화, 환경 등 8개 분야에 50개에 달한다. 이들 연구단체 모임이 활성화
될 경우 국회의 예방적 국정감사 기능도 향상될 수 있을 것으로 기대된
다.

의원들의 전문성 증진 못지않게 고려되어야 할 점은 자세이다. 의원
들은 다음 선거에서의 재선만을 염두에 두고 국정감사에 임하는 것이
아니라 의회 의사결정과정에서의 영향력 증대 및 동료의원들 사이의 명
망, 좋은 정책의 마련 같은 선거와 관련되지 않은 목적을 위해서도 국
정감사 등 의정활동에 임하는 자세를 가져야 한다. 의원들이 재선만을

---

14) Lindsay(1990).

고려해 자신의 지역구 유권자들에게 스스로를 부각시킬 수 있는 활동에
만 전념할 경우 국정감사도 당연히 예방적 성격의 것보다는 경보적 성
격의 것에 더 신경을 쓰게 될 가능성이 커진다. 국정감사 자체가 재선
에 좀더 도움이 되는 다른 활동에 밀려 소홀히 다루어지게 될 가능성도
있다. 국정감사 활동이 우리보다 활발하게 이루어지고 있는 미국의 경
우 의원들이 넓게는 의정활동 전반에서, 그리고 작게는 국정감사를 실
시하는데 있어 다음 선거에서의 당선만이 아니라 동료의원들 사이에서
의 명망과 영향력, 그리고 자신이 바라는 정책마련 등의 목표를 추구하
는 것으로 알려져 있다.[15]

전문성을 중시하고 입법활동에 임하는 자세를 바꾸는 것 등 의원의
태도변화는 보다 많은 시간을 요한다. 예방적 국정감사를 활성화하기
위해서 취할 수 있는 조치 중 비교적 짧은 기간에 효과를 기대할 수 있
는 것으로는 우선 국정감사를 위해 사용할 수 있는 기간을 늘이는 방
안, 청문회의 활성화, 소위원회 단위의 국정감사 강화, 보좌인력 보강
등을 생각해 볼 수 있다. 감사기간을 늘리는 데는 공식적인 감사기간을
늘리는 방안과 운영위원회의 국정감사계획서가 본회의에서 확정되는
시기와 실제 감사가 시작되는 시기 사이의 간격을 늘려 의원들이 감사
를 준비할 수 있는 기간을 좀더 가질 수 있도록 하는 방안을 생각해 볼
수 있다. 감사를 준비하는 기간과 실시하는 기간이 늘어난다면 의원들
이 자신의 정치적 이해관계상 보다 큰 도움이 되는 경보적 국정감사만
이 아니라 예방적 국정감사에 시간을 할당하게 될 가능성도 증가할 것
이다. 공식적인 의회회기가 매년 100일 정도라는 점과 피감기관이 감사
로 인해 업무에 지장을 받게 되는 정도를 고려할 때 공식적인 감사기간
을 늘이는 방안에 대해서는 부정적 의견도 존재한다.[16] 그러나 감사가

---

15) Fenno(1973); Evans(1994) 참조.

피감기관의 업무에 주는 부담은 감사 자체의 문제이기보다는 감사를 실시하는 의원들의 과도하거나 중복된 자료 제출 요구 등으로 인한 경우가 더 많다. 이 점은 의원들의 전문성 증가와 함께 어느 정도 해결될 수 있는 문제이기도 하고, 또한 감사 준비기간을 늘려 의원들에게 행정업무 검토시간을 충분히 줄 경우 행정부서의 자료준비 업무도 분산시킬 수 있어 어느 정도 해결될 수 있는 문제이기도 하다.

국정감사 기간을 늘리는 것과 관련하여 감사를 상설화하자는 주장도 고려해 볼 필요가 있다.17) 이는 특히 예방적 국정감사의 경우 보다 큰 의미를 가질 수 있는 방안이 될 수 있다. 이미 문제가 있는 것으로 주목받고 있는 특정사안에 대해 실시하는 감사가 아닌 한, 국정감사를 꼭 정해진 기간 안에만 실시해야 하는 것은 아니다. 정부의 국정운영과 관련된 문제점은 항상 발생할 수 있으며, 따라서 그러한 문제점을 예방하거나 더 심각해지기 전에 발견하고 치유하는 과정은 시기적으로 한정되지 않고 계속 추진될 필요가 있다.

국정감사의 상설화는 현재 국정감사 기간을 20일로 규정하고 있는 법조문을 수정하는 것을 통해서만 이루어지는 것은 아니다. 현재 규정되어 있는 20일은 피감기관에 대해 공식적으로 감사를 실시하는 기간이다. 국정감사를 상설화할 경우 직접 국감을 실시하는 기간보다는 전문가나 각 분야를 담당하는 정부관료들을 대상으로 청문회를 실시하거나 위원회별 모임과 토의를 갖는 기간을 늘리는 방향이 바람직할 수 있다. 예컨대 아직 확실하지 않은 문제나 개선이 필요하다는 주장이 제기되는 분야와 관련해 해당부서에 대해 직접 감사를 실시하면서 문제를 논하기보다는 전문가가 참여하는 청문회를 통해 문제의 본질과 해결책

---

16) 김현구(1999) 참조.
17) 감사를 상설화하자는 주장은 국회회기를 확장하여 연중 상시 운영하자는 주장과 맥을 같이한다. 윤영오(1994) 참조.

을 보다 구체적으로 파악한 후 감사에 임하는 방안이 보다 바람직할 수 있다. 이를 통해 행정부서 업무수행에 대한 부담을 줄일 수 있을 뿐 아니라 감사의 내용과 성과도 증진시킬 수 있을 것이다.

국회법 65조에 전문가를 초빙한 청문회에 대한 규정이 이미 있긴 하지만, 의원들의 관심부족으로 인해 아직 제대로 실시되고 있지는 않다. 그러나 미국의 경우 청문회 형식의 국정감사는 계속 증가하는 추세를 보이고 있다. 예를 들어 위원회 모임이나 청문회가 열린 총기간중 감사가 주목적이었던 기간이 차지하는 비중은 60년대 10% 이하이었던 것이 80년대 들어오면서 20% 대로 증가하였다.[18] 아버바하(Aberbach, 1990)에 의하면, 미국에서 이와 같이 의회의 행정부에 대한 감사가 증가한 것은 베트남전쟁과 워터게이트 스캔들 등을 계기로 행정부에 대한 신뢰가 감소하게 된 상황적 요인 외에도 의회의 분권화(decentralization)와 보좌관 증가 같은 의회 내의 변화 때문이기도 하다. 즉 의회에서 안건이 점점 더 상임위원회보다 소위원회 단위로 이루어짐에 따라 의원들은 보다 제한된 사안에 대해 시간과 노력을 집중할 수 있게 되었고, 이로 인해 국정감사를 시행할 능력이 증가하여 결과적으로 더 많은 국정감사를 실시하게 되었다. 우리의 경우도 국정감사를 상임위원회 단위가 아닌 소위원회 단위로 실시하는 것을 정착시켜 간다면 전반적인 국정감사는 물론 예방적 국정감사를 양적·질적으로 증진시킬 수 있을 것으로 기대된다.

예방적 국정감사나 그를 위한 준비단계일 수 있는 청문회제도의 활성화를 위해서 고려해야 할 제도적 개선책으로서 중요하면서도 쉽게 해결할 수 있는 것은 의원들의 입법활동을 보좌해 주는 보좌관을 늘리는 것이다. 이러한 경우 보좌관에는 의원 개인의 유급보좌관만이 아니라 각

---

18) Aberbach(1990) 참조.

위원회별로 국회사무처 통제하에 위원회가 담당하는 분야의 전문가를 임용하는 전문위원이나 입법심의관, 그리고 국회조직 내의 입법활동 지원업무를 담당하는 각 연구기관의 연구원들이 포함된다.

우리 국회의 경우 각 상임위원회에는 1명의 수석전문위원, 전문위원, 입법심의관, 그리고 5명 안팎의 입법조사관이 있다.[19] 그러나 이들은 감사를 도와주는 일 외에도 포괄적인 업무를 수행해야 하므로, 각 상임위원회가 담당하는 모든 분야의 사안에 대한 위원회 소속 의원들의 감사부담을 의미 있는 정도로 덜어 줄 수 있을 만큼 충분하지는 못하다. 국회법 43조는 위원회별로 안건심사에 필요한 전문가를 3인까지 심사보조자로 위촉할 수 있도록 규정하고 있는데, 이 역시 국회의장이 위원장의 요청을 받아 예산사정 등을 고려하여 인원과 위촉기간 등을 조정할 수 있도록 하고 있다. 또 성격상 상설 직위가 아니라는 점에서 예방적 국정감사 활동을 활성화시키는 것보다는 경보적 국정감사 활동을 위해 마련한 규정이라고 할 수 있다.

미국의 경우 하원의원 1인당 공식적으로 지원되는 보좌인력의 수와 각 위원회별로 특정정당에 소속되지 않고 위원회 소속 의원의 입법활동을 보좌해 주는 역할을 하는 보좌관의 수가 꾸준히 증가하여 왔다. 예컨대 1946년의 첫 번째 의회재조직령(the Legislative Reorganization Act)에 의해 미국의 하원의원에게 공식적으로 지원된 보좌관의 수는 현재 우리의 의원들에게 지원되는 수와 같은 5명이었고, 각 위원회에는 4명의 전문가 출신 보좌관과 6명의 사무보조원이 배정됨으로써 위원회에 속한 보좌관의 수는 모두 110여 명에 달했다.[20] 1970년 두 번째 의회재조직령이 매년 위원회별로 법령에 정한 인원 이상의 보좌관을 요청

---

19) 상임위원회별로 약간의 차이가 있다. www.assembly.go.kr 참조.
20) Deering and Smith(1997); Fox and Hammond(1977) 참조.

할 수 있도록 한 후 보좌관 수는 계속 증가하여 1990년경에 이미 6개의 위원회가 100명이 넘는 보좌관을 보유하고 있었고, 위원회 소속 전체 보좌관의 수는 2,000여 명으로 증가하였다.[21] 현재 하원규칙은 각 상임위원회에 최소한 30명의 전문적인 보좌관을 보장하고 있다.[22] 미국의 보좌관은 각각 자신이 담당하는 분야에서 법안내용 기초작성, 연구, 협상, 정부의 담당공무원과의 협의 등 의원의 정치활동을 돕는 것 이상의 활동을 수행한다는 점에서 예방적 국정감사와 관련하여 보좌관의 수적 증가가 갖는 의미는 매우 크다고 할 수 있다.

물론 단순히 보좌관의 수적 증가가 예방적 국정감사 활동 증가에 직접 영향을 미친다고는 할 수 없다. 미국의 경우도 많은 수의 보좌관이 있지만 예방적 국정감사보다는 경보적 국정감사가 더 많이 실시되는 것으로 알려졌다.[23] 그러나 위원회 소속 보좌관은 의원들과 달리 지역구민이나 선거에 대해 신경을 쓰지 않고 자신이 속한 위원회가 관할하고 있는 사안에 대한 전문성을 계속 증가시켜 갈 수 있다. 따라서 이들은 포괄적이고 체계적으로 국정감사를 실시할 시간과 자원이 부족한 의원이 지역구민에 대한 대표성을 저해하지 않고 예방적 국정감사를 실시할 수 있도록 도와주는 역할을 할 수 있다. 전문적 보좌관의 수를 늘리고 이들의 전문성을 적극 활용함으로써 국회의 예방적 국정감사 기능을 향상시키면서 대의민주주의 기관으로서 의회의 대표성을 계속 유지해 갈 수 있는 것이다.

---

21) Ornstein et al.(1990) 참조.
22) 이중 10명까지 위원회 내 소수당 의원들을 위해 일하도록 배정하고 있다.
23) McCubbins and Schwarz(1984) 참조.

6. 결 론

국정감사는 성격상 예방적으로 실시되는 것과 문제가 발생한 후 그 해결을 위해 실시되는 것 두 가지로 나누어진다. 이 중 예방적 국정감사는 우리나라만이 아니라 미국같이 의회가 보다 잘 운영되는 나라에서도 경보적 국정감사에 비해 덜 활발하게 이루어져 왔다. 물론 단지 양적 측면에서 두 종류의 국정감사를 비교하는 것은 바람직하지 않을 수 있다. 양적으로 많은 감사가 질적으로도 반드시 앞선 감사라고는 할 수 없기 때문이다. 또한 예방적 국정감사가 바람직하다고 해서 반드시 양적으로도 경보적 국정감사보다 많이 이루어져야 하는 것은 아니다.

그러나 국정감사가 단지 의회가 행정부를 통제하거나 의원의 정치적 목적을 달성하는 수단으로만 사용돼서는 안 되며, 국정운영과 관련된 문제점을 사전에 방지하거나 악화되기 전에 발견하고 치유하는 것을 목적으로 해야 한다는 점에서 국정감사가 지나칠 정도로 경보적 성격에 치우쳐 치러지는 것은 바람직하지 않다.

이 글은 이러한 측면에서 우리나라에서 예방적 국정감사가 상대적으로 소홀히 다루어지는 원인과 그에 따른 개선방안을 다루어 보았다. 제도적 측면의 개선은 보다 단시일 내에 가시적 성과를 기대할 수 있고, 개선을 위한 의지가 뒷받침될 경우 보다 쉽게 추진될 수 있다. 그러나 예방적 성격의 국정감사를 증진시키기 위해 관건이 되는 것은 제도적 보완이 뒷받침되는 가운데 의원들의 태도변화와 유권자들의 의식전환이 이루어지는 것이라고 할 수 있다. 의원들이 선거와 관련된 정치적 이해관계만을 고려하여 의정활동을 하는 것을 지양하고 의정활동과 관련된 전문성을 증진시키고 자신의 명망과 정책목표 달성을 목표로 하는 의정활동을 수행하기 위해 노력하며, 유권자들은 자신의 이해관계와 직접 연관되지는 않더라도 의정활동을 잘 수행하는 의원을 인정해 주게 될 때 국회에서 예방적 성격의 국정감사 활동도 보다 증진될 수 있을 것이다.

참고문헌

국회사무처. 1998-2000, 『국정감사관련통계자료집』.

국회자료편찬과. 1999, 『國會手帖 1999』, 국회사무처.

_____. 2000, 『國會手帖 2000』, 국회사무처.

_____. 2001, 『國會手帖 2001』, 국회사무처.

김현구. 1999, 「국정감사 제도와 운영의 분석적 조명: 1988-1998년의 시행경험을 중심으로」, 《한국정치학회보》 33집 1호.

신유섭. 2001, 「의회제도의 정착과 연공서열제」, 《의정연구》 제7권 1호.

오무근. 1990, 「행정 오류의 진단 및 시정에 있어서 국회의 역할: 국정감사를 중심으로」, 《한국행정학보》 제24권 제1호.

윤영오. 1994, 「한국의 의회, 어떻게 달라져야 하나」, 제1회 참여연대 의정토론회 발제문.

조희연. 1994, 「94년 국정감사에 대한 국회의원 여론조사」, 《길》 12월.

허영. 1990, 『한국헌법론』, 서울: 박영사.

Aberbach, Joel D. 1990, *Keeping A Watchful Eye,* Washington, D.C.: The Brookings Institution.

Bendor, Jonathan, Serge Tayer, and Roland Van Gaalen. 1985, "Bureaucratic expertise versus Legislative Authority: A Model of Deception and Monitoring in Budgeting," *American Political Science Review*, vol. 79.

Deering, Christopher J. and Steven S. Smith. 1997, *Committees in Congress,* 3d ed. Washington, D.C.: CQ Press.

Evans, Diana. 1994. "Congressional Oversight and the Diversity of Members' Goal," Political Science Quarterly, vol. 109, no. 4.

Fenno, Richard F. 1973, *Congressmen in Committees,* Boston: Little Brown.

Fox, Harrison W. and Susan W. Hammond. 1977, *Congressional Staffs: The Invisible Forces in American Lawmaking,* New York: The Free Press.

Lindsay, James M. 1990. "Congressional Oversight of the Department of Defense: Reconsidering the Conventional Wisdom," *Armed Forces & Society*, vol. 17, no. 1.

McCubbins, Mathew D. and Thomas Schwarz. 1984. "Congressional Oversight Overlooked: Police Patrols versus Fire Alarms," *American Journal of Political Science*, vol. 2, no. 1.

Ornstein, Norman J., Thomas E. Mann, and Michael J. Malbin. 1990, *Vital statistics on Congress,* Washington, D.C.: Congressional Quarterly.

제12장 국회 결산심사 제도의 실태와 개선과제

임 동 욱(충주대학교 행정학과 교수)

1. 문제의 인식

우리 국회가 있어야 할 자리에 있지도 않고, 제 역할을 하고 있지도 못하고 있다는 비판은 어제오늘의 일이 아니다. 날치기는 물론 대치와 유회·공전, 말꼬리 잡기, 중복된 질의, 당에 대한 충성심 과시 같은 구태와 파행을 되풀이하는 가운데 나라 일에 대한 국회의 결정이 소망스럽지 못한 결과를 초래하고 있다. 나라 재정에 대한 결정 역시 예외는 아니다. 국회가 갖는 재정에 대한 권한은 그 의미가 실로 중요함에도 불구하고 국민경제적 효율성제고나 생산적 재정결정 과정으로 정착되지 못하고 있다. 이러한 문제점에 대해서는 많은 이들이 인식을 공유하고 있으며, 정치에 대한 국민의 무관심 역시 피부에 닿을 정도로 심각한 수준이다.[1]

---

[1] 실제로 조선일보와 한국갤럽이 4·13총선 1주년을 맞아 지난 4월 13일 전국 성인 1,075명을 대상으로 여론을 조사한 결과, 응답자들은 16대 국회에 대한 100점 만점 평가에서 평균 29.0을 주어 국회와 정치권에 대한 실망이 큼을 나타냈다. 이는 1997년 4월 조사에서 15대 국회 3년 동안의 활동결과에 대해 받았던 34점보다도 낮은 결과이다. 16대 국회에 대해 이처럼 낮은 평가를 하는 이유로는 "당리당략에 의한 당파싸움으로 정치 불안정"(41.8%)을 지적한 사람이 가장 많았고, "실업자 증가 등 경제상황 악화"(18.2%), "의약분업 시

다행히도 지난 2000년 2월 16일 개정된 국회법은 그간 끊임없이 제기되어 온 국회개혁의 제도적 과제를 상당부분 수용하고 있다. 아직까지 가시적 성과가 나타나고 있지는 않지만 제도개혁의 목표를 실질적으로 살릴 수만 있다면 지난 국회보다 16대 국회가 훨씬 나은 모습을 보일 수 있을 것이다.

이 글은 이러한 문제인식을 토대로 국회 결산심사 제도의 현실과 문제점을 진단하고 이에 따른 개선방향을 제시하고자 한다.

결산은 한 회계연도 동안 이루어진 국가의 수입과 지출실적을 확정적 계수로 표시하는 행위라고 정의된다(유훈 1994, 298). 결산의 중요성은 예산집행의 결과를 정확하게 파악함으로써 예산이 적법하게 집행되었는가를 검증하고 사업성과를 평가할 수 있게 하여 다음 연도의 예산운영에 반영할 자료를 제공하는 데 있다. 아울러 결산은 입법부의 의도가 구현되었는가를 확인하는 것이며, 예산이 재정적 한계를 지켰는가를 확인하는 것이다(강신택 2000, 329-330). 이러한 이유로 결산심사는 예산심의 못지않게 중요한 나라재정에 대한 결정이다.

앞서 언급한 연구목적을 달성하기 위하여 이 글은 먼저 국회의 결산심사의 의의와 과정에 대해 언급하고자 한다. 그리고 선행연구를 토대로 국회 결산제도의 현실과 주요 문제점을 확인하고자 한다. 이런 작업을 토대로 새로운 결산심사 제도하에서 현재 우리 국회의 결산심사 제도를 발전시키기 위한 대안을 제시하고자 한다.

행"(7.0%) 등도 들었다(《조선일보》 2001년 4월 16일, 3면).

2. 국회 결산심사 제도에 대한 이론적 논의

1) 국회 재정통제권의 의의

국회의 결산심사 역시 재정에 대한 의회의 통제권의 하나로서 크게 세 측면에서 그 의미를 파악할 수 있다.

재정에 관한 의회의 통제권은 근대 의회권력의 초석으로서 의회민주주의 발전과 그 궤를 같이하여 성장해 왔다. 의회의 재정권한은 초기의 조세승인권에서 출발하여 지출승인권으로 확대되었으며, 궁극적으로는 국가의 모든 수입 및 지출을 예산의 형식으로 매년 의회의 승인을 받도록 하는 예산의결권의 단계로까지 발전하였다(박찬표 1998, 3).

따라서 의회의 재정권한은, 첫째, 대의민주주의의 실현이라는 측면에서 그 본질적 의미를 찾을 수 있다. 근대 의회권력의 초석이 된, "대표 없이 과세 없다"(No taxation without representation)는 언명은 이를 가리키는 것이다. 세입확보와 세출계획권은 '납세자로서 존재하는 국민'을 대변하는 의회의 고유권한인 것이다.

둘째, 국회에서 예산을 편성하거나 심의·확정하고 집행된 예산에 대해 결산을 심사하는 일련의 과정, 즉 국회의 예산과정은 의회 대의기능이 결정화(crystallization)되는 핵심적 정치과정이다. 국민 개개인의 경제활동에서 재원을 추출하여 사회를 대상으로 이를 다시 지출하는 국가의 재정활동은 사회적 분배과정에서 큰 역할을 하고 있으며 국민 개개인의 경제생활에 지대한 영향을 미친다. 따라서 국회에서 이루어지는 예산과정은 의회 대의기능이 구체적으로 실현되는 과정이며, 이런 맥락에서 예산과정에 대한 국민의 직·간접적 참여의 중요성이 강조되고 있다(김종림 1988, 4-5).

셋째, 행정부의 권한이 비대화된 현대국가에서 의회의 예·결산심의권은 재정민주주의 실현이라는 측면에서 중요한 의미를 갖는다. 재정민주주의 원칙에 따라 대부분의 국가는 예산의 4개 과정(편성, 심의, 집행, 결산 및 회계검사)을 나누어 입법부에는 심의와 회계감사 기능을, 행정부에는 편성과 집행기능을 맡기고 있다. 입법부의 예·결산 심의기능은 권력분립과 견제와 균형이라는 민주주의의 기본 정치원리를 재정 측면에서 실현하기 위한 제도적 장치인 것이다(황윤원 1993, 317-319).

의회 재정통제권의 이런 의미에 비추어 볼 때 한국 국회의 예·결산 심의과정은 그 본래적 기능을 제대로 수행하고 있다고 평가하기 어렵다. 과거 권위주의정권하에서 의회는 행정부에 의해 입안된 예산을 통과시키는 장소에 불과하였다. 뿐만 아니라 행정부 주도의 위로부터의 산업화과정에서 의회의 간섭이나 '정치적 고려'에 의한 조정은 희소자원의 효율적 행사를 필수요건으로 하는 국가발전에서 배제되어야 할 요인으로 간주되곤 했다(박찬표 1998, 2).

예결산심의권이 이처럼 형해화되는 과정에서 의회 스스로도 예결산 심의권을 경시하거나 본래 목적과 달리 행사하는 부정적 측면을 노출해 왔다. 국가의 재정운영 계획을 검토하고 의결하며 또한 재정활동을 감독해야 할 본래의 의무를 팽개치고, 예산의결권을 단지 지역구 이익 챙기기의 수단과 정치적 목적달성을 위한 협상의 수단으로 삼아 왔다는 부정적 평가는 이런 측면을 지적한 것이다. 따라서 민주화 이후 국회개혁의 필요성이 논의될 때마다 '예산결산 심의기능의 정상화 및 강화'가 그 핵심과제로 제시돼 온 것은 당연한 귀결이었다고 할 수 있다.

2) 국회의 결산심사 과정

평가의 성격을 지닌 결산심사 과정은 상임위원회의 예비심사를 거쳐 예산결산특별위원회에서의 종합 심사한 후 본회의 심의를 거쳐 최종적

<그림 12-1> 국회의 결산 심사 과정

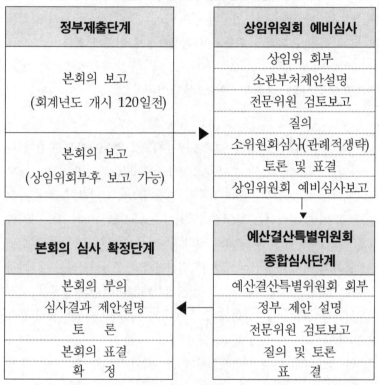

정부제출단계	상임위원회 예비심사
본회의 보고 (회계년도 개시 120일전) 본회의 보고 (상임위회부후 보고 가능)	상임위 회부 소관부처제안설명 전문위원 검토보고 질의 소위원회심사(관례적생략) 토론 및 표결 상임위원회 예비심사보고

본회의 심사 확정단계	예산결산특별위원회 종합심사단계
본회의 부의	예산결산특별위원회 회부
심사결과 제안설명	정부 제안 설명
토 론	전문위원 검토보고
본회의 표결	질의 및 토론
확 정	표 결

* 출처: 박동서·김광웅 공저. 『한국의 의회과정론』, 서울: 장원출판사, 1991, p. 76 재구성.

확정을 얻게 된다는 점에서 예산심의와 동일한 절차를 갖고 있다(<그림 12-1> 참조).

정부가 회계연도 120일 전에 각 상임위원회에 결산안을 회부하면, 각 상임위원회에서는 결산안에 대한 소관부처의 제안설명과 전문위원의 검토보고가 행해진다. 다음으로 결산안에 대한 정책질의와 소위원회 심사, 토론 및 표결, 상임위원회의 예비심사 보고를 거쳐 위원회의 결산 업무를 마감하게 된다. 하지만 일반적으로 결산소위원회의 심사는 생략

되고 있다. 예산결산특별위원회의 종합심사에서는 각 위원회별로 회부
된 결산보고서에 대한 전문위원의 검토보고, 질의, 토론을 거쳐 표결을
하게 되고 이후 본회의에 회부되어 심사확정에 이르게 된다.

3) 결산심사와 관련된 주요 선행연구[2]

예산은 국민의 다양한 삶의 양식에 부응하도록 정치과정을 통하여 희
소한 자원을 배분하려는 배분의 과정으로서(Wildavsky 1986, 9), 정부
정책의 우선순위나 정책목표를 효율적·경제적으로 달성하기 위해 자원
과 자금을 배분·선택하는 정책결정과정이다(Axelrod 1988, 1). 이러한
특성을 가진 예산에 대한 국회의 심의 및 결산심사 과정은 일반적으로
상임위원회의 예비심사와 예산결산특별위원회의 종합심사라는 두 과정
을 거치고 있다. 선행연구는 이 두 과정의 특성, 과정간의 연계성, 실질
적인 심사 내부과정의 다양한 요소를 증액과 삭감의 실태를 통해 분석
하고 있다.

선행연구는 국회의 예산·결산심의에 문제점이 많다는 것을 공통적으
로 지적하고 있다. 예산·결산심사와 관련한 활동이 제자리를 잡지 못하
고 있는 가장 근본적인 이유는 입법부와 행정부간의 불균형관계 때문이
다. 지금까지 국정관리의 중심축이 '대통령과 군' 또는 '대통령과 관료'
이다 보니 예·결산 심의활동에서 의회의 존재의의는 상대적으로 미약
하였고, 기능이나 역할 역시 약할 수밖에 없었는데, 선행연구는 이러한
인식을 명시하고 있거나, 명시적이지는 않더라도 적어도 공유는 하고
있는 것이다.[3]

---

2) 이에 대하여 보다 자세한 사항은 임동욱·함성득(2000)을 참조.
3) 강신택(1992)에 따르면 정부예산안이 국회에 제출되기 전 당정협의를 통해
정부예산안에 자신들이 조직적 차원에서 지니고 있는 이해관계를 반영하는
여당은 정부예산안의 원안통과가 국회심의의 목표가 되고 있다는 사실을 밝

선행연구가 지적하고 있는 예·결산 심의결과에 영향을 미치는 요소 및 문제점을 요약·정리해 보면 다음과 같다. 첫째, 외부적 기대, 즉 국민의 관심도이다. 국회의원은 당선에 따라 직무수행 여부가 결정되므로 재선이 절대적인 관심사이며, 이는 예산의 증액 및 삭감결정에서 구체적으로 현실화된다.

둘째, 참여자인 국회의원의 행태적 요인이다. 재선을 위한 활동은 곧 국민의 관심도와 직결되므로 지역사업 등 가시적 성과에 치중한 활동을 보이게 된다.

셋째, 정치적 환경요인이다. 우리의 경우 교차투표가 허용되지 않는 등 의원활동이 정당의 영향력에서 벗어나지 못하고 있으며, 이로 인해 여당과 야당간의 의석비 같은 가결상의 의석수가 예·결산심사의 형태를 결정하는 중요한 요인이 된다.

넷째, 예산·결산심의와 관련된 국회 내부의 제도적 문제이다. 이와 관련하여 선행연구가 공통적으로 가장 많이 지적하고 있는 사실은 현행의 상임위원회 예비심사와 예산결산특별위원회 종합심사라는 이원적 구조에 따른 문제점이다. 특히 종합심사 기능을 담당하는 예산결산특별위원회의 경우 공정성을 기한다는 장점에도 불구하고 정상적인 기능수행에는 많은 문제점이 제기되고 있다.

다섯째, 기간상의 문제이다. 이는 법규상의 문제라고도 할 수 있는데, 실질적인 심사를 위한 평가작업은 단기간 내에 이루어질 수 없다는 것이다. 국회에서 이루어지는 예산과정이 예산을 철저하게 해부하는 작업이라기보다는 형식논리와 집합적 이기주의의 산물인 수치상의 변화를 가져오는 작업에 그치게 되는 것도 예·결산심의의 절대일수가 부족하다는 사실에서 기인한다.

───────────────

히고 있다. 즉 국회의 예결산심의는 '대통령·행정부·여당'의 연합체와 야당간의 관계를 중심으로 이해할 필요가 있다는 것이다. 이러한 사실은 임동욱(1994)이 13대 국회의 예산심의 활동을 통해 실증적으로 밝힌 바 있다.

여섯째, 전문성의 부족이다. 전문성을 개별의원이 모두 갖출 수는 없다. 특히 우리의 경우 상임위원회가 2년마다 재구성되고 또한 특정위원회를 의원들이 선호하여 집중하는 경향이 있어 전문성을 반영하는 위원회 구성에 어려움이 있다. 따라서 선행연구는 이를 보완하기 위한 전문기구를 국회 내에 설치·운영하여야 한다는 점을 공통적으로 지적하고 있다.

이러한 문제점을 분석한 선행연구를 보면 다음과 같다. 먼저 예산결산특별위원회를 대상으로 한 연구에서는 국회가 행정부를 견제하는 기능이 취약하며 행위자의 행태적 요소, 참여자의 태도 및 영향력, 정치적 환경요인의 영향력이 크다고 분석하고 있다. 구체적으로 박영희·김종희(1989)는 예산결산특별위원회를 중심으로 예산 심의과정 개선방안을 분석하면서 참여기관의 기대 및 역할, 참여자의 태도·영향력 및 분석능력, 정치적 환경이 예결위의 심사과정에 영향을 미친다고 보았다. 김영훈(1989)은 행위자인 예산결산특별위원회 위원의 당선횟수 같은 경험적 요소와 예산결산특별위원회의 부별심사로서 예비심사나 상임위원회 예비심사 과정상의 제도적 요소가 영향을 미친다고 보고 있다. 김운태(1989)는 예산심의 및 결산심사를 분석한 결과 법적 변화와 제도적 보좌기관이 예산심의상의 증액·삭감과 결산심사에 영향을 미친다고 보았다. 오연천(1988)도 예산심의를 행정부에 대한 실질적인, 그러나 제한적인 견제활동으로 인식하면서 예산결산특별위원회 위원들의 질의내용 분석을 통해 의원의 개별적 활동행태, 정당의 영향력, 개인의 대표성과 전문성 등을 예산과정에 영향을 미치는 요소로 꼽았다. 임병규(1985)는 전문성, 안정성, 심의제도와 절차상 요인, 보좌하는 기관 및 인력을 영향요소로 보았다.

이 밖에도 전반적으로 예산·결산 심사활동을 분석한 연구를 보면, 강신택(1992)은 예·결산심의의 단기성, 전문성 부족, 심의 지원조직의 미

비에 따른 정보 불균형이 국회의 예·결산 심사활동을 취약하게 한다고
보았다. 이종익(1992)은 예·결산심의에 관한 영향요소로 의원들의 가치
관, 신념, 행태, 성격, 국회 자체의 주변환경을 꼽고 있고, 이들 요소가
예산심의상 증액·삭감에 영향을 미친다고 보았다. 강영소(1993)는 예산
안 증액·삭감 현황 및 정책적 질의분석을 통해 예산심의상 의원들의 적
극성의 결여, 기간상의 제약 등을 지적하고 있다. 보다 구체적인 변수
분석을 시도한 황윤원(1993)은 당파성, 정치체계, 제도적 변수, 심의기
간, 정보 및 지식, 행정부 예산심의상의 행태적 요소를 중심으로 분석
하였다.4)

전문 심의기관의 필요성에 관한 연구로 박종구(1994)는 위원회 구성
상 전문성이 중요변수로 작용함을 주장하였고,5) 함성득(1996)은 전문성
보완을 위한 방안으로 당시 법제예산실의 기능강화를 주장하고 있다.
임동욱(1996)은 보다 구체적으로 예산심의 과정상 증액·삭감에 영향을
미치는 요소로 비공식적 기구인 당정협의에 따른 사전조정, 상임위 예
비심사와 예결위 종합심사의 연계부족, 예산결산특별위원회의 비상설화
에 따른 전문성·책임성의 약화, 심사기간 부족문제를 들고 있으며 더불
어 개인적·조직적 차원에서 이루어지는 변수의 작용을 지적하고 있다.

신해룡(1997)은 상임위원회의 예비심사 과정분석을 통해 단기적 심사
일수, 상임위원회의 예산안 예비심사제도의 유·무와 같은 제도적 요인

4) 이 연구는 예산심의상 다양한 요인의 영향력을 분석한 결과 일반적 예상과
   달리 정치체제가 미치는 영향은 적다고 보았다. 오히려 당적과 관련한 요소가
   큰 영향을 미치며, 실질적인 결정은 당파성, 정치체계, 제도적 변수, 심의기간,
   정보 및 지식, 행정부 예산심의상 행태적 요소의 상호작용을 통해 이루어지고
   그 최종결과가 산출된다고 보았다.
5) 이 연구는 13대 국회 상임위원회 예산심의를 정책질의와 관련하여 분석한
   것이다. 이 연구는 예산증액·삭감과 예산결산특별위원회와 상임위원회간의
   반영률에 관한 자료의 다각적 분석을 통해 예산심의와 상임위원회간의 연계
   의 필요성을 지적하고 있다. 이를 통해 예산편성 심의는 상임위원회와 예결위
   원회의 구성이 어느 정도의 전문성을 갖느냐에 영향을 받는다고 보았다.

<표 12-1> 예산·결산심사의 문제점 및 영향요인

영향요인 학자	외부적 기대	참여자의 행태	정치환경적 요인	예·결심사의 제도적 요인	시간적 제약	전문보좌 기관 미비
박영희· 김종희 (1989)	○	○	○		○	
김영훈(1989)		○	○	○		
김운태(1989)				○	○	○
오연천(1988)		○				
강신택(1992)		○				○
이종익(1992)		○	○		○	
임병규(1985)		○	○		○	
강영소(1993)			○	○	○	
황윤원(1993)	○		○	○	○	○
박종구(1994)	○		○		○	
함성득(1996)			○			○
임동욱(1996)	○		○	○	○	○
신해룡(1997)			○		○	○
김민전(1999)	○		○	○	○	○

을 영향요소로 지적하고 있다. 김민전(1999)은 제도적 제약요소와 행태적 요인의 작용을 보다 구체적으로 논의하고 있다. 그는 상호작용의 산출물인 예산심의에 영향을 미치는 요소로 여야관계 같은 정치역학상의 문제, 증액 위주로 이루어지는 예산결정 행태 및 행정부에서 제공하는 정보에 의존하는 불균형적 구조, 국회 내 예산심의와 결산과정이 분리된 이중구조, 정보의 전문성을 보완할 기구의 취약성을 국회의 예산심의·결산활동의 제약요소로 지적하고 있다.

아울러 이들 연구에서 분석에 사용된 통계적 자료는 상임위원회와 예산결산특별위원회의 예산증액·삭감 변동률, 예산심의 기간 및 결산심사 기간, 예산심사시 정책질의에 관한 사항 등이다. 또한 선행연구들은 예산심의·결산심사 활동에서 산출된 결과물을 통해 이들이 어떠한 영향요소에 의해 변화되며, 어떠한 변화를 가져왔는가를 설명해 주고 있다

(이상 <표 12-1> 참조).

그럼에도 불구하고 앞서 언급한 선행연구는 예·결산심의와 관련하여
국회차원에서 이루어져야 할 전략을 수립하고 대안을 제시하는 데 일익
을 담당하였다. 그러나 이러한 연구의 의의 및 특성에도 불구하고 투입
요소를 포함하지 않았다는 인식의 한계 때문에 보다 구체적인 분석이
되지 못하였고, 따라서 국회의 생산성을 평가하고 효율성을 측정하는
데는 제약이 있다.[6]

3. 국회 결산제도의 현실 및 주요 문제점

1) 역대 국회 결산심사의 현실 및 생산성

결산심사에서 국회는 결산을 수정할 수 없고 위원회가 정부 원안에
대해 채택 여부만을 결정한다. 국회는 수정, 삭감을 할 수 없고 부수적
시정사항이나 대정부 촉구사항의 결의 등 의사를 표명하는 정도에서의
심사만 가능하다. 바로 이러한 사실이 현재 국회의 결산심의가 한계를
지닐 수밖에 없는 결정적 원인이 되고 있다.

결산심사가 원안 의결되고 있기 때문에 예산심의 같은 구체적인 산출
물은 없다. 따라서 결산심사의 생산성은 심사기간을 통해 나타날 수밖
에 없다. 결산심의 기간은 예산심의와 마찬가지로 상임위원회와 예산결
산특별위원회로 구분된다. 결산심사 일수의 생산성과 1일 심사시 소요
되는 비용을 측정한 결과가 <표 12-2>와 <그림 12-2>이다.[7]

---

6) 이에 대하여 보다 자세한 사항은 임동욱·함성득(2000) 참조.
7) <표12-2>에서 I_{11}과 I_{12}는 결산심사에 투입된 비용으로 이에 대해 자세한
  사항은 임동욱·함성득(2000)을 참조.

<표 12-2> 결산심사의 생산성과 소요비용 (단위 1.00E-09)

		결산심사의 생산성과 소요비용					
		상임위 심사일수 (F11)	예결위 심사 일수 (F12)	상임위 심사일수의 생산성 (F11/I11)	예결위 심사일수의 생산성 (F12/I12)	상임위 1일 심사시 소요비용 (I11/F11)	예결위 1일 심사시 소요비용 (I12/F12)
13대 국회	1988	23	4	3.88	4.04	257,723,598	247,811,151
	1989	33	4	5.57	4.04	179,625,538	247,811,151
	1990	17	2	2.87	2.02	348,684,867	495,622,303
	1991	34	4	4.77	3.36	209,459,025	297,726,040
	평균	26.75	3.5	4.30	3.36	232,752,664	297,474,141
14대 국회	1992	31	3	3.67	2.12	272,568,158	470,992,915
	1993	18	5	1.96	3.25	510,591,612	307,379,566
	1994	23	2	2.30	1.19	435,398,543	837,304,890
	1995	23	4	2.02	2.10	494,463,178	475,445,364
	평균	23.75	3.5	2.43	2.15	410,811,384	466,161,986
15대 국회	1996	30	3	2.42	1.45	413,533,383	691,527,396
	1997	31	3	2.44	1.41	410,359,838	709,094,481
	1998	24	3	1.96	1.47	509,297,958	681,335,060
	1999	23	3	1.88	1.47	531,405,968	681,289,703
	평균	27	3	2.18	1.45	459,005,970	690,811,660

자료: 임동욱·함성득. 『국회생산성 높이기』, 박영사, 2000, 135쪽.

<그림 12-2> 결산심사 일수에 따른 생산성변화 추이

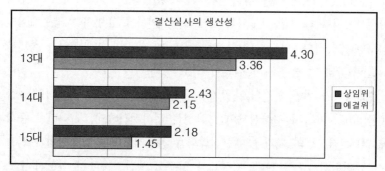

자료: 임동욱·함성득. 『국회생산성 높이기』, 박영사. 2000, p 136.

한편 결산심사 일수는 제13대 국회부터 제15대 국회까지 상임위원회
의 경우 약 25일, 예산결산특별위원회의 경우 약 3.5일이었다. 제15대

국회의 결산심사 생산성이 낮게 나온 이유는 투입비용이 증가하였으나
산출물인 결산심사일은 3일로 큰 변화가 없었기 때문으로 보인다. 결국
선행연구의 지적에서도 알 수 있듯이 결산심사 과정에서 심도 있는 분
석을 하기에는 절대적으로 기간이 부족하다.[8] 이와 같이 결산심사 기간
에서 나타나는 문제는 결산심사가 승인적 성격을 가졌다는 데 있다(임
병규 1985). 이로 인해 결산은 행정부에 대한 직접적 통제기능을 갖지
못하며, 행정부나 국회, 국민 모두 결산보다는 예산편성에 많은 관심을
두고 있다. 실제로 역대 국회에서 결산안에 대해 정부가 제출한 원안을
의결하지 않았거나 이를 채택하지 않은 경우는 없었다. 따라서 결산심
사 형태가 바뀌지 않는 한 결산심사의 생산성증대를 기대하기는 어렵
다. 결산이 실질적인 통제기능을 수행하기 위해서는 심사결과가 구속력
을 가져야 하기 때문이다(강영소 1988, 40-44).

2) 결산심사 제도의 주요 문제점

우리 국회의 결산심사는 사실상 형식적 절차에 불과하여 행정부의 재
정집행 상황을 감시·감독하는 본래기능을 수행하지 못하고 있다. 지금
까지의 논의를 토대로 우리 국회의 결산심사 제도가 안고 있는 한계와
문제점을 지적하면 다음과 같다.

국회의 결산심사제도의 첫 번째 문제점은 우리 국회가 회계검사 및
결산권을 행사하는 방식 자체에서 찾을 수 있다. 결산이란 행정부의 예
산집행 결과를 총 정리한 것이다. 따라서 결산심의가 행정부 재정집행

---

8) 결산심사에 있어 보조적 역할을 수행하는 법제예산실의 기능은 행정부의 정
보에 대응하고 관료기구의 벽을 넘기에는 질적 측면은 물론 양적 측면에서도
장애가 적지 않다. 또 행정부의 결산은 감사원을 거쳐 국회로 이관되는데, 이
과정에서 수행하는 감사원의 회계감사 기능은 국회가 결산안에 대해 충분하
게 검토할 시간을 주지 못하는 한 원인으로 지적할 수 있다.

상황에 대한 실질적 점검과 평가가 되기 위해서는 행정부 예산집행에 대한 일상적인 의회 회계검사권이 확보되어야 한다. 회계검사권 없이 단지 결산심사권만을 수행한다는 것은 사실상 무의미하다고 할 수 있다. 때문에 각국 의회는 의회 소속의 회계검사 기관을 통해 회계검사권을 철저히 행사하고 있다. 달리 표현하면 의회소속 회계검사 기구를 통해 상시적인 회계검사권을 수행하지 못하는 한 의회의 결산심사권은 사실상 무의미하다고 할 수 있다. 거꾸로 의회가 상시적인 회계검사 기능을 수행하게 되면, 결산심사란 단지 정부의 재정집행이 적법하게 이루어졌음을 사후 확인하는 절차 정도의 의미만 갖게 된다. GAO를 통해 상시적 회계검사 및 재정평가 기능을 수행하는 미국 의회의 경우 우리와 같은 결산제도 자체가 없으며, 영국 역시 NAO와 결산위원회가 상시적 회계검사를 수행하기 때문에 결산심사 자체는 큰 의미가 없다(박찬표 1998, 18).

그러나 우리의 경우 회계검사권을 가진 감사원이 행정부 소속으로 있고, 의회는 감사원에 대해 회계검사를 요구할 아무런 권한도 가지고 있지 못하다. 우리 국회는 결산심사권의 실질을 담보할 수 있는 회계검사권을 전혀 행사하지 못하고 있는 것이며, 이것이 결국 결산심사 자체를 사실상 무력화시키는 근본원인이 되고 있는 것이다.

결산심사 제도의 두 번째 문제점은 법률상 결산의 책임에 관한 아무런 규정이 없다는 점이다. 즉 결산은 그 성격상 국회에서 수정할 수 없는 안건으로 의회의 의결은 정부 원안에 대한 채택 여부만을 결정하게 된다. 그리고 부수적으로 시정사항이나 대정부 촉구사항 등을 결의할 따름인데, 이는 법적 효과를 수반하는 것이 아니라 정치적 의지를 표명하는 것으로 그 실현 여부는 전적으로 정부의 의사에 달려 있다(박동서·김광웅 1991, 77; 강영소 1989, 610).

결산심사의 또 다른 문제점으로는 결산심사를 전담하는 위원회의 부재를 들 수 있다. 혹자는 예산심의와 결산심의 기능이 한 위원회에서 행해지기 때문에 상대적으로 예산심의에 대해 더 관심을 갖게 되고 결산심의에 대해서는 관심이 적어지게 된다는 주장을 개진하고 있다(김태식 1993, 26).

늘 지적되는 사항이이지만 심사과정의 중복과 예결위에서 배당하는 결산심사 기간도 문제점으로 지목될 수 있다. 결산안과 예산안 등을 병행 심사하고 있기 때문에 결산에 대해 관심이 적어지고, 내용을 수정할 수 없으며 물리적인 시간도 부족하다는 한계 등으로 결산안은 전부 정부 원안을 그대로 접수하기로 의결하게 되는 것이다.

예·결산 심의기능의 취약성은 예·결산심의에 필요한 전문성의 결여에서도 연유된다. 이는 여러 요인이 복합적으로 작용한 결과이다. 가장 중요한 것은 예결위가 한시적인 특위체제로 운영되었기 때문에 그 구성원이 예산국회 때마다 변동되어 예·결산심의에 필요한 전문성과 경험을 축적하기 어려웠다는 점이다. 또 특위로 단기간 존속하기 때문에 전반적인 재정문제에 대한 자료와 정보를 취합하기 어렵고 예결위 나름의 독자적 판단과 정책대안을 제시하기가 힘들었다. 그리고 각 교섭단체에서 예결위원을 선임할 때에도 전문지식이나 예결위원의 경력보다는 정치적 배려를 기본으로 결정해 왔다는 사실이 예결위원의 전문성 확보를 가로막는 주요 장애였다(김태식 1993, 27).

마지막으로 예·결산심의에 필요한 정보를 전적으로 행정부에 의존하고 있다는 점도 문제점으로 지적할 수 있다. 예산안 심의를 위해서는 예산 총규모에 대한 경제적·정치적 적정성, 국민부담의 추이와 구조, 전년도 예산편성과의 차이점, 새로운 프로그램의 타당성 등에 관한 종합적인 분석자료가 갖추어져야 하고, 나아가 경기순환, 물가, 임금, 세수 등 경제 전반에 대한 포괄적 분석자료가 확보되어야 한다. 그러나 우리 국회는 이러한 정보를 독자적으로 수집·조사·판단할 능력을 갖추

<표 12-3> 예결위 관련 국회법 개정 주요내용

구분	종전	변경
국회운영일정 ○정기회 ○임시회 ○주간운영	○9월 10일 개회, 회기는 100일 ○대통령이나 국회 재적의원 1/4 이상 요구시 개회 ○명시규정 없음	○9월 1일 개회, 회기는 100일 ○짝수월 1일 개회, 회기는 30일간 - 8,10,12월과 국회의원 총선거가 있는 월은 제외 - 홀수월의 경우에도 대통령이나 국회 재적의원 1/4 이상 요구시 개원 ○월~수요일 위원회, 목요일 본회의 - 임시회 기간중 1주는 대정부질문
예결위 구성 ○형태 ○구성방식	○비상설 특별위원회 ○정기회: 결산안 국회제출시 한인 9월 2일 자동 구성 ○임시회: 운영위가 특위구성 결의안을 제안, 본회의 의결로 구성(일반적인 특위구성 절차)	○상설 특별위원회 ○일반적인 특위활동 관련 규정의 적용을 배제
예결위원 선임 ○위원수, 임기 ○구성시기	○50인, 특위활동 기한 ○명시규정 없음	○50인, 1년 ○국회의원 총선거 후 최초 임시 집회일로부터 2일 이내 구성
예결위원장선임 ○구성시기	○위원회 호선후, 본회의 보고 (특별위원장 선임방법 준용) ○명시규정 없음	○본회의 무기명 투표, 재적과반수 출석, 다수득표자 선임(임시의장 선임방법 준용) ○국회의원 총선거 후 최초 임시회 집회일로부터 3일 이내 선출
소위원회 ○공개여부 ○속기록 작성	○명시규정 없음 ○소위원장이 필요 인정시 속기방법 아닌 요지 기록	○공개원칙 명문화 (소위의결로 비공개가능) ○소위원회 의결을 거쳐 속기방법이 아닌 요지를 '구체적'으로 기록
공청회·청문회 개최요건	○위원회 의결	○위원회 의결 또는 재적위원 1/3 이상요구

자료: 오연천·임동욱. 「예결위 상설화에 따른 제도정비 방안」, 한국의회발전연구회 제37차 의정논단 발표논문, 2000. 9, 10쪽을 토대로 재작성.

지 못한 채 전적으로 행정부에 의존하고 있다. 이런 상황에서 행정부에서 편성한 예산을 의회가 독자적인 입장에서 분석·평가하고 대안을 제시하는 것은 어려울 수밖에 없다(오연천·임동욱 2000, 7-8).

4. 국회 결산제도의 발전방향 및 정책과제

1) 결산심사 제도개선의 요지

지금까지 언급한 예·결산심사의 문제점 및 한계를 극복하기 위한 노력의 시작이 바로 지난 2000년 2월의 제도개편이었다. 예·결산심사 관련 제도개편의 핵심내용은 상설의 예산결산특별위원회를 구성하는 문제로 매듭지어졌다. '비상설특별위원회'에서 '상설특별위원회'로 전환된 새로운 예산결산특별위원회의 구체적인 모습은 다음과 같다.

<표 12-3>에 나타나고 있는 것처럼 먼저 종전의 특위 설치기간 규정이 삭제되어[9] 예결특위의 연중운영이 가능하게 되었고, 매년 2·4·6월에 회기 30일간의 임시회를 열어야 한다는 것이다.[10] 또 위원 수는 50인, 임기는 1년, 위원장은 본회의에서 선출하도록 개정되었다.[11] 아울러 소위원회 회의 공개원칙이 명문화되었다.

국회의 예·결산심의 기능을 강화해야 한다는 주장에는 이론의 여지가 없을 것이다. 그러나 현재 국회의 예·결산심의과정에서 나타나는 몇 가지 부정적 측면을 근거로 국회의 예·결산심의 기능이 강화될 때 지금까지의 폐단은 개선되지 않고 오히려 국가 예산과정의 왜곡을 초래할 수 있다는 지적도 없지 않다. 따라서 국회의 예·결산 심의기능은 '강화'되어야 할 뿐 아니라 '개선'되어야 한다. 즉 행정부에 대한 의회의 재정통제권을 보다 내실화하는 동시에, 의회의 예산심의 과정 자체를 공개하

---

9) 삭제된 내용은 국회법 제45조 제3항 중 "예산안 및 결산이 본회의에서 의결될 때까지 존속" 부분이다.

10) 국회법 제5조의 2 개정에 따라 짝수월 중 8·10·12월과 국회의원 총선거가 있는 월을 제외하고는 회기 30일의 임시회를 열도록 되었다.

11) 위원장은 총선 후 최초 집회일로부터 3일 이내에(제41조 3항), 위원은 총선 후 최초 집회일로부터 2일 이내에 선출(제48조 4항)하도록 명시되었다.

고 특정 이해관계에 따른 세부 예산항목 증액의 폐단을 시정해야 하며, 국가재정의 전반적 구조를 조정하고 국민경제의 효율에 기여하는 방향으로 개선하여야 한다. 이렇게 볼 때 2000년 2월 국회법 개정으로 이루어진 '예결위 상설화'는 국회 예결산 심의기능 개선을 위한 출발에 불과하며, 향후 예·결산 심의과정을 보다 근본적으로 개혁할 필요가 있다.12)

이하의 논의는 결산심사가 국민이 낸 세금을 정직하게 집행되었는가를 검사하는 본연의 길을 걷기 위해 필요한 조치들에 대한 고민의 편린들을 담고 있다.

2) 예결위의 "상설특위" 체제의 문제점 극복

그 동안 국회 예산심의 제도개혁의 최대 과제였던 예결위 상설화는 2000년 2월 국회법 개정을 통해 달성되었다. 그러나 새로운 상설특위 형식은 일정한 문제점을 안고 있으며, 이로 인해 예결위 상설화의 취지가 어느 정도 살려질지 귀추가 주목된다.

첫째, 개정국회법에서 예결특위가 상설화되었지만 그 임기는 상임위와 달리 1년으로 되어 있다. 당초 예결위를 한시적 위원회(ad hoc committee)가 아닌 상설위원회(standing committee)로 한 것은, 심의의 계속성 및 전문성 확보를 위한 것이었다. 즉 예결위를 상설화하면 위원의 계속성이 보장되어 전문성 확보가 좀더 용이해진다. 심의의 지속성과 안정성이 보장되며 전반적인 재정문제에 대해 지속적으로 관심을 가지고 자료와 정보를 취합할 수 있게 되어 예결위 나름의 독자적 판단과 정책대안을 제시할 수 있게 될 것으로 기대되었던 것이다.

---

12) 새로운 제도적 환경하에서 예상되는 국회의원 의정활동의 과제 및 문제점에 대한 보다 구체적인 사항에 대해서는 함성득·임동욱·박찬표(2000)을 참조.

<표 12-4> 제14대, 15대 국회 예결특위 위원 교체비율

국회	구 분 연 도	전년도 예결특위 위원 / 총원			위원교체율	
		여당	야당	계	여당	야당
14대	1993	9/29	1/21	10/50	69 %	95.3 %
	1994	9/30	0/20	9/50	70	100
	1995	10/29	6/21	16/50	65.6	71.5
15대	1997	8/26	4/24	12/50	69.2	83.3
	1998	8/26	5/24	13/50	69.2	79.1
	1999	6/27	12/23	18/50	77.7	47.8

자료: 국회사무처. 「제14대 국회경과보고서」(1997), 「제179국회: 182회 국회 경과보고서」(1997), 「제193국회: 200회 국회 경과보고서」(1999), 「제206국회: 211회 국회 경과보고서」(2000); 《동아일보》 1997년 9월 6일.

그러나 예결위를 상설위원회로 하면서 위원의 임기를 1년으로 한 것은 예결위원의 계속성과 안정성을 보장할 수 없게 만들고, 결국 예결위 상설화의 본래 취지로부터 벗어나게 만든다. 예결특위는 매년 정기국회에서 새로이 구성되며, 더욱이 위원 선호도가 높은 데 따른 빈번한 교체로 인해 구성원의 재임기간이 다른 상임위에 비하여 단기간이었던 특징을 보여 왔다(강영소 1989, 612-615). <표 12-4>에서 보듯이 제14, 15대 국회의 경우 매년 정기국회에서 구성되는 예결특위의 위원교체율은 70~80%에 달하였고, 이는 14, 15대 국회 상임위의 위원교체율 57~58%를 훨씬 상회하는 것이었다.13) 결국 이와 같은 예결위원의 잦은 교체는 심의의 계속성 결여를 초래하고 또한 전문성 축적을 어렵게 하여 국민적 기대수준에 맞는 예산안 심의가 이루어지지 못하게 하는 원인이 되었다(강영소 1988, 41; 김태식 1993, 26).

그런데 예결위를 위원임기 1년의 상설특위로 한 새로운 체제에서 그

---

13) 역대 국회에서 과반을 상회하는 의원이 임기 동안 한 상임위를 유지하지 못하고 상임위를 변경하고 있다. 특히 14, 15대 국회에 와서 상임위 교체율이 더 증가하여 60%에 달하고 있다. 이에 대한 보다 자세한 사항은 함성득·임동욱·박찬표(2000) 참조.

동안의 이러한 문제점이 어느 정도 해소될지는 의문이 아닐 수 없다. 임기 1년의 상설특위 체제에서는 예결위 위원의 빈번한 교체라는 그 동안의 관행이 그대로 유지될 것이기 때문이다. 예·결산심의에는 여타의 상임위보다도 더 높은 전문성을 필요로 한다는 점을 감안한다면, 예결위원의 임기는 다른 상임위와 같이 2년으로 하는 것이 합리적이며, 향후 제도개선에 따라 의원 임기와 같은 4년으로 할 것도 고려해 볼 가치가 있다(오연천·임동욱 2000, 12).

상설특위 체제의 또 다른 문제점은 예결위 위원이 다른 상임위에 속한 '겸임위원'들로 구성되기 때문에 소속 상임위의 압력이나 관련부처를 의식한 심의태도에서 벗어나 공정한 입장에 서기 어렵다는 점이다. 그 동안 특위체제하에서 예결위는 국가재정 전반에 대한 이해에 입각하여 세입과 세출을 조정하고 그 분배를 결정하기보다는 각 상임위간의 이해에 바탕을 둔 예산 계수조정의 역할에 머물러 왔다. 상설위원회로 하되 위원은 상임위와의 겸임의원으로 구성하는 상설특위 체제로는 이러한 그간의 문제점을 개선할 수 없다.

따라서 예결위는 각 상임위의 이해를 대표하는 위원, 즉 겸임위원으로 구성하는 것이 아니라 예결위만을 전담하는 비겸임위원들로 구성하는 것이 바람직하다. 이 문제에 대한 좋은 준거대상은 미국 의회이다. 미 의회에는 상하원에 예산위원회와 지출승인위원회가 각각 구성되어 있는데, 하원 예산위원회나 상원 지출승인위원회는 다른 상임위 위원들로 구성되는 겸직위원회인 반면, 상원예산위원회 및 하원 지출승인위원회는 여타 상임위와 겸직이 금지된 비겸직위원회로 되어 있다. 그런데 겸임위원으로 구성되는 하원 예산위원회나 상원 지출승인위원회보다는 비겸임의원으로 구성되는 상원 예산위원회 및 하원 지출승인위원회가 보다 높은 통합력과 조정력을 보여주고 있으며, 관련 상임위의 이해관계로 인해 소관부처의 예산을 보호하고자 하는 관행에서 벗어나 의회

독자적 입장에서 국고의 수호자로 기능하고 있다.14) 이러한 사례를 감
안할 때 우리 국회의 예결위 역시 여타의 상임위와 같이 예결위만을 전
담하는 위원으로 구성하는 것이 바람직하며, 설령 복수 상임위체제를
채택한다 하더라도 예결위는 비겸임위원으로 구성하는 것이 바람직하
다. 이렇게 될 때 소속 상임위의 압력이나 관련부처를 의식하는 심의태
도에서 벗어나 전체적 조정자의 입장에 설 수 있기 때문이다.

3) 상시적 회계검사 체제의 확립

우리 국회는 회계검사권 없이 결산심의권만 행사하고 있다. 그러나
이러한 결산심의 체제로는 재정집행에 대한 점검과 평가가 어려울 수밖
에 없다. 국회가 행정부 예산집행의 적법성 여부(즉 회계검사)나 효율성
에 대한 평가를 직접 수행하는 것은 기대할 수 없다. 따라서 행정부로
부터 독립된 회계검사 기구를 확보하지 못한 의회의 결산권이란 '종이
호랑이'에 불과하다고 할 수 있다.

영국이나 미국의 경우 의회는 각각 회계검사국(NAO: National Audit

---

14) 미 의회에서 상하원의 예산위원회 및 지출승인위원회는 각각 조직상의 차이
로 인해 업무수행 방식에서 차이점을 보이고 있다. 하원 예산위 위원은 각 상
임위원회 이익을 대표하는 위원들로 구성되며 또한 순환직 위원들로 구성되
기 때문에 위원들의 충성이 자신의 원래 상임위원회로 향하는 관계로 통합성
의 결여를 가져와 합의도출을 어렵게 하는 요인이 되고 있다. 이에 반해 상원
예산위는 지정된 특정 위원회의 대표들로 구성되지 않는다. 이러한 위원 자격
의 차이로 인해 상원 예산위에는 경력추구형 의원들이 많으며 이들이 예산문
제에 대해 하원 예산위 위원보다 정통한 지식을 가지고 상하양원협의위원회
의 심의를 주도적으로 이끌고 있다. 한편 하원 지출승인위원회는 비겸직위원
들로 구성된다. 따라서 이들은 다른 상임위 활동과정에서 관련 행정부서와 맺
어진 유대로 인해 그 기관의 지출을 보호해 주려는 유혹에서 벗어날 수 있다.
이에 반해 상원 지출승인위원은 다른 상임위와의 겸직이 가능하게 되어 있고
이로 인해 소속 상임위 소관 정부부처의 지출에 대해 보다 관대한 예산심의
태도를 보여주고 있다(Oleszek 1996, 60, 68; Stewart 1994, 1017-1019).

Office)과 회계검사원(GAO: General Accounting Office)을 통해 재정집행 과정에서 상시적인 회계검사 기능을 수행하고 있다. 특히 영국의 경우 결산위원회는 회기중 매주 2일 정례회의를 개최하며 수시로 NAO로부터 감사보고서를 제출받음으로써 예산집행에 대한 상시적 회계검사 기능을 수행하고 있다.

이런 점에서 우리 국회도 회계검사 및 결산권 수행방식을 현재의 '사후적 결산심사 체제'에서 '의회 소속의 회계감사 기구를 통한 상시적이고 동시적인 회계검사 체제'로 전환하여야 한다는 주장이 일각에서 제기되고 있다. 회계감사 기구의 국회 이전이 헌법사항이라는 점을 감안할 때 최소한 행정부의 예산집행 상황에 대한 상시적 회계검사 및 효율성 평가를 감사원에 요구할 수 있는 법적 권한을 국회에 부여하는 방안도 고려해 볼 수 있다.

결산심의를 강화하기 위해서 결산위원회를 별도로 설치하는 문제도 일각에서 거론되고 있다. 왜냐하면 예산심의와 결산심의 기능을 동일위원회가 수행하는 현체제에서는 의원들이 상대적으로 결산심의에 대해서 관심을 적게 가지게 되기 때문이다. 영국의 결산위원회는 야당을 위원장으로 하여 상시적으로 회계검사원의 보고를 통해 강력한 회계검사 및 결산기능을 수행하고 있으며, 일본 역시 결산위원회를 별도로 두고 있음은 우리에게 교훈이 되고 있다.

4) 조기 결산심사 제도의 확립

일단 상설된 예결특위제도 때문에 심사기간의 충분한 확보가 가능해졌다는 점이 결산심사의 내실화에 기여할 것으로 보인다. 아울러 국회 결산심사를 둘러싼 외적환경의 변화에도 주의할 필요가 있다. 첫째, 예산집행 결과에 대하여 시민단체 등 국민의 관심이 높아지고 이에 따라 국회 결산기능 강화를 요구하는 주장이 날이 갈수록 증대하고 있다는 사실이다. 둘째, 재경부가 99년 말에 정부결산서 작성사업을 정보·전산화해 작업소요 기간을 단축할 수 있는 여건도 마련됐다는 사실이다.

이러한 환경변화를 수용할 수 있는 결산심사 기능 강화방안의 하나가 바로 결산국회의 조기개최이다. 이는 종전 10월의 결산국회를 6월로 앞당겨 충분한 시간을 갖고 심의해야 한다는 것으로, 이는 예산회계법 등 관련법 규정의 개정을 추진함으로써 쉽게 달성할 수 있는 단기과제의 성격을 띠고 있다. 따라서 향후 결산심사 기능을 실질적으로 강화할 수 있는 방안이 구체적으로 탐색되어야 할 것이다.

구체적으로 개정국회법은 연중 국회활동을 목적으로 2·4·6월에 임시회를 열도록 하고 있으므로 이의 효율적 활동계획이 수립되어야 한다. 2·4·6월의 임시회는 각각 재정관련 주요현안 사항과 집행상황에 대한 행정부의 보고, 재정관련 공청회의 실시, 주요 예산사업 집행상황에 대한 현장점검 등으로 나누어 진행할 필요가 있다.

이와 관련 행정부, 특히 기획예산처는 예산편성 상황 등 정부의 재정운용을 보고할 필요가 있다. 즉 2월 임시회에서는 당년도 예산배정 및 집행계획을, 4월 임시회에서는 다음연도 예산편성 지침을, 그리고 6월 임시회에서는 각 부처의 다음연도 예산요구 현황, 예산편성 방향과 전년도 결산결과, 다음연도 세입예산전망 등을 보고하는 것이 바람직할 것이다. 특히 6월로 결산국회를 앞당김으로써 결산심사를 내실 있게 운영하는 것이 중요하다. 아울러 각 부처는 재정관련 소관사항에 대해 수시로 국회에 보고하여야 하며, 구체적인 보고대상은 교섭단체 간사간에 협의하여 결정하는 방안이 검토되어야 한다.

5. 맺음말

국회를 움직이는 원천은 다름 아니라 국민이 낸 세금이다. 그렇기 때문에 국민이 낸 세금의 뜻 그대로 정직하게 움직이는 국회가 바람직한 국회이다. 바람직한 국회를 만들기 위해, 살아 있는 국회, 세금의 뜻 그대로 움직이는 국회를 만들기 위해 국회의 '독립성', '주체성', '자율성'이 충분하게 확보되어야 한다(임동욱·함성득 2000, 5).

여기서 독립성이란 국회, 즉 입법부가 대통령은 물론 행정부 및 사법부로부터 실체적으로 독립성을 부여받아야 한다는 의미이다. 주체성은 행정부 및 사법부에서 독립성을 부여받은 권부로서 국회가 자신만의 고유한 존재가치 및 역할을 갖고 있다는 의미이다. 자율성은 국회가 인사, 조직, 예산은 물론이고 자신만의 고유한 역할수행을 하는 경우 이를 스스로 결정하고 이행할 수 있어야 한다는 뜻이다. 이런 면에서 국회의 독립성, 주체성, 자율성은 국회의 외적 조건(행정부 및 사법부와의 관계), 국회 자체, 국회 구성원이라는 차원의 차이는 있지만 세 차원을 관통하는 하나의 철학을 강조하는 것으로도 이해할 수 있다. 여기서 하나의 철학이란 다름 아니라 독립성, 주체성, 자율성이 바로 국회를 살아 있는 국회로 만들기 위한 조건이라는 것이다. 실제로 나라의 기본법인 헌법의 여러 조항에서 국회의 독립성, 주체성, 자율성을 강조하고 있는 것15)도 바로 이런 사실을 충분히 반영하려는 노력의 결과물이다.

---

15) 국회의 독립성, 주체성, 자율성을 강조하는 헌법조항은 적지 않다. 국회를 헌법기관으로 명시하고, 의원의 불체포조항을 만든 것들이 다 이러한 사고의 결과물들이다. 대표적인 조항으로는 "立法權은 국회에 속한다"(헌법 제40조), "국회의원의 任期는 4년으로 한다"(헌법 제42조), "국회의원은 現行犯人인 경우를 제외하고는 會期중 국회의 同意 없이 逮捕 또는 拘禁되지 아니한다"(헌법 제44조 ①항), "국회의원이 會期 전에 逮捕 또는 拘禁된 때에는 現行犯이 아닌 한 국회의 요구가 있으면 會期중 釋放된다"(헌법 제44조 ②항), "국회의원은 국회에서 職務상 행한 發言과 表決에 관하여 국회 외에서 責任을 지지

지금까지 국회는 바로 이런 점을 충분히 실현시키지 못했다. 국회의 결산심사 역시 마찬가지이다. 국회의 결산심사 제도는 예산심의와 더불어 국회의원의 핵심적 의정활동의 하나이다. 결산심사의 궁극적 목적은 행정집행의 원활한 수행과 낭비적 요소의 제거에 있다. 이는 대의민주주의의 실현, 의회 대표기능의 결정화과정, 그리고 재정민주주의 구현이라는 점에서 그 의미를 찾을 수 있다.

그럼에도 불구하고 현실의 결산심사는 형식적이고 선언적이다. 구체적으로 따져 보지는 못했지만 결산심사의 부실화에 따른 나라자원의 낭비도 적지 않을 것이라는 점은 쉽게 짐작할 수 있다.[16]

이 글은 바로 이러한 사실에 주목하고 있다. 이 글은 선행연구에서 지적된 결산심사 제도의 문제점을 파악한 후 상설 예결특위 체제의 출범이라는 제도개선하에서 필요한 결산심사 제도의 개선에 대한 고민을 담고 있다.[17]

행정국가화 경향에 따른 행정부 편의·주도의 예산과정이 계속되는 한, 그리고 국회의 예산과정이 결산심사보다는 예산심의에 주안점을 두고 있는 한 의회와 행정부간의 불균형문제는 해결되지 않을 것이다. 이 글에서 강조하고 있는 상설특위 체제의 문제점을 극복하고, 상시적 회계검사체제를 확립하며, 조기 결산심사 제도가 빠른 시일 내에 정착되

아니한다"(헌법 제45조) 등이 있다.

16) 형식적이고 선언적인 결산심사에 따른 낭비는 상임위와 예결위의 낭비는 물론이고, 두 위원회의 결산심사를 준비하기 위해 필요한 인적·물적 자원의 낭비를 생각해 보면 쉽게 짐작할 수 있다.

17) 물론 이 글에서 제시하고 있는 정책과제 외에도 단기적으로 국회차원에서 공통분모를 추출하는 노력이 요구되는 정책과제들이 있다. 여당과 야당간에 입장이 대립하고 있는 예산운영 준칙 마련문제나 상설분과위원회 설치문제들이 그러한 과제의 대표적인 예이다. 다만 이 글에서는 결산심사 제도가 가야 할 길을 제대로 가기 위해서 반드시 요구되는 거시적 전략과 지침에 대한 논의로 국한시켰고, 예결위의 운영 등 다소 세부적인 문제는 논의에서 제외하고 있다. 이에 대해 보다 자세한 사항은 오연천·임동욱(2000) 참조.

어 재정민주주의의 질과 수준이 한 단계 더 성숙되리라 기대한다.

참고문헌

강신택. 1992a, 「예산심의에 있어서 국회 상임위원회와 행정부처간의 상호작용; 제13대 국회: 1988~1992」, 『서울대행정논총』 30, 1.

강신택. 1992b, 「예산심의에 있어서 국회 상임위원회와 행정부처간의 상호작용; 제13대 국회; 1988~1992」, 『서울대행정논총』 30, 2.

강신택. 2000, 『재무행정론: 예산과정을 중심으로』, 서울: 박영사.

강영소. 1988, 「국회의 예산결산심의의 실제와 개선방안」, 《입법조사월보》.

강영소. 1989, 「국회결산심사제도의 운용개선방안」, 박동서·김광웅 편. 1989, 『의회와 행정부』, 법문사.

강영소. 1993, 「1993년도 국가재정의 주요 내용과 향후 과제」, 《국회보》 제315호.

국회사무처. 1989-1999, 「국회경과보고서」.

김민전. 1999, 「민주주의 공고화를 위한 국회개혁」, 《사상》 제41호.

김민전. 1998, 「한·미의회의 국정감·조사 비교분석」, 『국회개원 50주년기념 특별학술회의 주제발표집: 국회의 어제, 오늘 그리고 내일: 이론과 실제』.

김영훈. 1989, 「예산과정에서의 생산성제고에 관한 연구」, 『사회과학논집』, 제21호.

김운태. 1989, 「제5공화국 의회의 대행정부 한계」, 『의회와 행정부』, 서울: 법문사.

김종림. 1998, 「미국의 예산과정: 다원주의의 중심축」, 『국회개원 50주년기념 특별학술회의 주제발표집: 국회의 어제, 오늘 그리고 내일-이론과 실제』.

김태식. 1993, 「현행 예산심의제도의 문제점과 개선방안」, 《국회보》 319.

박동서·김광웅. 1991, 『한국의 의회과정론』, 서울: 장원출판.

박영희·김종희. 1989, 「국회 예산심의과정의 개선: 예산결산특별위원회를 중심으로」, 《한국행정학보》 제21권 2호.

박종구. 1994, 「국회의원 정책질의 성향에 관한 연구: 13대 상임위원회 예산
　심의를 중심으로」, 《의정연구》 제68호.
박찬표. 1998, 「국회의 예산, 결산 심의 기능 강화방안: 영, 미 의회와의 비교
　를 통한 개선방안 모색」, 국회 입법조사분석실 《현안분석》 제175호.
손석창. 2000, 「예산결산특별위원회의 상설화에 따른 운영개선방안에 관한
　연구」. 한국의회발전연구회 연구보고서.
신해룡. 1997, 「상임위원회의 예산안 예비심사제도」, 《국회보》 제372호.
오연천. 1988, 「국회예산심의의 실태에 관한 연구」, 《의정연구》 25호.
오연천·임동욱. 2000, 「예결위 상설화에 부응한 예·결산 심의의 방향」, 한국
　의회발전연구회 제37차 의정논단 발표논문.
유훈. 1994, 『재무행정론』, 서울: 법문사.
이종익. 1992, 『재무행정론』, 서울: 박영사.
임동욱. 1994, 「국회 심의과정에서의 예산증액 및 삭감결정에 관한 연구」, 서
　울대 대학원 행정학과 박사학위논문.
임동욱. 1996, 「국회 예산심의의 실태 및 효율성 제고방안」, 《입법조사연구》
　240.
임동욱·함성득. 2000, 『국회 생산성 높이기』, 박영사.
임병규. 1985, 『한국국회에 의한 결산심의 제도의 개선방향에 관한 연구』, 서
　울대학교 행정대학원 석사학위논문.
함성득. 1996, 「예산심의 과정에서 국회의 전문성 확보를 위한 조직구성에 대
　한 연구」, 고려대학교 『행정과 정책』, 제2호.
_____. 1998, 「의회. 정당. 대통령과의 새로운 관계」, 《의정연구》 제6호.
_____·임동욱·박찬표. 2000, 「제15대 국회의 평가와 향후 국회운영쇄신의
　과제」, 국회사무처.
_____·_____·_____. 2001, 「국회법 개정에 따른 제16대 국회의 과제」,
　『행정논총』, 제39권 제1호. 서울대학교 행정대학원.
황윤원. 1993, 「우리나라 예산심의 결정변수 분석」, 《한국행정학보》 27권
　2호.

Axelrod, D.,1988, *Budgeting for modern Government*, St. Martins
Oleszek, Walter J. 1996. *Congressional Procedures and the Policy Process*
　(Washington D. C.: Congressional Quarterly Inc.)
Stewart III, Charles. 1994. "The Appropriations Committees". Joel H. Silbey,
　editor in chief, *Encyclopedia of the American legislative system* vol. 2 (New

York: Charles Scribner's Sons)
Wildavsky, Aaron. 1986, *Budgeting: A Comparative Theory of Budgetary Process*, New Brunswick: Transaction Books.

http://www. assembly.go.kr (대한민국 국회)
http://www. nanet.go.kr (국회 도서관)
http://www. kinds.or.kr (신문검색 사이트)

지은이 소개

김영래(아주대학교 정치외교학과 교수)
김형준(국민대학교 정치대학원 객원교수)
박찬표(한국방송광고공사 연구위원)
손병권(중앙대학교 국제관계학과 교수)
신유섭(한양대학교 아태지역연구센터 연구교수)
이정희(한국외국어대학교 정치외교학과 교수)
이종원(가톨릭대학교 행정학과 교수)
임동욱(충주대학교 행정학과 교수)
임성호(경희대학교 정치외교학과 교수)
정상화(연세대학교 동서문제연구원 연구교수)
조정관(한신대학교 국제관계학부 교수)
최정원(연세대학교 동서문제연구원 연구교수)
함성득(고려대학교 행정학과 교수)

한울아카데미 618

한국의 의회정치와 제도개혁

ⓒ 김영래·김형준·박찬표·손병권·신유섭·이정희·이종원·임동욱·임성호·정상화·조정관·최정원·함성득, 2004

지은이 김영래·김형준·박찬표·손병권·신유섭·이정희·이종원·임동욱·임성호·정상화·조정관·최정원·함성득
펴낸이 김종수
펴낸곳 도서출판 한울

편집책임 최병현

초판 1쇄 인쇄 2004년 2월 17일
초판 1쇄 발행 2004년 2월 27일

주소 413-832 파주시 교하읍 문발리 507-2(본사)
121-801 서울시 마포구 공덕동 105-90 서울빌딩 3층(서울 사무소)
전화 영업 02-326-0095, 편집 02-336-6183
팩스 02-333-7543
홈페이지 www.hanulbooks.co.kr

등록 1980년 3월 13일, 제406-2003-051호
Printed in Korea.
ISBN 89-460-3214-6 93340
* 가격은 겉표지에 있습니다.